U0792630

绍兴统计年鉴

SHAOXING STATISTICAL YEARBOOK

2012

中国统计出版社
China Statistics Press

绍兴统计年鉴－2012

编 辑 委 员 会

主　任：陈月亮

委　员：张海龙

赵泽良

韩柏昌

周承昌

王兴贤

陈烈虎

彭上升

Shaoxing Statistical Yearbook 2012

Editorial Board

Chairman: Chen Yueliang

Editorial Board: Zhang Hailong

Zhao Zeliang

Han Baichang

Zhou Chengchang

Wang Xingxian

Chen Liehu

Peng Shangsheng

绍兴统计年鉴-2012

编 辑 人 员

主　　编：赵泽良

副 主 编：韩柏昌　周承昌　王兴贤　陈烈虎　彭上升　舒春林

责任编辑：陈越月　朱美红　曹　晶

资料编辑人员：（按姓氏笔划为序）

丁颖芹　马国成　马雅琴　王　科　王荣军　王　岚

毛英特　许卫卫　吕联江　吕春晖　朱美红　朱朝辉

庄　辉　华磊波　李月红　李圆圆　李永刚　何　晖

何勇梅　何晓红　吴晓娟　吴庆国　宋　强　张海燕

张　梅　张周潮　张　峰　张　剑　余　珍　沈克垒

沈　诚　沈德胜　孟　宏　孟　琳　金利烽　邵洁慧

胡祖平　祝　淮　俞灵燕　俞　麟　施菲菲　赵春明

费秀峰　徐秀芹　徐　彪　钱正操　钱裕铭　龚波平

曹　晶　章　勤　焦志伟　蒋秋琴　傅　江　蔡春雅

潘　威

英文编辑：何晓红　蒋燕青　祝　淮　李月红　朱朝晖　许卫卫

PREFACE

Ⅰ.*Shaoxing Statistical Yearbook 2012* is an annual statistics publication, which covers very comprehensive data at Shaoxing, Zhejiang and Yangse River Delta in *2011*and some selected data at historically important years and the most recent twenty years, reflects various aspects of Shaoxing's social and economic development.

Ⅱ.The book contains the following 12 parts, 1.General Survey; 2.Population and Wages; 3.Agriculture; 4.Industry; 5.Transportation, Post and Telecommunications and Electricity; 6.Investment in Fixed Assets and Construction; 7.Domestic Trade, Foreign Trade and Economic Cooperation; 8.Public Finance, Banking and Insurance; 9.Price and People's Livelihood; 10.Culture, Education, Technology, Science and Public Health; 11.Others; 12.Reference By City and Prefecture in Zhejiang province and Yangse River Delta. In the appendices listed are Statistical Bulletins on Economy and Social Development Shaoxing in *2011*. Mainly Statistical Indicators and Charts at the beginning of each part. In addition, Explanatory Notes on Main Statistical Indicators are provided at the end of each part.

Ⅲ.The units of measurement used in this book are internationally standard measurement units.

Ⅳ.The major data sources of this publication are obtained from annual statistical reports, and some from sample surveys.

Ⅴ.Statistical discrepancies due to rounding are not adjusted in this yearbook.

Ⅵ.The statistics in former statistical yearbook have been already checked.

The data in Shaoxing Statistical Yearbook 2011 shall be regarded as authentic ones.

Ⅶ.Notations used in this yearbook:

"—" indicates that the figure is not large enough to be measured with the smallest unit or indicates 0 in the table;

"(blank)" indicates that the data not available;

"#"indicates the major items of the total.

绍兴统计年鉴-2012

编 辑 人 员

主　　编：赵泽良

副 主 编：韩柏昌　周承昌　王兴贤　陈烈虎　彭上升　舒春林

责任编辑：陈越月　朱美红　曹　晶

资料编辑人员：（按姓氏笔划为序）

丁颖芹　马国成　马雅琴　王　科　王荣军　王　岚

毛英特　许卫卫　吕联江　吕春晖　朱美红　朱朝辉

庄　辉　华磊波　李月红　李圆圆　李永刚　何　晖

何勇梅　何晓红　吴晓娟　吴庆国　宋　强　张海燕

张　梅　张周潮　张　峰　张　剑　余　珍　沈克垒

沈　诚　沈德胜　孟　宏　孟　琳　金利烽　邵洁慧

胡祖平　祝　淮　俞灵燕　俞　麟　施菲菲　赵春明

费秀峰　徐秀芹　徐　彪　钱正操　钱裕铭　龚波平

曹　晶　章　勤　焦志伟　蒋秋琴　傅　江　蔡春雅

潘　威

英文编辑：何晓红　蒋燕青　祝　淮　李月红　朱朝晖　许卫卫

Shaoxing Statistical Yearbook 2012

Editorial Staff

Editor-in-chief: Zhao Zeliang

Associate Editors-in-chief: Han Baichang Zhou Chengchang Wang Xingxian Chen Liehu Peng Shangsheng Shu Chunlin

Coordinators: Chen Yueyue Zhu Meihong Cao Jing

Editorial Staff: (in order of strokes of Chinese surname)

Ding Yingqin	Ma Guocheng	Ma Yaqin
Wang Ke	Wang Rongjun	Wang Lan
Mao Yingte	Xu Weiwei	Lv Lianjiang
Lv Chunhui	Zhu Meihong	Zhu Chaohui
Zhuang Hui	Hua Leibo	Li Yuehong
Li Yuanyuan	Li Yonggang	He Hui
He Yongmei	He Xiaohong	Wu Xiaojuan
Wu Qingguo	Song Qiang	Zhang Haiyan
Zhang Mei	Zhang Zhouchao	Zhang Feng
Zhang Jian	Yu Zhen	Shen Kelei
Shen Cheng	Shen Desheng	Meng Hong
Meng Lin	Jin Lifeng	Shao Jiehui
Hu Zuping	Zhu Huai	Yu Lingyan
Yu Lin	Shi Feifei	Zhao Chunming
Fei Xiufeng	Xu Xiuqin	Xu Biao
Qian Zhengcao	Qian Yuming	Gong Boping
Cao Jing	Zhang Qin	Jiao Zhiwei
Jiang Qiuqin	Fu Jiang	Cai Chunya
Pan Wei		

English Editors: He Xiaohong Jiang Yanqing Zhu Huai Li Yuehong Zhu Chaohui Xu Weiwei

编 者 说 明

一、《绍兴统计年鉴-2012》是一部全面反映绍兴市经济和社会发展的资料性年刊。本书收录了绍兴各县(市)和浙江省、长江三角洲地区城市2011年经济和社会各方面大量的统计数据，以及历史重要年份和近二十余年的全市主要统计数据。

二、全书内容共分12个部分，即：1.综合；2.人口和劳动工资；3.农业；4.工业；5.交通、邮电及电力；6.固定资产投资和建筑业；7.国内贸易和对外经济；8.财政、金融、保险；9.物价及人民生活；10.文化、教育、科技和卫生事业；11.其他；12.浙江省及长江三角洲地区各地资料。另附：绍兴市国民经济和社会发展统计公报、2011年度绍兴市社会经济综合评价情况。各篇前设本篇主要统计指标增长情况和统计图表，篇末附有《主要统计指标解释》。

三、资料中所使用的度量衡单位均采用国际统一标准计量单位。

四、本年鉴的资料来源大部分来自年度统计报表，一部分来自抽样调查。

五、本年鉴部分数据合计数或相对数由于单位取舍不同而产生的计算误差均未作机械调整。

六、本年鉴对过去发表的统计资料重新予以核实，凡与本年鉴数据有出入的，以本年鉴为准。

七、本年鉴表中的符号使用说明：“－”表示数据不足本表最小单位数或为零；“空格”表示该项统计指标数据不详或无该项数据；“#”表示其中的主要项。

PREFACE

Ⅰ.*Shaoxing Statistical Yearbook 2012* is an annual statistics publication, which covers very comprehensive data at Shaoxing, Zhejiang and Yangse River Delta in *2011*and some selected data at historically important years and the most recent twenty years, reflects various aspects of Shaoxing's social and economic development.

Ⅱ.The book contains the following 12 parts, 1.General Survey; 2.Population and Wages; 3.Agriculture; 4.Industry; 5.Transportation, Post and Telecommunications and Electricity; 6.Investment in Fixed Assets and Construction; 7.Domestic Trade, Foreign Trade and Economic Cooperation; 8.Public Finance, Banking and Insurance; 9.Price and People's Livelihood; 10.Culture, Education, Technology, Science and Public Health; 11.Others; 12.Reference By City and Prefecture in Zhejiang province and Yangse River Delta. In the appendices listed are Statistical Bulletins on Economy and Social Development Shaoxing in *2011*. Mainly Statistical Indicators and Charts at the beginning of each part. In addition, Explanatory Notes on Main Statistical Indicators are provided at the end of each part.

Ⅲ.The units of measurement used in this book are internationally standard measurement units.

Ⅳ.The major data sources of this publication are obtained from annual statistical reports, and some from sample surveys.

Ⅴ.Statistical discrepancies due to rounding are not adjusted in this yearbook.

Ⅵ.The statistics in former statistical yearbook have been already checked.

The data in Shaoxing Statistical Yearbook 2011 shall be regarded as authentic ones.

Ⅶ.Notations used in this yearbook:

"—" indicates that the figure is not large enough to be measured with the smallest unit or indicates 0 in the table;

"(blank)" indicates that the data not available;

"#"indicates the major items of the total.

目 录

CONTENTS

二、人口和劳动工资

Chapter 2 POPULATION AND WAGES

Statistical Chart

三、农业

Chapter 3 AGRICULTURE

四、工业

Chapter 4 INDUSTRY

五、交通、邮电及电力

Chapter 5 TRANSPORTATION，POST AND TELECOMMUNICATIONS，ELECTRICITY

六、固定资产投资和建筑业

Chapter 6 INVESTMENT IN FIXED ASSETS，CONSTRUCTION

七、国内贸易和对外经济

Chapter 7 DOMESTIC TRADE，FOREIGN TRADE AND ECONOMIC COOPERATION

八、财政、金融、保险

Chapter 8 PUBLIC FINANCE，BANKING AND INSURANCE

九、物价及人民生活

Chapter 9 PRICES AND PEOPLE'S LIVELIHOOD

十、文化、教育、科技和卫生事业

Chapter 10 CULTURE，EDUCATION，TECHNOLOGY，SCIENCE AND PUBLIC HEALTH

十一、其他

Chapter 11 OTHERS

十二、浙江省及长江三角洲地区城市资料

Chapter 12 REFERENCE BY CITY AND PREFECTUREIN ZHEJIANG PROVINCE AND YANGTSE RIVER DELTA

特　　载

SPECIAL ARTICLES

2011年绍兴市国民经济和社会发展
统 计 公 报

Statistical Bulletin on National Economy and Social Development of Shaoxing in 2011

绍兴市统计局　国家统计局绍兴调查队

2011 年，市委、市政府认真贯彻科学发展观，全面落实省委、省政府“八八战略”和“创业富民、创新强省”总战略，深入实施“创业创新、走在前列”战略部署，按照“致力转型促发展、强化宗旨惠民生、创先争优开好局”的工作基调，积极实施“十二五”规划，巩固和扩大应对国际金融危机冲击的成果，呈现经济增速稳中有升，转型升级逐渐加快，民生事业积极推进，社会更和谐稳定的良好局面，完成了年初确定的各项目标任务，实现了“十二五”时期经济社会发展良好开局。

一、综 合

综合实力持续增强。经核算，全年全市生产总值 3332.00 亿元，按可比价计算，比上年增长 10.5%。经济总量居长江三角洲地区第九位，全省第四位。全市人均生产总值 75820 元(按户籍人口计算)，按当年平均汇率折算，人均生产总值首次突破万美元，达到 11739 美元。人均生产总值超过万元的县（市、区））4 个，比上年增加 2 个，绍兴县 19930 美元、市区 12987 美元、诸暨市 10700 美元、上虞市 10436 美元，新昌县和嵊州市分别为 9075 美元和 6912 美元。第一产业增加值 172.10 亿元，增长 3.9%；第二产业增加值 1834.34 亿元，增长 10.1%；第三产业增加值 1325.56 亿元，增长 12.0%。三次产业结构由上年的 5.4：56.0：38.6 演变为 5.2：55.0：39.8，服务业增加值占 GDP 比重比上年提高 1.2 个百分点，完成省政府下达服务业年度双目标任务。

财政收入稳步增加。全年全市财政总收入 426.45 亿元，地方财政收入 239.69 亿元，同比增长 22.1%和 24.0%，完成年度预算的 101.4%和 101.6%。地方财政收入占财政总收入 56.2%，比上年增加 0.9 个百分点，财政收入结构进一步优化。地方财政收入中，增值税、营业税、企业所得税和个人所得税同比分别增长 14.0%、22.6%、36.3%和 18.9%。

三大价格普遍上扬。市区居民消费价格指数（CPI）全年上涨 5.4%，与全省、全国平均水平持平。八大类消费品七涨一跌，其中食品类、居住类、医疗保健和个人用品类、衣着类、烟酒类、家庭设备用品及维修服务类、交通和通信类分别上涨 11.6%、5.3%、4.4%、4.0%、3.2%、2.6%、2.3%，娱乐教育文化用品及服务类下降 0.7%。全年工业生产者出厂和购进价格同比上涨 6.4%和 8.5%，进出差价仍达 2.1 个百分点。

就业形势基本稳定。全市新增城镇就业 9.39 万人，完成目标 149%；帮助 3.70 万名城镇失业人员实现再就业,完成目标 132%；就业困难人员实现再就业 10044 人，完成目标 134%；1.59 万名城乡劳动者实现自主创业，完成 159.37%。培养各类技能人才 9.78 万人，完成目标 196%。累计投入培训资金 3181.3 万元，举办各类培训班 1700 多期，培训农民 9.70 万人，同比增长 13.6%。4.56 万名农民经培训后获得职业资格证书、绿色证书、学历证书，累计新增转移就业和创业就业农民达 3.48 万人。

发展中存在的主要问题：经济发展中长期积累的素质性、结构性矛盾仍比较突出；受国际市场影响，出口形势严峻；产品附加值偏低，企业综合竞争力不强，创新能力有待进一步提升；服务业比重仍然偏低，发展方式有待进一步转变。市区中心城市偏小，大城市建设有待进一步加快；经济发展和资源环境矛盾突出，可持续发展面临较大压力。

二、农　　业

全年全市农林牧渔业总产值 260.17 亿元，按可比价计算，比上年增长 3.9%。其中农业总产值 161.76，增长 3.5；林业 21.73 亿元，增长 4.3%；牧业 51.58 亿元，增长 5.5%；渔业 23.42 亿元，增长 3.0%；农、林、牧、渔服务业 1.68 亿元，增长 7.9%。

农业生产稳步发展。全市农作物播种面积 498.76 万亩，比上年增长 0.8%，其中粮食作物播种面积 278.95

万亩，增长 0.6%。蔬菜、生猪、茶叶、淡水产品、花卉苗木等五大特色主导产业总产值 147.71 亿元，占全市农林牧渔业总产值 56.8%，比重比上年提高 0.8 个百分点。全市共有 13 个现代农（林）业综合区、47 个农（林）业主导产业示范区、110 个特色农（林）业精品园列入省级创建点，15 个园区通过省级验收挂牌，通过验收的园区数量列全省第一。新建成粮食生产功能区 148 个，面积 14.35 万亩。共有各级各类农业龙头企业 1243 家，其中超亿元企业 77 家，同比增加 12 家。新增国家级农业龙头企业 1 家，累计 5 家，省级农业龙头企业共有 29 家。新发展规范化农民专业合作社 118 家，农民专业合作社总数 2146 家。新增土地承包经营权流转面积 7.63 万亩，累计达到 96.70 万亩，占全市承包耕地总面积 51.4%。建立各类农业标准化示范区 706 个，认证无公害农产品 408 只、认证 A 级绿色食品 55 只、认定无公害农产品产地 462 个，累计发展无公害农产品产地面积 95 万亩，其中新认证无公害农产品 88 个，新认证绿色食品 11 只。

新农村建设成效显著。全年全市财政对农林水事务投入 24.66 亿元，增长 18.7%，完成年度预算的 125.8%。用于“三农”的预算内资金 85.0 亿元，增长 28.5%。积极实施中心村培育建设，完成全市中心村布局规划和第一批中心村建设规划。整体提升“百村小康示范、千村改造整治”工程，财政共投入村庄整治资金 4.03 亿元,比上年增长 44.9%，268 个待整治村完成环境整治任务。深入实施“欠发达乡村和低收入农户奔小康”工程，全市全年建设扶贫项目 100 个，其中规模型扶贫开发项目 7 个，全部消除集体经济 4 万元以下的行政村，欠发达村的经常性收入增幅达 12%以上，70%以上低收入农户人均纯收入超过 6000 元；农民饮用水工程解决农村安全饮水人口新增 10.32 万人。探索农村集体建设用地使用权改革，积极推进农村宅基地置换，全市全年完成宅基地置换 3000 多户，新开工改造农民住房 2.6 万户，实际完成 3.1 万户。

林业、水利建设进展明显。加强城市平原绿化、通道绿化、河道绿化、村庄绿化、公益林建设和森林产业发展，扎实推进生态建设。全市成功创建省级森林城市 3 个、森林城镇 12 个、森林村庄 22 个。全年完成造林面积 3163 公顷，其中重点沿海防护林 276 公顷，累计封山育林 72423 公顷，森林覆盖率 54.03%。以水资源“百亿保障工程”、“强塘工程”和“四千工程”为载体，不断加大水利投入，扎实推进骨干水利和各项民生水利工程建设，取得显著成效。全年全市共完成水利建设总投资 23.46 亿元，同比增长 8.1%。完成土石方 3138 万方。钦寸水库、永宁水库、曹娥江至慈溪引水工程等骨干水源工程建设进展顺利；曹娥江引水工程全面建成通水，市区水质得到明显改善；全年水利工程年供水量 18.82 亿立方米；治理水土流失面积 74.8 平方公里，累计堤防达标长度 499.19 公里。完成小（二）型以上病险水库除险加固 40 座，山塘水库加固整治305座，加固维修水闸5座；已建成水库554座，总库容12.95亿立方米，防洪能力有显著提高。

三、工业和建筑业

工业生产稳步增长。全年全市工业增加值1641.65亿元，按可比价计算，增长10.4%。其中规模以上工业增加值1317.86亿元，增长13.8%，增速高于全省平均2.9个百分点。规模以上工业销售产值7673.99亿元，同比增长25.9%。新兴产业快速发展。全市规模以上工业六大新兴产业产值1861.60亿元，同比增长30.4%，高于规模以上工业增速4.1个百分点。其中新能源、新材料产业产值分别增长49.6%和40.6%。

经济效益同步推进。全市规模以上工业利税总额666.38亿元，同比增长22.2%，其中利润总额461.63亿元，同比增长23.1%。列入全省考核的十一项经济效益评价指标综合得分300.62分，同比提高26.30分。

节能降耗成效明显。全市规模以上工业综合能源消费量(当量)1019.02万吨标准煤，同比增长2.2%，低于工业总产值增速24.1个百分点，万元工业总产值能耗0.1294吨标准煤，同比下降19.1%。全社会用电量324.60亿千瓦时，增长9.8%，其中工业用电量268.68亿千瓦时，增长9.5%。

建筑业发展势头强劲。我市被省政府授予“建筑强市”称号，成为全省唯一的“建筑强市”。绍兴县、上虞市、诸暨市被评为“建筑强县”，宝业、中成等16家企业被授予全省“建筑强企”称号，占全省“建筑强县”、“建筑强企”半壁江山。2011年，我市建筑业施工总承包工程获鲁班奖3只、国家优质工程奖4只，“钱江杯”19只、“白玉兰杯”22只。4家特级企业第一批通过建设部新资质就位。20家晋升为一级企业，29家晋升为二级企业。现有建筑业特级企业17家，一级企业133家，二级企业251家，二级以上建筑企业达到401家，数量位居全国前列。全年按工程在地原则核算的建筑业增加值201.99亿元（不含我市建筑企业在外地创造的增加值），按可比价计算，比上年增长7.6%。全市建筑业总产值4169.44亿元（含我市建筑企业在外地的施工产值），比上年增长27.8%。产值超10亿元企业82家，超30亿元企业40家，超50亿元企业24家，分别比上年增加17家、12家和8家；超100亿元企业达到11家。

四、固定资产投资

投资实现较快增长。全年全市固定资产投资1426.26亿元，增长24.8%，增速居全省第二位。其中工业性投资744.42亿元，增长19.6%；房地产开发投资403.24亿元，增长35.4%；基础设施投资241.0亿元，增长 19.6%；服务业投资 674.94 亿元，增长 31.1%。

房产销售持续低迷。受国家对房地产的调控政策影响，全市房地产销售形势严峻。全市房地产开发企业 762 家，全年商品房销售额 415.49 亿元，同比下降 10.3%，商品房销售面积 497.39 万平方米，下降 18.5%。房地产开发施工面积 2881.07 万平方米，增长 32.2%，其中新开工面积 862.17 万平方米，增长 24.4%。

重点建设成效显著。全市 213 只重点项目当年完成投资 341 亿元，为年度计划的 109%。列入省考核的 52 只省重点项目完成投资 85 亿元,为年计划的 123%。其中，基础设施项目投资 149.3 亿元，社会事业项目投资 62 亿元，工业项目投资 66 亿元，服务业项目投资 63.7 亿元。嘉绍跨江通道绍兴段工程、杭甬客运专线绍兴段及绍兴枢纽工程等一批重大基础工程加快推进，完成或超额完成年度计划。滨海新城路网等基础设施已呈稚形,浙能滨海热电厂建成投运，江滨区天然气热电联产项目积极抢建，钦寸水库工程进入攻坚阶段,永宁水库工程全面启动，“科教园、三中心”等公共服务设施初出形象。

五、国内贸易

全社会消费稳定增长。全年全市社会消费品零售总额 1006.75 亿元，同比增长 18.0%。分城乡看，城镇市场零售总额 856.17 亿元，同比增长 18.1%；乡村市场零售总额 150.58 亿元，增长 17.6%。分行业看，批发零售业零售额 920.62 亿元，增长 18.0%；住宿和餐饮业零售额 86.14 亿元，增长 18.6%。从限额以上批零业企业商品零售情况看，食品、饮料、烟酒类商品增长 14.9%，服装、鞋帽、针纺织品类商品增长 13.4%。增长最快的是煤炭及制品类、金银珠宝类、石油及制品类，分别增长 99.5%、47.3%和 42.2%，汽车类增长 12.6%，以上四类占限额以上零售总额的 66.6%，拉动限上社会消费品零售额 14.8 个百分点，拉动全社会消费品零售额 6.8 个百分点。

商品交易市场成交活跃。据工商局统计，年末有商品交易市场 409 个，全年成交额 1999.22 亿元，同比增长 13.1%，其中消费品市场成交额 1191.84 亿元，增长 15.5%；生产资料市场成交额 807.39 亿元，增长 9.8%。超亿元市场 44 个，其中超 10 亿元市场 19 个，超 100 亿元市场 5 个。中国轻纺城和钱清轻纺原料市场成交额分别为 488.43 亿元和 400.86 亿元，增长 11.4%和 12.9%。

六、对外经济

对外贸易较快增长。全年全市进出口总额335.05亿美元，同比增长24.0%，增幅高于全省、全国2.0和1.5个百分点。其中出口259.86亿美元，同比增长23.2%，增幅高于全省、全国3.3和2.9个百分点。进口75.2亿美元，同比增长26.5%，虽低于全省0.8个百分点，但高于全国1.6个百分点。进出口额、出口额居全省第三位，进口额居全省第四位。有进出口国家和地区199个，其中出口超1000万美元的国家和地区107个，同比增加7个。美国、阿联酋、巴西分别位居出口额前三位国家，出口额分别为31.17亿美元、14.24亿美元和13.02亿美元。机电、化工和高新技术产品分别出口46.13亿美元、15.18亿美元和11.86亿美元，同比分别增长19.9%、27.1%和6.2%；纺织品及服装出口173.02亿美元，增长24.1%。新登记备案企业1681家，累计获进出口经营权企业12278家。全市出口超1000万美元企业579家，同比增加113家。

利用外资形势严峻。2011年，全市批准外资项目195个，同比减少40个，合同外资和实际利用外资11.55亿美元和8.05亿美元，同比下降20.2%和15.6%。以制造业为主的第二产业仍为我市招商引资重点领域，全年引进合同外资9.24亿美元，实到外资7.29亿美元。

外经合作积极推进。全市新批境外投资企业84家（增资企业13家）。境外投资企业总投资额71135万美元。其中中方投资额69485万美元，同比增长146.7%，完成年度目标277.9%。新签承包劳务合同额36192万美元，营业额45723万美元，分别下降31.4%和9.0%。其中实际境外工程营业额10816万美元，同比增长7.1%，完成年度目标任务的108.2%。全市外派劳务81人次，年末在外人数315人。

七、交通、邮电和旅游

公路建设不断推进。全市积极推进交通重点工程建设，交通项目建设呈现投入大、速度快、质量好的特点。全年交通基础设施项目投资额90.2亿元，完成年度计划的112.8%。其中市本级完成投资51.3亿元，完成年度计划的114.1%，超额完成年度目标任务。年末全市公路通车里程9480公里，同比增长2.1%；公路营业性客运量17328万人，周转量47.51亿人公里；公路营业性货运量7694万吨，周转量78.44亿吨公里。

邮电通信稳步增长。全年邮电业务收入 53.64 亿元，同比增长 9.8%。年末电话用户（含小灵通）199.22 万户，固定电话主线普及率 45.28 号线/百人。年末移动电话用户（通话用户）484.76 万户，同比增长 11.1%；移动电话普及率 110.17 部/百人，同比增长 10.8%；互联网用户数（不含手机上网用户）99.55 万户，同比增长 14.9%。

旅游事业发展加快。全年全市旅游总接待游客 4187.97 万人次，旅游总收入 413.90 亿元，分别增长 20.0%和 21.5%，其中接待国内游客 4127.62 万人次，国内旅游收入 399.60 亿元，分别增长 20.1%和 21.8%；接待入境游客 60.35 万人次，旅游外汇收入 22010.32 万美元，分别增长 15.4%和 19.1%。年末共有涉外饭店、宾馆 93 家，其中五星级 8 家，四星级 20 家，三星级 42 家。旅行社 118 家，比上年增加 7 家。市区 5A 创建取得重大突破，顺利通过浙江省旅游局的 5A 初评和国家旅游局的暗访调查、资源评估。浙江温泉湖国际度假旅游区（二期工程）、大香林风景区（二期工程）、会稽山度假休闲中心、东湖景区整治扩建等 7 个项目被列入全省服务业重大项目和“十二五”旅游重点建设项目。

八、金融、证券和保险业

金融业发展相对较紧。年末全市金融机构本外币存款余额 5510.14 亿元，同比增长 11.2%，贷款余额 4463.09 亿元，同比增长 13.4%，增幅分别比上年同期回落 8.3 和 5.9 个百分点。尽管全年金融机构存贷比和本年度新增存贷比分别处于 81%和 93.7%的历史高位，但贷款增量同比明显少增，全年全市新增贷款 528.82 亿元，同比少增 108.46 亿元。

上市公司队伍不断壮大。至年底，全市有上市公司 49 家，比上年增加 7 家，其中境外上市公司 11 家。全年上市公司融资额 90.86 亿元，同比下降 21.1%，其中新增的 7 家上市公司首发融资额为 51.43 亿元；完成再融资的 5 家上市公司再融资金额为 39.43 亿元。2011 年有 4 家公司发行短期融资券 42 亿元，10 家拟上市公司获得私募股权融资 7.37 亿元。小额贷款公司发展也跨上了新台阶。全年新开业小额贷款公司 7 家，增资扩股 4 家，全市开业小额贷款公司已达 17 家，注册资本 45.5 亿元，全年累计发放贷款 333.71 亿元，小额贷款公司成为银行体系的重要补充。

保险行业持续健康发展。各项业务指标呈现良好发展态势，经营效益较上年有很大提高。年末全市有各类保险机构 48 家，保费总收入 66.56 亿元，增长 7.58%，其中产险收入 29.56 亿元，增长 21.95%；寿险收入 37.00 亿元，下降 1.68%。支付各类赔款及给付 18.24 亿元，增长 7.74%，其中产险赔款 13.98 亿元，增长 24.83%，赔付率 47.31%；寿险赔款及给付 4.25 亿元，下降 25.83%。

九、科学技术和教育

科技事业再创新绩。绍兴市连续八次获得全国科技进步先进市称号，下辖五县（市）获全国科技进步先进县（市）称号。全年新上创新基金、重点新产品、火炬计划、星火计划等国家级科技项目 204 项，新上省重大科技专项计划、新产品等省级科技项目 692 项，37 项科技成果通过 2011 年度省科学技术奖评审，其中省科学技术奖 31 项、成果转化奖 6 项。纺织新材料、照明电器等两个国家高新技术产业化基地通过复评，新昌轴承及专用装备新认定为省级高新技术特色产业基地。新认定国家需要重点扶持高新技术企业 56 家，省创新型示范（试点）企业 19 家。绍兴黄酒工程技术研究中心被认定为国内唯一国家黄酒工程技术研究中心，新认定省级企业研究院 6 家、省级高新技术企业研发中心 23 家。越城区科技创业服务中心被认定为国家级科技企业孵化器，全市 13 家市级以上科技企业孵化器孵化场地面积近 50 万平方米。国家可持续发展实验区通过科技部中期评估，省级农业高科技园区通过验收。全市专利申请量、授权量分别为 15670 件、8922 件，其中发明专利申请量和授权量分别为 2078 件、534 件，同比分别增长 64.5%、55.7%。

教育事业蓬勃发展。制订了“十二五”教育改革发展规划，出台了推进教育现代化的若干政策意见。积极推进高等教育的扩容提质，镜湖科教园建设取得阶段性成效，元培学院、浙江农林大学、浙江工业大学之江学院和国际关系学院杭州校区项目进展顺利。义务教育标准化学校建设走在全省前列，266 所通过省厅验收，创建率 44%，居全省第二位。教育基本现代化乡镇成功创建 12 个，总数达 103 个，覆盖率 92.8%，全省领先。省级示范性中小学比例 22%。国家级重点职业学校 13 所，占全市职业学校 52%，省级重点中学、重点职校占全市高中段学校的 60%以上。全市学前三年入园率 99.04%以上，小学、初中和“三残”儿少入学率 100%，初升高比例达 99.18%，高等教育毛入学率 50%以上。在校学生数 123.34 万人，其中普通高校学生数 5.65 万人。高考文理科一本上线人数（不含艺术、体育）占全省 13%，上线率高于全省平均。教师队伍不断扩大，年末共有教职工 57702 人，增长 2.6%。

十、文化、卫生和体育

文化事业繁荣昌盛。基础文化设施建设进一步加强，绍兴市文化中心建设和乡镇综合文化站建设积极推进。成功创建2个“国家级民间文化艺术之乡”，6个“浙江省民间文化艺术之乡”。绍兴图书馆90%的面积向公众免费开放。实现全市所有行政村农家书屋全覆盖，提前半年完成省政府下达任务，全省领先。坚持文化“三下乡”，全年组织下基层演出1224场，送图书下乡120026册，放映农村公益电影25777场，受惠观众达800万人次。越剧《梁祝》走进新疆、西藏，完成全国巡演；举办市第三届鲁迅文化艺术节和纪念毛泽东同志为绍剧《孙悟空三打白骨精》50周年座谈会纪念专场演出。绍剧《八戒别传》、新版剧《狸猫换太子》入选第十三届中国上海国际节演出。制定实施绍兴市非物质文化遗产相关文件，深入开展文化遗产保护利用工作，非遗馆建设、非遗项目、基地申报等方面取得新成绩。完成2400平方米的非遗馆二期建设，成为绍兴向外展示非遗项目独特魅力的文化窗口。“王羲之传说”、“越窑青瓷烧制技艺”列入第三批国遗名录，“诸暨西路乱弹”进入国家级非物质遗传扩展项目名录。绍兴黄酒酿制技艺等6个项目、8家单位成功申报省级非物质文化遗产生产性保护基地。全市共42人被确认为第三批市级非遗代表性传承人。艺术表演团体演出场次826场次，电影放映145620场次，公共图书馆总藏量267.29万册，拥有艺术群艺馆、文化（馆）站125个。

卫生事业成就显著。积极创建全国文明城市，国家卫生城市成功通过复审。积极推进医疗改革，新农合全市人均筹资标准提高到429.97元，居全省第二位，参合率97.28%，其中市区99.65%，为全省第一。统筹地区政策范围内住院费用报销比例68.99%，比上年提高22.32个百分点，列全省第一。有效推进城乡社区卫生服务机构标准化建设，全年共完成新建、改扩建133家，完成全年任务数170%。市区率先实现城乡居民健康卡“一卡通”，各县（市）新农合卡在市级定点医院和部分省级医院实现联网结算。全市共获省卫生厅和省中医药科技计划立项31项；获省卫生科技创新奖和省中医药创新奖17项，创历年来最佳成绩。年末有卫生机构1515个，其中医院40个，卫生院、分院及社区卫生服务中心（站）920个。卫生机构床位数16849张，其中医院12893张。医生数9926人，注册护士数8528人。每万人拥有医疗床位数38.29张，每万人拥有医生22.56人。

体育事业欣欣向荣。体育赛事精彩纷呈，成功承办全国花样游泳锦标赛、全国第八届残疾人运动会游泳比赛、世界荷球锦标赛、全国高尔夫俱乐部联赛。竞技体育扎实推进，以筹备、备战第十五届省运会为契机，全面推进全市竞技体育各项工作发展。全民健身活动深入开展，组织“全民健身、同迎新年”体育健身展示活动、万人登山暨市区第十四届千人登会稽山、长三角健身大联赛等群众性体育活动。体育创强工作取得突破，成功创建 13 个体育强镇（乡、街道）、16 个“体育先进社区”，创建数量和质量为历年之最。还成功创建省级小康体育村 311 个，新建、改建篮球场 293 片，新建健身路径 580 件。创建 104 个省级、市级基层体育俱乐部，发展会员 3 万余人。体育设施建设顺利推进，启动奥体中心运营管理的前期工作，市体校扩建工程顺利动工建设，市游泳健身中心无障碍设施改造全面完成。

十一、环境和安全生产

环保工作深入开展。全面启动“811”生态文明推进行动，印发《绍兴市“811”生态文明建设推进行动方案》和 11 个专项行动方案、《绍兴市 2011 年生态市建设各县（市、区）和部门工作任务书》等文件。认真做好国家环保模范城市复查迎检各项准备。建立健全减排工作体系，编制出台《绍兴市“十二五”主要污染物总量控制规划》。深入开展“清洁水源”行动，开展曹娥江、鉴湖等流域水环境专项整治。深入开展“清洁空气”行动，开展工业废气、恶臭的集中排查和整治；开展机动车尾气定期检测；实施油气回收改造工程；实施餐饮业油烟治理；开展建筑工地扬尘污染专项整治。扎实开展生态系列创建，诸暨市东白湖镇等 4 个乡镇成功创建国家级生态乡镇，国家级生态乡镇年度创建总数位居全省第二。上虞市成功创建省级生态市，新昌县七星街道等 13 个单位成功创建省级生态乡镇，全市省级以上生态县市、生态乡镇比例分别达到 50%和 88.2%。累计创建省级绿色饭店 2 家、绿色家庭 20 户、绿色社区 15 个、绿色医院 3 家，市级生态镇（街道）10 个、生态村 260 个。全市环境空气质量达标（API<100）天数 332 天；县级以上集中式饮用水源水质达标率、城市生活垃圾无害化处理率、医疗废物处置率均保持在 100%。

安全程度不断提高。全年全市共发生各类事故 1873 起、死亡 588 人、受伤 1670 人、直接经济损失 2308.5 万元，四项指标均在省控指标范围内。安全生产各类事故起数、事故死亡人数和直接经济损失三项指标连续八年实现“负增长”，未发生重特大生产安全事故。全市命案破案率 96.47%，五类案件破案率 100%。全市刑事案件列案数 42818 起，上升 0.74%，破案数 19683 起，增长 3.01%；道路交通事故 1578 起，火灾事故 113 起，分别下降 16.29%和 30.25%。

十二、人口、人民生活和社会保障

人口增长得到有效控制。据市公安局统计，年末全市户籍人口 440.01 万人，其中男性 220.83 万人，女性 219.19 万人，分别占总人口的 50.2%和 49.8%；非农业人口 152.07 万人，占总人口的 34.6%，比上年提高 0.8 个百分点。年末暂住人口 182.28 万人，同比增长 28%。据市人口计生委统计，全年全市人口出生率 7.09‰，死亡率 6.83‰，人口自然增长率 0.26‰。

居民生活水平稳步提高。全年财政用于民生的支出 179.31 亿元，同比增长 21.5%，完成年度预算的 124.2%。民生支出占财政总支出比重达到 70.8%，比上年提高 4.3 个百分点。抽样调查显示，城乡居民收支均实现较大幅度增长，全市城镇居民人均可支配收入 33273 元，增长 13.3%；人均消费性支出 20353 元，增长 13.5%。农村居民人均纯收入 15861 元，增长 16.2%；人均生活消费支出 10073 元，增长 9.4%。城乡居民恩格尔系数分别为 35.0%和 39.8%，均处于相对富裕水平。城镇居民人均住房建筑面积 35.16 平方米，农村居民人均居住住房面积 61.69 平方米，同比虽有所下降，但住房配套设施有了较大提高。

社会保障体系不断完善。率先开发成功兼具银联功能的社会保障卡，全市共发放社会保障卡 136.5 万张，占总数的 96.8%，基本覆盖全体参保人员。制定出台城乡居民社会养老保险、职工医保完善工伤保险市级统筹的实施意见等多项新政，保障水平得到明显提升。2011 年，全市企业职工基本养老保险新增参保 15.33 万人，完成目标任务的 194.05%；城镇职工基本医疗保险新增参保 14.16 万人，完成全年目标任务的 102.28%；失业保险新增参保 8.54 万人，完成目标任务的 284%；工伤保险新增参保 16.8 万人，完成全年目标任务的 224%；生育保险新增参保 15.27 万人，完成全年目标任务的 305.4%。城乡居民社会养老保险新增参保 7.31 万人，完成目标任务的 146.2%；城镇居民和未成年人医疗保障新增参保 6.7 万人，完成目标任务的 101.51%。全市减征社保费 1.6 亿元，惠及企业 42562 家。全市新开工经济适用住房 2136 套、15 万平方米；新开工廉租住房 372 套、2.21 万平方米；新开工公共租赁住房 5163 套、30 万平方米；完成城市旧住宅区（危旧房）改造共 15.1 万平方米。

社会福利事业卓有成效。居家养老力度有新提升。通过建立市级养老服务指导中心，创办农村 “星光老年之家”提供居家养老服务。全市 98 个城市社区开展居家养老工作，2187 个村已建成“星光老年之家”；新增机构福利床位 4467 张，超额完成年增 1800 张的任务；出台孤儿基本生活费标准政策，明确全市孤儿月基本生活费标准，机构养育不低于 1000 元，社会散居不低于 600 元。福利彩票销售量 6.59 亿元，筹集福彩公益金2亿元，同比分别增长17.0%和17.6%。低保最低补差达到60元，家庭人均年收入在4000元以下的农户全部纳入低保，高于省政府2500元以下的标准，全年向35152户低保户56914人发放15757.37万元低保金，我市农村和城市低保标准分列全省第三和第四位。发放困难群众动态物价补贴2530多万元，20.80万人次受益。医疗救助资金6217.93万元，同比增长17.61%，超过了年初预算32%。集中供养水平稳中有升，3399名供养对象集中供养率100%，供养经费2942万元，比上年增长6.6%。累计救助5695人次，救助经费810.54万元，未成年人、街头流浪精神病人和危重病人得到全额救助，全程关爱，全省领先。全年开展慈善公益项目30个，组织公益活动156次，为10万名对象提供1.8万小时服务和19万元爱心物资，开展助困、助学、助医、助老、助残等慈善项目行动，全年支出慈善救助金1.02亿元，惠及困难群众55.85万人次。

说明：

1. 本公报所列各项数据除绍兴市生产总值外，其余均为年度初步统计数据，今后均以《绍兴统计年鉴》数为准。

2. 公报中绍兴市生产总值和各产业增加值绝对数按现价计算，增长速度按可比价计算。

3. 附表2中工业产品产量的统计范围为年主营业务收入2000万元及以上法人工业企业。

附表 1　2011 年绍兴市区市场价格变动情况(%)

类　别	指数(上年=100)	
	2011 年	2010 年
市区居民消费价格	105.4	104.0
#食　品	111.6	106.2
#粮　食	116.3	118.6
肉禽及其制品	120.9	102.8
油　脂	119.9	103.9
水产品	114.6	108.1
鲜　菜	103.0	110.7
烟酒及用品	103.2	100.8
衣　着	104.0	102.5
家庭设备用品及维修服务	102.6	101.8
医疗保健和个人用品	104.4	104.0
交通和通迅	102.3	101.1
娱乐教育文化用品及服务	99.3	102.9
居　住	105.3	105.4

附表 2　2011 年全市工农业主要产品产量

产品名称	计量单位	2011 年	同比增长(%)
一、农业产品产量			
粮食	万吨	118.31	1.7
# 谷物	万吨	104.93	1.7
油料	万吨	5.61	6.4
# 油菜籽	万吨	4.29	7.7
棉花	万吨	2839	11.6
茶叶	万吨	50307	1.5
蔬菜	万吨	237.59	-2.4
果用瓜	万吨	35.95	-1.2
甘蔗	万吨	5.08	-6.3
肉类	万吨	18.15	5.0
# 猪肉	万吨	14.27	6.2
禽蛋	万吨	4.92	10.7
蚕茧	万吨	2976	-2.4
水产品	万吨	93549	-0.4
二、工业产品产量			
纱	万吨	30.01	-20.3
布	亿米	51.31	8.5
印染布	亿米	213.42	7.3
丝	吨	4033	-1.5
服装	亿件	5.41	-0.4
化学纤维	万吨	392.45	17.7
合成纤维单体	万吨	187.77	0.1
合成纤维聚合物	万吨	140.58	39.8
塑料制品	万吨	168.92	8.8
化学原料药	吨	138703	9.3
黄酒	千升	341896	13.8
精制茶	万吨	18.21	-2.5
发电量	亿千瓦时	51.97	-0.1
钢材	万吨	173.31	14.4
水泥	万吨	1327.18	3.0
农用化肥(折 100%)	吨	36318	5.6
滚动轴承	万套	23136	13.5
集成电路	万块	118751	8.9

2011年度绍兴市30强镇（乡）（不含街道）

镇（乡）名称	镇（乡）名称
1. 绍兴县马安镇	16. 诸暨市牌头镇
2. 诸暨市店口镇	17. 绍兴县兰亭镇
3. 绍兴县钱清镇	18. 诸暨市璜山镇
4. 诸暨市大唐镇	19. 嵊州市甘霖镇
5. 诸暨市草塔镇	20. 绍兴县夏履镇
6. 绍兴县福全镇	21. 诸暨市次坞镇
7. 诸暨市山下湖镇	22. 上虞市崧厦镇
8. 绍兴县杨汛桥镇	23. 袍江区马山镇
9. 绍兴县安昌镇	24. 绍兴县平水镇
10. 绍兴县齐贤镇	25. 诸暨市同山镇
11. 上虞市道墟镇	26. 诸暨市五泄镇
12. 袍江区斗门镇	27. 嵊州市长乐镇
13. 诸暨市阮市镇	28. 绍兴县陶堰镇
14. 诸暨市枫桥镇	29. 诸暨市安华镇
15. 绍兴县漓渚镇	30. 诸暨市应店街镇

注：因统计资料所限，全市各街道办事处不列入强镇（乡）排序范围。

2011 年度绍兴市主要行业排头兵企业评价结果

全市工业企业销售收入 50 强

1.浙江远东化纤集团有限公司
2.绍兴电力局
3.海亮集团有限公司
4.浙江盾安精工集团有限公司
5.浙江大东南集团有限公司
6.三花控股集团有限公司
7.浙江龙盛股份有限公司
8.卧龙控股集团有限公司
9.精功集团有限公司
10.浙江新纵横投资有限公司
11.天洁集团有限公司
12.万丰奥特控股集团有限公司
13.浙江宏磊控股集团有限公司
14.绍兴亿丰化纤有限公司
15.浙江日月首饰集团有限公司
16.浙江南方石化工业有限公司
17.浙江化纤联合集团有限公司
18.浙江绍兴三圆石化有限公司
19.浙江永通染织集团有限公司
20.浙江古纤道新材料有限公司
21.浙江欧亚薄膜材料有限公司
22.诸暨市供电局
23.浙江宏达金属冶炼有限公司
24.浙江闰土股份有限公司
25.浙江新和成股份有限公司
26.露笑集团有限公司
27.浙江永利实业集团有限公司
28.浙江无名皮塑集团有限责任公司
29.绍兴诚邦化纤有限公司
30.浙江赐富化纤有限公司
31.浙江医药股份有限公司新昌制药厂
32.浙江华孚色纺有限公司
33.天龙控股集团有限公司
34.浙江天乐集团有限公司
35.李字实业集团有限公司
36.浙江金鑫化纤有限公司
37.绍兴市力博铜材有限公司
38.世纪阳光控股集团有限公司
39.金科控股集团有限公司
40.浙江绍兴苏泊尔生活电器有限公司
41.越美集团有限公司
42.浙江向日葵光能科技股份有限公司
43.浙江星鹏铜材集团有限公司
44.绍兴华茂化纤有限公司
45.上虞市供电局
46.浙江林邦控股集团有限公司
47.浙江五洲控股集团有限公司
48.雄峰控股集团有限公司
49.浙江天圣化纤有限公司
50.浙江稽山控股集团有限公司

2011 年度绍兴市主要行业排头兵企业评价结果(续一)

全市工业企业创利 50 强

1.浙江远东化纤集团有限公司
2.三花控股集团有限公司
3.浙江新和成股份有限公司
4.浙江医药股份有限公司新昌制药厂
5.卧龙控股集团有限公司
6.海亮集团有限公司
7.浙江大东南集团有限公司
8.浙江盾安精工集团有限公司
9.浙江龙盛股份有限公司
10.浙江闰土股份有限公司
11.绍兴市电力局
12.万丰奥特控股集团有限公司
13.浙江绍兴三圆石化有限公司
14.浙江林邦控股集团有限公司
15.浙江金盾控股集团有限公司
16.绍兴亿丰化纤有限公司
17.浙江欧亚薄膜材料有限公司
18.浙江古纤道新材料有限公司
19.天洁集团有限公司
20.浙江晶盛机电股份有限公司
21.浙江华通控股集团有限公司
22.世纪阳光控股集团有限公司
23.浙江加多宝饮料有限公司
24.浙江日月首饰集团有限公司
25.精功集团有限公司
26.浙江南方石化工业有限公司
27.李字实业集团有限公司
28.浙江宏磊控股集团有限公司
29.越美集团有限公司
30.浙江上峰水泥集团有限公司
31.太子龙控股集团有限公司
32.上峰集团有限公司
33.浙江晨辉照明有限公司
34.浙江越剑机械制造有限公司
35.浙江永利实业集团有限公司
36.索密克汽车配件有限公司
37.浙江春晖集团有限公司
38.浙江华海合力科技股份有限公司
39.绍兴诚邦化纤有限公司
40.宝业集团股份有限公司
41.浙江无名皮塑集团有限责任公司
42.中国绍兴黄酒集团有限公司
43.浙江赐富化纤有限公司
44.浙江华孚色纺有限公司
45.绍兴翔宇绿色包装有限公司
46.露笑集团有限公司
47.绍兴中成热电有限公司
48.浙江绍兴苏泊尔生活电器有限公司
49.浙江宏达金属冶炼有限公司
50.浙江金鑫化纤有限公司

2011 年度绍兴市主要行业排头兵企业评价结果(续二)

纺织行业工业企业销售收入 30 强

1.浙江新纵横投资有限公司
2.绍兴亿丰化纤有限公司
3.浙江南方石化工业有限公司
4.浙江化纤联合集团有限公司
5.浙江永通染织集团有限公司
6.浙江古纤道新材料有限公司
7.浙江永利实业集团有限公司
8.绍兴诚邦化纤有限公司
9.浙江赐富化纤有限公司
10.浙江华孚色纺有限公司
11.天龙控股集团有限公司
12.浙江金鑫化纤有限公司
13.越美集团有限公司
14.绍兴华茂化纤有限公司
15.雄峰控股集团有限公司
16.浙江天圣化纤有限公司
17.浙江稽山控股集团有限公司
18.浙江巴贝领带有限公司
19.浙江华海合力科技股份有限公司
20.浙江庆盛控股集团有限公司
21.太子龙控股集团有限公司
22.浙江虹绢丝绸集团有限公司
23.浙江越红控股集团有限公司
24.浙江兴盛控股集团有限公司
25.步森集团有限公司
26.嵊州盛泰色织科技有限公司
27.富润控股集团有限公司
28.绍兴县鹏越纺织有限公司
29.绍兴紫薇化纤有限公司
30.裕隆控股集团有限公司

纺织行业工业企业创利 30 强

1.绍兴亿丰化纤有限公司
2.浙江古纤道新材料有限公司
3.浙江南方石化工业有限公司
4.越美集团有限公司
5.太子龙控股集团有限公司
6.浙江永利实业集团有限公司
7.浙江华海合力科技股份有限公司
8.绍兴诚邦化纤有限公司
9.浙江赐富化纤有限公司
10.浙江华孚色纺有限公司
11.浙江金鑫化纤有限公司
12.浙江稽山控股集团有限公司
13.绍兴华茂化纤有限公司
14.浙江兴盛控股集团有限公司
15.绍兴国周控股集团有限公司
16.浙江新纵横投资有限公司
17.浙江越红控股集团有限公司
18.浙江庆盛控股集团有限公司
19.浙江天洋控股集团有限公司
20.双双集团有限公司
21.绍兴紫薇化纤有限公司
22.浙江四海氨纶纤维有限公司
23.浙江巴贝领带有限公司
24.浙江永通染织集团有限公司
25.天龙控股集团有限公司
26.绍兴金海岛化纤有限公司
27.浙江袜业有限公司
28.绍兴怡华纺织有限公司
29.步森集团有限公司
30.浙江恒冠化纤有限公司

2011年度绍兴市主要行业排头兵企业评价结果(续三)

建筑企业综合实力20强	房地产企业综合实力20强
1.浙江中成建工集团有限公司	1.卧龙地产集团股份有限公司
2.浙江宝业建设集团有限公司	2.绍兴柯桥万达广场投资有限公司
3.五洋建设集团股份有限公司	3.绍兴金昌房地产开发有限公司
4.中设建工集团有限公司	4.绍兴金绿泉置业有限公司
5.中厦建设集团有限公司	5.绍兴世茂新城房地产开发有限公司
6.浙江展诚建设集团股份有限公司	6.浙江冠南房地产开发有限公司
7.浙江八达建设集团有限公司	7.浙江悦城置业有限公司
8.华升建设集团有限公司	8.浙江凯翔房地产开发有限公司
9.浙江亚厦装饰股份有限公司	9.上虞银河湾置业有限公司
10.东方建设集团有限公司	10.坤和建设(绍兴)有限公司
11.浙江勤业建工集团有限公司	11.浙江华联置业有限公司
12.浙江天工建设集团有限公司	12.浙江宝业房地产集团有限公司
13.长业建设集团有限公司	13.诸暨市越都置业有限公司
14.浙江舜杰建筑集团股份有限公司	14.绍兴中庆房地产发展有限公司
15.浙江中富建筑集团股份有限公司	15.浙江金城控股集团有限公司
16.浙江万达建设集团有限公司	16.绍兴华裕房地产开发有限公司
17.浙江舜江建设集团有限公司	17.诸暨市祥生置业有限公司
18.浙江海滨建设集团有限公司	18.绍兴世茂新纪元置业有限公司
19.浙江中联建设集团有限公司	19.诸暨华东国际珠宝城有限公司
20.中鑫建设集团有限公司	20.诸暨市华海置业有限公司

2011 年度绍兴市主要行业排头兵企业评价结果(续四)

商场综合实力十强	全市十大交易市场
1.浙江上百贸易有限公司	1.浙江绍兴中国轻纺城
2.绍兴市国商大厦有限责任公司	2.钱清中国轻纺原料城
3.嵊州市国商大厦有限公司	3.绍兴越州轻纺工贸园区
4.绍兴香溢投资发展有限公司	4.浙江大唐轻纺袜业城
5.浙江供销超市有限公司	5.诸暨华东汽配水暖城
6.诸暨雄风百货广场有限公司	6.浙江石狮国际商贸城
7.浙江震元医药连锁有限公司	7.诸暨华东国际珠宝城
8.绍兴大通商城股份有限公司	8.诸暨市小商品市场
9.诸暨市华天商贸有限公司	9.绍兴市蔬菜果品批发交易市场
10.绍兴市千客隆超市有限公司	10.绍兴染料城

一

综　　合

CHAPTER 1 GENERAL SURVEY

地区生产总值及发展指数

Gross Domestic Product and Its Indices

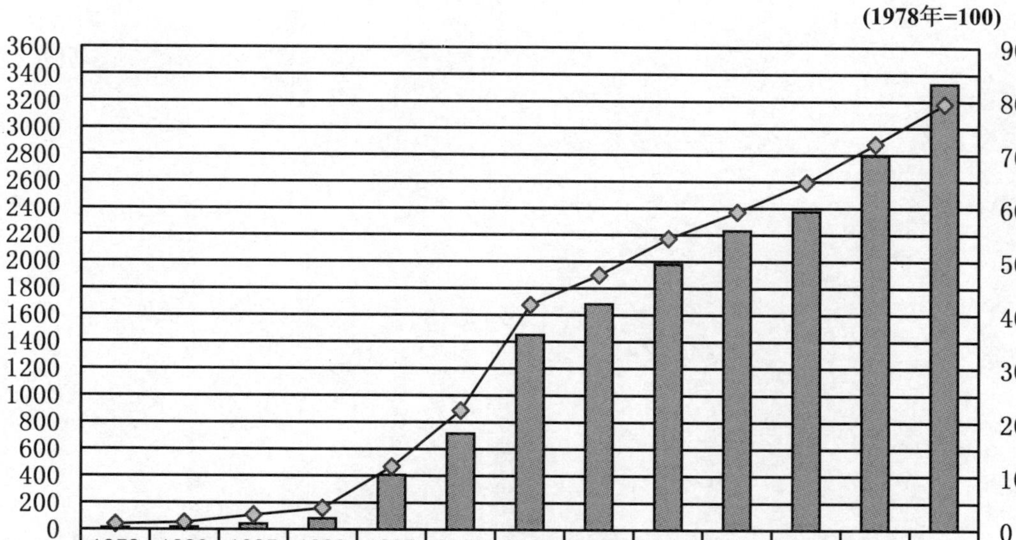

	1978	1980	1985	1990	1995	2000	2005	2006	2007	2008	2009	2010	2011
GDP(亿元)	11	17	40	82	405	717	1450	1682	1979	2230	2376	2795	3332
发展指数	100	131	269	395	1170	2215	4185	4742	5429	5929	6483	7196	7952

地区生产总值三次产业构成

Composition of Gross Domestic Product

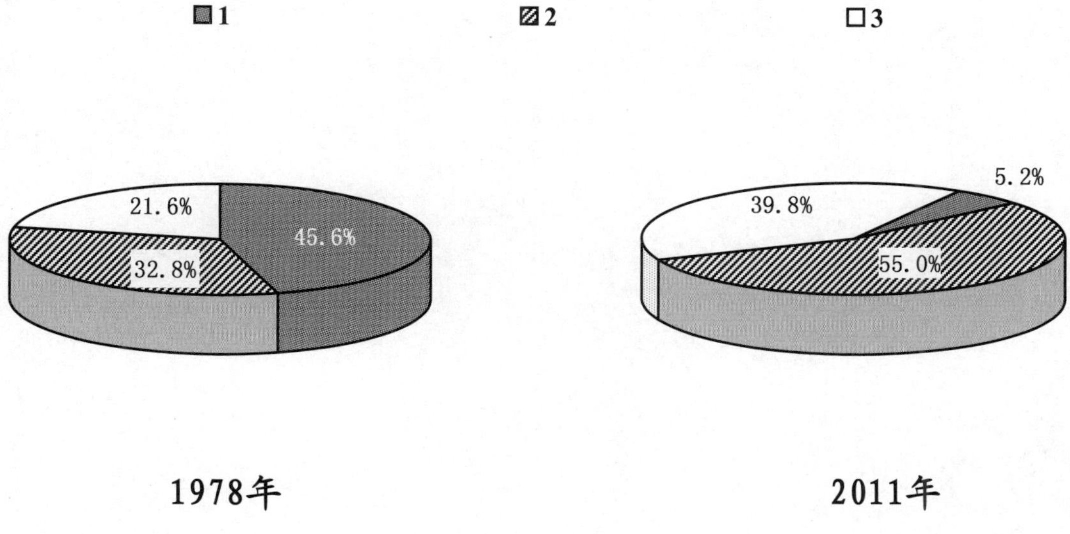

1978年　　　　2011年

行政区划及自然资源

行政区划

绍兴简称绍。下辖三市二县一区：诸暨市、上虞市、嵊州市、绍兴县、新昌县和越城区。全市共有乡 15 个、镇 79 个、街道 24 个、居委会 479 个，行政村 2186 个。

位　　置

绍兴市位于浙江省中北部，钱塘江口以南，介于北纬 29° 13′ 36″ 至 30° 16′ 17″，东经 119° 53′ 02″ 至 121° 13′ 38″ 之间。东连宁波市，南接台州和金华市，西接杭州市，北隔钱塘江与嘉兴相望。东西长 130.03 公里，南北宽 116.86 公里，海岸线长 40 公里，总面积 8256 平方公里。

地　　貌

绍兴处于浙西山地丘陵、浙东丘陵山地和浙北平原三大地貌单元的交接地带，地貌比较复杂。境内地势南高北低，由北部绍虞平原向南逐渐过渡为丘陵山地。全市地貌可概括为“四山三盆两江一平原”。山地丘陵构成“山”字形的骨架，其中部会稽山脉主峰东白山，海拔 1194.6 米，为全市的最高峰。

面　　积

全市总面积 8256 平方公里，其中陆域面积 8031 平方公里，河口海域面积 225 平方公里。平原面积 1514 平方公里，占土地总面积的 18.34%；盆地面积 1604 平方公里，占 19.43%；丘陵面积 2644 平方公里，占 32.03%；台地面积 461 平方公里，占 5.58%；山地面积 2033 平方公里，占 24.62%。市区建成区面积为 100.06 平方公里。

河　　流

绍兴河道密布、湖泊众多，向以“水乡泽国”享誉海内外。境内主要有汇入钱塘江的曹娥江、浦阳江、鉴湖水系；浙东运河东西横贯北部，与南北向河流沟通，交织成北部平原区河密率很高的河网水系。

气　　候

绍兴地处亚热带季风气候区，季风显著，四季分明，气候温和，湿润多雨。年平均气温在 16.9℃左右，年降水量 1258.0 毫米左右。

Administrative Divisions & Natural Resources

Administrative Divisions

Shaoxing is called Shao in short. It governs three county-level cities, two counties and one district: Zhuji city, Shangyu city, Shengzhou city, Shaoxing County, Xinchang County and Yuecheng District. There are 15 small towns, 79 towns, 24 sub-districts, 479 neighborhood committee and 2186 villages in Shaoxing.

Location

Shaoxing lies in the center-north of Zhejiang, on the south of Qiangtang River, between 29° 13′ 36″ N to 30° 16′ 17″ N, and 119° 53′ 02″ E to 121° 13′ 38″ E. It borders on Ningbo on the east, Taizhou and Jinhua on the south, Hangzhou on the west and Jaxing on the north across the Qiantang River. It spans 130.03 km long from east to west, 116.86 km wide from north to south. The coastline stretches for 40 km. The total area of the city is 8256 square kilometers.

Topography

Shaoxing is situated at the junction belt of three different topography units, with a rather diversified topography. Within its territory, the south is higher than the north, changing from plain area of north to the hilly regions of south. The topography of the city can be summarized as "40 percent mountain, 30 percent basin, 20 percent river and 10 percent plain". The mountainous and hilly region forms a structure of W shape. The highest peak of the city is the 1194.6 meter high Dongbai Mt, main peak of Kuaiji Mountain.

Area

The total area of Shaoxing is 8256 sq. km. In which 8031 sq. km is land area and 225 sq. km is estuary and sea area. The area of plain is 1514 sq. km, accounting for 18.34% of land area; The area of basin is 1604 sq. km, accounting for 19.43% of land area; The area of hilly terrain is 2644 sq. km, accounting for 32.03 % of land area; The area of table land n is 461 sq. km, accounting for5.58% of land area; and The area of mountainous region is 2033 sq. km, accounting for 24.62% of land area; the Built-up Urban District covers100.06 sq.km.

Rivers

Shaoxing has been long widely renowned as a "land of waters", thanks to its dense rivers and numerous lakes. There are mainly the Cao'e River, Puyang River and Jianhu Water System within its territory. The East Zhejiang Canal flows through the city from west to east, interwoven with the local rivers a dense network of rivers in the north plain region.

Climate

Shaoxing's climate belongs to monsoon of subtropical moist marine climate zone, with distinct four seasons, Shaoxing has a mild climate with plenty rainfall. Average temperature of the year is around 16.9℃ and annual precipitation is around 1258.0 millimeter.

1－1 绍兴市行政区划

Divisions of Administrative Areas

单位：个 (unit)

年份(地区)	Year (Region)	镇 Town	乡 Township	街道 Subdistrict	社区(居民)委员会 Community (Neighborhood) Committee	村民委员会 Villager Committee	土地面积(平方公里) Area of Land (sq.km)
	1985	56	273	4		5164	8256
	1990	81	243	4		5161	8256
	1995	100	36	5	317	5142	8256
	1996	102	34	5	341	5146	8256
	1997	102	34	6	359	5146	8256
	1998	102	34	6	371	5145	8256
	1999	102	34	6	406	5125	8256
	2000	101	34	6	424	5124	8256
	2001	80	18	20	336	5141	8256
	2002	80	18	20	235	5102	8256
	2003	80	18	20	299	4625	8256
	2004	80	18	20	427	4446	8256
	2005	80	17	20	399	4077	8256
	2006	79	15	23	436	2939	8256
	2007	79	15	24	437	2890	8256
	2008	79	15	24	458	2222	8256
	2009	79	15	24	480	2195	8256
	2010	79	15	24	488	2188	8256
	2011	79	15	24	479	2186	8256
分县(市、区)	**Grouped By County, City & District**						
市区	Urban District	7	–	7	151	210	362
绍兴县	Shaoxing	15	–	4	114	291	1177
上虞市	Shangyu	15	3	3	102	340	1403
嵊州市	Shengzhou	11	6	4	30	463	1790
新昌县	Xinchang	8	5	3	17	414	1213
诸暨市	Zhuji	23	1	3	65	468	2311

1-2 分县(市、区)乡、镇、街道名称(2011 年末)

Names of Townships，Towns and Subdistricts in Each County (City)(End of 2011)

地　区 Region	乡、镇、街道数 Number	乡、镇、街道名称 Townships，Towns and Subdistricts
市　区 Urban District		
越城区 Yuecheng District	14	塔山街道、府山街道、蕺山街道、北海街道、城南街道、稽山街道、迪荡街道、东湖镇、灵芝镇、东浦镇、鉴湖镇、皋埠镇、马山镇、斗门镇 Tashan Subdistrict、Fushan Subdistrict、Jishan Subdistrict、Beihai Subdistrict、Chengnan Subdistrict、Jishan Subdistrict、Didang Subdistrict、 Donghu Town、Lingzhi Town、Dongpu Town、Jianhu Town、Gaobu Town、Mashan Town、Doumen Town
县(市) County (Cities)		
绍兴县 Shaoxing	19	柯桥街道、柯岩街道、华舍街道、湖塘街道、齐贤镇、钱清镇、孙端镇、福全镇、马鞍镇、平水镇、安昌镇、王坛镇、兰亭镇、稽东镇、杨汛桥镇、漓渚镇、富盛镇、陶堰镇、夏履镇 Keqiao Subdistrict、Keyan Subdistrict、Huashe Subdistrict、Hutang Subdistrict、Qixian Town、Qianqing Town、Sunduan Town、Fuquan Town、Ma'an Town、Pingshui Town、Anchang Town、Wangtan Town、Lanting Town、Jidong Town、Yangxunqiao Town、Lizhu Town、Fusheng Town、Taoyan Town、Xialv Town
上虞市 Shangyu	21	百官街道、曹娥街道、东关街道、道墟镇、长塘镇、上浦镇、汤浦镇、章镇镇、下管镇、丰惠镇、永和镇、梁湖镇、驿亭镇、小越镇、谢塘镇、盖北镇、崧厦镇、沥海镇、岭南乡、陈溪乡、丁宅乡 Baiguan Subdistrict、Chao'e Subdistrict、Dongguan Subdistrict、Daoxu Town、Changtang Town、Shaopu Town、Tangpu Town、Zhangzheng Town、Xiaguan Town、Fenghui Town、Yonghe Town、Lianghu Town、Yiting Town、Xiaoyue Town、Xietang Town、Gaibei Town、Songxia Town、Lihai Town、Lingnan Township、Chenxi Township、Dingzhai Township
嵊州市 Shengzhou	21	鹿山街道、剡湖街道、三江街道、浦口街道、甘霖镇、长乐镇、黄泽镇、三界镇、崇仁镇、石璜镇、仙岩镇、谷来镇、金庭镇、北漳镇、下王镇、雅璜乡、竹溪乡、通源乡、里南乡、贵门乡、王院乡 Lushan Subdistrict、Shanhu Subdistrict、Sanjiang Subdistrict、Pukou Subdistrict、Ganlin Town、Changle Town、Huangze Town、Sanjie Town、Chongren Town、Shihuang Town、Xianyan Town、Gulai Town、JinTing Town、Beizhang Town、Xiawang Town、Yahuang Township、Zhuxi Township、Tongyuan Township、Linan Township、Guimen Township、Wangyuan Township
新昌县 Xinchang	16	羽林街道、南明街道、七星街道、澄潭镇、梅渚镇、镜岭镇、回山镇、儒岙镇、大市聚镇、小将镇、沙溪镇、城南乡、东茗乡、双彩乡、新林乡、巧英乡 Yulin Subdistrict、Nanming Subdistrict、Qixing Subdistrict、Chengtan Town、Meizhu Town、Jingling Town、Huishan Town、Ru'ao Town、Dashiju Town、Xiaojiang Town、Shaxi Town、Chengnan Township、Dongming Township、Shuangcai Township、Xinlin Township、Qiaoying Township
诸暨市 Zhuji	27	暨阳街道、浣东街道、陶朱街道、大唐镇、应店街镇、次坞镇、店口镇、阮市镇、直埠镇、江藻镇、山下湖镇、枫桥镇、赵家镇、马剑镇、五泄镇、草塔镇、王家井镇、牌头镇、同山镇、安华镇、街亭镇、璜山镇、陈宅镇、岭北镇、浬浦镇、东白湖镇、东和乡 Jiyang Subdistrict、Huandong Subdistrict、Taozhu Subdistrict、Datang Town、Yingdian Town、Ciwu Town、Diankou Town、Ruanshi Town、Zhibu Town、Jiangzao Town、Shanxiahu Town、Fengqiao Town、Zhaojia Town、Majian Town、Wuxie Town、Caota Town、Wangjiajing Town、Paitou Town、Tongshan Town、Anhua Town、Jieting Town、Huangshan Town、Chenzhai Town、Lingbei Town、Lipu Town、 Dongbaihu Town、Donghe Township

1-3 各县(市)日照时数(2011年)

Sunshine Hours in Each County (City) (2011)

单位：小时 (hour)

地区	Region	全年 Annual Total	1月 Jan.	2月 Feb.	3月 Mar.	4月 Apr.	5月 May	6月 June	7月 July	8月 Aug.	9月 Sept.	10月 Oct.	11月 Nov.	12月 Dec.
绍兴	Shaoxing	1910.2	130.4	129.2	180.7	210.3	198.1	124.4	239.5	188.2	159.9	110.2	121.1	118.2
上虞	Shangyu	1717.9	112.6	116.0	165.1	186.1	176.0	108.1	227.1	154.5	152.4	103.4	110.3	106.3
嵊州	Shengzhou	1748.9	92.2	128.1	170.9	169.1	175.6	99.0	240.1	177.0	154.7	116.7	105.0	120.5
新昌	Xinchang	1816.4	100.6	139.2	179.0	178.9	183.7	102.6	250.1	184.4	153.5	118.8	106.8	118.8
诸暨	Zhuji	1814.4	110.1	129.9	171.1	176.9	184.2	109.2	241.7	193.7	145.2	110.3	130.6	111.5

1-4 各县(市)降水量(2011年)

Precipitation in Each County (City) (2011)

单位：毫米 (millimeter)

地区	Region	全年 Annual Total	1月 Jan.	2月 Feb.	3月 Mar.	4月 Apr.	5月 May	6月 June	7月 July	8月 Aug.	9月 Sept.	10月 Oct.	11月 Nov.	12月 Dec.
绍兴	Shaoxing	1215.3	63.5	39.6	41.2	44.5	78.1	420.3	55.6	213.3	92.0	73.5	51.5	42.2
上虞	Shangyu	1262.5	68.5	44.8	38.0	50.5	65.2	477.9	69.3	209.8	61.4	66.1	64.0	47.0
嵊州	Shengzhou	1301.2	39.2	33.2	48.3	54.2	46.2	445.3	71.2	246.7	83.9	56.9	144.2	31.9
新昌	Xinchang	1137.2	44.1	35.2	45.9	51.6	38.9	429.4	37.8	134.3	93.4	45.5	150.2	30.9
诸暨	Zhuji	1373.6	54.1	33.4	53.1	55.3	75.2	545.4	71.2	205.9	87.7	90.3	57.8	44.1

1-5 各县(市)平均气温(2011年)

Average Temperature in Each County (City) (2011)

单位：摄氏度 (℃)

地区	Region	年平均 Annual Average	1月 Jan.	2月 Feb.	3月 Mar.	4月 Apr.	5月 May	6月 June	7月 July	8月 Aug.	9月 Sept.	10月 Oct.	11月 Nov.	12月 Dec.
绍兴	Shaoxing	17.5	1.4	6.4	10.2	17.4	22.5	25.6	31.0	29.0	24.6	19.0	16.3	6.5
上虞	Shangyu	16.7	0.9	6.0	9.3	16.4	21.5	24.9	30.0	28.5	23.8	18.0	15.5	5.6
嵊州	Shengzhou	16.8	1.0	6.9	9.7	16.3	21.2	24.9	29.8	28.2	23.7	18.2	15.6	6.2
新昌	Xinchang	16.7	0.8	6.8	9.5	16.3	21.1	25.0	30.0	28.1	23.4	18.0	15.5	6.0
诸暨	Zhuji	16.9	0.9	6.6	9.8	16.8	21.6	24.9	30.0	28.2	23.9	18.1	15.6	5.8

1–6 全市国民经济和社会发展主要指标

指　　标		Item		1978
人　口	**(万人)**	**Population**	**(10 000 persons)**	
年末户籍人口		Year-end Population		378.43
#农业人口		Non-agricultural Population		346.82
就业与劳动工资		**Employment and Wage**		
年末全社会从业人员	(万人)	Employed Persons (year-end)	(10 000 persons)	
#城镇以上单位在岗职工		Staff and Workers at work in Urban Units		
城镇以上单位在岗职工平均工资(元)		Average Wages of Staff and Workers at work in Urban Units	(yuan)	
国民核算		**National Accounting**		
地区生产总值(现价)	(亿元)	Gross Domestic Product	(100 million yuan)	11.29
人均地区生产总值	(元)	Per Capita GDP	(yuan)	299
农　业		**Agriculture**		
农林牧渔业总产值	(亿元)	Farming,Forestry,Animal Husbandry and Fishery	(100 million yuan)	7.09
工　业	**(亿元)**	**Industry**	**(100 million yuan)**	
全部工业总产值		Gross Industrial Output Value		9.34
#规模以上工业		All above Designated Size Industrial Enterprises		
运输邮电		**Transportation and Postal**		
全社会货运量	(万吨)	Passenger Traffic of the Whole Society	(10 000 tons)	693
全社会客运量	(万人次)	Passenger Traffic of the Whole Society	(10 000 persons)	1509
邮电业务收入	(亿元)	Postal and Telecommunication Business Income	(100 million yuan)	
国内贸易		**Domestic Trade**		
社会消费品零售总额	(亿元)	Total Retail Sales of Consumer Goods	(100 million yuan)	3.68
对外经济和国际旅游	**(万美元)**	**Foreign Trade and International Tourism**	**(USD 10 000)**	
1.进出口总额(海关)		Total Exports and Imports		
#自营出口总额		Exports		
2.协议(合同)外资金额		Amount of Foreign Capital in the Signed Agreements & Contracts		
实际利用外资		Amount of Foreign Capital Actually Utilized		
3.接待境外旅游者人数	(万人)	Number of Foreign Tourists	(10 000 persons)	0.17
电　力	**(亿千瓦时)**	**Electricity**	**(100 million kwh)**	
全社会用电量		Electricity Consumption of the Whole Society		4.49
#工业用电		Electricity Consumption of Industry		3.44
生活用电		Electricity Consumption by Residents		0.34
固定资产投资	**(亿元)**	**Investment in Fixed Assets**	**(100 million yuan)**	
固定资产投资		Investment in Fixed Assets		
#房地产开发投资		Investment in Real Estate Development		

注：①2003 年始，社会消费零售不包括制造业、农业生产者直接销售部分。 ②金融系统存贷款为人民币口径。③“城镇以上单位在岗职工平均工资”2007 年及以前为“城镇以上单位职工平均工资”。 ④“固定资产投资”2010 年及以前为“全社会固定资产投资”。

National Economy and Social Development Indicators of Shaoxing

1985	1990	1995	2000	2001	2002	2003	2004	2005	2006	2007	2008	2009	2010	2011
394.88	412.67	424.70	432.69	433.27	433.59	433.84	434.72	435.09	435.50	436.24	437.06	437.74	438.91	440.01
344.66	359.06	359.65	352.02	347.53	342.68	330.84	313.58	308.38	303.26	299.92	297.09	294.27	290.38	287.94
		293.58	274.45	282.56	284.27	284.66	285.23	284.83	293.72	300.88	315.37	328.99	341.81	343.28
	41.79	43.61	37.35	35.27	36.54	38.91	47.29	58.09	60.85	60.08	78.34	91.75	102.99	113.57
	2161	6716	11428	14357	16503	19342	21281	24440	26745	29807	30636	32502	35125	39810
40.04	82.38	404.70	716.85	788.02	886.06	1035.22	1244.99	1449.81	1682.04	1978.72	2230.20	2375.78	2795.20	3332.00
1016	2002	9561	16586	18200	20443	23869	28668	33336	38641	45397	51075	54316	63770	75820
15.90	29.03	83.27	118.31	120.74	122.78	126.63	129.19	141.40	142.56	162.60	178.14	190.06	225.80	260.17
60.03	169.72	939.05	1855.31	2076.02	2389.10	2931.92	3390.18	4290.97	5118.99	6218.60	6953.51	7127.14	8623.86	10434.88
			1045.13	1201.93	1471.40	1895.40	2577.45	3215.07	3910.87	4869.01	5390.20	5518.91	6797.39	7932.68
1142	2517	6531	6470	6555	7134	7894	9308	9559	10119	11032	11273	8528	8931	8899
4162	4134	9574	11753	12634	13020	12946	13739	14202	14989	15878	16340	17088	17398	17415
			19.58	19.53	23.14	28.20	32.44	34.19	36.50	41.24	45.69	47.34	48.87	53.64
14.77	31.40	115.88	215.36	238.96	269.27	291.98	334.80	382.80	443.34	520.21	626.55	771.90	852.89	1006.75
	3349	49137	166245	247085	387035	596134	866224	1048473	1394914	1929473	2382668	2049048	2701612	3350542
	3338	44917	127735	187459	290118	453313	660853	814162	1050294	1381235	1749502	1576149	2108906	2598605
	1132	26166	16642	28826	80175	150121	167117	202139	216311	236516	166823	94194	144641	115468
	503	12959	11598	15777	38167	74271	82344	90095	97188	110476	77235	81117	95327	80468
0.47	0.80	2.71	4.80	5.96	10.07	8.68	15.34	20.19	28.03	36.09	39.88	43.17	52.28	60.35
10.54	19.89	42.42	77.67	90.15	111.16	137.64	154.78	185.52	214.44	239.58	244.13	258.87	295.68	324.60
8.46	15.51	34.01	63.29	73.53	91.29	112.77	128.75	158.62	183.25	203.65	204.19	215.20	245.27	268.68
1.05	2.52	4.91	7.03	7.80	9.21	11.23	11.15	13.47	15.88	18.17	20.37	22.04	24.83	27.20
9.12	17.21	162.31	247.18	286.55	367.48	535.03	629.10	676.13	765.75	843.37	915.75	1055.03	1245.56	1426.26
			36.15	48.61	49.09	74.47	120.34	103.33	128.57	178.59	202.06	210.46	297.80	403.24

Note: a) From the year 2003, the social consumption and wholesale value does not include the manufacturing and agricultural direct sales. b) The deposit and loan of financial systems are calculated as RMB. c) Staff and workers at work in Urban Units'statistical approach is staff and works in Urban Units in the year of 1978-2008. d)"Investment in Fixed Assets" is "Investment in Fixed Assets of the Whole Society "in 2010 and before.

1-6 续 表

指 标	Item	1978
财 政 (亿元)	**Public Finance (100 million yuan)**	
财政收入	Financial Revenue	1.86
# 地方财政收入	Local Financial Revenue	
财政支出	Financial Expenditures	0.74
金 融 (亿元)	**Finance (100 million yuan)**	
金融机构年末存款余额	Deposit Balance of Financial Institutions	2.29
# 城乡居民储蓄余额	Amount of Residential Saving Deposits in Urban and Rural Areas	0.69
金融机构年末贷款余额	Loans Balance of Financial Institutions	3.62
物价指数 (%)	**Price Indices (%)**	
居民消费价格指数	Consumer Price Index	
人民生活 (元)	**People's Livelihood (yuan)**	
农村居民人均纯收入	Per Capita Net Income of Rural Residents	
城镇居民人均可支配收入	Per Capita Disposable Income of Urban Households	
教 育 (人)	**Education (person)**	
在校学生数	Students Enrollment	
小 学 (万人)	Primary Schools (10 000 persons)	49.29
初 中 (万人)	Junior Schools (10 000 persons)	17.91
高 中 (万人)	Senior Schools (10 000 persons)	6.06
普通高校	Regular Institutions of Higher Education	615
中等职业学校	Secondary Vocational Schools	
专任教师数	Full-time Teachers	
小 学	Primary Schools	16687
初高中	Junior & Senior Schools	10873
普通高校	Regular Institutions of Higher Education	63
中等职业学校	Secondary Vocational Schools	
卫 生	**Health Care**	
卫生机构床位数 (张)	Number of Healthcare Beds (bed)	5495
#医院、卫生院	Hospitals	
卫生技术人员数 (人)	Number of Medical Personnel (person)	6171
#医 生	Doctors	2620

Continued

1985	1990	1995	2000	2001	2002	2003	2004	2005	2006	2007	2008	2009	2010	2011
5.72	10.12	20.60	47.87	62.37	85.00	107.34	126.71	150.56	184.73	237.12	274.65	298.53	349.25	426.45
		9.52	24.54	35.59	39.62	50.48	63.57	76.13	94.55	122.12	143.60	160.43	193.23	239.69
2.16	4.59	10.96	25.76	37.37	45.16	57.05	64.50	80.04	95.49	113.76	144.09	169.54	221.95	253.31
14.47	54.11	239.41	655.66	759.57	970.24	1280.18	1523.50	1864.89	2267.16	2639.27	3232.22	4139.54	4948.32	5510.14
7.37	34.08	162.88	398.93	456.66	539.64	664.90	759.06	889.10	1045.04	1086.85	1406.04	1707.01	1945.72	2227.67
17.19	50.32	193.64	458.51	514.25	695.10	986.79	1176.76	1381.68	1700.85	2029.62	2419.88	3296.95	3934.27	4463.09
					99.5	102.6	104.8	101.2	101.4	103.7				
569	1212	3183	4982	5343	5690	6143	6970	7704	8619	9730	10950	12026	13651	15861
			9422	10534	11746	13152	15642	17516	19486	21971	24646	26874	30164	33273
34.93	34.01	33.25	34.81	34.08	33.91	33.54	33.79	33.28	32.63	32.01	30.98	30.02	30.04	30.38
17.25	14.06	15.24	17.20	19.01	19.81	18.93	18.17	17.02	16.94	17.09	18.12	17.60	17.08	15.43
2.67	2.83	3.37	5.65	6.15	7.03	8.49	9.69	10.62	10.29	10.25	9.83	10.16	10.39	11.13
1238	1512	2313	5800	8880	14290	19344	25034	30702	38332	44103	50258	52898	53869	56455
			53673	36056	58306	67929	77313	80454	70151	69823	67497	66678	66039	69287
13315	13026	13005	14551	14794	14615	14404	14467	14527	14550	14646	14548	14625	14764	14837
8623	9197	9939	12537	13422	14019	14912	15785	16430	16715	16961	17201	17431	17876	18216
191	253	275	714	1039	1114	1383	1592	1946	2133	2300	2494	2561	2690	2761
			2768	1956	2898	2656	2806	2740	2816	2876	2815	2785	2663	2619
6176	7767	8289	9719	9968	10094	11279	11972	12158	12883	13630	14007	14719	15820	16849
	7417	8055	9285	9694	9339	10374	11129	11195	11853	12595	13132	13759	14846	15678
8345	9940	11339	11284	11946	13202	14041	15953	16776	18013	18460	19295	20899	22155	23931
3673	5288	6113	5707	6248	6665	6994	7846	8074	8459	8827	8901	9298	9593	10091

1-7 市区国民经济和社会发展主要指标

指　　标	Item	1978
人　口　（万人）	**Population (10 000 persons)**	
年末总人口	Year-end Population	
#农业人口	Non-agricultural Population	
就业与劳动工资	**Employment**	
城镇以上单位在岗职工人数（万人）	Number of Staff and Workers in Urban Units (10 000 persons)	
城镇以上单位在岗职工平均工资(元)	Average Wages of Staff and Workers in Urban Units (yuan)	
国民核算	**National Accounting**	
地区生产总值(现价)　（亿元）	Gross Domestic Product (100 million yuan)	1.40
人均地区生产总值　（元）	Per Capita GDP (yuan)	
农　业	**Agriculture**	
农林牧渔业总产值　（亿元）	Farming，Forestry，Animal Husbandry and Fishery (100 million yuan)	
工　业　（亿元）	**Industry (100 million yuan)**	
规模以上工业	All above Designated Size Industrial Enterprises	
运输邮电	**Transportation and Postal**	
全社会货运量　（万吨）	Passenger Traffic of the Whole Society (10 000 tons)	
全社会客运量　（万人次）	Passenger Traffic of the Whole Society (10 000 persons)	
邮电业务收入　（亿元）	Postal and Telecommunication Business Income (100 million yuan)	
国内贸易　（亿元）	**Domestic Trade (100 million yuan)**	
社会消费品零售总额	Total Retail Sales of Consumer Goods	
对外经济和国际旅游　（万美元）	**Foreign Trade and International Tourism (USD 10 000)**	
1.进出口总额（海关）	Total Exports and Imports	
#自营出口总额	Exports	
2.协议(合同)外资金额	Amount of Foreign Capital in the Signed Agreements & Contracts	
实际利用外资	Amount of Foreign Capital Actually Utilized	
3.接待境外旅游者人数　（万人）	Number of Foreign Tourists (10 000 persons)	
电　力　（亿千瓦时）	**Electricity (100 million kwh)**	
全社会用电量	Electricity Consumption of the Whole Society	
#工业用电	Electricity Consumption of Industry	
生活用电	Electricity Consumption by Residents	
固定资产投资　（亿元）	**Investment in Fixed Assets (100 million yuan)**	
全社会固定资产投资	Investment in Fixed Assets	
#房地产开发投资	Investment in Real Estate Development	

注：①2003 年始，社会消费零售不包括制造业、农业生产者直接销售部分。②2000 年、2002 年、2003 年市区行政区划曾有调整。③金融系统存贷款为人民币口径。④“城镇以上单位在岗职工平均工资”2007 年及以前为“城镇以上单位职工平均工资”。 ⑤“固定资产投资”2010 年及以前为“全社会固定资产投资”。

National Economy and Social Development Indicators of Urban District

1985	1990	1995	2000	2001	2002	2003	2004	2005	2006	2007	2008	2009	2010	2011
25.09	27.80	30.63	59.09	59.92	61.15	63.86	64.46	64.84	64.89	64.99	64.90	64.90	65.04	65.26
9.37	9.82	9.46	30.17	28.82	26.43	21.22	19.03	18.94	18.56	18.17	17.90	17.52	16.86	16.39
	11.55	12.75	9.73	8.97	8.86	10.41	10.72	18.47	19.41	20.55	18.32	27.79	25.65	28.21
	2378	7511	12206	14832	17655	19070	21179	23232	24680	26982	28565	31125	33110	39764
6.51	13.74	50.53	111.26	124.77	145.29	183.13	224.29	258.91	297.77	344.24	381.13	407.58	466.70	546.45
2631	4968	16651	18940	20968	24000	28856	34958	40048	45904	53010	58687	62801	71836	83879
0.39	0.79	2.67	10.76	11.02	10.39	9.21	8.80	9.92	9.03	10.87	10.44	9.98	11.49	12.79
			159.95	161.62	212.07	319.49	494.72	592.88	729.90	876.42	900.24	822.56	967.55	1127.51
166	346	434	516	521	584	762	908	978	1032	1196	1214	1040	1001	1016
1336	911	1048	1908	2099	2141	2139	2274	2296	2419	2562	2627	2747	3096	3073
			5.56	5.76	6.68	7.48	9.20	9.61	10.41	12.19	12.82	13.38	13.3	25.87
3.40	6.36	22.72	44.32	48.78	59.74	74.04	83.64	95.04	109.84	128.68	162.04	189.39	253.74	296.51
		17141	40358	50028	85014	128727	175118	223390	303739	408201	478583	401955	551791	728477
	1155	16046	28895	32334	50836	76509	115323	163379	211688	272598	338512	312961	431327	544916
		5087	6342	9634	21372	33226	38694	43671	51816	48396	19218	18758	21264	21504
	59	4532	2857	5167	10780	15760	19249	20278	30086	24760	14283	13766	14656	14385
		1.78	1.90	2.49	3.40	2.71	5.50	6.85	9.54	12.06	12.14	12.62	16.13	18.31
3.24	4.35	7.29	15.70	17.45	22.03	27.85	30.58	35.35	39.70	43.31	43.27	42.31	48.52	53.25
2.93	3.80	5.99	12.66	13.90	17.56	21.67	24.07	28.32	31.89	34.09	33.26	31.11	35.7	39.13
0.14	0.27	0.55	1.17	1.33	1.61	2.15	2.39	2.84	3.35	3.82	4.19	4.65	5.19	5.61
1.47	2.68	29.63	62.53	88.26	99.10	167.41	178.03	161.37	185.39	190.55	184.44	229.12	274.08	307.95
			13.80	18.57	18.35	34.25	46.32	32.67	35.09	52.74	58.31	65.57	81.33	112.26

Note: a) From the year 2003, the social consumption and wholesale value does not include the manufacturing and agricultural direct sales. b) The administration division was adjusted in the year of 2000, 2002 and 2003. c) The deposit and loan of financial systems are calculated as RMB。 d)Staff and workers at work in Urban Units'statistical approach is staff and works in Urban Units in the year of 1978-2008. e)"Investment in Fixed Assets" is "Investment in Fixed Assets of the Whole Society "in 2010 and before.

1-7 续表

指　　标		Item		1978
财　　政	**(亿元)**	**Public Finance**	**(100 million yuan)**	
财政收入		Financial Revenue		0.08
#地方财政收入		Local Financial Revenue		
财政支出		Financial Expenditures		0.06
金　　融	**(亿元)**	**Finance**	**(100 million yuan)**	
金融机构年末存款余额		Deposit Balance of Financial Institutions		0.87
#城乡居民储蓄余额		Amount of Saving Deposits in Urban and Rural Areas		0.28
金融机构年末贷款余额		Loans Balance of Financial Institutions		1.87
物价指数	**(%)**	**Price Indices**	**(%)**	
居民消费价格指数		Consumer Price Index of Urban Residents		
商品零售价格指数		Retail Price Index of Urban Residents		
人民生活	**(元)**	**People's Livelihood**	**(yuan)**	
城镇居民人均可支配收入		Per Capita Disposable Income of Urban Households		
教　　育	**(人)**	**Education**	**(person)**	
在校学生数		Students Enrollment		
小　学	(万人)	Primary Schools	(10 000 persons)	
初　中	(万人)	Junior Schools	(10 000 persons)	
高　中	(万人)	Senior Schools	(10 000 persons)	
普通高校		Regular Institutions of Higher Education		615
专任教师数		Full-time Teachers		
小　学		Primary Schools		
初高中		Junior & Senior Schools		
普通高校		Regular Institutions of Higher Education		63
卫　　生		**Health Care**		
卫生机构床位数	(张)	Number of Healthcare Beds	(bed)	
#医院、卫生院		Hospitals		
卫生技术人员数	(人)	Number of Medical Personnel	(person)	
#医　　生		Doctors		

Continued

1985	1990	1995	2000	2001	2002	2003	2004	2005	2006	2007	2008	2009	2010	2011
1.55	2.67	5.41	13.01	14.97	21.28	26.66	31.52	37.70	47.57	59.87	69.16	74.75	83.46	98.16
		2.60	7.32	9.37	11.27	14.16	17.53	21.18	26.83	33.86	38.96	43.01	48.33	59.22
0.54	1.04	2.46	7.18	9.69	12.00	14.64	18.61	22.27	27.19	29.82	38.43	40.58	55.57	63.53
6.97	12.06	54.28	197.44	261.86	332.56	460.92	544.99	691.36	852.11	1014.65	1184.59	1496.50	1801.66	1963.18
3.25	6.21	24.10	89.39	126.67	152.68	193.77	222.79	262.07	313.16	327.05	420.40	498.72	552.89	632.98
8.43	13.49	51.05	152.72	186.11	267.02	400.39	456.99	543.14	649.23	785.93	915.21	1253.95	1513.82	1679.16
	102.3	113.5	102.9	99.4	100.1	100.0	103.6	102.4	101.4	102.7	105.0	99.2	104	105.4
	101.8	112.9	98.7	98.9	99.4	98.3	101.9	101.4	100.9	102.1	106.9	99.7	103.9	105.0
	1834	6025	9401	10669	12130	13535	15676	17319	19178	21717	23509	25418	27626	31368
1.68	2.14	2.52	4.80	4.78	4.86	5.15	5.28	5.31	5.24	5.27	5.31	5.23	5.29	5.50
1.06	0.87	1.11	2.30	2.55	2.78	2.68	2.65	2.46	2.58	2.60	2.86	2.76	2.76	2.51
0.34	0.25	0.28	0.75	0.80	0.90	1.12	1.33	1.37	1.30	1.28	1.24	1.27	1.27	1.30
1238	1512	2313	5800	8880	14290	19344	25034	30702	38332	44103	50258	52898	53869	56455
635	744	876	1879	1969	2015	2075	2077	2086	2124	2157	2189	2255	2281	2350
615	704	795	1775	1926	1978	2124	2205	2193	2225	2240	2270	2301	2346	2413
191	253	275	714	1039	1114	1383	1592	1946	2133	2300	2494	2561	2690	2761
1343	1677	1713	2150	2251	2480	2873	2947	2962	3132	3409	3517	3838	4168	4537
	1447	1563	1850	2101	2004	2397	2446	2452	2587	2859	3062	3371	3718	4050
1703	2021	2346	2338	2821	3327	3427	3870	4094	4196	4161	4351	4698	4883	5292
751	1073	1192	984	1170	1538	1478	1831	1858	1867	1917	1919	2048	2135	2157

1－8 历年绍兴市生产总值

Gross Domestic Product of Shaoxing Municipality over the Years

单位：万元 (10 000 yuan)

年份 Year	地区生产总值 Gross Domestic Product	第一产业 Primary Industry	第二产业 Secondary Industry			第三产业 Tertiary Industry
				工业 Industry	建筑业 Construction	
1978	112865	51428	37063	31895	5168	24374
1979	143612	68988	46567	40021	6546	28057
1980	165450	65787	66799	58133	8666	32864
1981	187973	71992	78260	69751	8509	37721
1982	210541	84536	83045	75024	8021	42960
1983	223574	76444	100313	92034	8279	46817
1984	279489	94956	128458	118851	9607	56075
1985	400444	118335	204476	186954	17522	77633
1986	475005	128459	251861	232203	19658	94685
1987	567438	142010	310874	280280	30594	114554
1988	679570	159653	370697	335061	35636	149220
1989	761645	178070	406348	367414	38934	177227
1990	823755	197669	435664	396551	39113	190422
1991	981579	220376	538860	491463	47397	222343
1992	1272537	250724	731890	660715	71175	289923
1993	1997321	329515	1213713	1056685	157028	454093
1994	3045664	467246	1801327	1578193	223134	777091
1995	4047006	560470	2427235	2122777	304458	1059301
1996	4953947	639686	2954230	2611118	343112	1360031
1997	5642896	670531	3371562	3020807	350755	1600803
1998	6090956	704998	3632385	3271157	361228	1753573
1999	6509328	713780	3877726	3495704	382022	1917822
2000	7168454	746947	4206693	3760311	446382	2214814
2001	7880179	766060	4572042	4067191	504851	2542077
2002	8860602	758119	5137710	4546016	591694	2964773
2003	10352193	776451	6117633	5376296	741337	3458109
2004	12449920	863737	7431638	6518239	913399	4154545
2005	14498051	930629	8697940	7779947	917993	4869482
2006	16820447	973513	10085207	9098600	986607	5761727
2007	19787150	1051879	11849904	10754455	1095449	6885367
2008	22301962	1161869	13108366	11917399	1190967	8031727
2009	23757754	1244618	13611170	12245836	1365334	8901966
2010	27952029	1496661	15666095	13980663	1685432	10789273
2011	33319960	1720952	18343394	16323536	2019858	13255614

注：①本表按当年价格计算。②从 2002 年始，"农民家庭兼营工业"不再纳入第一产业，计为工业增加值。③1978-2004 年 GDP 根据第一次经济普查情况进行了修正，下同。④2005-2008 年 GDP 根据第二次经济普查情况进行了修正，下同。

Note：a) Data in value terms in this table are calculated at current prices. b) From the year 2002，"farmer household spare industry" is no longer included in the primary industry，but as industry added value instead . c)The year of 1978-2004's GDP was adjusted according to the first economic census,similarly hereinafter. d)The year of 2005-2008's GDP was adjusted according to the second economic census,similarly hereinafter.

1－9 历年绍兴市生产总值构成

Composition of Gross Domestic Product over the Years

单位：%　　　　(%)

年 份 Year	地区生产总值 Gross Domestic Product	第一产业 Primary Industry	第二产业 Secondary Industry	工 业 Industry	建筑业 Construction	第三产业 Tertiary Industry
1978	100.0	45.6	32.8	28.2	4.6	21.6
1979	100.0	48.0	32.5	27.9	4.6	19.5
1980	100.0	39.8	40.3	35.1	5.2	19.9
1981	100.0	38.3	41.6	37.1	4.5	20.1
1982	100.0	40.2	39.4	35.6	3.8	20.4
1983	100.0	34.2	44.9	41.2	3.7	20.9
1984	100.0	34.0	45.9	42.5	3.4	20.1
1985	100.0	29.5	51.1	46.7	4.4	19.4
1986	100.0	27.1	53.0	48.9	4.1	19.9
1987	100.0	25.0	54.8	49.4	5.4	20.2
1988	100.0	23.5	54.5	49.3	5.2	22.0
1989	100.0	23.4	53.3	48.2	5.1	23.3
1990	100.0	24.0	52.9	48.1	4.8	23.1
1991	100.0	22.4	54.9	50.1	4.8	22.7
1992	100.0	19.7	57.5	51.9	5.6	22.8
1993	100.0	16.5	60.8	52.9	7.9	22.7
1994	100.0	15.4	59.1	51.8	7.3	25.5
1995	100.0	13.8	60.0	52.5	7.5	26.2
1996	100.0	12.9	59.6	52.7	6.9	27.5
1997	100.0	11.9	59.7	53.5	6.2	28.4
1998	100.0	11.6	59.6	53.7	5.9	28.8
1999	100.0	10.9	59.6	53.7	5.9	29.5
2000	100.0	10.4	58.7	52.5	6.2	30.9
2001	100.0	9.7	58.0	51.6	6.4	32.3
2002	100.0	8.5	58.0	51.3	6.7	33.5
2003	100.0	7.5	59.1	51.9	7.2	33.4
2004	100.0	6.9	59.7	52.4	7.3	33.4
2005	100.0	6.4	60.0	53.7	6.3	33.6
2006	100.0	5.7	60.0	54.1	5.9	34.3
2007	100.0	5.3	59.9	54.4	5.5	34.8
2008	100.0	5.2	58.8	53.4	5.4	36.0
2009	100.0	5.2	57.3	51.5	5.8	37.5
2010	100.0	5.4	56.0	50.0	6.0	38.6
2011	100.0	5.2	55.0	49.0	6.0	39.8

本表按当年价格计算。

Data in value terms in this table are calculated at current prices.

1－10 历年绍兴市生产总值发展指数

Indices of Gross Domestic Product of Shaoxing Municipality over the Years

(1978年=100) (year of 1978=100)

年 份 Year	地区生产总值 Gross Domestic Product	第一产业 Primary Industry	第二产业 Secondary Industry	工 业 Industry	建筑业 Construction	第三产业 Tertiary Industry
1978	100.0	100.0	100.0	100.0	100.0	100.0
1979	111.7	103.6	123.8	124.1	121.6	110.6
1980	131.0	100.5	178.7	181.3	162.8	122.8
1981	145.9	107.9	207.0	215.6	154.4	135.3
1982	159.1	120.0	221.7	234.1	145.2	147.9
1983	166.9	104.4	269.7	289.7	145.6	155.5
1984	202.8	122.9	343.2	372.9	159.9	177.1
1985	268.8	131.5	525.6	566.8	271.8	212.7
1986	309.3	134.8	637.9	695.4	282.7	238.8
1987	344.9	128.8	752.7	808.6	407.7	261.5
1988	367.0	116.8	833.3	899.6	424.5	282.6
1989	371.4	121.1	843.4	913.2	412.3	278.4
1990	394.7	129.4	904.9	990.1	378.9	282.4
1991	461.6	142.9	1097.0	1205.5	439.2	321.6
1992	563.5	152.7	1408.6	1546.2	569.3	392.7
1993	770.5	173.8	2056.5	2223.4	962.7	523.1
1994	980.1	182.1	2747.5	2981.6	1240.9	660.1
1995	1170.2	194.3	3374.0	3646.5	1579.7	775.0
1996	1402.7	212.7	4116.2	4496.2	1753.4	923.0
1997	1609.1	231.9	4783.1	5283.0	1797.3	1043.9
1998	1796.4	253.9	5376.2	5969.8	1896.1	1152.5
1999	1988.5	265.0	6021.3	6710.0	2030.7	1264.3
2000	2214.9	276.6	6737.8	7488.4	2343.5	1428.7
2001	2464.5	289.4	7532.9	8372.0	2634.1	1605.8
2002	2793.6	301.3	8662.8	9619.5	3047.6	1817.8
2003	3200.0	304.9	10144.2	11254.8	3599.2	2063.2
2004	3677.6	313.8	11838.2	13179.4	4077.9	2360.3
2005	4185.1	321.6	13602.1	15354.0	4126.9	2697.8
2006	4741.7	332.5	15343.2	17426.7	4399.2	3129.5
2007	5429.3	345.5	17675.4	20267.3	4623.6	3605.1
2008	5928.8	356.2	19230.8	22273.8	4489.5	4001.7
2009	6483.0	368.7	20525.0	23573.1	5246.5	4587.8
2010	7196.1	382.7	22515.9	25789.0	5918.1	5234.7
2011	7951.7	397.6	24790.0	28471.1	6367.9	5862.9

本表按可比价格计算。
The indices in this table are calculated at comparable prices.

1－11　历年绍兴市生产总值发展指数

Indices of Gross Domestic Product of Shaoxing Municipality over the Years

(上年=100)　　(preceding year=100)

年 份 Year	地区生产总值 Gross Domestic Product	第一产业 Primary Industry	第二产业 Secondary Industry	工 业 Industry	建 筑 业 Construction	第三产业 Tertiary Industry
1978						
1979	111.7	103.6	123.8	124.1	121.6	110.6
1980	117.2	97.0	144.3	146.1	133.9	111.0
1981	111.3	107.4	115.8	118.9	94.9	110.2
1982	109.1	111.2	107.1	108.6	94.0	109.3
1983	104.9	87.0	121.6	123.7	100.3	105.1
1984	121.5	117.7	127.3	128.7	109.8	113.9
1985	132.5	107.0	153.1	152.0	170.0	120.1
1986	115.1	102.5	121.4	122.7	104.0	112.3
1987	111.5	95.5	118.0	116.3	144.2	109.5
1988	106.4	90.7	110.7	111.3	104.1	108.1
1989	101.2	103.7	101.2	101.5	97.1	98.5
1990	106.3	106.9	107.3	108.4	91.9	101.4
1991	116.9	110.4	121.2	121.8	115.9	113.9
1992	122.1	106.9	128.4	128.3	129.6	122.1
1993	136.7	113.8	146.0	143.8	169.1	133.2
1994	127.2	104.7	133.6	134.1	128.9	126.2
1995	119.4	106.7	122.8	122.3	127.3	117.4
1996	119.9	109.5	122.0	123.3	111.0	119.1
1997	114.7	109.0	116.2	117.5	102.5	113.1
1998	111.6	109.5	112.4	113.0	105.5	110.4
1999	110.7	104.3	112.0	112.4	107.1	109.7
2000	111.4	104.4	111.9	111.6	115.4	113.0
2001	111.3	104.7	111.8	111.8	112.4	112.4
2002	113.4	104.1	115.0	114.9	115.7	113.2
2003	114.5	101.2	117.1	117.0	118.1	113.5
2004	114.9	102.9	116.7	117.1	113.3	114.4
2005	113.8	102.5	114.9	116.5	101.2	114.3
2006	113.3	103.4	112.8	113.5	106.6	116.0
2007	114.5	103.9	115.2	116.3	105.1	115.2
2008	109.2	103.1	108.8	109.9	97.1	111.0
2009	109.3	103.5	106.7	105.8	116.9	114.6
2010	111.0	103.8	109.7	109.4	112.8	114.1
2011	110.5	103.9	110.1	110.4	107.6	112.0

本表按可比价格计算。
The indices in this table are calculated at comparable prices.

1－12　历年市区生产总值

Gross Domestic Product in Urban District over the Years

单位：万元　　(10 000 yuan)

年　份 Year	地区生产总值 Gross Domestic Product	第一产业 Primary Industry	第二产业 Secondary Industry	工　业 Industry	建筑业 Construction	第三产业 Tertiary Industry
1978	14045	2099	8197	7734	463	3749
1979	17240	2577	10018	9462	556	4645
1980	25004	1736	16973	15918	1055	6295
1981	27822	1827	18274	17133	1141	7721
1982	30249	1939	19106	17598	1508	9204
1983	32639	1877	21099	19906	1193	9663
1984	41502	2840	26041	24766	1275	12621
1985	65118	3157	44195	42028	2167	17766
1986	75624	4102	51133	48288	2845	20389
1987	96812	4703	66225	61317	4908	25884
1988	113008	5035	72638	68155	4483	35335
1989	126206	5121	78010	73083	4927	43075
1990	137415	5760	85053	80623	4430	46602
1991	161700	6575	101415	96063	5352	53710
1992	198974	7066	128369	117128	11241	63539
1993	296304	9970	190369	158724	31645	95965
1994	414595	15576	255354	213788	41566	143665
1995	505279	17610	297022	246674	50348	190647
1996	624514	26760	345053	292068	52985	252701
1997	686823	26755	362707	313660	49047	297361
1998	691415	27039	332091	275846	56245	332285
1999	744068	27173	350149	283799	66350	366746
2000	1112628	71793	505323	391134	114189	535512
2001	1247725	71209	564717	425242	139475	611799
2002	1452918	66801	683902	531413	152489	702215
2003	1831304	57652	958802	746209	212593	814850
2004	2242916	57774	1192056	935178	256878	993086
2005	2589112	63479	1355854	1111109	244745	1169779
2006	2977675	64742	1572565	1292966	279599	1340368
2007	3442431	68246	1783551	1521025	262526	1590634
2008	3811345	65063	1920363	1649434	270929	1825919
2009	4075819	63306	1941059	1650478	290581	2071454
2010	4666983	73162	2172633	1828717	343916	2421188
2011	5464508	82101	2488532	2096200	392332	2893875

注:①2000 年以后年度市区地区生产总值按行政区划调整后的口径计算，下同。②本表按当年价格计算。

Note：a) After 2000，Gross Domestic Product of Urban District are calculated with administration division adjusted . The sane as in the following table . b) Data in value terms in this table are calculated at current prices.

1－13 历年市区生产总值构成

Composition of Gross Domestic Product in Urban District over the Years

单位：%　　　　(%)

年 份 Year	地区生产总值 Gross Domestic Product	第一产业 Primary Industry	第二产业 Secondary Industry	工 业 Industry	建 筑 业 Construction	第三产业 Tertiary Industry
1978	100.0	14.9	58.4	55.1	3.3	26.7
1979	100.0	15.0	58.1	54.9	3.2	26.9
1980	100.0	6.9	67.9	63.7	4.2	25.2
1981	100.0	6.6	65.7	61.6	4.1	27.7
1982	100.0	6.4	63.2	58.2	5.0	30.4
1983	100.0	5.8	64.6	61.0	3.6	29.6
1984	100.0	6.8	62.8	59.7	3.1	30.4
1985	100.0	4.8	67.9	64.6	3.3	27.3
1986	100.0	5.4	67.6	63.9	3.7	27.0
1987	100.0	4.9	68.4	63.3	5.1	26.7
1988	100.0	4.4	64.3	60.3	4.0	31.3
1989	100.0	4.1	61.8	57.9	3.9	34.1
1990	100.0	4.2	61.9	58.7	3.2	33.9
1991	100.0	4.1	62.7	59.4	3.3	33.2
1992	100.0	3.6	64.5	58.9	5.6	31.9
1993	100.0	3.4	64.2	53.6	10.6	32.4
1994	100.0	3.7	61.6	51.6	10.0	34.7
1995	100.0	3.5	58.8	48.8	10.0	37.7
1996	100.0	4.3	55.3	46.8	8.5	40.4
1997	100.0	3.9	52.8	45.7	7.1	43.3
1998	100.0	3.9	48.0	39.9	8.1	48.1
1999	100.0	3.7	47.0	38.1	8.9	49.3
2000	100.0	6.5	45.4	35.1	10.3	48.1
2001	100.0	5.7	45.3	34.1	11.2	49.0
2002	100.0	4.6	47.1	36.6	10.5	48.3
2003	100.0	3.1	52.4	40.8	11.6	44.5
2004	100.0	2.6	53.1	41.7	11.4	44.3
2005	100.0	2.4	52.4	42.9	9.5	45.2
2006	100.0	2.2	52.8	43.4	9.4	45.0
2007	100.0	2.0	51.8	44.2	7.6	46.2
2008	100.0	1.7	50.4	43.3	7.1	47.9
2009	100.0	1.6	47.6	40.5	7.1	50.8
2010	100.0	1.6	46.5	39.2	7.3	51.9
2011	100.0	1.5	45.5	38.4	7.1	53.0

本表按当年价格计算。

Data in value terms in this table are calculated at current prices.

1－14 历年市区生产总值发展指数

Indices of Gross Domestic Product in Urban District over the Years

(1978年=100) (year of 1978=100)

年 份 Year	地区生产总值 Gross Domestic Product	第一产业 Primary Industry	第二产业 Secondary Industry	工 业 Industry	建 筑 业 Construction	第三产业 Tertiary Industry
1978	100.0	100.0	100.0	100.0	100.0	100.0
1979	116.4	94.9	120.7	121.0	115.3	119.0
1980	170.5	65.0	205.6	204.7	221.2	152.9
1981	186.1	67.1	219.1	218.4	231.1	180.0
1982	200.1	67.5	230.9	226.5	304.7	206.0
1983	214.8	62.8	257.1	258.4	235.6	208.7
1984	266.9	90.0	315.7	320.5	236.9	259.1
1985	395.5	85.9	516.9	525.4	375.1	316.4
1986	444.3	105.5	588.4	596.4	456.5	334.3
1987	537.6	104.5	729.5	729.5	729.9	384.2
1988	558.3	90.2	745.6	754.6	596.0	434.9
1989	555.5	85.4	739.6	749.1	582.2	440.0
1990	599.2	92.4	810.3	830.1	479.0	449.3
1991	689.7	104.4	947.8	971.6	553.5	503.2
1992	799.8	105.5	1134.3	1130.2	1004.4	557.2
1993	1030.0	128.8	1467.2	1379.5	2164.8	715.3
1994	1232.0	147.1	1764.6	1661.5	2578.6	850.1
1995	1395.9	152.4	1990.3	1873.5	2913.6	980.8
1996	1620.3	215.7	2212.9	2103.3	3027.0	1213.5
1997	1773.6	224.1	2353.8	2277.3	2798.7	1404.9
1998	1799.2	240.9	2228.5	2095.3	3288.0	1578.3
1999	1964.1	249.7	2406.4	2226.8	3926.6	1757.6
2000	2186.9	258.6	2694.1	2475.1	4575.2	1963.6
2001	2438.4	261.7	3041.2	2737.5	5522.1	2190.9
2002	2812.3	254.7	3653.8	3395.5	5959.9	2474.2
2003	3354.8	219.9	4724.6	4414.7	7553.6	2785.3
2004	3910.9	203.8	5618.3	5304.7	8634.9	3224.5
2005	4442.8	208.9	6303.7	6164.0	8349.9	3737.2
2006	5029.2	211.0	7198.8	7045.5	9502.2	4208.1
2007	5693.1	219.2	8098.7	8222.1	8875.1	4814.0
2008	6137.1	197.1	8584.6	8855.2	8555.6	5334.0
2009	6697.5	189.9	8886.8	9086.0	9353.9	6176.2
2010	7286.9	193.3	9508.9	9703.8	10111.6	6837.1
2011	7993.7	196.0	10288.6	10625.7	10212.7	7602.9

本表按可比价格计算。

The indices in this table are calculated at comparable prices.

1－15　历年市区生产总值发展指数

Indices of Gross Domestic Product in Urban District over the Years

(上年=100)　　(preceding year=100)

年　份 Year	地区生产总值 Gross Domestic Product	第一产业 Primary Industry	第二产业 Secondary Industry	工　业 Industry	建筑业 Construction	第三产业 Tertiary Industry
1978						
1979	116.4	94.9	120.7	121.0	115.3	119.0
1980	146.5	68.5	170.3	169.2	191.8	128.5
1981	109.1	103.2	106.6	106.7	104.5	117.7
1982	107.5	100.6	105.4	103.7	131.9	114.4
1983	107.3	93.0	111.3	114.1	77.3	101.3
1984	124.3	143.4	122.8	124.0	100.5	124.2
1985	148.2	95.4	163.7	164.0	158.3	122.1
1986	112.4	122.8	113.8	113.5	121.7	105.7
1987	121.0	99.0	124.0	122.3	159.9	114.9
1988	103.8	86.3	102.2	103.4	81.7	113.2
1989	99.5	94.7	99.2	99.3	97.7	101.2
1990	107.9	108.2	109.6	110.8	82.3	102.1
1991	115.1	113.0	117.0	117.1	115.6	112.0
1992	116.0	101.1	119.7	116.3	181.5	110.7
1993	128.8	122.1	129.4	122.1	215.5	128.4
1994	119.6	114.2	120.3	120.4	119.1	118.8
1995	113.3	103.6	112.8	112.8	113.0	115.4
1996	116.1	141.5	111.2	112.3	103.9	123.7
1997	109.5	103.9	106.4	108.3	92.5	115.8
1998	101.4	107.5	94.7	92.0	117.5	112.3
1999	109.2	103.6	108.0	106.3	119.4	111.4
2000	111.3	103.6	112.0	111.2	116.5	111.7
2001	111.5	101.2	112.9	110.6	120.7	111.6
2002	115.3	97.3	120.1	124.0	107.9	112.9
2003	119.3	86.3	129.3	130.0	126.7	112.6
2004	116.6	92.7	118.9	120.2	114.3	115.8
2005	113.6	102.5	112.2	116.2	96.7	115.9
2006	113.2	101.0	114.2	114.3	113.8	112.6
2007	113.2	103.9	112.5	116.7	93.4	114.4
2008	107.8	89.9	106.0	107.7	96.4	110.8
2009	109.1	96.4	103.5	102.6	109.3	115.8
2010	108.8	101.8	107.0	106.8	108.1	110.7
2011	109.7	101.4	108.2	109.5	101.0	111.2

本表按可比价格计算。
The indices in this table are calculated at comparable prices.

1－16 历年分县(市)生产总值

Gross Domestic Product by County (City) over the Years

单位：万元 (10 000 yuan)

年 份 Year	全 市 Whole Municipality	市 区 Urban District	绍 兴 Shaoxing	上 虞 Shangyu	嵊 州 Shengzhou	新 昌 Xinchang	诸 暨 Zhuji
1978	112865	14045	26109	19782	17490	10604	24835
1979	143612	17240	33581	26058	21990	13069	31674
1980	165450	25004	37475	29325	25246	14606	33794
1981	187973	27822	46015	33819	28136	16997	35184
1982	210541	30249	52527	39027	31399	17529	39810
1983	223574	32639	63552	40059	32101	18243	36980
1984	279489	41502	83171	47242	37202	21438	48434
1985	400444	65118	123309	63174	49805	31499	67539
1986	475005	75624	153914	77744	57169	32483	78071
1987	567438	96812	170624	96563	68439	41904	93096
1988	679570	113008	196179	121666	86501	51212	115814
1989	761645	126206	213734	139342	93557	53992	134814
1990	823755	137415	251260	146831	99845	61183	140399
1991	981579	161700	311931	162519	121725	82180	164753
1992	1272537	198974	409038	204718	159414	101467	242795
1993	1997321	296304	605393	328819	244980	136977	434423
1994	3045664	414595	922334	586556	328929	191629	634501
1995	4047006	505279	1180609	770969	447045	256648	906033
1996	4953947	624514	1551650	886969	528410	325866	1183562
1997	5642896	686823	1746736	978487	560393	378532	1216016
1998	6090956	691415	1885099	1052060	597305	429905	1382533
1999	6509328	744068	2028629	1142943	651447	488823	1452311
2000	7168454	1112628	1825800	1289231	701619	573592	1569096
2001	7880179	1247725	2049003	1441394	782167	645284	1754116
2002	8860602	1452918	2361166	1541006	877807	723619	2002076
2003	10352193	1831304	2741026	1741186	1000405	854826	2330563
2004	12449920	2242916	3314210	1978227	1191027	1036583	2776697
2005	14498051	2589112	3875206	2286699	1413719	1171242	3249898
2006	16820447	2977675	4531314	2628642	1640929	1335719	3780275
2007	19787150	3442431	5433848	3106428	1934667	1520387	4415416
2008	22301962	3811345	6134275	3475591	2181406	1719001	4980291
2009	23757754	4075819	6557783	3681522	2316574	1873475	5277176
2010	27952029	4666983	7761092	4362648	2733513	2151122	6215361
2011	33319960	5464508	9317996	5236551	3279220	2562139	7400151

本表按当年价格计算。

Data in value terms in this table are calculated at current prices.

1－17 历年分县(市)生产总值发展指数

Indices of Gross Domestic Product by County (City) over the Years

(1978 年=100) (year of 1978=100)

年份 Year	全市 Whole Municipality	市区 Urban District	绍兴 Shaoxing	上虞 Shangyu	嵊州 Shengzhou	新昌 Xinchang	诸暨 Zhuji
1978	100.0	100.0	100.0	100.0	100.0	100.0	100.0
1979	111.7	116.4	121.4	117.5	115.1	116.8	109.7
1980	131.0	170.5	133.6	128.8	128.8	131.6	117.8
1981	145.9	186.1	161.2	143.8	135.0	148.3	117.7
1982	159.1	200.1	185.6	166.5	151.3	156.7	130.5
1983	166.9	214.8	225.2	167.3	152.5	162.0	127.8
1984	202.8	266.9	296.0	190.3	171.9	187.5	157.0
1985	268.8	395.5	433.3	244.8	210.2	226.1	192.0
1986	309.3	444.3	588.4	289.2	230.2	261.2	208.0
1987	344.9	537.6	614.4	340.1	273.7	304.4	243.1
1988	367.0	558.3	619.4	387.8	304.9	340.7	284.7
1989	371.4	555.5	611.5	384.1	305.8	322.6	332.6
1990	394.7	599.2	663.7	395.8	313.2	347.6	344.0
1991	461.6	689.7	821.5	443.1	397.7	466.2	396.2
1992	563.5	799.8	1024.3	536.5	492.8	552.4	550.7
1993	770.5	1030.0	1272.7	748.5	602.2	594.7	832.2
1994	980.1	1232.0	1644.9	959.4	657.2	696.5	1004.3
1995	1170.2	1395.9	1912.8	1133.7	798.6	834.0	1254.0
1996	1402.7	1620.3	2412.3	1248.7	918.2	1056.0	1610.4
1997	1609.1	1773.6	2725.2	1377.0	972.1	1224.2	1684.2
1998	1796.4	1799.2	3055.9	1513.2	1075.4	1409.7	1949.4
1999	1988.5	1964.1	3409.2	1707.3	1193.8	1630.1	2082.2
2000	2214.9	2186.9	3800.2	1940.6	1289.8	1845.4	2336.5
2001	2464.5	2438.4	4270.0	2181.7	1435.4	2069.7	2613.7
2002	2793.6	2812.3	4846.6	2355.3	1609.0	2317.5	2979.9
2003	3200.0	3354.8	5636.8	2661.2	1814.0	2637.6	3416.4
2004	3677.6	3910.9	6562.4	2998.5	2062.4	3004.8	3945.4
2005	4185.1	4442.8	7527.1	3367.3	2367.6	3347.3	4517.4
2006	4741.7	5029.2	8565.9	3791.6	2663.6	3769.1	5118.3
2007	5429.3	5693.1	9953.5	4333.8	3039.1	4244.0	5850.2
2008	5928.8	6137.1	10849.4	4706.5	3343.1	4617.4	6411.8
2009	6483.0	6697.5	11907.7	5120.9	3649.4	5021.4	7020.1
2010	7196.1	7286.9	13169.9	5812.2	4116.5	5588.8	7834.4
2011	7951.7	7993.7	14579.1	6410.9	4532.3	6175.6	8696.2

本表按可比价格计算。

The indices in this table are calculated at comparable prices.

1－18　历年分县(市)生产总值发展指数

Indices of Gross Domestic Product by County (City) over the Years

(上年=100)　　(preceding year=100)

年　份 Year	全　市 Whole Municipality	市　区 Urban District	绍　兴 Shaoxing	上　虞 Shangyu	嵊　州 Shengzhou	新　昌 Xinchang	诸　暨 Zhuji
1978							
1979	111.7	116.4	121.4	117.5	115.1	116.8	109.7
1980	117.2	146.5	110.1	109.6	111.9	112.7	107.3
1981	111.3	109.1	120.6	111.7	104.8	112.6	99.9
1982	109.1	107.5	115.2	115.8	112.1	105.6	110.9
1983	104.9	107.3	121.3	100.5	100.8	103.4	97.9
1984	121.5	124.3	131.4	113.7	112.7	115.8	122.9
1985	132.5	148.2	146.4	128.6	122.3	120.6	122.4
1986	115.1	112.4	135.8	118.2	109.5	115.5	108.3
1987	111.5	121.0	104.4	117.6	118.9	116.6	116.9
1988	106.4	103.8	100.8	114.0	111.4	111.9	117.1
1989	101.2	99.5	98.7	99.0	100.3	94.7	116.8
1990	106.3	107.9	108.5	103.1	102.4	107.7	103.4
1991	116.9	115.1	123.8	112.0	127.0	134.1	115.2
1992	122.1	116.0	124.7	121.1	123.9	118.5	139.0
1993	136.7	128.8	124.2	139.5	122.2	107.6	151.1
1994	127.2	119.6	129.3	128.2	109.1	117.1	120.7
1995	119.4	113.3	116.3	118.2	121.5	119.7	124.9
1996	119.9	116.1	126.1	110.1	115.0	126.6	128.4
1997	114.7	109.5	113.0	110.3	105.9	115.9	104.6
1998	111.6	101.4	112.1	109.9	110.6	115.2	115.7
1999	110.7	109.2	111.6	112.8	111.0	115.6	106.8
2000	111.4	111.3	111.5	113.7	108.0	113.2	112.2
2001	111.3	111.5	112.4	112.4	111.3	112.2	111.9
2002	113.4	115.3	113.5	108.0	112.1	112.0	114.0
2003	114.5	119.3	116.3	113.0	112.7	113.8	114.6
2004	114.9	116.6	116.4	112.7	113.7	113.9	115.5
2005	113.8	113.6	114.7	112.3	114.8	111.4	114.5
2006	113.3	113.2	113.8	112.6	112.5	112.6	113.3
2007	114.5	113.2	116.2	114.3	114.1	112.6	114.3
2008	109.2	107.8	109.0	108.6	110.0	108.8	109.6
2009	109.3	109.1	109.8	108.8	109.2	108.7	109.5
2010	111.0	108.8	110.6	113.5	112.8	111.3	111.6
2011	110.5	109.7	110.7	110.3	110.1	110.5	111.0

本表按可比价格计算。

The indices in this table are calculated at comparable prices.

1－19 历年分县(市)人均地区生产总值

Per Capita Gross Domestic Product by County (City) over the Years

单位：元 (yuan)

年 份 Year	全 市 Whole Municipality	市 区 Urban District	绍 兴 Shaoxing	上 虞 Shangyu	嵊 州 Shengzhou	新 昌 Xinchang	诸 暨 Zhuji
1978	299		299	290	257	275	265
1979	378		384	379	321	336	335
1980	433		428	424	366	372	355
1981	489		526	486	406	429	369
1982	543		597	555	450	437	414
1983	572	1389	718	566	457	449	382
1984	712	1716	939	666	527	523	499
1985	1016	2631	1392	890	704	763	692
1986	1198	2972	1731	1090	805	781	794
1987	1417	3705	1902	1340	958	999	939
1988	1680	4226	2164	1669	1204	1213	1156
1989	1865	4629	2332	1895	1294	1273	1332
1990	2002	4968	2714	1981	1373	1435	1380
1991	2371	5785	3340	2177	1666	1919	1614
1992	3057	7029	4349	2725	2174	2362	2369
1993	4774	10300	6394	4351	3333	3182	4225
1994	7239	14032	9697	7715	4468	4443	6143
1995	9561	16651	12352	10083	6066	5941	8714
1996	11635	20214	16109	11543	7160	7531	11312
1997	13188	21782	18022	12687	7589	8738	11565
1998	14182	21498	19380	13601	8093	9917	13099
1999	15107	22565	20846	14753	8828	11262	13713
2000	16586	18940	25214	16629	9494	13200	14781
2001	18200	20968	28294	18594	10581	14835	16531
2002	20443	24000	32875	19904	11895	16629	18897
2003	23869	28856	39089	22502	13586	19678	22055
2004	28668	34958	47180	25553	16203	23888	26305
2005	33336	40048	55044	29546	19254	26973	30773
2006	38641	45904	64164	33995	22361	30745	35779
2007	45397	53010	76630	40196	26365	34950	41710
2008	51075	58687	86091	44966	29721	39467	46891
2009	54316	62801	91563	47588	31564	42991	49529
2010	63770	71836	107808	56272	37241	49314	58188
2011	75820	83879	128727	67404	44646	58616	69110

本表按当年价格计算。

Data in value terms in this table are calculated at current prices.

1－20 历年分县(市)人均生产总值发展指数

Indices of Per Capita Gross Domestic Product by County (City) over the Years

(上年=100) (preceding year=100)

年 份 Year	全 市 Whole Municipality	市 区 Urban District	绍 兴 Shaoxing	上 虞 Shangyu	嵊 州 Shengzhou	新 昌 Xinchang	诸 暨 Zhuji
1978							
1979	110.9		121.1	116.6	114.2	115.8	108.8
1980	116.6		110.1	108.9	111.2	111.7	106.8
1981	110.7		120.5	110.8	104.2	111.7	99.6
1982	108.2		114.6	114.7	111.2	104.3	110.1
1983	104.0		120.7	99.8	100.2	102.1	97.3
1984	121.0	120.7	131.2	113.5	112.2	114.8	122.3
1985	132.0	144.8	146.4	128.5	122.0	119.8	121.8
1986	114.3	109.3	135.3	117.7	109.1	114.6	107.6
1987	110.5	117.8	103.5	116.3	118.2	115.6	115.8
1988	105.3	101.5	99.8	112.7	110.7	111.2	115.9
1989	100.2	97.6	97.7	98.2	99.7	94.2	115.7
1990	105.5	106.3	107.4	102.2	101.8	107.2	102.9
1991	116.2	113.9	122.7	111.2	126.4	133.6	114.8
1992	121.4	114.5	123.8	120.3	123.5	118.1	138.5
1993	136.0	126.7	123.4	138.7	121.9	107.4	150.6
1994	126.5	116.5	128.7	127.4	109.0	116.9	120.1
1995	118.7	110.3	115.7	117.5	121.4	119.6	124.0
1996	119.2	114.0	125.1	109.6	114.8	126.4	127.6
1997	114.1	107.3	112.3	109.9	105.8	115.8	104.1
1998	111.2	99.5	111.7	109.6	110.7	115.1	115.3
1999	110.3	106.5	111.5	112.7	111.0	115.5	106.4
2000	111.0	109.6	111.5	113.6	107.9	113.1	112.0
2001	111.1	110.1	112.4	112.4	111.3	112.0	111.9
2002	113.2	113.4	113.2	108.1	112.3	111.9	114.2
2003	114.5	117.8	116.0	113.0	113.0	114.0	114.9
2004	114.8	115.3	116.2	112.6	113.9	114.0	115.6
2005	113.7	112.7	114.5	112.3	114.9	111.4	114.5
2006	113.2	112.8	113.4	112.7	112.5	112.5	113.2
2007	114.4	113.1	115.8	114.3	114.1	112.4	114.1
2008	109.0	107.8	108.5	108.5	110.0	108.7	109.2
2009	109.2	109.2	109.2	108.7	109.2	108.7	109.1
2010	110.8	108.7	110.0	113.3	112.8	111.2	111.3
2011	110.2	109.4	110.1	110.1	110.0	110.3	110.7

本表按可比价格计算。

The indices in this table are calculated at comparable prices.

1-21 分县(市)生产总值(2011年)

Gross Domestic Product by County (City) (2011)

单位：万元　　(10 000 yuan)

指　标	Item	全市 Whole Municipality	市区 Urban District	绍兴 Shaoxing	上虞 Shangyu	嵊州 Shengzhou	新昌 Xinchang	诸暨 Zhuji
地区生产总值	**Gross Domestic Product**	**33319960**	**5464508**	**9317996**	**5236551**	**3279220**	**2562139**	**7400151**
第一产业	Primary Industry	1720952	82101	332052	365586	326215	181454	433544
第二产业	Secondary Industry	18343394	2488532	5548751	2964379	1708248	1380007	4238743
工　业	Industry	16323536	2096200	5065775	2563425	1540728	1295073	3747604
建筑业	Construction	2019858	392332	482976	400954	167520	84934	491139
第三产业	Tertiary Industry	13255614	2893875	3437193	1906586	1244757	1000678	2727864

本表按当年价格计算。

Data in value terms in this table are calculated at current prices.

1-22 分县(市)生产总值发展指数(2011年)

Indices of Gross Domestic Product by County (City) (2011)

(上年=100)　　(preceding year=100)

指　标	Item	全市 Whole Municipality	市区 Urban District	绍兴 Shaoxing	上虞 Shangyu	嵊州 Shengzhou	新昌 Xin-Chang	诸暨 Zhuji
地区生产总值	**Gross Domestic Product**	**110.5**	**109.7**	**110.7**	**110.3**	**110.1**	**110.5**	**111.0**
第一产业	Primary Industry	103.9	101.4	103.9	104.0	104.1	103.9	104.1
第二产业	Secondary Industry	110.1	108.2	110.3	110.1	110.0	110.3	111.1
工　业	Industry	110.4	109.5	110.9	109.7	111.2	110.8	110.3
建筑业	Construction	107.6	101.0	104.0	112.7	100.2	103.7	118.2
第三产业	Tertiary Industry	112.0	111.2	112.3	112.1	112.0	112.1	112.2

本表按可比价格计算。

The indices in this table are calculated at comparable prices.

主 要 统 计 指 标 解 释

地区生产总值（GDP） 是按市场价格计算的地区生产总值的简称。它是一个国家(或地区)所有常住单位在一定时期内生产活动的最终成果。国内生产总值有三种表现形态，即价值形态、收入形态和产品形态。从价值形态看，它是所有常住单位在一定时期内所生产的全部货物和服务价值超过同期投入的全部非固定资产货物和服务价值的差额，即所有常住单位的增加值之和；从收入形态看，它是所有常住单位在一定时期内所创造并分配给常住单位和非常住单位的初次分配收入之和；从产品形态看，它是最终使用的货物和服务减去进口货物和服务。在实际核算中，国内生产总值的三种表现形态表现为三种计算方法，即生产法、收入法和支出法。三种方法分别从不同的方面反映国内生产总值及其构成。

各个计划时期 各个计划时期代表的年份如下:恢复时期为1950年至1952年;第一个五年计划时期(简称"一五"时期)为1953年至1957年；第二个五年计划时期(简称"二五"时期)为1958年至1962年；三年调整时期为1963年至1965年；第三个五年计划时期(简称"三五"时期)为1966年至1970年；第四个五年计划时期(简称"四五"时期)为1971年至1975年；第五个五年计划时期(简称"五五"时期)为1976年至1980年；第六个五年计划时期(简称"六五"时期)为1981年至1985年；第七个五年计划时期(简称"七五"时期)为1986年至1990年；第八个五年计划时期(简称"八五"时期)为1991年至1995年；第九个五年计划时期(简称"九五"时期)为1996年至2000年；第十个五年计划时期(简称"十五"时期)为2001年至2005年。

国有企业 指企业全部资产归国家所有，并按《中华人民共和国企业法人登记管理条例》规定登记注册的非公司制的经济组织。不包括有限责任公司中的国有独资公司。

集体企业 指企业资产归集体所有，并按《中华人民共和国企业法人登记管理条例》规定登记注册的经济组织。

股份合作企业 指以合作制为基础，由企业职工共同出资入股，吸收一定比例的社会资产投资组建，实行自主经营，自负盈亏，共同劳动，民主管理，按劳分配与按股分红相结合的一种集体经济组织。

联营企业 两个及两个以上相同或不同所有制性质的企业法人或事业单位法人，按自愿、平等、互利的原则，共同投资组成的经济组织。联营企业包括国有联营企业、集体联营企业、国有与集体联营企业和其他联营企业。

有限责任公司 指根据《中华人民共和国公司登记管理条例》规定登记注册，由两个以上，五十个以下的股东共同出资，每个股东以其所认缴的出资额对公司承担有限责任，公司以其全部资产对其债务承担责任的经济组织。有限责任公司包括国有独资公司以及其他有限责任公司。

(1)国有独资公司：指国家授权的投资机构或者国家授权的部门单独投资设立的有限责任公司。

(2)其他有限责任公司：指国有独资公司以外的有限责任公司。

股份有限公司 指根据《中华人民共和国公司登记管理条例》规定登记注册，其全部注册资本由等额股份构成并通过发行股票筹集资本，股东以其认购的股份对公司承担有限责任，公司以其全部资产对其债务承提责任的经济组织。

私营企业 指由自然人投资设立或由自然人控股，以雇佣劳动为基础的营利性经济组织。包括按照《公司法》、《合伙企业法》、《私营企业暂行条例》规定登记注册的私营有限责任公司、私营股份有限公司、私营合伙企业和私营独资企业。

其他企业 指上述企业之外的其他内资经济组织。

外商投资企业 指外国投资者根据中华人民共和国有关涉外经济的法律、法规，以合资、合作或独资的形式在中国大陆境内开办的企业。包括中外合资经营企业、中外合作经营企业和外资企业。

港、澳、台投资企业 指港、澳、台地区投资者参照中华人民共和国有关涉外经济的法律、法规，以合资、合作或独资的形式在祖国大陆举办的企业。包括合资经营企业、合作经营企业和独资企业。

三次产业 根据社会生产活动历史发展的顺序对产业结构的划分，产品直接取自自然界的部门称为第一产业，对初级产品进行再加工的部门称为第二产业，为生产和消费提供各种服务的部门称为第三产业。它是世界通用的产业结构分类，但各国的划分不尽一致。我国的三次产业划分是：

第一产业：农林牧渔业(包括农业、林业、牧业和渔业)。

第二产业：工业(包括采掘业、制造业、自来水、电力、蒸汽、热水、煤气)和建筑业。

第三产业：除第一、二产业以外的其他各业。由于第三产业包括的行业多、范围广，根据我国的实际情况，第三产业可分为两大部分：一是流通部门，二是服务部门。

Explanatory Notes on Main Statistical Indicators

Gross Domestic Product (GDP) refers to the final products of all resident units in a country (or a region) during a certain period of time. Gross Domestic Product is expressed in three different forms, i.e.value,income, and products respectively. The form of value refers to the total value of all products and services produced by all resident units during a certain period of time minus total value of intimidate input of materials and services of the nature of non-fixed assets or the summation of the value-added of all resident units; the form of income includes all the income created by all resident units and distributed primarily to all resident and non-resident units; the form of products refers to the value of all final goods and services for final use by all resident units plus the value of net exports of goods and services during a given period of time. In the practice of national accounting, gross domestic product is calculated with three approaches, i.e.production approach, income approach, and expenditure approach, which reflect gross domestic product and its composition from different aspects.

Various Planning Periods the conventional division of time period is as follows :Economic Rehabilitation Period, 1950-1952;the First Five-year Plan period,1953-1957; the Second Five-year Plan period,1958-1962; the Third Five-year Plan period,1966-1970; the Fourth Five-year Plan period,1971-1975; the Fifth Five-year Plan period,1976-1980; the Sixth Five-year Plan period,1981-1985; the Seventh Five-year Plan period,1986-1990; the Eighth Five-year Plan period,1991-1995; the Ninth Five-year Plan period,1996-2000; the Tenth Five-year Plan period,2001-2005.

State-owned Enterprises refers to non-corporation economic units where the entire assets are owned by the state and which have registered in accordance with the Regulation of the People's Republic of China on the Management of Registration of Corporate Enterprises.Excluded from this category are sole state-funded corporations in the limited liability corporations.

Collective-owned Enterprises refers to economic units where the assets are owned collectively and which have registered in accordance with the Regulation of the People's Republic of China on the Management of Registration of Corporate Enterprises.

Cooperative Enterprises refers to a form of collective economic units (enterprises) where capitals come mainly from employees as their shares, with certain proportion of capital from the outside, where production is organized on the basis of independent operation, independent accounting for profits and losses, joint work, democratic management, and a distribution system that integrates remuneration according to work with dividend according to capital share.

Joint Ownership Enterprises refers to economic units established by two or more corporate enterprises or corporate institutions of the same or different ownership, through joint investment on the basis of equality, voluntary participation and mutual benefits. They include state joint ownership enterprises, collective joint ownership enterprises, joint state-collective enterprises, other joint ownership enterprises.

Limited Liability Corporations refers to economic units established with investment from 2-50 investors and registered in accordance with the Regulation of the People's Republic of China on the Management of Registration of Corporations, each investor bearing limited liability to the corporation depending on its share of investment, and the corporation bearing liability to its debt to the maximum of its total assets.Limited liability corporations include exclusive state-funded limited liability corporations and other limited liability corporations.

(1) Exclusive State-funded Corporations refers to limited liability corporations established with exclusive investment from investment institutions or departments authorized by the state.

(2) Other Limited Liability Corporations refers to limited liability corporations other than exclusive state-funded corporations.

Share-holding Corporations Ltd. refers to economic units registered in accordance with the Regulation of the People's Republic of China on the Management of Registration of Corporations, with total registered capitals divided into equal shares and raised through issuing stocks. Each investor bears limited liability to the corporation depending on the holding of shares,and the corporation bears liability to its debt to the maximum of its total assets.

Private Enterprises refers to profit-making economic units invested and established by natural persons, or controlled by natural persons using employed labour. Included in this category are private limited liability corporations, private shareholding corporations Ltd., private partnership enterprises and private-funded enterprises registered in accordance with the Corporation Law, Partnership Enterprises Law and Interim Regulations on Private Enterprises.

Other Domestic-funded Enterprises refers to domestic-funded economic units other than those mentioned above.

Enterprises with Foreign Investment refers to enterprises set up in mainland China in the forms of joint investment, cooperation or solely-owned investment by foreign investors in accordance with foreign-related economic laws & regulations of China. They include joint-venture enterprises with foreign investment, cooperation enterprises with foreign investment and enterprises with sole (exclusive) foreign investment.

Enterprises with Investment from HongKong, Macao and Taiwan refers to enterprises set up in mainland China in the forms of joint investment,cooperation or solely-owned investment by investors from HongKong, Macao and Taiwan in accordance with foreign-related economic laws & regulations of China. They include joint-venture enterprises, cooperative enterprises & solely-owned enterprises.

Three Industries Industry structure has been classified according to the historical sequence of development. Primary industry refers to extraction of natural resources; secondary industry involves processing of primary products;and tertiary industry provides services of various kinds for production and consumption. The above classification is universal although it varies to some extent form country to country. Industry in China comprises:

Primary industry: agriculture (including farming, forestry, animal husbandry and fishery).

Secondary industry: industry (including mining and quarrying, manufacturing, production and supply of electricity, water and gas) and construction.

Tertiary industry: all other industries not included in primary or secondary industry.

二

人口和劳动工资

CHAPTER 2 POPULATION AND WAGES

人口、劳动力
POPULATION AND WAGES

主 要 统 计 指 标
Main Statistical Indicators

2011 年末全市户籍人口	Total Year-end Population of Whole Municipality	440.01	万人（10^4 persons)
比年初增长	Increase over the Beginning of the Year	2.5	%
2011 年末市区户籍人口	Total Year-end Population of Urban District	65.26	万人（10^4 persons)
比年初增长	Increase over the Beginning of the Year	3.4	%
2011 年末全市非农业人口	Total Year-end Non-Agriculture Population of Whole Municipality	152.07	万人（10^4 persons)
比年初增长	Increase over the Beginning of the Year	2.4	%
2011 年人口自然增长率	Natural Growth Rate of Population	0.42	‰
比上年增长	Increase over Previous Year	0.14	个千分点（per mille)
2011 年末总户数	Total Year-end Households of Whole Municipality	162.07	万户(10^4households)
比年初增长	Increase over the Beginning of the Year	0.12	%
2011 年末从业人员	Total Number of Employed Persons	343.28	万人（10^4 persons)
比上年增长	Increase over Previous Year	0.4	%
2011 年末城镇以上单位在岗职工人数	Number of Staff and Workers at work in Urban Units	113.57	万人（10^4 persons)
比上年增长	Increase over Previous Year	10.3	%
2011 年城镇以上单位在岗职工平均工资	Average Annual Wage of Staff and Workers at work in Urban Units	39810	元（yuan)
比上年增长	Increase over Previous Year	13.3	%

年末总人口数

Total Ye1ar-end Population

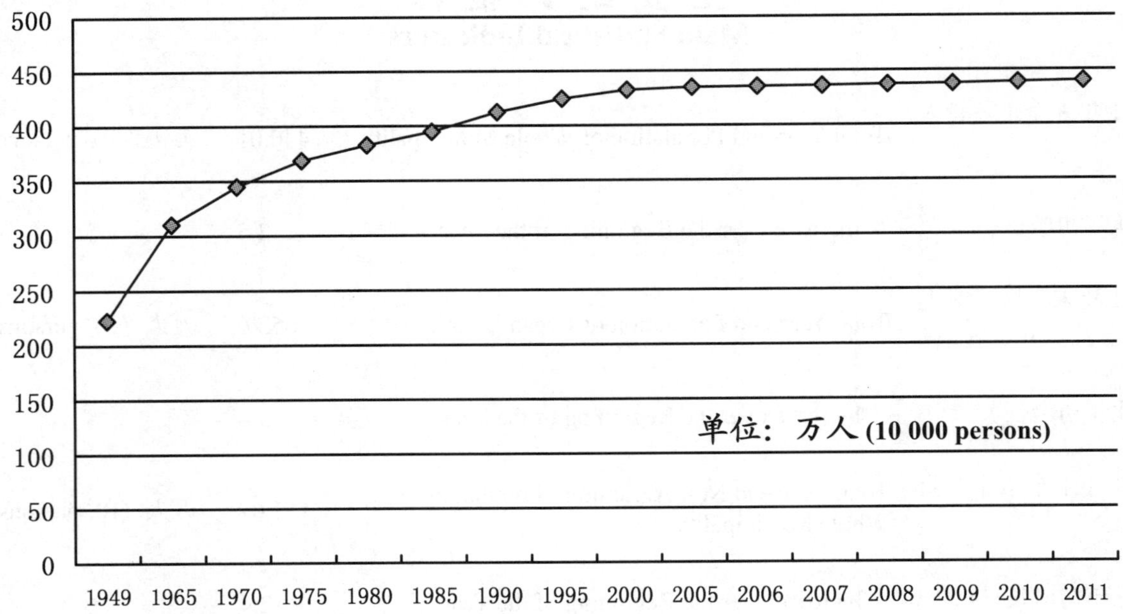

男女人口比例情况

Proportion of Male and Female

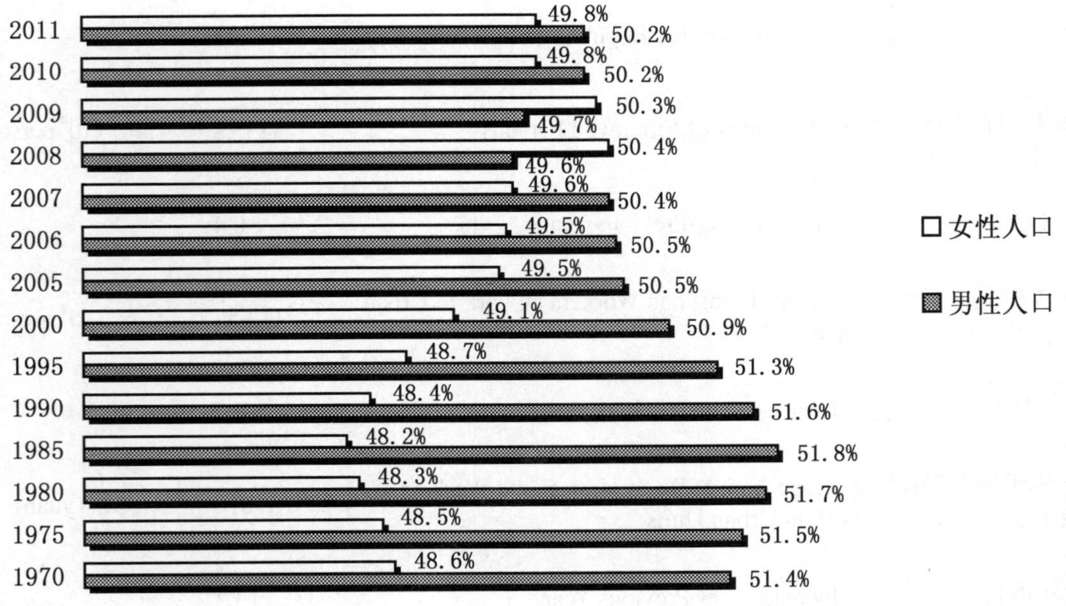

人口自然增长率
Natural Growth Rate of Population

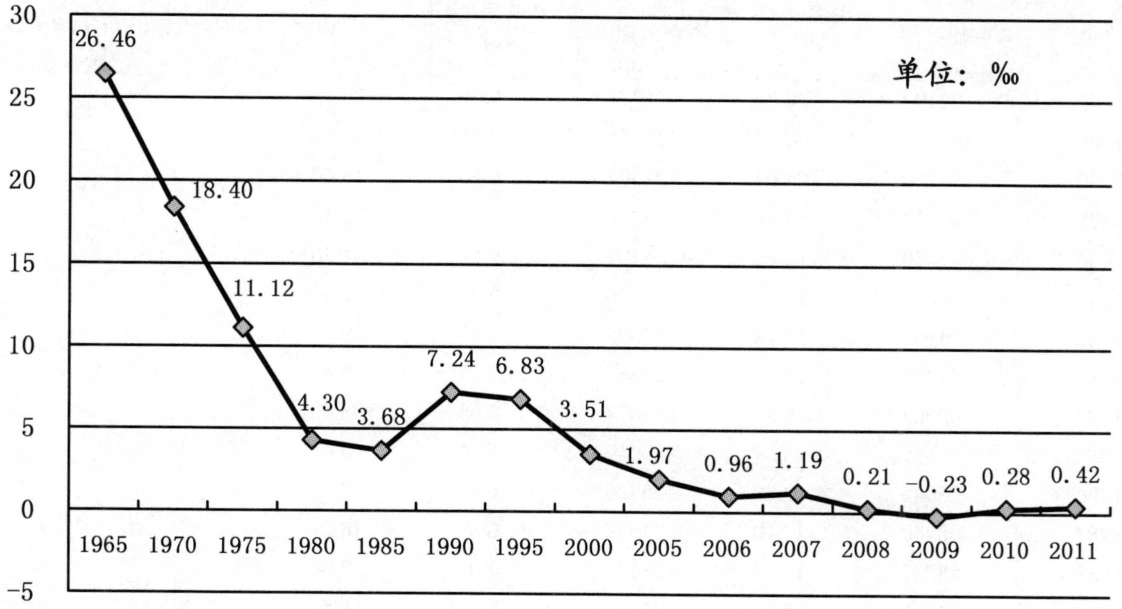

城镇以上单位在岗职工年平均工资
Average Annual Wage of Staff and Workers at work in Urban Units

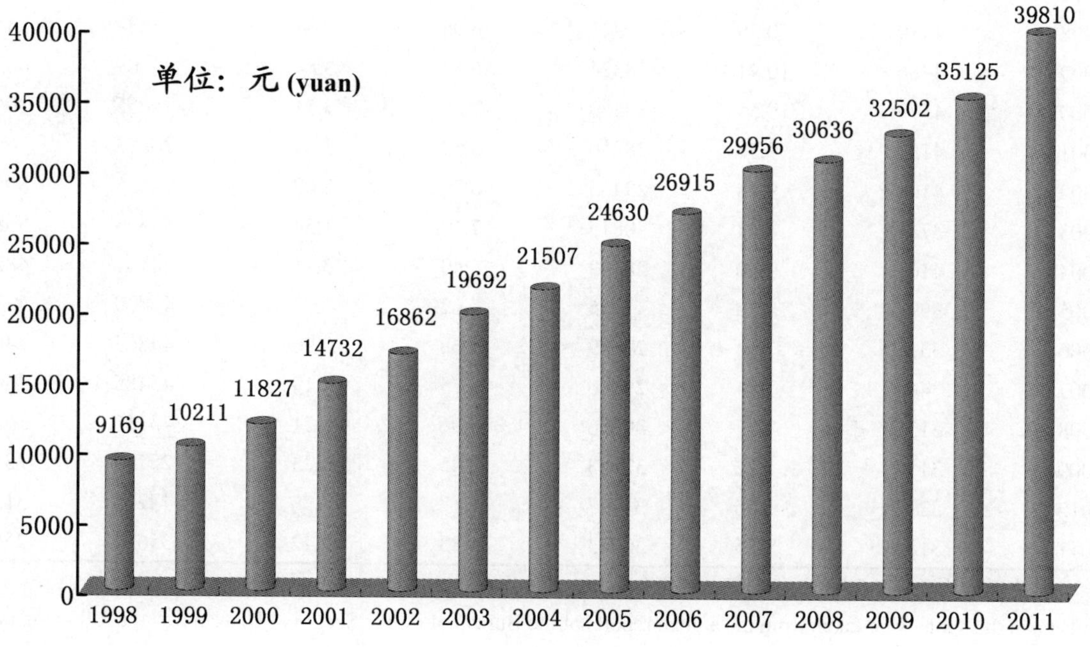

2-1 历年全市人口变动情况

Population Changes of the Whole Municipality

年 份 Year	出生人数(人) Birth Population (person)	出生率(‰) Birth Rate (‰)	死亡人数(人) Death Population (person)	死亡率(‰) Death Rate (‰)	自然增长率(‰) Natural Growth Rate (‰)	迁入人口(人) Population Transferred into (person)	迁出人口(人) Population Transferred out (person)
1962	92192	32.89	25778	9.20	23.70		
1965	104771	34.21	23758	7.76	26.46		
1970	84160	24.64	21307	6.24	18.40		
1975	65018	17.74	24247	6.62	11.12		
1980	41530	10.87	25107	6.57	4.30		
1981	54099	14.08	25786	6.71	7.37		
1982	61154	15.78	25096	6.47	9.31		
1983	51257	13.12	28452	7.28	5.84		
1984	40203	10.25	26074	6.65	3.60		
1985	41531	10.54	27049	6.86	3.68		
1986	55045	13.88	25826	6.51	7.37		
1987	68469	17.10	27598	6.89	10.21		
1988	58797	14.53	28527	7.01	7.48		
1989	61830	15.14	27062	6.63	8.51	51731	48952
1990	56839	13.81	27026	6.57	7.24	54621	54582
1991	53479	12.92	26449	6.39	6.53	36710	36219
1992	49400	11.87	27925	6.71	5.16	41192	41247
1993	53994	12.91	27853	6.66	6.25	31935	32795
1994	52450	12.47	28410	6.75	5.72	48327	49488
1995	58376	13.79	29454	6.96	6.83	55939	55100
1996	53564	12.58	28229	6.63	5.95	48192	49209
1997	50388	11.78	27604	6.45	5.32	43192	43193
1998	44197	10.29	29847	6.95	3.34	52889	54444
1999	44869	10.41	28324	6.57	3.84	69209	68948
2000	45736	10.58	30560	7.07	3.51	78055	80652
2001	41370	9.56	28210	6.52	3.04	70853	76877
2002	41089	9.48	29435	6.79	2.69	74655	80332
2003	37498	8.64	30815	7.10	1.54	54358	55826
2004	41698	9.60	28183	6.49	3.11	44141	48207
2005	39974	9.19	31395	7.22	1.97	42809	47105
2006	33263	7.64	29079	6.68	0.96	44865	44643
2007	34600	7.94	29410	6.75	1.19	45485	43005
2008	31328	7.17	30396	6.96	0.21	43136	35316
2009	31573	7.22	32583	7.45	-0.23	25745	23508
2010	32438	7.40	31197	7.12	0.28	42278	31383
2011	31851	7.25	30013	6.83	0.42	35621	25508

注：人口统计均为公安户籍人口，下同。

Note:Data in this table were taken from the annual reports of the Bureau of Public Security (The same as the following table).

2-2 历年年末总户数

Total Year-end Households over the Years

单位：万户

(10 000households)

年份 Year	全市 Whole Municipality	市区 Urban District	绍兴 Shaoxing	上虞 Shangyu	嵊州 Shengzhou	新昌 Xinchang	诸暨 Zhuji
1949	58.19		18.60	8.47	10.43	6.14	14.55
1957	64.74		19.50	11.07	12.02	7.03	15.12
1962	69.03		20.91	12.31	12.44	7.42	15.95
1965	70.74		21.27	12.55	12.77	7.58	16.57
1970	77.89		23.62	13.86	14.13	8.38	17.90
1975	86.57		25.92	15.48	16.15	9.11	19.91
1980	96.30		27.87	17.13	18.26	10.12	22.92
1981	99.68		28.76	17.88	18.81	10.66	23.57
1982	102.10		29.23	18.49	19.25	10.85	24.28
1983	104.61	6.66	23.57	19.03	19.69	11.04	24.62
1984	106.95	6.93	23.96	19.36	20.22	11.21	25.27
1985	110.60	7.26	24.42	20.20	20.48	11.43	26.81
1986	114.67	7.60	25.05	20.64	21.06	12.05	28.27
1987	118.30	8.01	25.64	21.32	21.64	12.57	29.12
1988	123.07	8.32	26.71	21.90	22.57	12.89	30.68
1989	126.90	8.72	27.29	23.23	23.26	13.27	31.13
1990	128.87	8.99	27.72	23.47	23.47	13.50	31.73
1991	130.36	9.14	28.17	23.58	23.27	13.66	32.55
1992	133.82	9.37	28.48	24.13	23.76	14.01	34.07
1993	134.57	9.45	28.75	24.16	23.99	14.05	34.17
1994	135.95	9.76	28.79	24.55	24.17	14.14	34.54
1995	137.46	9.90	29.19	24.47	24.35	14.40	35.16
1996	139.73	10.07	30.08	25.25	24.72	14.46	35.16
1997	142.16	10.23	30.55	25.95	25.22	14.89	35.31
1998	143.85	10.47	31.13	26.00	25.43	15.13	35.69
1999	145.99	10.76	31.79	26.09	25.74	15.36	36.25
2000	147.73	19.69	23.52	26.18	25.96	15.59	36.80
2001	149.90	20.25	23.80	26.39	26.15	15.98	37.31
2002	152.20	20.92	24.12	26.58	26.55	16.21	37.82
2003	152.56	22.62	24.26	27.03	26.26	15.53	36.86
2004	155.18	23.00	24.66	27.54	26.83	15.79	37.35
2005	156.74	23.13	24.92	28.06	26.89	15.98	37.76
2006	159.00	23.26	25.27	28.53	27.03	16.14	38.77
2007	161.08	23.48	25.51	28.89	27.10	16.35	39.75
2008	162.23	23.55	25.79	29.20	27.06	16.49	40.14
2009	162.39	23.88	25.66	29.29	26.90	16.51	40.15
2010	161.88	23.43	25.54	29.38	26.79	16.52	40.22
2011	162.07	23.45	25.43	29.41	26.64	16.68	40.46

2-3 历年年末户籍人口

Total Year-end Population over the Years

单位：万人 (10 000persons)

年份 Year	全市 Whole Municipality	市区 Urban District	绍兴 Shaoxing	上虞 Shangyu	嵊州 Shengzhou	新昌 Xinchang	诸暨 Zhuji
1949	222.86		67.97	36.71	40.69	23.49	54.00
1957	263.33		80.09	46.75	46.72	27.31	62.46
1962	284.09		84.98	50.73	51.22	30.55	66.61
1965	310.28		91.82	55.49	55.60	32.86	74.51
1970	344.89		100.75	61.94	61.49	35.89	84.82
1975	368.64		106.50	66.65	66.12	37.75	91.62
1980	382.71		109.74	69.29	69.05	39.43	95.20
1981	385.53		110.62	69.94	69.51	39.83	95.63
1982	389.51		111.80	70.63	70.18	40.43	96.47
1983	391.70	23.95	88.61	70.96	70.45	40.82	96.91
1984	393.05	24.41	88.56	70.94	70.66	41.14	97.34
1985	394.88	25.09	88.61	71.05	70.86	41.40	97.87
1986	398.24	25.80	89.23	71.57	71.19	41.78	98.67
1987	402.61	26.46	90.20	72.58	71.66	42.10	99.61
1988	406.54	27.02	91.09	73.21	72.07	42.31	100.84
1989	410.32	27.52	92.18	73.88	72.55	42.54	101.64
1990	412.67	27.80	92.98	74.39	72.91	42.75	101.84
1991	415.31	28.10	93.80	74.94	73.23	42.91	102.31
1992	417.16	28.51	94.28	75.31	73.41	43.00	102.64
1993	419.62	29.03	95.07	75.82	73.58	43.10	103.01
1994	421.83	30.07	95.15	76.23	73.65	43.16	103.58
1995	424.70	30.63	96.01	76.70	73.75	43.23	104.38
1996	426.84	31.17	96.64	76.98	73.86	43.31	104.88
1997	428.94	31.90	97.20	77.28	73.83	43.32	105.40
1998	430.04	32.43	97.33	77.43	73.78	43.38	105.69
1999	431.70	33.52	97.29	77.51	73.81	43.44	106.13
2000	432.69	59.09	72.42	77.54	73.99	43.47	106.18
2001	433.27	59.92	72.42	77.49	73.86	43.52	106.04
2002	433.59	61.15	72.00	77.35	73.73	43.51	105.85
2003	433.84	63.86	70.16	77.41	73.54	43.38	105.49
2004	434.72	64.46	70.33	77.42	73.47	43.41	105.63
2005	435.09	64.84	70.47	77.37	73.38	43.44	105.59
2006	435.50	64.89	70.77	77.28	73.39	43.46	105.72
2007	436.24	64.99	71.05	77.28	73.37	43.55	106.00
2008	437.06	64.90	71.46	77.31	73.42	43.56	106.42
2009	437.74	64.90	71.78	77.42	73.37	43.59	106.67
2010	438.91	65.04	72.20	77.64	73.43	43.65	106.96
2011	440.01	65.26	72.58	77.74	73.46	43.77	107.20

2-4 历年年末农业、非农业人口

Total Year-End Agriculture and Non-agriculture over the Years

单位：万人

(10 000 persons)

年份 Year	全市 Whole Municipality		市区 Urban District	
	农业人口 Agriculture	非农业人口 Non-Agriculture	农业人口 Agriculture	非农业人口 Non-Agriculture
1978	346.82	31.61		
1979	346.92	34.36		
1980	346.69	36.02		
1981	345.61	39.92		
1982	347.12	42.39		
1983	348.35	43.35	9.56	14.39
1984	348.77	44.28	9.54	14.87
1985	344.66	50.22	9.37	15.72
1986	346.61	51.63	9.45	16.35
1987	350.34	52.27	9.55	16.91
1988	353.46	53.08	9.61	17.41
1989	356.38	53.93	9.72	17.79
1990	359.06	53.61	9.82	17.98
1991	361.65	53.65	9.97	18.14
1992	361.69	55.47	9.95	18.56
1993	359.71	59.91	9.84	19.18
1994	359.24	62.58	9.54	20.53
1995	359.65	65.05	9.46	21.17
1996	359.24	67.60	9.20	21.97
1997	358.83	70.11	9.08	22.82
1998	357.39	72.65	9.03	23.40
1999	354.39	77.31	8.81	24.72
2000	352.02	80.68	30.17	28.92
2001	347.53	85.73	28.82	31.10
2002	342.68	90.91	26.43	34.72
2003	330.84	103.01	21.22	42.64
2004	313.58	121.14	19.03	45.43
2005	308.38	126.71	18.94	45.90
2006	303.26	132.24	18.56	46.34
2007	299.92	136.32	18.17	46.81
2008	297.09	139.97	17.90	47.00
2009	294.27	143.46	17.52	47.38
2010	290.38	148.53	16.86	48.17
2011	287.94	152.07	16.39	48.87

2-5 全市人口基本情况 (2011年末)

单位：人

指　　标	Item	全　市 Whole Municipality
一、年末总户数　(户)	**Total Households (Year-end)　(household)**	**1620666**
二、年末户籍人口	**Total Population (Year-end)**	**4400125**
1.按性别分	By Sex	
男　　性	Male	2208272
女　　性	Female	2191853
2.按户粮关系分	By Type	
农业人口	Agriculture	2879449
非农业人口	Non-Agriculture	1520676
三、年平均人口	**Average Population**	**4394608**

2-6 全市年末人口变动情况 (2011年)

单位：人

指　　标	Item	全　市 Whole Municipality
迁　　入	Population Transferred into	35621
迁　　出	Population Transferred out	25508
出　　生	Birth Population	31851
死　　亡	Death Population	30013
自然增长数	Natural Growth Population	1838
出 生 率　(‰)	Birth Rate　(‰)	7.25
死 亡 率　(‰)	Death Rate　(‰)	6.83
自然增长率　(‰)	Natural Growth Rate　(‰)	0.42

Basic Statistics on Year-end Population of Whole Municipality (End of 2011)

(person)

市 区 Urban District	绍 兴 Shaoxing	上 虞 Shangyu	嵊 州 Shengzhou	新 昌 Xinchang	诸 暨 Zhuji
234517	**254266**	**294128**	**266380**	**166798**	**404577**
652593	**725764**	**777433**	**734643**	**437704**	**1071988**
321074	358016	385648	378974	226248	538312
331519	367748	391785	355669	211456	533676
163867	410557	502955	554927	343795	903348
488726	315207	274478	179716	93909	168640
651472	**723860**	**776896**	**734496**	**437105**	**1070781**

Population Changes of Whole Municipality (2011)

(person)

市 区 Urban District	绍 兴 Shaoxing	上 虞 Shangyu	嵊 州 Shengzhou	新 昌 Xinchang	诸 暨 Zhuji
6282	6232	7794	3498	2495	9320
5188	2778	5842	2723	2006	6971
4894	4950	4563	5377	4144	7923
3705	4575	5354	5539	2029	7473
1189	375	-791	-162	2115	450
7.51	6.84	5.87	7.32	9.48	7.40
5.69	6.32	6.89	7.54	4.64	6.98
1.83	0.52	-1.02	-0.22	4.84	0.42

2-7 市区人口基本情况 (2011年末)

Basic Statistics on Population of Urban District (End of 2011)

街道(镇)	Subdistricts & Towns	总户数(户) Total Households (household)	户籍人口(人) Total Population (person)	按性别分 By Sex		按户粮关系分 By Type	
				男性 Male	女性 Female	农业人口 Agriculture	非农业人口 Non-Agriculture
总计	**Total**	**234517**	**652593**	**321074**	**331519**	**163867**	**488726**
塔山街道	Tashan	19703	56424	27697	28727	879	55545
蕺山街道	Jishan	21534	58651	29070	29581	284	58367
府山街道	Fushan	22902	67350	32986	34364	2130	65220
北海街道	Beihai	18987	55902	27929	27973	2577	53325
稽山街道	Jishan	14881	44042	21868	22174	3	44039
城南街道	Chengnan	17966	45074	22165	22909	6207	38867
东湖镇	Donghu	18215	47367	23059	24308	30264	17103
斗门镇	Doumen	18095	50792	24832	25960	7385	43407
东浦镇	Dongpu	17565	43109	21122	21987	25188	17921
鉴湖镇	Jianhu	9147	25326	12537	12789	19180	6146
皋埠镇	Gaobu	17986	53670	26271	27399	25579	28091
马山镇	Mashan	19099	52789	25946	26843	18314	34475
灵芝镇	Linzhi	18437	52097	25592	26505	25877	26220

2-8 离退休、退职人员人数及离退休金构成情况 (2011 年)

Number of Retired and Resigned Persons and Composition of Insurance and Welfare Funds (2011)

指　　标	Item	总　计 Total	1.企业 Enterprises	2.事业 Institutions	3.机关 Agencies and Organizations	4.自由职业 Free profession
年末离退休退职人数　（人）	**Retired and Resigned persons at the Year-end (person)**	**162614**	**110917**	**4233**	**1763**	**45791**
#离休人员	Retired Veteran Carders	675	458	120	97	
退休人员	Retired	160122	108914	4095	1572	45541
退职人员	Resigned	1817	1545	18	4	250
离退休金构成　（万元）	**Pensions for Retired and Resigned Persons (10 000 yuan)**	**329562**	**226990**	**23166**	**12832**	**66574**
#离 休 金	Pensions for Retired Veterans	6160	4120	1109	931	
退 休 金	Pensions for Retired Persons	318077	217987	21985	11878	66227
退职生活费	Resignation Allowances for Living Expenses	5325	4883	72	23	347

2-9 按三次产业划分的从业人员人数及构成

Number and Composition of Employed Persons by Type of Industry

年　份 Year	从业人员数（万人） Total (10000 persons)	第一产业 Primary Industry	第二产业 Secondary Industry	第三产业 Tertiary Industry	构　成 (%) Composition in Percentage 第一产业 Primary Industry	第二产业 Secondary Industry	第三产业 Tertiary Industry
1994	286.09	112.93	116.81	56.35	39.5	40.8	19.7
1995	293.58	113.52	119.59	60.47	38.7	40.7	20.6
1996	282.01	102.84	115.51	63.66	36.5	40.9	22.6
1997	281.80	104.48	118.26	59.06	37.1	41.9	21.0
1998	280.92	102.23	116.87	61.82	36.4	41.6	22.0
1999	280.84	99.12	118.54	63.18	35.3	42.2	22.5
2000	274.45	93.55	119.19	61.71	34.1	43.4	22.5
2001	282.56	85.72	131.06	65.78	30.3	46.4	23.3
2002	284.27	81.50	135.26	67.51	28.7	47.6	23.7
2003	284.66	80.17	136.73	67.76	28.2	48.0	23.8
2004	285.23	75.27	140.02	69.94	26.4	49.1	24.5
2005	284.83	64.52	147.65	72.66	22.7	51.8	25.5
2006	293.72	56.02	156.72	80.98	19.1	53.4	27.6
2007	300.88	52.71	161.56	86.61	17.5	53.7	28.8
2008	315.37	52.70	170.12	92.55	16.7	53.9	29.3
2009	328.99	52.21	171.92	104.86	15.87	52.26	31.87
2010	341.81	51.46	180.55	109.80	15.06	52.82	32.12
2011	343.28	51.52	180.77	110.99	15.01	52.66	32.33

2-10 城乡劳动力资源配置情况 (2011年末)

单位：万人

指标	Item	城乡合计 Total	城镇 Urban Area	乡村 Rural Area
一、年末常住人口数	**Total Population (Year-end)**	**493.4**	**258.91**	**234.49**
年末16岁以上全部人口数	Total Population Over 16 Year-old (Year-end)	422.5	219.7	202.8
其中：不计入劳动力资源的人数	Population not Added to the Total Labors	32.83	15.62	17.21
二、年末劳动力资源总数	**Total Labors (year-end)**	**389.67**	**204.08**	**185.59**
三、经济活动人口	**Economically Active Population**	**346.73**	**182.34**	**164.39**
1. 从业人员	**Total Number of Employed Persons**	**343.28**	**178.89**	**164.39**
按就业身份分组	**Grouped by Employed Status**			
城镇单位从业人员	Urban Units	105.18	105.18	0
私营业主	Private Enterprises	6.28	3.07	3.21
个体户主	Self-employed Individuals	22.30	10.63	11.67
私营企业和个体从业人员	Employed Person of Private Enterprises	144.85	60.01	84.84
乡镇企业从业人员	Employed Person of Township and Village Enterprises	0	0	0
乡村农业劳动力	Rural Labors	50.81	0	50.81
其　它	Others	13.86	0	13.86
按登记注册类型分组	**Grouped by Registration Status**			
国有单位	State-owned Units	14.58	14.58	0
集体单位	Urban Collective Owned Units	2.29	2.29	0
股份合作单位	Share Holding Economic Units	0.69	0.69	0
联营单位	Joint Owned Economic Units	0.24	0.24	0
有限责任公司	Limited Liability Corporations	64.81	45.15	19.66
股份有限公司	Share Holding Enterprises	16.78	9.51	7.27
私营企业	Private Enterprises	109.16	36.76	72.4
港、澳、台商投资单位	Economic Units Funded by Entrepreneurs from Hong Kong，Macao & Taiwan	15.19	10.09	5.1
外商投资单位	Foreign Funded Economic Units	10.01	7.78	2.23
个　体	Individuals	64.27	30.13	34.14
其　它	Others	45.26	21.67	23.59

Disposition of Urban and Rural Labor Resources (End of 2011)

(10 000 persons)

指标	Item	城乡合计 Total	城镇 Urban Area	乡村 Rural Area
按国民经济行业分组	**Grouped by Sector**			
农、林、牧、渔业	Farming, Forestry, Animal Husbandry and Fishery	51.52	0.71	50.81
采矿业	Mining	0.42	0.28	0.14
制造业	Manufacturing	128.09	71.72	56.37
电力、燃气及水的生产和供应业	Production and Supply of Electric Power, Gas and Water	1.3	1.22	0.08
建筑业	Construction	50.96	28.88	22.08
交通运输、仓储和邮政业	Traffic, Storage and Mail Business	12.83	4.53	8.3
信息传输、计算机服务和软件业	Information Transfer, Computer Service and Software	2.79	1.66	1.13
批发和零售业	Wholesale and Retail Trade	39.75	24.23	15.52
住宿和餐饮业	Accommodation and Food	14.95	12.72	2.23
金融业	Finance	5.19	4.18	1.01
房地产业	Realty Business	2.91	2.22	0.69
租赁和商务服务业	Leasehold and Business Service	5.24	3.94	1.3
科学研究、技术服务和地质勘查业	Scientific Research, Technical Service and Geologic Examination	1.68	1.58	0.1
水利、环境和公共设施管理业	Water Conservancy, Environment and Public Institution Management	2.32	1.82	0.5
居民服务和其他服务业	Neighborhood Services and other Service	5.54	4.16	1.38
教育	Education	6.57	5.37	1.2
卫生、社会保障和社会福利业	Sanitation, Social Security and Social Welfare	2.96	2.92	0.04
文化、体育和娱乐业	Cultural, Physical and Entertainment	3.35	2.74	0.61
公共管理和社会组织	Public Administration and Social Organization	4.91	4.01	0.9
国际组织	International Organizations	0	0	0
2. 城镇登记失业人员	**Registered Unemployment Rate in Urban Areas**	**3.45**	**3.45**	**0**
四、非经济活动人口	**Non-economic Population**	**42.94**	**21.74**	**21.2**
其中：16岁以上在校学生	Students at School above 16 Year-old	23.71	15.81	7.9
家务劳动者	Labors at home	19.23	5.93	13.3

2－11 历年城镇以上单位职工年末人数

Number of Staff and Workers in Urban Units over the Years

单位：人 (person)

年 份 Year	全 市 Whole Municipality	市 区 Urban District	绍 兴 Shaoxing	上 虞 Shangyu	嵊 州 Shengzhou	新 昌 Xinchang	诸 暨 Zhuji
1986	372961	109269	68459	54305	43868	31893	65167
1987	392425	111044	70907	58771	47013	34998	69692
1988	407332	112597	73374	62249	51705	37930	69477
1989	408165	112444	70880	62302	51087	37261	74191
1990	417908	115467	74022	64992	53471	37837	72119
1991	419037	119917	57418	65369	55892	41151	79290
1992	417159	124076	51798	54010	54022	44794	88459
1993	449976	131250	59318	65893	55749	46513	91253
1994	430986	129683	56364	53996	52436	44498	94009
1995	436066	127469	56317	59059	52104	45132	95985
1996	464730	122462	56476	70046	55860	45665	114221
1997	461576	129438	56912	65546	54691	45242	109747
1998	423101	119013	52798	57685	48876	42259	102470
1999	401950	111275	48566	52889	47376	38372	103472
2000	373487	97266	36368	50185	45204	36625	107839
2001	352735	89651	31685	47236	41264	36765	106134
2002	365355	88596	30725	50384	45938	36457	113255
2003	389119	104133	33540	46086	46661	36899	121800
2004	472938	107244	35070	45228	44500	51369	189527
2005	580907	184683	39590	83224	60001	41473	171936
2006	608457	194128	37004	84796	55956	42145	194428
2007	680758	205469	80459	92177	58719	47034	196900
2008	783351	183182	173630	112619	56868	48501	208551
2009	917517	277851	174118	120767	53840	46432	244509
2010	1029896	256521	186853	173591	70834	47984	294113
2011	1135691	282052	279797	141901	52372	65109	314460

注：从 2008 年起劳动工资制度中职工指标取消，采用在岗职工口径，下同。

2－12　历年城镇国有经济单位职工年末人数

Number of Staff and Workers in Urban State-owned Units over the Years

单位：人　　　　(person)

年份 Year	全市 Whole Municipality	市区 Urban District	绍兴 Shaoxing	上虞 Shangyu	嵊州 Shengzhou	新昌 Xinchang	诸暨 Zhuji
1986	176303	62261	18755	24301	23838	18472	28676
1987	187383	64643	19842	26416	25941	19525	31016
1988	198864	66069	20788	27973	28329	22577	33128
1989	204508	67920	20860	29749	28242	23839	33898
1990	208736	69907	21482	29728	29379	23715	34525
1991	216855	71436	22285	30755	30113	25988	36278
1992	227989	73973	23439	32800	31439	29103	37235
1993	233485	78450	25787	32589	31026	27701	37932
1994	232558	76799	25584	33738	30326	27969	38142
1995	233553	73971	27497	34486	31065	27028	39506
1996	236771	75375	27484	35411	31757	27303	39441
1997	237289	77397	28984	31904	31105	26948	40951
1998	215990	67143	26546	28154	30114	24829	39204
1999	191804	61132	25300	25958	24752	18005	36657
2000	168304	47214	20319	24296	27203	14013	35259
2001	144826	39912	18167	23411	18912	13062	31362
2002	138538	33671	17619	22233	20902	12977	31136
2003	134097	31451	18805	19707	19909	13045	31180
2004	131291	31311	18182	19804	18724	12792	30478
2005	122470	29417	18767	20470	15595	12880	25341
2006	128313	30898	20029	20356	16533	12897	27600
2007	131341	32792	19245	21393	17250	13182	27479
2008	126179	30370	19599	20533	15726	12706	27245
2009	127997	32748	18475	19872	16348	13139	27415
2010	127572	30024	19072	20326	16469	13297	28384
2011	129748	28868	19872	22356	12140	17089	29423

Note:Workers's caliber was applied instead of Workers indicator among Labor and Wage System from 2008.

2－13　历年城镇集体经济类型单位职工年末人数

Number of Staff and Workers in Urban Collective-Owned Units over the Years

单位：人　　(person)

年份 Year	全市 Whole Municipality	市区 Urban District	绍兴 Shaoxing	上虞 Shangyu	嵊州 Shengzhou	新昌 Xinchang	诸暨 Zhuji
1986	196658	47008	49704	30004	20030	13421	36491
1987	204580	46401	51065	32355	21072	15473	38214
1988	207302	46528	52079	34276	23188	15353	35878
1989	202091	44524	49154	32553	22620	13422	39818
1990	207361	44814	52540	35264	23824	13727	37192
1991	198924	47269	34739	34614	24994	14895	42413
1992	186252	49318	27947	21210	22197	15358	50222
1993	201086	47491	32425	32260	21857	15983	51070
1994	176605	47104	28449	18909	15570	12886	53687
1995	169292	38663	25514	22788	13898	14215	54214
1996	196685	33159	24690	32377	21283	13737	71439
1997	189974	36576	23894	28878	20827	13210	66589
1998	143205	27135	19925	13342	16085	9043	57675
1999	110626	23015	16069	8225	14313	5553	43451
2000	69557	13740	8441	6908	13197	3384	23887
2001	51619	4933	5287	4982	11582	2604	22231
2002	44897	4886	2832	4357	11676	2355	18791
2003	50679	12471	2465	4245	10640	2223	18635
2004	53607	6814	2347	3891	9270	4320	26965
2005	39794	7304	2643	7262	9712	3342	9531
2006	37757	7222	2769	5534	7196	1848	13188
2007	20584	3520	3733	5305	2859	1688	3479
2008	19211	3258	4132	4378	1961	1774	3708
2009	22973	7574	4211	4803	1941	1648	2796
2010	22172	9143	4329	3789	1136	850	2925
2011	19583	6034	3698	2324	3426	1192	2909

2－14 历年城镇其他各种经济类型单位职工年末人数

Number of Staff and Workers in Urban Other Ownership Units over the Years

单位：人 (person)

年 份 Year	全 市 Whole Municipality	市 区 Urban District	绍 兴 Shaoxing	上 虞 Shangyu	嵊 州 Shengzhou	新 昌 Xinchang	诸 暨 Zhuji
1986	–	–	–	–	–	–	–
1987	462	–	–	–	–	–	462
1988	1166	–	507	–	188	–	471
1989	1566	–	866	–	225	–	475
1990	1811	746	–	–	268	395	402
1991	3258	1212	394	–	785	268	599
1992	2918	785	412	–	386	333	1002
1993	15405	5309	1106	1044	2866	2829	2251
1994	21823	5780	2331	1349	6540	3643	2180
1995	33221	14835	3306	1785	7141	3889	2265
1996	31274	13928	4302	2258	2820	4625	3341
1997	34313	15465	4034	4764	2759	5084	2207
1998	63906	24735	6327	16189	2677	8387	5591
1999	99520	27128	7197	18706	8311	14814	23364
2000	135626	36312	7608	18981	4804	19228	48693
2001	156290	44806	8231	18843	10770	21099	52541
2002	181920	50039	10274	23794	13360	21125	63328
2003	204343	60211	12270	22134	16112	21631	71985
2004	288040	69119	14541	21533	16506	34257	132084
2005	418643	147962	18180	55492	34694	25251	137064
2006	442387	156008	14206	58906	32227	27400	153640
2007	528833	169157	57481	65479	38610	32164	165942
2008	637961	149554	149899	87708	39181	34021	177598
2009	766547	237529	151432	96092	35551	31645	214298
2010	880152	217354	163452	149476	53229	33837	262804
2011	986360	247150	256227	117221	36806	46828	282128

2－15 历年城镇以上单位职工工资总额

Total Wages of Staff and Workers in Urban Units over the Years

单位：万元 (10 000 yuan)

年 份 Year	全 市 Whole Municipality	市 区 Urban District	绍 兴 Shaoxing	上 虞 Shangyu	嵊 州 Shengzhou	新 昌 Xinchang	诸 暨 Zhuji
1986	48233	15212	8434	6760	5424	4051	8352
1987	56114	17315	9760	7989	6504	4821	9725
1988	72889	22077	12938	10640	8897	6614	11723
1989	79592	24020	14079	11557	9369	7465	13102
1990	88146	26985	15107	12797	10652	8367	14238
1991	98962	30605	14247	14859	12261	9955	17035
1992	116695	38401	15654	14647	13704	12419	21870
1993	178892	55871	24739	27569	19641	16394	34678
1994	249571	82236	32654	29433	27252	21601	56395
1995	289166	95669	41968	35187	31166	26600	58576
1996	336428	102280	44222	49586	35387	30208	74745
1997	381906	117825	51227	50057	38067	32205	92525
1998	376639	114284	53274	48768	37094	34164	89055
1999	399292	118498	55025	51269	41004	36515	96981
2000	431195	123733	50025	58005	44667	39293	115472
2001	510509	146762	57768	69083	52375	46269	138252
2002	594021	157719	68299	75840	67937	53617	170610
2003	742774	198989	90329	92484	81440	68725	210807
2004	1001572	237121	104864	117762	92254	98731	350840
2005	1410955	426522	125444	233775	146023	101431	377760
2006	1565740	461675	138276	226065	153121	104900	481703
2007	1981463	540265	332924	273473	174862	129341	530598
2008	2381041	515936	583484	354484	178736	146179	602222
2009	2923702	823254	632601	391697	180698	153089	742363
2010	3479430	824913	756572	601983	253802	174933	867227
2011	4425898	1087835	1112790	591270	215247	263567	1155189

2－16 历年城镇国有经济单位职工工资总额

Total Wages of Staff and Workers in Urban State-Owned Units over the Years

单位：万元 (10 000 yuan)

年份 Year	全市 Whole Municipality	市区 Urban District	绍兴 Shaoxing	上虞 Shangyu	嵊州 Shengzhou	新昌 Xinchang	诸暨 Zhuji
1986	24510	9216	2527	3245	3124	2509	3889
1987	28526	10528	2910	3773	3741	2955	4619
1988	38783	13874	4204	5139	5164	4265	6137
1989	43540	15588	4523	6049	5563	5090	6727
1990	48649	17703	5039	6702	6186	5710	7309
1991	55986	19834	5931	7638	7139	6743	8701
1992	70417	25584	7328	9693	8666	8569	10576
1993	98317	36991	10544	13298	11778	10416	15290
1994	146980	55611	16526	20345	18036	14966	21496
1995	170581	62659	21367	23538	20808	17236	24973
1996	187186	68282	23826	26035	22763	18811	27469
1997	212577	79284	27888	25762	24104	20464	35075
1998	214279	72724	29873	26279	25526	22101	37776
1999	219924	73353	31606	28623	24686	19410	42246
2000	231018	71268	30949	32110	30540	18789	47362
2001	276651	83595	38869	42143	32504	22316	57224
2002	308197	80786	47370	45075	41250	26749	66969
2003	394007	96374	65177	55097	52633	36426	88300
2004	471296	116341	72927	68270	61973	45075	106710
2005	542833	132528	83308	91732	68173	53683	113409
2006	593708	142616	95619	95637	80371	50737	128728
2007	703012	174942	114089	117203	89002	61198	146578
2008	716787	171941	118073	119573	83843	61947	161410
2009	816355	201273	132373	128330	92166	69816	192397
2010	898101	207116	153502	147959	106039	74536	208949
2011	1000474	227811	175325	164597	79789	118430	234522

2－17 历年城镇集体经济单位职工工资总额

Total Wages of Staff and Workers in Urban Collective-Owned Units over the Years

单位：万元 (10 000 yuan)

年 份 Year	全 市 Whole Municipality	市 区 Urban District	绍 兴 Shaoxing	上 虞 Shangyu	嵊 州 Shengzhou	新 昌 Xinchang	诸 暨 Zhuji
1986	23723	5996	5907	3515	2300	1542	4463
1987	27512	6787	6850	4216	2763	1866	5030
1988	33955	8202	8700	5502	3708	2350	5493
1989	35735	8432	9440	5508	3760	2375	6220
1990	39076	9130	10069	6095	4421	2564	6797
1991	42193	10483	8225	7221	4975	3123	8166
1992	45454	12612	8210	4954	4953	3742	10983
1993	73967	16082	13734	13926	6827	4921	18477
1994	91002	22848	14843	8476	5980	5170	33685
1995	96865	22372	18356	10524	6490	6927	32196
1996	126406	22852	17317	22092	10869	7969	45307
1997	141466	24756	20140	20633	12260	7966	55711
1998	107565	17582	18377	8716	9865	5906	47119
1999	92737	17457	17238	6135	9975	4167	37765
2000	66114	11892	11525	6083	10539	2646	23429
2001	60960	5825	10036	5302	10408	2407	26982
2002	63677	6299	7974	5190	12355	2916	28944
2003	76418	14699	8868	5880	11628	2991	32352
2004	89412	9293	8732	6682	11830	6729	46146
2005	78577	10936	11054	13468	13302	5940	23877
2006	86080	10339	13759	10825	12409	3491	35257
2007	56048	9210	17123	12749	6032	4053	6881
2008	60035	10521	20006	12063	4992	3828	8625
2009	79113	25178	21983	14494	5910	5059	6489
2010	98951	46272	24171	14432	3208	2899	7969
2011	101850	48419	16920	13708	9501	3500	9802

2－18 历年城镇其他各种经济类型单位职工工资总额

Total Wages of Staff and Workers in Urban Other Ownership Units over the Years

单位：万元 (10 000 yuan)

年 份 Year	全 市 Whole Municipality	市 区 Urban District	绍 兴 Shaoxing	上 虞 Shangyu	嵊 州 Shengzhou	新 昌 Xinchang	诸 暨 Zhuji
1986	–	–	–	–	–	–	–
1987	76	–	–	–	–	–	76
1988	151	–	34	–	25	–	92
1989	317	–	115	–	46	–	156
1990	421	151	–	–	45	93	132
1991	782	288	91	–	147	89	167
1992	824	205	117	–	85	108	309
1993	6608	2797	462	345	1036	1057	911
1994	11589	3778	1285	612	3235	1465	1214
1995	21720	10638	2245	1125	3868	2437	1407
1996	22836	11146	3080	1458	1755	3428	1969
1997	27863	13785	3199	3662	1703	3775	1739
1998	54795	23978	5024	13773	1703	6157	4160
1999	86634	27688	6182	16511	6344	12939	16970
2000	134063	40573	7551	19812	3588	17858	44681
2001	172900	57343	8863	21639	9462	21546	54047
2002	222147	70635	12956	25576	14332	23952	74697
2003	272349	87916	16284	31507	17179	29308	90155
2004	440864	111487	23205	42810	18451	46927	197984
2005	789546	283055	31083	128576	64549	41808	240475
2006	885952	308719	28897	119603	60342	50673	317718
2007	1222403	356113	201712	143522	79828	64089	377139
2008	1604219	333475	445406	222848	89901	80403	432186
2009	2028234	596803	478245	248873	82622	78214	543477
2010	2482378	571525	578899	439592	144555	97498	650309
2011	3323575	811605	920546	412965	125957	141637	91865

2－19　历年城镇以上单位全部职工年平均工资

Average Annual Wage of Staff and Workers in Urban Units over the Years

单位：元　　　　(yuan)

年　份 Year	全　市 Whole Municipality	市　区 Urban District	绍　兴 Shaoxing	上　虞 Shangyu	嵊　州 Shengzhou	新　昌 Xinchang	诸　暨 Zhuji
1986	1221	1291	1160	1187	1172	1205	1236
1987	1371	1480	1299	1318	1296	1338	1380
1988	1828	1990	1765	1739	1767	1815	1763
1989	1976	2150	1970	1868	1863	2051	1846
1990	2161	2378	2093	1992	2023	2216	2106
1991	2417	2581	2521	2289	2268	2489	2258
1992	2875	3142	3078	2759	2586	2900	2608
1993	4089	4436	4236	4210	3593	3605	3961
1994	5898	6309	5910	5485	5263	4937	6385
1995	6716	7511	7422	6116	5976	6014	6317
1996	7402	8445	7900	7134	6447	6634	6955
1997	8385	9232	8978	7554	6962	7136	8783
1998	8892	9643	9849	8125	7627	7922	8979
1999	9830	10442	11205	9575	8464	9024	9589
2000	11428	12206	13408	11051	9853	10802	11054
2001	14357	14832	18020	14358	12414	12702	12994
2002	16503	17655	22432	16297	14602	14839	15374
2003	19342	19070	27373	19811	17346	18790	18099
2004	21281	21179	30717	26517	20854	20195	18760
2005	24440	23232	32297	26873	24681	24779	22514
2006	26745	24680	38538	28196	28069	25334	25851
2007	29807	26982	41383	30867	30351	27856	27717
2008	30636	28565	33562	31539	31529	30132	29356
2009	32502	31125	35600	33439	33441	33185	30926
2010	35125	33110	40010	35250	36509	36356	32856
2011	39810	39764	40935	41901	41452	40761	37427

2-20 历年城镇国有经济单位职工年平均工资

Average Annual Wage of Staff and Workers in Urban State-Owned Units over the Years

单位：元 (yuan)

年份 Year	全市 Whole Municipality	市区 Urban District	绍兴 Shaoxing	上虞 Shangyu	嵊州 Shengzhou	新昌 Xinchang	诸暨 Zhuji
1986	1292	1378	1243	1232	1220	1286	1254
1987	1451	1570	1367	1353	1345	1460	1426
1988	1994	2158	2040	1849	1859	1990	1885
1989	2167	2339	2175	2052	1998	2222	2024
1990	2361	2596	2366	2228	2153	2397	2153
1991	2625	2840	2695	2486	2407	2654	2442
1992	3157	3517	3216	2985	2799	3126	2887
1993	4346	5005	4175	4120	3862	3798	4147
1994	6351	7148	6643	6134	5978	5391	5707
1995	7380	8490	7862	6898	6780	6402	6499
1996	8023	9140	8832	7385	7195	6942	7299
1997	9010	10261	9872	8031	7710	7583	8714
1998	9859	10710	10976	9303	8531	8688	9780
1999	11317	11699	12482	11114	9881	10245	11533
2000	13488	14419	14772	13019	11111	13458	13609
2001	19192	21125	21596	18064	17166	17211	18255
2002	22361	24045	27163	20409	21623	20792	21623
2003	29636	30794	35068	28352	26339	28274	28700
2004	35866	37161	40835	34581	33346	35414	34222
2005	44554	45275	44564	44936	43754	42121	45125
2006	46872	46879	48790	47198	49323	39682	47203
2007	53751	53900	59471	54911	51563	46652	53443
2008	57399	57055	61789	58626	53536	48928	59968
2009	64221	61953	71844	65278	56599	53230	70880
2010	71207	69448	81395	74079	64872	56712	74673
2011	78364	79953	89033	76262	66847	69862	80822

2－21 历年城镇集体经济单位职工年平均工资

Average Annual Wage of Staff and Workers in Urban Collective-Owned Units over the Years

单位：元 (yuan)

年份 Year	全市 Whole Municipality	市区 Urban District	绍兴 Shaoxing	上虞 Shangyu	嵊州 Shengzhou	新昌 Xinchang	诸暨 Zhuji
1986	1157	1178	1128	1148	1113	1093	1221
1987	1296	1357	1272	1288	1235	1183	1337
1988	1670	1758	1663	1647	1653	1565	1641
1989	1783	1870	1887	1700	1691	1761	1670
1990	1951	2043	1979	1785	1865	1891	2044
1991	2182	2195	2408	2112	2105	2180	2077
1992	2521	2579	2966	2403	2282	2475	2373
1993	3757	3419	4270	4329	3157	3215	3803
1994	5338	4870	5278	4412	3913	4148	6947
1995	5826	5757	7026	4871	4550	5160	6193
1996	6609	6931	6949	6836	5340	5753	6779
1997	7632	7053	8122	7068	5908	6006	8866
1998	7691	6937	8887	6518	6155	6265	8565
1999	8344	7513	10227	7348	6791	6635	9049
2000	9320	8136	13179	8264	7869	7324	10093
2001	11433	11271	16958	10262	8454	9274	12176
2002	13919	12799	26821	11851	15280	12166	15280
2003	14839	11795	36153	11465	10698	13802	17567
2004	16900	14087	38382	16254	12833	15766	17455
2005	20419	15002	43881	20359	13793	18881	25762
2006	23626	14247	52099	19546	17306	19678	29247
2007	27808	26626	48866	24145	21722	24491	19774
2008	31468	32284	48452	29010	23336	21914	23656
2009	35172	34785	52279	32556	25954	32831	23342
2010	45334	51187	56979	39006	29376	33899	27500
2011	52457	82010	45766	57962	28069	29460	34071

2－22 历年城镇其他各种经济类型单位职工年平均工资

Average Annual Wage of Staff and Workers in Urban Other Owned Units over the Years

单位：元 (yuan)

年份 Year	全市 Whole Municipality	市区 Urban District	绍兴 Shaoxing	上虞 Shangyu	嵊州 Shengzhou	新昌 Xinchang	诸暨 Zhuji
1986	－	－	－	－	－	－	－
1987	1812	－	－	－	－	－	1812
1988	1495	－	885	－	1558	－	1970
1989	2364	－	1765	－	2158	－	3281
1990	2645	2537	－	－	2029	2449	3349
1991	2750	2884	2680	－	1938	3319	3485
1992	3245	3489	2986	－	2580	3641	3308
1993	4592	5595	4728	3346	4076	3849	4347
1994	5467	6698	5708	4778	5114	4158	5577
1995	6553	7231	6929	6237	5371	6275	6102
1996	7630	8296	7539	7534	6053	7480	6579
1997	8147	9034	7972	7326	6388	7535	7707
1998	8258	9492	8111	7483	6334	7452	7506
1999	8603	10049	8920	8493	7232	8492	7452
2000	9923	10869	9932	9681	8059	9498	9620
2001	10934	12558	10886	11029	8648	10326	10218
2002	12595	13900	12911	12743	12234	11477	12234
2003	13646	14511	13615	14243	10671	13616	13398
2004	15397	15054	16569	20825	11227	14714	15301
2005	18934	19251	17633	21442	19020	16694	18028
2006	20978	20665	21184	21996	19430	18875	21611
2007	23791	21672	34921	23159	21244	20243	23494
2008	25333	22651	29573	25369	23117	23576	24756
2009	27045	26552	30841	26753	23291	24849	25865
2010	29459	27179	34875	29884	27756	28577	27902
2011	34453	33933	37051	35247	34409	30445	32912

2－23　分县(市)城镇以上单位从业人员数 (2011 年末)

单位：人

指　　标	Item	全　市 Whole Municipality
单位从业人员	**Employed persons**	**1251844**
#女　性	Female	324314
#管理人员	Management persons	93202
(一)在岗职工	Staff and Workers at Work	1135691
(二)劳务派遣人员	Labor Dispatching Persons	94081
(三)其他从业人员	Other Employed Persons	22072

2－24　城镇以上单位劳动报酬(2011 年)

单位：万元

指　　标	Item	全市 Whole Municipality
一、单位从业人员劳动报酬	**Total Remuneration**	**4742113**
(一)在岗职工工资总额	Wages of Staff and Workers at Work	4425898
(二)劳务派遣人员劳动报酬	Remuneration Payment to Labor Dispatching Persons	246283
(三)其他从业人员劳动报酬	Remuneration Payment to Other Employed Persons	69932
二、在岗职工平均工资（元）	**Average Wage of Staff and Workers at Work　(yuan)**	**39810**

Number of Employed Persons in Urban Units by County (City) (End of 2011)

(person)

市 区 Urban District	绍 兴 Shaoxing	上 虞 Shangyu	嵊 州 Shengzhou	新 昌 Xinchang	诸 暨 Zhuji
299210	**287163**	**221964**	**53796**	**67707**	**322004**
75529	69855	56049	19568	28964	74349
20121	17560	18583	6248	7357	23333
282052	279797	141901	52372	65109	314460
11023	1954	74427	773	1362	4542
6135	5412	5636	651	1236	3002

Remuneration Payment in Urban Units (2011)

(10 000 yuan)

市 区 Urban District	绍 兴 Shaoxing	上 虞 Shangyu	嵊 州 Shengzhou	新 昌 Xinchang	诸 暨 Zhuji
1149190	**1140155**	**783891**	**219860**	**271715**	**1177302**
1087835	1112790	591270	215247	263567	1155189
41327	7028	176130	3101	5099	13598
20028	20337	16491	1512	3049	8515
39764	**40935**	**41901**	**41452**	**40761**	**37427**

2-25 全市城镇以上单位劳动工资统计情况（2011年）

单位：人

指　　标	Item	年末从业人员数 Number of Employed Persons (Year-end)
总　　计	**Total**	**1251844**
按企业、事业、机关分组	**Grouped by Enterprises，Institutions and Agencies**	
1.企　业	Enterprises	1109957
2.事　业	Institutions	102922
3.机　关	Agencies and Organizations	34022
4.民间非营利组织		1508
5.其他		3435
按国民经济行业分组	**Grouped by Sector**	
1.农、林、牧、渔业	Farming，Forestry，Animal Husbandry and Fishery	639
2.采 矿 业	Mining	2852
3.制 造 业	Manufacturing	369379
4.电力、燃气及水的生产和供应业	Production and Supply of Electric Power，Gas and Water	12205
5.建 筑 业	Construction	634408
6.交通运输、仓储和邮政业	Traffic，Storage and Mail Business	14525
7.信息传输、计算机服务和软件业	Information Transfer，Computer Service and Software	4587
8.批发和零售业	Wholesale and Retail Trade	22402
9.住宿和餐饮业	Accommodation and Food	8802
10.金 融 业	Finance	21843
11.房地产业	Realty Business	7534
12.租赁和商务服务业	Leasehold and Business Service	11625
13.科学研究、技术服务和地质勘查业	Scientific Research，Technical Service and Geologic Examination	5751
14.水利、环境和公共设施管理业	Water Conservancy，Environment and Public Institution Management	8200
15.居民服务和其他服务业	Neighborhood Services and Other Service	482
16.教　育	Education	53689
17.卫生、社会保障和社会福利业	Sanitation，Social Security and Social Welfare	29059
18.文化、体育和娱乐业	Cultural，Physical and Entertainment	3841
19.公共管理和社会组织	Public Administration and Social Organization	40021

Total Wages of Staff and Workers of the Whole Municipality in Urban Units (2011)

(person)

# 在岗职工人数 Number of Staff and Workers at Work	# 劳务派遣工人数 Number of Labor Dispatching Persons	在岗职工工资总额(万元) Total Wages of Staff and Workers (10 000 yuan)	在岗职工平均工资(元) Average Annual Wage of Staff and Workers at Work (yuan)
1135691	**94081**	**4425898**	**39810**
1007178	89900	3432576	34856
94163	2664	697641	74994
29989	1321	271041	91376
1442	9	6820	49241
2919	187	17820	61321
627	0	1797	28749
2427	336	14241	58411
364766	2066	1183449	32368
9538	2485	69030	72724
551636	75762	1736921	32767
12390	1122	52539	43033
3001	1559	27411	93076
20194	1720	77324	39265
8604	63	26030	30499
17439	3363	203032	118607
7312	38	35695	49909
9401	1996	41754	45320
5288	151	31257	60330
7460	343	31716	43116
456	0	2399	50837
49731	695	357263	72597
26771	752	202495	77400
3372	43	20170	60791
35278	1587	311375	89112

2－26 市区城镇以上单位劳动工资统计情况 (2011 年)

单位：人

指　　标	Item	年末从业人员数 Number of Employed Persons (Year-end)
总　　计	**Total**	**299210**
按企业、事业、机关分组	**Grouped by Enterprises，Institutions and Agencies**	
1.企　业	Enterprises	268001
2.事　业	Institutions	23597
3.机　关	Agencies and Organizations	6989
4.民间非营利组织		258
5.其他		365
按国民经济行业分组	**Grouped by Sector**	
1.农、林、牧、渔业	Farming，Forestry，Animal Husbandry and Fishery	75
2.采 矿 业	Mining	2596
3.制 造 业	Manufacturing	73726
4.电力、燃气及水的生产和供应业	Production and Supply of Electric Power，Gas and Water	3885
5.建 筑 业	Construction	150074
6.交通运输、仓储和邮政业	Traffic，Storage and Mail Business	6510
7.信息传输、计算机服务和软件业	Information Transfer，Computer Service and Software	2708
8.批发和零售业	Wholesale and Retail Trade	9139
9.住宿和餐饮业	Accommodation and Food	3837
10.金 融 业	Finance	9524
11.房地产业	Realty Business	1922
12.租赁和商务服务业	Leasehold and Business Service	3951
13.科学研究、技术服务和地质勘查业	Scientific Research，Technical Service and Geologic Examination	2865
14.水利、环境和公共设施管理业	Water Conservancy，Environment and Public Institution Management	1162
15.居民服务和其他服务业	Neighborhood Services and Other Service	101
16.教　　育	Education	10812
17.卫生、社会保障和社会福利业	Sanitation，Social Security and Social Welfare	7040
18.文化、体育和娱乐业	Cultural，Physical and Entertainment	1263
19.公共管理和社会组织	Public Administration and Social Organization	8020

Total Wages of Staff and Workers of the Urban District in Urban Units (2011)

(person)

# 在岗职工人数 Number of Staff and Workers at Work	# 劳务派遣工人数 Number of Labor Dispatching Persons	在岗职工工资总额 (万元) Total Wages of Staff and Workers (10 000 yuan)	在岗职工平均工资 (元) Average Annual Wage of Staff and Workers at Work (yuan)
282052	**11023**	**1087835**	**39764**
255419	8678	858172	34690
19685	1942	172045	88926
6377	365	54129	85918
246	6	1445	63942
325	32	2044	64479
74	0	205	27676
2171	336	13106	60118
72941	227	232612	31623
3064	773	27667	90740
147883	963	408496	29182
5037	553	19557	39815
1300	1408	14339	113354
7452	1593	30216	41397
3725	0	10059	27401
7460	1441	96514	132411
1864	0	9234	50210
1908	1986	7800	43819
2576	133	14200	56960
904	100	5080	57596
101	0	667	66690
9141	572	71604	79861
6319	418	59970	97165
973	37	6860	70579
7159	483	59649	84119

主 要 统 计 指 标 解 释

人口数 指一定时点、一定地区范围内的有生命的个人的总和。年度统计的年末人口数是指每年 12 月 31 日 24 时的常住人口数。不包括户籍不在本市的外来人数。

出生率(又称粗出生率) 指在一定时期内(通常为一年)出生的人数与同期平均人数(或期中人数)比率，一般用千分率表示。计算公式：

出生率=年出生人数/年平均人数×1000‰

出生人数是指活产婴儿，即胎儿脱离母体时(不管怀孕月数)，有过呼吸或其他生命现象。

目前出生率的计算，在市级有公安的户籍口径、计生委的常住人口统计口径；国家、省级还有年度人口抽样调查公布口径等。本年鉴用的为公安口径出生数，包括补报往年出生数在内。

年平均人数是年初、年底人口数的平均数，也可用年中人口数代替。

死亡率(又称粗死亡率) 指在一定时期内(通常为一年)一定地区的死亡人数与同期平均人数(或期中人数)之比，一般用千分率表示。计算公式：

死亡率=年死亡人数/年平均人数×1000‰

人口自然增长率 指在一定时期内(通常为一年)人口自然增加数(出生人数减死亡人数)与该时期内平均人数(或期中人数)之比，一般用行千分率表示。计算公式：

人口自然增长率=(本年出生人数-本年死亡人数)/年平均人数×1000‰=人口出生率一人口死亡率

劳动力资源 指全部人口中可能或已经参加社会劳动的人口。即一定劳动年龄以上有劳动能力的人口。计算方法是：在一定劳动年龄以上总人口中扣除丧失劳动能力的人口。

单位从业人员 指在各级国家机关、政党机关、社会团体及企业、事业单位中工作，取得工资或其他形式的劳动报酬的全部人员。包括：在岗职工、再就业的离退休人员、民办教师以及在各单位中工作的外方人员和港澳台方人员、兼职人员、借用的外单位人员和第二职业者。不包括离开本单位仍保留劳动关系的职工。

在岗职工 指在本单位工作并由单位支付工资的人员，以及有工作岗位，但由于学习、病伤产假等原因暂未工作，仍由单位支付工资的人员。

在岗职工工资总额 指各单位在一定时期内直接支付给本单位全部在岗职工的劳动报酬。

工资总额的计算原则 是以直接支付给职工的全部劳动报酬为依据。各单位支付给本单位全部职工的劳动报酬，不论是计入成本还是不计入成本，不论是以货币形式支付还是以实物形式支付，不论是单位自筹的资金还是上级(或政府财政部门)下拨的资金，不论是厂级单位筹集的资金还是下属车间(科室)及附属经营单位筹集的资金，均应列入工资总额计算的范围。

职工平均工资 指各单位的职工(包括在岗职工和离开本单位仍保留劳动关系的职工)在一定时期内平均每人所得的货币工资额。它表明一定时期内职工工资收入高低程度，是反映职工工资水平的主要指标。计算公式为：

职工平均工资=报告期实际支付的全部职工工资总额/报告期全部职工平均人数

Explanatory Notes on Main Statistical Indicators

Total Population refers to the total number of people alive at a certain point of time within a given area.

The annual statistics on total population is taken at midnight, the 3lst of December, excluding migrant population without household register in Shaoxing city.

Birth Rate or (Crude Birth Rate) refers to the ratio of the number of births to the average population (or mid-period population) during a certain period of time (usually a year) which is often expressed in ‰. Birth rate in the chapter refers to annual birth rate. The following formula is used:

Birth Rate = Number of Births/Average Number of Population×1000‰

Number of births refers to live births i.e. the births when babies had showed any vital phenomena regardless of the length of pregnancy.

The current calculation of birth rate is based on data residency by the public security data of permanent residency by the family planning commission at city levels, and can also be based on annual population sampling at country and provincial levels, including the late registration for births of previous year.

Annual average number of population is the average of the number of population at the beginning of the year and that at the end of the year, and can be substituted with the mid-year population.

Death Rate (or Crude Death Rate) refers to the ratio of the number of deaths to the average population (or mid-period population) during a certain period of time (usually a year) which is often expressed in ‰. Death rate in the chapter refers to annual death rate. The following formula is used:

Death Rate= Number of Deaths/Annual Average Number of Population×1000‰

Natural Growth Rate of Population refers to the ratio of natural increase in population (number of births minus number of deaths) in a certain period of time (usually a year) to the average population (or mid-period population) of the same period which is often expressed in ‰. The following formulas are applied:

Natural Growth of Population = (Number of Births-Number of Deaths)/Average Number of Population× 1000‰

Natural Growth Rate of Population = Birth Rate-Death Rate

Labor Force Resource refers to the population who is capable or have already to participate the social work in the whole population in another word, the population with a certain working ability above a certain age. The calculate method: the whole population above a certain working age minus the population lost the working ability.

Persons Employed in Various Units refer to all the persons working in government agencies of various levels, political and party organizations, social organizations, enterprises and institutions, and receiving wages or other forms of payment, including fully-employed staff and workers, re-employed retirees, teachers in schools run by the local people, foreigners and Chinese compatriots from Hong Kong, Macao, and Taiwan working in various units, part-time employees, employees of other units working temporarily at current posts, and employees holding the second job, but exclude staff and workers who have left their working units while keeping their labor contract (employment relation) unchanged.

Fully Employed Staff and Workers refer to persons who work in, and receive wages from their working units, as well as persons who have their work posts, but are temporarily absent from work for reasons of study or on sick, injury or maternal leave and still receive wages from their working units.

Total Wages of Staff and Workers refer to the total remuneration payment to full-employed staff and workers in various units during a certain period of time.

Calculation Principle of Gross Wages is based on the total remuneration for labor that directly pays staff and workers. The total remuneration for labor offered by various work units should be included in the scope of calculation of gross wages on matter whether calculated in the cost, no matter whether pay in the form of currency or material object, no matter whether self-raised funds or appropriate money from the higher authorities (or government agencies), no matter whether self-raised funds by the factory (company) or self-raised by the affiliated workshops (departments) or affiliated management units.

Average Wages of Staff and Workers refers to the average wage in money terms per person during a certain period of time for staff and workers in enterprises, institutions, and government agencies, which reflects the general level of wage income during a certain period of time and is calculated as follows:

Average Wage of Staff and Workers = Total Wages of Staff and Workers in Reference Period/Average Number of Staff and Workers in Reference Period.

三

农　业

CHAPTER 3 AGRICULTURE

农 业
AGRICULTURE

主要统计指标
Main Statistical Indicators

2011 年末农村从业人员数	Rural employed persons at Year-end	230.45	万人（10^4 persons）
比上年增长	Increase over Previous Year	1.1	%
2011 年农业总产值	Gross Output Value of Farming	260.17	亿元（10^8 yuan）
比上年增长	Increase over Previous Year	15.2	%
2011 年粮食总产量	Total Output of Grain	118.3094	万吨（10^4 tons）
比上年增长	Increase over Previous Year	1.7	%
2011 年茶叶总产量	Total Output of Tea	50307	吨（ton）
比上年增长	Increase over Previous Year	1.5	%
2011 年油料总产量	Total Output of Oil-bearing Crops	56135	吨（ton）
比上年增长	Increase over Previous Year	6.4	%
2011 年猪肉产量	Total Output of Meat	142722	吨（ton）
比上年增长	Increase over Previous Year	6.2	%
2011 年水产品总产量	Total Aquatic Products	93549	吨（ton）
比上年增长	Increase over Previous Year	-0.4	%

农林牧渔业总产值

Gross Output Value of Farming,Forestry,Animal Husbandry and Fisher

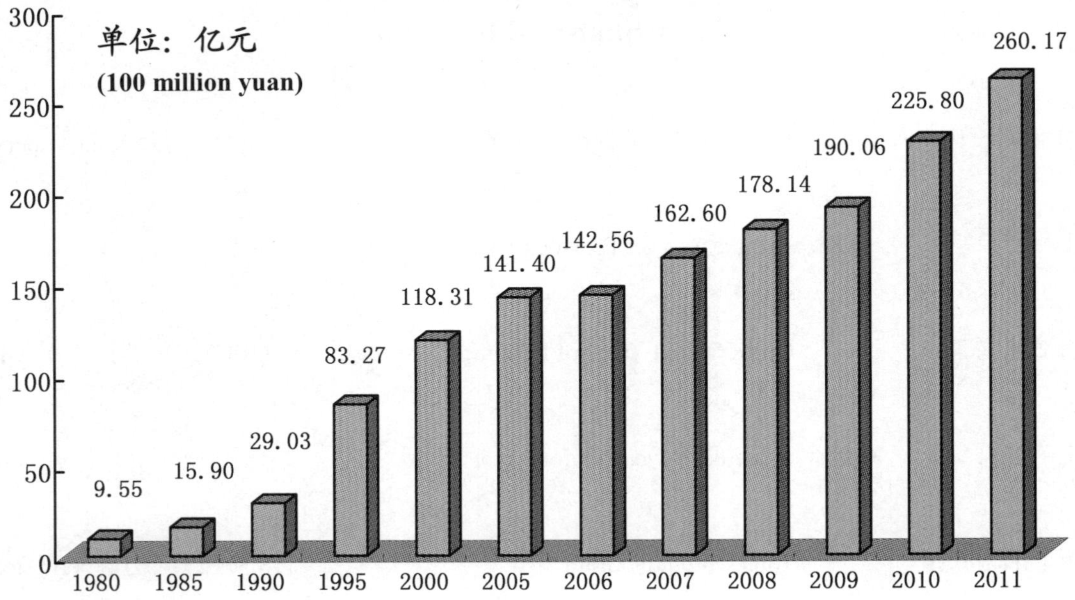

农业总产值构成

Composition of Farming,Forestry,Animal Husbandry and Fisher

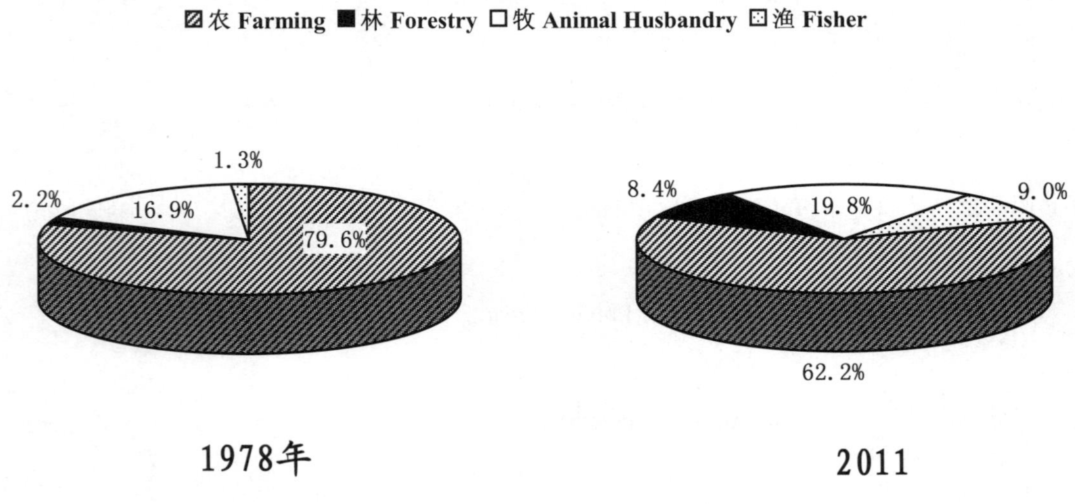

3-1 历年农村劳动力(从业)人员 (年末数)

Rural Labor Force (employed persons) over the Years (Year-end)

单位：万人 (10 000 persons)

年份 Year	全市 Whole Municipality	市区 Urban District	绍兴 Shaoxing	上虞 Shangyu	嵊州 Shengzhou	新昌 Xinchang	诸暨 Zhuji
1949	80.99		21.34	14.15	16.27	9.08	20.15
1952	85.76		23.14	15.99	16.93	9.44	20.26
1957	98.85		26.67	19.29	19.53	10.57	22.79
1962	107.52		28.06	20.45	23.10	11.52	24.39
1965	126.60		37.16	23.69	24.46	12.56	28.73
1970	149.65		43.19	31.18	26.83	14.85	33.60
1975	170.99		47.12	35.27	30.41	17.44	40.75
1980	184.38		50.54	39.11	31.74	18.97	44.02
1981	189.30		51.35	39.77	32.65	20.77	44.76
1982	191.20		52.10	40.23	33.00	19.43	46.44
1983	194.09	5.62	47.29	40.56	34.11	19.40	47.11
1984	201.03	5.79	50.04	41.44	34.49	19.87	49.40
1985	205.15	6.00	49.24	40.83	36.71	21.52	50.85
1986	208.99	6.17	50.32	41.58	37.42	21.56	51.94
1987	212.86	6.27	49.89	42.69	38.10	22.37	53.54
1988	215.63	6.27	50.01	43.04	38.78	22.76	54.77
1989	214.89	6.33	47.67	43.12	39.15	23.04	55.58
1990	214.15	6.39	46.54	43.29	38.05	23.17	56.71
1991	221.53	6.52	47.28	41.77	40.08	26.60	59.28
1992	212.73	6.40	45.94	40.40	38.25	23.79	57.95
1993	209.69	6.31	44.01	38.59	38.10	23.79	58.89
1994	205.51	6.16	43.27	37.19	35.96	23.70	59.23
1995	201.53	6.19	42.20	35.83	35.34	23.80	58.17
1996	198.44	5.90	41.48	35.22	34.26	23.47	58.11
1997	200.24	5.67	42.89	35.66	34.68	23.40	57.94
1998	199.09	5.55	42.00	35.30	35.16	23.28	57.80
1999	197.40	5.44	41.83	34.70	35.12	23.20	57.11
2000	201.30	16.19	32.27	34.79	36.67	23.86	57.52
2001	211.98	17.85	35.77	38.69	36.33	25.68	57.66
2002	211.08	18.29	35.42	38.14	37.18	24.33	57.72
2003	216.07	19.71	39.16	38.78	37.09	23.48	57.85
2004	214.93	20.76	36.83	39.31	37.43	23.66	56.94
2005	216.99	21.89	37.72	38.41	37.68	23.24	58.05
2006	216.01	21.25	39.13	38.02	36.61	22.34	58.66
2007	220.11	22.25	41.46	38.16	37.02	22.11	59.11
2008	223.39	21.58	44.80	38.12	38.09	21.78	59.02
2009	226.67	21.72	46.56	37.30	40.27	21.51	59.31
2010	227.98	21.96	48.94	37.42	39.16	21.03	59.47
2011	230.45	22.44	49.79	37.77	39.60	21.43	59.42

3-2 农村劳动力资源及行业分布情况 (2011 年末)

单位：万人

指 标	Item	全 市 Whole Municipality
农村住户数 (万户)	**Number of Households (10 000 households)**	**138.6**
农村人口	**Rural Population**	**380.01**
农村劳动力资源总数	**Rural Laborers**	**243.49**
农村从业人员数	**Rural Real Laborers**	**230.45**
(一)按性别分	Grouped by Sex	
男劳动力	Male	120.24
女劳动力	Female	110.21
(二)按行业分	Grouped by Sector	
1.农林牧渔业	Farming，Forestry，Animal Husbandry and Fishery	50.81
2.工 业	Industry	102.37
3.建 筑 业	Construction	27.12
4.其他行业从业人员	Other Non-agricultural Trades	50.15

注：本表数据来源于农村基本情况统计表。

Rural Labor Force and Its Distribution by Sector (End of 2011)

(10 000 persons)

市 区 Urban District	绍 兴 Shaoxing	上 虞 Shangyu	嵊 州 Shengzhou	新 昌 Xinchang	诸 暨 Zhuji
16.41	**28.19**	**23.54**	**22.45**	**12.64**	**35.37**
44.34	**82.12**	**64.32**	**61.82**	**32.29**	**95.12**
24.5	**52.68**	**40.06**	**41.27**	**22.52**	**62.46**
22.44	**49.79**	**37.77**	**39.6**	**21.43**	**59.42**
11.63	25.88	19.48	20.85	11.19	31.21
10.81	23.91	18.29	18.75	10.24	28.21
3.46	6.3	11.89	10.39	7.37	11.4
10.39	28.43	12.16	14.38	8.28	28.73
3.28	4.65	7.83	3.35	1.53	6.48
5.31	10.41	5.89	11.48	4.25	12.81

Note:Data come from statistical reporting of rural basic conditions.

3-3 农村社会基础设施(2011年末)

Basic Establishment of Rural Areas (End of 2011)

单位：个

指　　标	Item	全　市 Whole Municipality
通电的村数	Number of Village with Electricity	2187
通电话的村数	Number of Village with Telephone Communication	2187
通自来水的村数	Number of Village Having Tap Water	2159
通有线电视的村数	Number of Village Having Wire Television	2187
通公路的村数	Number of Village connected by roads	2184
垃圾集中处理的村数	Number of Village with Waste disposal	2157

3-3续表

Continued

(unit)

指　　标	Item	市区 Urban District	绍兴 Shao-xing	上虞 Shang-yu	嵊州 Sheng-zhou	新昌 Xin-chang	诸暨 Zhuji
通电的村数	Number of Village with Electricity	208	291	342	463	415	468
通电话的村数	Number of Village with Telephone Communication	208	291	342	463	415	468
通自来水的村数	Number of Village Having Tap Water	208	291	333	452	408	467
通有线电视的村数	Number of Village Having Wire Television	208	291	342	463	415	468
通公路的村数	Number of Village connected by roads	208	291	341	461	415	468
垃圾集中处理的村数	Number of Village with Waste disposal	208	291	342	460	388	468

3-4 历年分县(市)农林牧渔业总产值

Gross Output Value of Farming, Forestry, Animal Husbandry and Fishery by County (City) over the Years

单位：万元 (10 000 yuan)

年份 Year	全市 Whole Municipality	市区 Urban District	绍兴 Shaoxing	上虞 Shangyu	嵊州 Shengzhou	新昌 Xinchang	诸暨 Zhuji
1949	13974		3917	2063	2726	1420	3848
1952	20660		5610	3344	3728	1982	5996
1957	24872		6146	4447	4783	2627	6869
1962	27815		7067	4868	5075	2980	7825
1965	39309		9539	8727	6934	3792	10317
1970	49472		11530	9863	9742	4769	13568
1975	52158		12554	10431	10952	5073	13148
1980	95502		23502	18375	19771	8855	24999
1981	97757		23996	19686	20604	8812	24659
1982	114397		27328	22940	23978	10419	29732
1983	106770	2698	24728	21317	22343	10246	25438
1984	130729	3517	30513	26335	25291	12338	32735
1985	158962	3920	36628	28919	30264	17576	41655
1986	174823	5186	40577	34258	33669	14755	46378
1987	201478	6357	46729	41488	36142	17456	53306
1988	230298	7102	53434	52066	42273	20253	55170
1989	256223	7292	57336	65225	46218	22263	57889
1990	290287	7915	71578	71900	51415	24300	63179
1991	318869	9209	78830	73353	60364	29070	68043
1992	356633	9806	83924	79577	72554	33311	77461
1993	472245	14115	112139	102174	98002	41033	104782
1994	681985	23169	151519	144722	133261	64269	165045
1995	832738	26717	184039	183483	162015	80340	196144
1996	955209	39832	192697	222946	181356	85008	233370
1997	1012204	38773	203339	246093	189270	92621	242108
1998	1084958	39194	212501	259760	195859	95576	282068
1999	1109925	39893	217272	269260	202680	97133	283687
2000	1183122	107576	176266	288609	206652	103548	300471
2001	1207380	110208	192992	308433	174744	111193	309810
2002	1227796	103944	206557	307804	191014	108412	310065
2003	1266297	92103	214685	320192	200500	113219	325598
2004	1291929	87958	221301	324179	218132	108663	331704
2005	1414046	99222	243733	348777	233401	129146	359767
2006	1425617	90291	256539	328813	254651	136235	359088
2007	1626010	108717	299390	366378	288590	152448	410487
2008	1781427	104398	333964	402879	320392	166110	453684
2009	1900613	99846	358037	434114	344347	179673	484596
2010	2258049	114940	426344	506583	419563	218249	572370
2011	2601659	127851	494222	581588	487910	249430	660658

注：①2002 年开始不包括“农民家庭兼营工业”。②2003 年开始包括“农林牧渔服务业”(以下有关各表同)。③2004 年根据下管一级的要求，省局对我市农业总产值进行了核减（下同）。④根据省统计局 、 省人民政府第二次农业普查办公室文件精神，2006、2007 年我市农作物播种面积和产量、生猪、牛、羊、家禽存出栏数和肉产量，渔业产量，以第二次农业普查数据为基础进行进行了核减（下同）。同时对我市农业总产值、增加值进行了核减（下同）。

3-5 历年全市农林牧渔业总产值构成

Composition of Gross Output Value of Farming, Forestry, Animal Husbandry and Fishery over the Years over the Years

单位：万元 (10 000 yuan)

年 份 Year	农林牧渔业总产值 Total	农 业 Farming	林 业 Forestry	牧 业 Animal Husbandry	渔 业 Fishery	农林牧渔服务业 Service for Farming, Forestry, Animal Husbandry and Fishery
1949	13974	11395	985	1434	160	
1952	20660	16610	1181	2608	261	
1957	24872	19031	1128	4390	323	
1962	27815	21913	1597	3938	367	
1965	39309	30830	1314	6751	414	
1970	49472	38316	1348	9256	552	
1975	52158	40854	1113	9661	530	
1980	95502	75210	1788	17356	1148	
1981	97757	74982	2006	19502	1267	
1982	114397	88136	2523	22127	1610	
1983	106770	80590	2535	21975	1670	
1984	130729	97018	3503	27669	2539	
1985	158962	109072	5077	40012	4801	
1986	174823	120967	5824	39209	8823	
1987	201478	137620	7744	43874	12240	
1988	230298	152581	8727	55315	13675	
1989	256223	164792	9357	65880	16194	
1990	290287	195475	8952	69849	16011	
1991	318869	213505	10448	77627	17289	
1992	356633	232791	13645	89095	21102	
1993	472245	304149	22961	115041	30094	
1994	681985	431501	23838	186542	40104	
1995	832738	546313	27611	208660	50154	
1996	955209	611995	38119	235371	69724	
1997	1012204	639248	45217	240586	87153	
1998	1084958	699399	75921	196215	113423	
1999	1109925	703668	83422	180827	142008	
2000	1183122	710545	106916	200979	164682	
2001	1207380	716749	114048	202391	174192	
2002	1227796	709547	126013	207170	185066	
2003	1266297	726679	131721	213485	192140	2272
2004	1291929	740224	111690	263059	172510	4446
2005	1414046	841836	113769	269300	182723	6418
2006	1425617	920602	122159	233468	140149	9239
2007	1626010	993922	138694	319875	162432	11087
2008	1781427	1086254	148166	359993	174536	12478
2009	1900613	1181223	166798	356072	183330	13190
2010	2258049	1436307	190181	408204	208531	14826
2011	2601659	1617599	217313	515815	234151	16781

3-6 历年分县(市)农林牧渔业总产值发展指数

Indices of Gross Output Value of Farming, Forestry, Animal Husbandry and Fishery over the Years

(1949年=100) (year of 1949=100)

年份 Year	全市 Whole Municipality	市区 Urban District	绍兴 Shaoxing	上虞 Shangyu	嵊州 Shengzhou	新昌 Xinchang	诸暨 Zhuji
1949	100.0		100.0	100.0	100.0	100.0	100.0
1952	146.1		147.5	158.0	136.0	129.7	152.5
1957	185.8		178.3	228.5	165.7	181.1	186.1
1962	161.0		154.5	191.9	142.9	172.0	164.0
1965	242.1		223.4	362.6	201.9	219.4	232.2
1970	260.0		231.1	334.3	238.7	242.8	267.2
1975	268.3		243.4	355.1	270.5	253.5	246.8
1980	373.6		362.0	461.7	372.2	337.0	351.7
1981	369.0		362.2	474.1	363.5	320.7	341.5
1982	435.9		424.5	557.5	425.7	370.3	413.8
1983	414.9	100.0	410.5	508.7	391.0	354.9	371.2
1984	476.9	118.4	484.8	602.0	428.6	395.6	425.4
1985	490.9	109.3	504.6	610.8	452.0	491.0	430.3
1986	519.7	118.7	534.2	689.0	469.8	429.1	443.9
1987	404.2	119.5	524.7	730.0	480.7	444.2	451.9
1988	412.2	126.5	539.4	782.1	463.7	436.0	465.6
1989	547.3	142.8	527.7	796.1	471.1	442.4	473.4
1990	560.4	147.8	542.1	831.5	465.8	448.9	488.2
1991	582.1	147.1	560.0	855.8	493.5	470.6	507.5
1992	604.3	155.8	561.3	873.8	549.5	494.7	520.1
1993	639.6	163.3	582.5	958.8	595.8	522.3	532.5
1994	674.7	174.9	582.5	1044.6	666.8	581.6	529.6
1995	741.5	225.8	612.0	1128.6	755.8	612.4	596.2
1996	816.3	279.4	642.9	1213.5	842.7	652.9	686.6
1997	856.6	290.9	654.5	1291.7	892.5	679.2	724.5
1998	929.1	323.9	676.2	1450.2	909.8	722.3	833.9
1999	1050.8	350.9	817.4	1718.2	940.6	802.4	934.7
2000	1227.6	636.3	1238.1	1710.4	981.1	866.9	1026.7
2001	1310.4	794.1	1285.8	2144.9	778.5	931.6	1049.4
2002	1381.9	769.0	1407.5	2228.5	896.2	982.6	1072.9
2003	1425.2	681.4	1462.8	2318.1	940.7	1026.2	1126.6
2004	1454.0	650.7	1507.9	2347.0	1023.4	984.9	1147.7
2005	1591.5	734.1	1660.7	2525.0	1095.1	1170.6	1244.8
2006	1659.9	755.4	1748.7	2621.0	1154.2	1224.4	1293.3
2007	1736.3	784.9	1808.2	2681.3	1210.8	1281.9	1348.9
2008	1791.8	750.0	1882.3	2840.3	1255.6	1315.3	1415.0
2009	1854.5	723.0	1967.0	2948.2	1302.1	1362.7	1470.2
2010	1925	733.8	2043.7	3063.2	1355.5	1418.6	1527.5
2011	1999.7	744.4	2123.2	3184.7	1411.7	1473.5	1589.8

3-7 农林牧渔业总产值(2011年)

Gross Output Value of Farming, Forestry, Animal Husbandry and Fishery (2011)

单位:万元 (10 000 yuan)

指　标	Item	全市 Whole Municipality	市区 Urban District	绍兴 Shaoxing	上虞 Shangyu	嵊州 Shengzhou	新昌 Xinchang	诸暨 Zhuji
总产值合计	**Total**	**2601659**	**127851**	**494222**	**581588**	**487910**	**249430**	**660658**
1.农　业	Farming	1617599	66040	285385	367935	344105	190908	363226
2.林　业	Forestry	217313	3084	36860	29372	39805	23922	84270
3.牧　业	Animal Husbandry	515815	40087	113165	93391	97361	28971	142840
4.渔　业	Fishery	234151	16992	56402	85962	4954	3419	66422
5.农林牧渔服务业	Service for Farming, Forestry, Animal Husbandry and Fishery	16781	1648	2410	4928	1685	2210	3900

3-8 农林牧渔业增加值(2011年)

The Value-added of Farming, Forestry, Animal Husbandry and Fishery (2011)

单位:万元 (10 000 yuan)

指　标	Item	全市 Whole Municipality	市区 Urban District	绍兴 Shaoxing	上虞 Shangyu	嵊州 Shengzhou	新昌 Xinchang	诸暨 Zhuji
增加值合计	**Total**	**1720952**	**82101**	**332052**	**365586**	**326215**	**181454**	**433544**
1.农　业	Farming	1121971	43541	198484	228782	246882	149979	254303
2.林　业	Forestry	160467	2107	29009	22429	27790	18244	60888
3.牧　业	Animal Husbandry	265692	23919	67289	51202	46719	10195	66368
4.渔　业	Fishery	159269	11357	36154	58381	3139	2153	48085
5.农林牧渔服务业	Service for Farming, Forestry, Animal Husbandry and Fishery	13553	1177	1116	4792	1685	883	3900

3-9 历年粮食总产量

Total Output of Grain over the Years

单位：吨 (ton)

年份 Year	全市 Whole Municipality	市区 Urban District	绍兴 Shaoxing	上虞 Shangyu	嵊州 Shengzhou	新昌 Xinchang	诸暨 Zhuji
1949	485438		146955	89977	99190	46290	103026
1952	763093		207525	157834	130250	66600	200884
1957	767930		207480	142400	141690	65885	210475
1962	760560		212526	133511	134651	72020	207852
1965	1100809		308430	201575	191780	77205	321819
1970	1195197		343180	204507	217210	99900	330400
1975	1184651		319950	201526	227040	107640	328495
1980	1571384		443144	252770	324110	134105	417255
1981	1518215		446980	244855	289460	123890	413030
1982	1870925		531975	306300	371640	147975	513035
1983	1653205	51000	470475	278200	310160	130490	412880
1984	2011510	62415	571680	355700	370140	148330	503245
1985	1787787	50442	489130	327324	329900	132570	458421
1986	1803613	53354	504708	337744	324983	122964	459860
1987	1835343	50392	506483	337953	342919	135995	461601
1988	1837810	51756	526280	347286	313390	123534	475564
1989	1797215	53714	502615	325013	321870	122053	471950
1990	1862007	56550	528531	340067	328340	129821	478698
1991	1900798	56594	529987	347351	337205	133391	496270
1992	1865999	56444	514004	341781	327698	128722	497350
1993	1729881	49096	449908	329783	303805	125340	471949
1994	1685600	46575	453405	322361	296931	118218	448110
1995	1742472	39397	465289	329028	314878	114636	479244
1996	1854589	42678	487904	345068	336138	126001	516800
1997	1812626	42891	483395	349191	323017	124841	489291
1998	1820846	43154	480929	345433	315204	125681	510445
1999	1801722	42134	472586	332266	322807	126536	505393
2000	1444149	130880	245927	295991	247478	112732	411141
2001	1131807	88613	181945	246113	188778	94264	332094
2002	1000057	69497	162084	228851	164659	80819	294147
2003	838295	48090	140635	210669	127682	54317	256902
2004	953495	57203	162898	240543	147829	58650	286372
2005	963920	54141	163356	242649	149760	58525	295489
2006	1038979	59192	169555	257634	165920	61690	324988
2007	1093141	59920	183805	264219	168065	68643	348480
2008	1138572	61263	197259	274792	169331	71227	364700
2009	1183742	62585	209332	285814	172925	76936	376150
2010	1163233	58725	206073	275838	169027	78373	375197
2011	1183094	58982	206813	287625	170323	80000	379351

注：2007 年开始马铃薯统计在粮食作物中。

Note:Potato was added up in food crops from 2007.

3-10 历年茶叶总产量

Total Output of Tea over the Years

单位：吨 (ton)

年份 Year	全市 Whole Municipality	市区 Urban District	绍兴 Shaoxing	上虞 Shangyu	嵊州 Shengzhou	新昌 Xinchang	诸暨 Zhuji
1949	3583		834	179	1600	466	504
1952	4532		1007	270	1974	638	643
1957	5932		1329	345	2500	738	1020
1962	2606		721	185	944	301	455
1965	3254		797	230	1318	425	484
1970	6146		1670	508	2200	816	952
1975	10039		2479	1183	2775	1599	2003
1980	20693		4622	2321	5321	3628	4801
1981	24533		5737	2782	6574	4069	5371
1982	29218		6965	3220	7562	4720	6751
1983	28995	101	6625	3137	7744	4740	6648
1984	26556	1	6724	2973	7055	4030	5773
1985	26052	84	6679	3064	7335	3638	5252
1986	29250	79	7229	3394	8272	4269	6007
1987	32684	106	7815	3798	9213	4880	6872
1988	36405	107	9150	4529	9911	5458	7250
1989	34051	123	8667	4042	9680	5368	6171
1990	33684	261	8407	3875	9806	5425	5910
1991	32622	274	8440	3743	9005	5073	6087
1992	32258	455	7817	4224	8979	4908	5875
1993	32600	279	8073	4293	8953	5066	5936
1994	29432	430	7695	4074	7422	4783	5028
1995	27233	291	6901	4263	7153	4717	3908
1996	25816	224	7427	3683	7037	4432	3013
1997	26943	149	7542	3396	7770	4532	3554
1998	30609	200	8124	4188	9158	4934	4005
1999	31426	183	8641	2792	9647	5146	5017
2000	31605	954	7530	2661	10057	5023	5380
2001	31994	846	7150	2483	9516	5064	6935
2002	37421	765	7783	2631	12261	5159	8822
2003	39125	755	8833	2944	11592	5461	9540
2004	41840	670	8602	2922	14837	5542	9267
2005	43415	665	9222	3304	15098	5634	9492
2006	46584	545	9173	3511	16991	5670	10694
2007	48027	397	9244	3305	17406	5898	11777
2008	48181	393	8589	3376	17904	6016	11903
2009	50295	510	9509	3286	18554	6154	12282
2010	49580	480	8432	3339	19138	5925	12266
2011	50307	422	8844	2968	19710	5963	12400

3-11 历年猪牛羊肉产量

Output of Pork, Beef and Mutton over the Years

单位：吨 (ton)

年份 Year	全市 Whole Municipality	市区 Urban District	绍兴 Shaoxing	上虞 Shangyu	嵊州 Shengzhou	新昌 Xinchang	诸暨 Zhuji
1949	7349		358	915	912	636	4528
1952	9389		386	1100	1325	1317	5261
1957	21075		1285	2543	3070	2266	11911
1962	8340		1549	746	1919	954	3172
1965	40030		8708	4439	7091	3579	16213
1970	42380		8256	4904	7351	4150	17719
1975	50769		10897	5872	9219	4990	19791
1980	70617		17644	9181	12854	5422	25516
1981	66487		16162	9129	14338	4707	22151
1982	73025		21061	9526	13993	4689	23756
1983	74587	1734	17043	9473	14766	6613	24958
1984	76572	1740	18000	9816	13549	6391	27076
1985	82538	1547	18288	10756	15713	7494	28740
1986	88985	1714	19421	13405	17008	7726	29711
1987	74515	2294	15717	12110	14478	6968	22948
1988	82269	2244	14396	13985	14727	6892	30025
1989	78818	2433	13960	11052	14356	6835	30182
1990	79695	2190	15443	10292	13880	6227	31663
1991	84015	2193	15750	11507	14673	6951	32941
1992	89089	2493	18661	13776	13604	6995	33560
1993	81380	2343	16296	10315	13919	6664	31843
1994	75852	2043	14221	11544	11581	6912	29551
1995	74874	2696	15415	12745	9127	6383	28508
1996	72038	3377	16155	11293	7907	5907	27399
1997	79459	5055	19158	12266	8471	5597	28912
1998	82789	5762	16913	12428	11208	6234	30244
1999	89164	6240	19049	16113	11893	6948	28921
2000	97046	11293	20145	14961	12875	7743	30029
2001	103085	10886	22580	17809	13380	8589	29841
2002	105526	10085	24470	19798	13155	8849	29169
2003	105206	8056	22602	22123	13948	8089	30388
2004	111287	8834	23803	23533	15167	7857	32093
2005	118601	8074	26170	24599	19247	8355	32156
2006	97712	6280	24577	16328	19162	5148	26218
2007	93290	5642	22638	15901	20337	4268	24504
2008	118533	5698	27196	26448	21297	4315	33579
2009	127882	5316	29032	30363	22996	4671	35504
2010	137789	5532	31590	32475	26628	4857	36707
2011	146185	5964	34126	35782	26255	5082	38976

3-12 历年蚕茧产量

Total Output of Silkworm Cocoon over the Years

单位：吨　　(ton)

年份 Year	全市 Whole Municipality	市区 Urban District	绍兴 Shaoxing	上虞 Shangyu	嵊州 Shengzhou	新昌 Xinchang	诸暨 Zhuji
1949	734		1		328		405
1952	1792		3	26	551	116	1096
1957	1918		10	51	609	171	1077
1962	1153		22	42	391	115	583
1965	1336		27	49	456	120	684
1970	2576		71	158	820	301	1226
1975	3486		123	318	1148	478	1419
1980	4437		153	551	1395	567	1771
1981	4850		183	597	1545	678	1847
1982	5033		207	688	1580	724	1834
1983	4296	1	178	568	1334	657	1558
1984	4660		185	675	1487	716	1597
1985	5248	1	187	827	1723	792	1718
1986	6074		196	1069	2008	882	1919
1987	6149		169	1186	2153	941	1700
1988	6568		186	1274	2235	1037	1836
1989	7082		182	1417	2410	1134	1939
1990	7718		187	1535	2653	1290	2053
1991	9023		199	1794	3275	1541	2214
1992	11758		258	2299	4196	2180	2825
1993	12245		296	2459	4404	2251	2835
1994	13148		256	2719	5069	2685	2419
1995	11535		268	2506	4326	2500	1935
1996	7141		154	1976	2456	1756	799
1997	7643		162	1978	2305	2042	1156
1998	8151		186	2085	2485	2124	1271
1999	7505		141	1864	2492	1928	1080
2000	7009	30	94	1655	2299	1942	989
2001	7850	37	100	2148	2517	1961	1087
2002	8275	32	95	2731	2343	1947	1127
2003	6465	24	68	2403	1886	1330	754
2004	5980	–	60	2203	1644	1331	742
2005	5500	–	58	1663	1652	1380	747
2006	5476	–	56	1541	1723	1429	727
2007	5678	–	56	1720	1731	1460	711
2008	4383	–	50	1308	1333	1072	620
2009	3459	–	48	1115	956	820	520
2010	3048	–	31	911	836	769	501
2011	2976	–	42	863	815	753	503

3-13 历年水产品总产量

Total Output of Aquatic Products over the Years

单位：吨　　　　(ton)

年份 Year	全市 Whole Municipality	市区 Urban District	绍兴 Shaoxing	上虞 Shangyu	嵊州 Shengzhou	新昌 Xinchang	诸暨 Zhuji
1949	3859		2000	1575			284
1952	6338		3320	2523	15		480
1957	9784		4290	3844	265	35	1350
1962	8783		3705	4317	160	25	576
1965	9530		3475	5085	225	95	650
1970	13244		4675	7211	150	20	1188
1975	12804		3640	7879	210	75	1000
1980	12082		4745	5314	512	86	1425
1981	13270		5145	5991	510	174	1450
1982	13241		5505	5539	560	212	1425
1983	13841	1637	4293	5465	660	261	1525
1984	15491	1957	4800	5832	825	323	1754
1985	18706	2437	6119	6785	990	375	2000
1986	23777	3018	7635	9268	1150	456	2250
1987	26924	3209	8980	10077	1350	558	2750
1988	29746	3164	9555	11975	1375	627	3050
1989	31245	3224	10218	12368	1510	710	3215
1990	31980	3317	10742	12412	1540	754	3215
1991	33339	3232	11261	12960	1665	821	3400
1992	36069	3477	12052	13789	1863	937	3951
1993	39745	3698	13064	14661	2305	1055	4962
1994	43253	3981	14387	15859	2318	1253	5455
1995	45614	4019	15133	16315	2515	1358	6274
1996	48216	4093	16126	17120	2617	1562	6698
1997	51546	5090	16873	18200	2715	1668	7000
1998	54996	4810	18908	19317	2885	1826	7250
1999	63772	5396	20245	25507	3117	2007	7500
2000	74013	10196	18104	32137	3320	2056	8200
2001	91413	10532	24716	40120	3510	2130	10405
2002	99532	11835	25030	45767	3690	2210	11000
2003	102360	13301	25450	46557	3242	2310	11500
2004	91781	13545	23441	37053	3730	2312	11700
2005	99033	14088	24420	39754	3956	2330	14485
2006	86613	12497	21080	34709	3536	2061	12730
2007	86998	12415	20693	35536	3559	2136	12659
2008	90606	9511	23843	36252	3585	2600	14815
2009	89325	9479	24002	34479	3640	2575	15150
2010	93931	9654	24432	37825	3713	2607	15700
2011	93549	8410	25338	38557	3824	2700	14720

3-14 农作物播种面积(2011年)

单位：公顷

指　　标	Item	全　市 Whole Municipality
农作物播种面积总计	**Total Area of Crops**	**332508**
一、粮食作物合计	**Total Grain Crops**	**185966**
1.谷　　物	Cereal	153534
(1)稻　　谷	Rice	126237
#籼　稻	Indica Rice	-
粳　稻	Japonica Rice	-
①早　　稻	Early Rice	27386
②晚稻及单季稻	Late Rice and Single Cropping of Rice	98851
#单 季 稻	Single Cropping of Rice	70694
连作晚稻	Late Rice	28157
(2)小　　麦	Wheat	12319
(3)大　　麦	Barley	1995
(4)玉　　米	Corn	10525
(5)其他谷物	Other Grain	2458
2.豆　　类	Beans	18135
(1)大　　豆	Soybeans	10658
(2)蚕(豌)豆	Broad Bean	4027
(3)杂　　豆	Others Beans	3450
3.蕃薯及马铃薯	Tubers and tomatoes	14297
二、油　料	**Oilseed**	**26536**
1.油 菜 籽	Rapeseeds	21776
2.花　　生	Peanut	4139
3.芝　　麻	Sesame	621

Total Sown Area of Farm Crops (2011)

(hectare)

市 区 Urban District	绍 兴 Shaoxing	上 虞 Shangyu	嵊 州 Shengzhou	新 昌 Xinchang	诸 暨 Zhuji
14954	**53004**	**85172**	**56591**	**29103**	**93684**
8438	**29742**	**49224**	**28664**	**14282**	**55616**
7734	27134	41219	21586	9497	46364
7019	23403	32424	18192	7020	38179
–	–	–	–	–	–
–	–	–	–	–	–
1136	6178	11250	1513	1	7308
5883	17225	21174	16679	7019	30871
4763	11385	9561	14707	6774	23504
1120	5840	11613	1972	245	7367
541	2261	4758	419	789	3551
23	284	630	627	70	361
140	1170	2884	2157	1597	2577
11	16	523	191	21	1696
427	796	6299	3752	1948	4913
178	556	3737	2162	1282	2743
144	–	1448	737	471	1227
105	240	1114	853	195	943
277	1812	1706	3326	2837	4339
1087	**3275**	**7347**	**4218**	**4734**	**5875**
1026	3113	6701	2950	3110	4876
7	103	550	1109	1557	813
54	59	96	159	67	186

3-14 续表

单位：公顷

指标	Item	全市 Whole Municipality
三、棉花(皮棉)	**Cotton**	**2365**
四、麻　类	**Fiber Crops**	**24**
五、甘　蔗	**Sugar Crops**	**905**
六、烟　叶	**Tobacco**	**709**
七、药材类	**Medicinal Crops**	**2345**
八、蔬　菜	**Vegetables**	**68137**
九、果用瓜	**Fruits**	**10588**
1.西　瓜	Watermelon	8823
2.甜　瓜	Muskmelon	539
3.草　莓	Strawberry	447
4.其　他	Others	779
十、花卉园艺	**Flowers & Horticultures**	
1.花卉苗木	Flowers and Plants Nursery Stock	16386
(1)花　卉	Flowers and Plants	2322
(2)苗　木	Plants Nursery Stock	13909
(3)草　皮	Sod	155
2.盆栽类园艺　(万盆)	Potted Horticultures　(10 000 pots)	460.35
十一、其他作物	**Other Farm Crops**	**18547**
1.绿　肥	Green Manure	16035
2.席　草	Rush	1
3.饲 料 草	Forage Grass	315
4.其　他	Others	2196

Continued

(hectare)

市区 Urban District	绍兴 Shaoxing	上虞 Shangyu	嵊州 Shengzhou	新昌 Xinchang	诸暨 Zhuji
19	**33**	**2052**	**141**	**108**	**12**
–	**–**	**–**	**21**	**3**	**–**
25	**124**	**205**	**252**	**19**	**280**
–	**–**	**–**	**273**	**436**	**–**
1	**71**	**83**	**1147**	**650**	**393**
3308	**11606**	**18872**	**12970**	**5378**	**16003**
468	**1593**	**3924**	**1395**	**656**	**2552**
384	1364	3528	1101	597	1849
7	63	109	116	24	220
5	18	17	74	9	324
72	148	270	104	26	159
1505	3435	1734	5472	1829	2411
47	718	526	477	202	352
1395	2696	1196	4993	1627	2002
63	21	12	2	–	57
5.17	185.7	170.6	29	5.78	64.1
103	**3125**	**1731**	**2038**	**1008**	**10542**
5	2684	1556	1621	448	9721
–	1	–	–	–	–
3	74	107	63	44	24
95	366	68	354	516	797

3-15 农作物总产量情况 (2011年)

单位：吨

指　　标	Item	全市 Whole Municipality
一、粮食作物合计	**Total Grain Crops**	**1183094**
1.谷　物	Cereal	1049311
(1)稻　谷	Rice	936350
#籼　稻	Indica Rice	–
粳　稻	Japonica Rice	–
①早　稻	Early Rice	183499
②晚稻及单季稻	Late Rice and Single Cropping of Rice	752851
#单季稻	Single Cropping of Rice	557643
连作晚稻	Late Rice	195208
(2)小　麦	Wheat	47255
(3)大　麦	Barley	6591
(4)玉　米	Corn	48327
(5)其他谷物	Other grain	10788
2.豆　类	Beans	50692
(1)大　豆	Soybeans	31355
(2)蚕(豌)豆	Broad Bean	10046
(3)杂　豆	Others Beans	9291
3.蕃薯及马铃薯	Tubers and tomatoes	83091
二、油　料	**Oil-bearing Crops**	**56135**
1.油菜籽	Rapeseeds	42882
2.花　生	Peanuts	12128
3.芝　麻	Sesame	1125
三、棉花(皮棉)	**Cotton**	**2839**
四、麻　类	**Fiber Crops**	**33**
五、甘　蔗	**Sugar Crops**	**50767**
六、烟　叶	**Tobacco**	**1864**
七、药材类	**Medicinal Crops**	**9112**
八、蔬　菜	**Vegetables**	**2375855**
九、食用菌	**Edible Mushroom**	**1975**
十、果用瓜	**Fruits**	**359485**
1.西　瓜	Watermelon	310776
2.甜　瓜	Muskmelon	15977
3.草　莓	Strawberry	12250
4.其　他	Others	20482

Total Output of Farm Crops (2011)

(ton)

市 区 Urban District	绍 兴 Shaoxing	上 虞 Shangyu	嵊 州 Shengzhou	新 昌 Xinchang	诸 暨 Zhuji
58982	**206813**	**287625**	**170323**	**80000**	**379351**
56183	193119	260737	143950	61669	333653
52743	176683	224163	130990	53125	298646
–	–	–	–	–	–
–	–	–	–	–	–
7851	42545	76926	10096	10	46071
44892	134138	147237	120894	53115	252575
37472	92257	69659	107772	51479	199004
7420	41881	77578	13122	1636	53571
2300	8697	19730	1354	2229	12945
85	925	2192	1967	208	1214
1017	6735	12853	9241	6051	12430
38	79	1799	398	56	8418
1320	2777	18484	8730	4009	15372
570	1824	10944	5954	2796	9267
407	–	4233	1201	864	3341
343	953	3307	1575	349	2764
1479	10917	8404	17643	14322	30326
2349	**6820**	**16287**	**7780**	**10151**	**12748**
2227	6333	14541	4754	6001	9026
24	361	1566	2874	4041	3262
98	126	180	152	109	460
42	**116**	**2363**	**135**	**166**	**17**
–	**–**	**–**	**27**	**6**	**–**
1632	**7657**	**13223**	**12383**	**700**	**15172**
–	**–**	**–**	**629**	**1235**	**–**
1	**342**	**860**	**4178**	**2133**	**1598**
125398	**448265**	**749128**	**359720**	**169225**	**524119**
76	**–**	**48**	**1700**	**151**	**–**
15779	**70295**	**128240**	**43577**	**17688**	**83906**
13430	62185	118499	36263	16629	63770
187	2530	3058	3549	425	6228
98	482	292	1667	138	9573
2064	5098	6391	2098	496	4335

3-16 林业生产情况(2011年)

指　　标		Item		全市 Whole Municipality
一、造林面积	**(公顷)**	**Build Forestry Areas**	**(hectare)**	**3163**
#竹　林		Bamboo Forest		173
1.用材林		Timber Forest		–
2.经济林		Economic Forest		1113
3.防护林		Shelter Forest		2050
二、迹地更新	**(公顷)**	**Forest Updating**	**(hectare)**	**67**
三、封山育林	**(公顷)**	**Afforestation in Enclosed Mountain**	**(hectare)**	**72423**
四、四旁植树	**(万株)**	**Planting Trees Piecemeal**	**(10 000 plants)**	**554**
五、种籽采集	**(吨)**	**Seed Collection**	**(ton)**	**20**
六、育苗面积	**(公顷)**	**Raise Seeding Areas**	**(hectare)**	**20830**
七、幼林抚育面积	**(公顷)**	**Area of Tending Seeding**	**(hectare)**	**8055**
八、成林抚育面积	**(公顷)**	**Area of Grown Forest Cultivated**	**(hectare)**	**81423**
九、低产林改造	**(公顷)**	**Area of Transform Low Yield Forest**	**(hectare)**	**1528**
十、林产品产量	**(吨)**	**Output of Forest Products**	**(ton)**	**345027**
#竹笋干		Dried Bamboo Shoots		28865
板　栗		Chestnut		9892
香　榧		Chinese Torreya		1363
十一、木材采伐量	**(立方米)**	**Timber Cut**	**(cu.m)**	**15759**
十二、毛竹篙竹采伐量	**(万根)**	**Bamboo Cut**	**(10 000 pieces)**	**2242**

Basic Indicators on Forestry (2011)

市 区 Urban District	绍 兴 Shaoxing	上 虞 Shangyu	嵊 州 Shengzhou	新 昌 Xinchang	诸 暨 Zhuji
337	**496**	**544**	**237**	**434**	**1115**
–	–	–	–	–	173
–	–	–	–	–	–
–	–	255	–	234	624
337	496	289	237	200	491
–	**–**	**21**	**–**	**34**	**12**
4807	**2371**	**1579**	**333**	**2000**	**61333**
19	**126**	**20**	**31**	**–**	**358**
–	**–**	**–**	**–**	**–**	**20**
466	**4647**	**1924**	**8000**	**1987**	**3806**
3	**800**	**628**	**–**	**333**	**6291**
85	**600**	**24474**	**15000**	**20000**	**21264**
7	**800**	**–**	**–**	**53**	**668**
1730	**20321**	**86476**	**118941**	**35531**	**82025**
80	5287	7927	5568	1956	7680
–	235	3100	500	3577	2480
–	207	–	370	18	768
–	**315**	**3063**	**1972**	**2223**	**8186**
–	**1527**	**–**	**6**	**12**	**698**

3-17 桑、茧、茶叶、水果生产情况 (2011年)

指　　标	Item	全　市 Whole Municipality
一、桑园总面积　　(公顷)	**Total Area of Mulberry Field　(hectare)**	**4451**
本年新增面积	Newly Increased Area This Year	6
本年采摘面积	Picked Area This Year	4042
二、饲养蚕种张数　　(张)	**Number of Silkworm Cocoon (piece)**	**65756**
1.春　蚕	Number of Spring's Silkworm Cocoon	34472
2.夏　蚕	Number of Summer's Silkworm Cocoon	2354
3.秋　蚕	Number of Autumn's Silkworm Cocoon	28930
三、蚕茧总产量　　(吨)	**Output of Silkworm Cocoon(ton)**	**2976**
1.春　蚕	Number of Spring's Silkworm Cocoon	1629
2.夏　蚕	Number of Summer's Silkworm Cocoon	104
3.秋　蚕	Number of Autumn's Silkworm Cocoon	1243
四、茶园面积　　(公顷)	**Area of Tea(hectare)**	**33195**
本年新增面积	New-added Area in This Year	268
本年采摘面积	Picked Area in This Year	31483
五、茶叶总产量　　(吨)	**Output of Tea (ton)**	**50307**
1.春 茶	Spring Tea	28734
2.夏 茶	Summer Tea	9602
3.秋 茶	Autumn Tea	11971
六、果园面积　　(公顷)	**Area of Orchards　(hectare)**	**18165**
七、水果总产量　　(吨)	**Output of Fruit (ton)**	**618120**

Basic Indicators on Mulberry, Silk-worm Cocoons, Tea and Fruits (2011)

市 区 Urban District	绍 兴 Shaoxing	上 虞 Shangyu	嵊 州 Shengzhou	新 昌 Xinchang	诸 暨 Zhuji
–	**174**	**931**	**1611**	**1024**	**711**
–	–	6	–	–	–
–	174	865	1531	827	645
–	**1139**	**20481**	**18245**	**16560**	**9331**
–	382	11148	9716	8304	4922
–	–	582	399	741	632
–	757	8751	8130	7515	3777
–	**42**	**863**	**815**	**753**	**503**
–	15	489	447	400	278
–	–	14	18	33	39
–	27	360	350	320	186
248	**5334**	**2228**	**12103**	**6519**	**6763**
–	4	31	92	48	93
28	4997	2066	11788	6161	6443
422	**8844**	**2968**	**19710**	**5963**	**12400**
179	5646	1893	10101	3169	7746
150	2166	471	3587	1290	1938
93	1032	604	6022	1504	2716
127	**1461**	**5568**	**5495**	**1635**	**3879**
17620	**75549**	**241945**	**109291**	**35785**	**137930**

3-18 畜牧业生产情况 (2011年)

指　　标	Item	全　市 Whole Municipality
一、生　　猪　　(万头)	**Hogs　　(10 000 heads)**	
1.年末存栏头数(含未断奶小猪)	Being Raised at Year-end	118.88
(1)能繁殖的母猪	Reproducible Hogs	11.83
(2)其他生猪	Others	107.05
2.年内肥猪出栏头数	Slaughtered Fattened Hogs	198.72
3.全年饲养量	Number of Hogs Raised	317.60
二、牛　　(头)	**Cattle and Buffaloes　　(head)**	
1.年末存栏头数	Being Raised at Year-end	12224
# 良种及改良种乳	Milch Cows of Fine Breed and Improved Varieties	1054
2.年内牛出栏头数	Slaughtered Cattle and Buffaloes of the Year	11782
三、羊　　(万只)	**Sheep and Goats　　(10 000 heads)**	
1.年末存栏只数	Being Raised at Year-end	12.93
2.年内羊出栏只数	Slaughtered Sheep and Goat of the Year	15.02
四、家　　禽　　(万只)	**Poultry　　(10 000 heads)**	
1.年末存栏只数	Being Raised at Year-end	1156.49
# 肉　禽	Table Poultry	713.49
蛋　禽	Egg Poultry	443.00
2.年内出栏只数	Slaughtered Poultry of the Year	2252.17
(1)鸡	Chicken	813.61
(2)鸭	Duck	1368.06
(3)鹅	Goose	70.50

Basic Indicators on Animal Husbandry (2011)

市　区 Urban District	绍　兴 Shaoxing	上　虞 Shangyu	嵊　州 Shengzhou	新　昌 Xinchang	诸　暨 Zhuji
5.40	26.69	30.07	21.25	5.14	30.33
0.41	2.10	3.25	2.64	0.69	2.74
4.99	24.59	26.82	18.61	4.45	27.59
8.28	47.07	47.91	38.06	6.95	50.45
13.68	73.76	77.98	59.31	12.09	80.78
52	613	1592	5372	1912	2683
5	354	161	524	–	10
21	202	1104	5687	741	4027
0.11	1.69	3.58	4.89	0.80	1.86
0.19	2.16	5.29	4.83	0.82	1.73
204.11	204.16	217.50	89.14	31.33	410.25
101.78	109.92	172.83	62.21	11.37	255.38
102.33	94.24	44.67	26.93	19.96	154.87
334.57	387.61	559.92	156.43	40.45	773.19
185.81	158.94	130.69	129.47	32.38	176.32
124.79	212.86	410.82	24.78	7.45	587.36
23.97	15.81	18.41	2.18	0.62	9.51

3-18 续表

指　　标		Item		全市 Whole Municipality
五、兔	**（万只）**	**Rabbits**	**(10 000 heads)**	
1.年末存栏只数		Being Raised at Year-end		59.31
(1)肉 用 兔		Table Rabbits		18.43
(2)长 毛 兔		Long Wool Rabbits		40.88
2.年内出栏只数		Slaughtered Rabbits		51.08
六、养蜂年末箱数	**（箱）**	**Number of Beehives**	**(box)**	**69786**
七、畜禽产品产量	**（吨）**	**Output of Livestock Production**	**(ton)**	
1.肉类产量		Output of Meat		181482
(1)猪　肉		Pork		142722
(2)牛　肉		Beef		1579
(3)羊　肉		Mutton		1884
(4)兔　肉		Rabbits Meat		1152
(5)禽　肉		Fresh poultry		33928
(6)其　它		Others		217
2.禽蛋产量		Output of poultry eggs		49241
3.蜂蜜产量		Output of Honey		5852
4.蜂皇浆产量	（千克）	Output of Royal Jelly	(kg)	155047
5.牛奶产量		Output of milk		4105
6.兔毛产量		Output of Rabbit Wool		641

Continued

市 区 Urban District	绍 兴 Shaoxing	上 虞 Shangyu	嵊 州 Shengzhou	新 昌 Xinchang	诸 暨 Zhuji
0.25	2.05	3.93	28.08	23.97	1.03
0.23	1.62	2.87	1.86	10.84	1.01
0.02	0.43	1.06	26.22	13.13	0.02
0.22	2.30	5.06	18.46	23.30	1.74
2525	4712	8174	20625	14960	18790
10586	39740	44563	29112	6301	51180
5936	33816	35009	24916	4863	38182
3	26	149	729	94	578
25	284	624	610	125	216
5	49	97	474	490	37
4617	5545	8614	2350	649	12153
	20	70	33	80	14
6711	11273	4144	4612	2342	20159
86	235	835	2349	781	1566
4113	6850	17620	63602	23397	39465
19	1626	541	1881	–	38
–	1	10	454	175	1

3-19 水产养殖面积(2011年)

单位：公顷

指　　标	Item	全市 Whole Municipality
水产品养殖面积	**Water Aquiculture Area**	**20546**
(一)海水养殖面积	**Seawater Aquiculture Area**	**-**
1.鱼　类	Fish	-
2.甲壳类	Crustacean	-
(二)内陆养殖面积	**Inland Water Aquiculture Area**	**20546**
1.池　塘	Ponds	10501
2.湖　泊	Lake	1502
3.河　沟	River	4405
4.水　库	Reservoirs	3294
5.其　它	Others	844
内陆集约化养殖方式(平方米)：	**Inland Intensive Aquatic Breeding**	
1.网箱养殖	Mesh Cage Breeding	186264
2.围栏养殖	Fence Breeding	1656000
3.工厂化养殖	Factory Aquiculture	97560
附：稻田养殖	**Breeding in Farmland**	**10187**

注：稻田养殖产量统计在养殖产量内，面积不统计在养殖面积中。

Water Aquiculture Area (2011)

(hectare)

市 区 Urban District	绍 兴 Shaoxing	上 虞 Shangyu	嵊 州 Shengzhou	新 昌 Xinchang	诸 暨 Zhuji
2340	**4403**	**6476**	**1692**	**1185**	**4450**
–	–	–	–	–	–
–	–	–	–	–	–
–	–	–	–	–	–
2340	**4403**	**6476**	**1692**	**1185**	**4450**
165	1759	5052	962	360	2203
821	–	318	10	–	353
1337	2313	713	42	–	–
11	321	393	669	825	1075
6	10	–	9	–	819
20000	86192	6667	875	–	72530
1556000	–	100000	–	–	–
–	–	–	–	22560	75000
173	**704**	**2023**	**230**	**77**	**6980**

Note:Output of breeding in farmland includes in output of aquatic products, but its area doesn't includes in aquiculture area.

3-20 水产品产量(2011年)

单位：吨

指　　标	Item	全　市 Whole Municipality
水产品总产量	**Total Aquatic Products**	**93549**
(一)海水产品产量	**Seawater Aquatic Products**	**1766**
1.海洋捕捞	Seawater Catching	1741
2.海水养殖	Seawater Aquiculture	25
(二)内陆水产品产量	**Inland–Water Aquatic Products**	**91783**
1.内陆捕捞	Inland-Water Catching	9454
2.内陆养殖	Inland-Water Aquiculture	82329
#青　鱼	Mackerel	639
草　鱼	Glass Carp	4666
鲢　鱼	Silver Carp	15420
鳙　鱼	Aristrichthys Nobilis	10425
鲫　鱼	Crucian Carp	7896
鳊　鲂	Bream	3236
鲤　鱼	Cyprinus carpio	2341
鲈　鱼	Perch Fish	123
虾	Shrimp	30287
蟹	River Crab	1107
鳖	Soft-shelled Turtle	3082
珍　珠	Pearl	480
内陆水产品产量中：	**Inland–Water Aquatic Products**	
①鱼　类	Fish	46999
②甲壳类	Crustacean	31394
③贝　类	Shell-fish	144
④其它类	Others	3792

Output of Aquatic Products (2011)

(ton)

市　区 Urban District	绍　兴 Shaoxing	上　虞 Shangyu	嵊　州 Shengzhou	新　昌 Xinchang	诸　暨 Zhuji
8410	**25338**	**38557**	**3824**	**2700**	**14720**
–	**–**	**1766**	**–**	**–**	**–**
–	–	1741	–	–	–
–	–	25	–	–	–
8410	**25338**	**36791**	**3824**	**2700**	**14720**
1755	2903	3790	430	396	180
6655	22435	33001	3394	2304	14540
130	355	45	36	63	10
380	1580	1328	260	318	800
2183	4140	3114	770	348	4865
1569	2965	2315	496	580	2500
555	1527	3074	480	360	1900
458	1137	416	210	115	900
299	270	419	395	158	800
32	47	34	10	0	0
403	8074	21027	233	20	530
95	792	215	0	0	5
415	684	225	320	38	1400
26	33	18	3	0	400
5706	12688	11516	2818	2246	12025
498	8866	21242	233	20	535
–	74	–	–	–	70
451	807	243	343	38	1910

3-21 农业机械年末拥有量 (2011年末)

指标		Item		全市 Whole Municipality
农业机械总动力	**(千瓦)**	**Total Power of Agricultural Machinery**	**(kw)**	**2413744**
#柴油机		Diesel Oil Machinery		1548256
汽油机		Gasoline Machinery		128645
电动机		Electrical Machinery		736843
一、耕作机械动力	**(千瓦)**	**Cultivation Machinery**	**(kw)**	**223461**
1.大中型拖拉机	(台)	Large and Medium Tractors	(unit)	1347
2.小型拖拉机	(台)	Mini-tractors	(unit)	19104
3.机耕(滚)船	(艘)	Boat Tractor	(unit)	542
4.机动插秧机	(台)	Motorized Rice Transplantors	(unit)	1546
二、收获机械动力	**(千瓦)**	**Harvest Machinery**	**(kw)**	**279771**
1.联合收割机	(台)	Combine Harvesters	(unit)	3089
2.机动割晒机	(台)	Motorized Swathers	(unit)	14
3.机动打稻机	(台)	Motorized Harvesters	(unit)	104306
4.谷物烘干机	(台)	Cereal Dryer	(unit)	386
三、植保机械动力	**(千瓦)**	**Plant Protection Machinery**	**(kw)**	**32099**
机动喷雾粉器	(架)	Motorized Sprayer	(unit)	16997
四、排灌机械动力	**(千瓦)**	**Drainage and Irrigation Machinery**	**(kw)**	**245082**
1.农用水泵	(台)	Water Pump for Agricultural Use	(unit)	71636
2.喷灌机械	(套)	Sprinkling Machinery	(unit)	701
五、农产品加工机械动力	**(千瓦)**	**Processing Machinery of Agricultural Products**	**(kw)**	**186992**
1.粮食加工机械	(台)	Grain Processing Machinery	(unit)	10766
2.棉花加工机械	(台)	Cotton Processing Machinery	(unit)	607
3.油料加工机械	(台)	Oil Processing Machinery	(unit)	1091
六、运输机械动力	**(千瓦)**	**Transport Machinery**	**(kw)**	**645191**
1.农用运输车	(辆)	Vehicles for Agricultural Use	(unit)	9287
2.运输拖拉机	(辆)	Trucks for Transport	(unit)	21925
七、其他机械动力	**(千瓦)**	**Other Machinery**	**(kw)**	**325196**
八、渔业机械动力	**(千瓦)**	**Fishery Machinery**	**(kw)**	**49798**

Possession of Agricultural Machinery (End of 2011)

市　区 Urban District	绍　兴 Shaoxing	上　虞 Shangyu	嵊　州 Shengzhou	新　昌 Xinchang	诸　暨 Zhuji
101907	**356158**	**569799**	**388940**	**170746**	**826195**
63017	219269	370604	190094	87922	617351
6036	28471	22565	29010	13064	29499
32854	108418	176630	169836	69760	179346
16810	**39384**	**66573**	**26660**	**9582**	**64454**
50	425	560	77	1	234
1413	3159	4744	2725	988	6075
27	0	91	109	6	309
57	253	500	205	8	523
23052	**44351**	**86292**	**60801**	**2180**	**63095**
246	604	1101	493	11	634
5	3	3	1	0	2
12569	26265	20385	17608	1250	26219
43	58	84	70	3	128
2540	**912**	**15910**	**5563**	**1802**	**5372**
483	286	9414	4566	741	1507
11166	**33864**	**62410**	**33980**	**12803**	**90859**
2103	5447	17061	8818	3380	34827
98	128	13	146	231	85
5182	**54674**	**32580**	**32878**	**22589**	**39089**
421	1612	1524	2487	2071	2641
4	31	255	83	188	46
4	117	495	140	70	106
30318	**99668**	**82451**	**83319**	**60710**	**288825**
525	1879	1331	1373	507	3672
757	2050	2285	3435	2785	9513
3565	**38312**	**15033**	**14735**	**8359**	**15615**
838	**8885**	**38310**	**436**	**3587**	**1384**

3-22 农业能源和农业物资消耗情况 (2011 年)

指 标	Item	全 市 Whole Municipality
一、农村用电量 （万千瓦时）	**Electricity Consumed (10 000 kwh)**	**1863668**
二、农用化肥施用量 （吨）	**Agricultural Consumption of Chemical Fertilizers (ton)**	
1.按实物量计算合计	Calculated by Kind	354504
氮 肥	Nitrogenous Fertilizer	244225
磷 肥	Phosphate Fertilizer	45795
钾 肥	Potash Fertilizer	24645
复合肥	Compound Fertilizer	39839
2.按折纯法计算合计	100% Effective Component	104487
氮 肥	Nitrogenous Fertilizer	72645
磷 肥	Phosphate Fertilizer	8439
钾 肥	Potash Fertilizer	7025
复合肥	Compound Fertilizer	16378
三、农用塑料薄膜使用量 （吨）	**Agriculture Plastic Film Use (ton)**	**4073**
# 地膜使用量	Ground Sheeting Use	2151
地膜覆盖面积 (公顷)	Area of Ground Sheeting covered (hectare)	22185
四、农用柴油 （吨）	**Agriculture Diesel Oil (ton)**	**14662**
五、农药使用量 （吨）	**Pesticide use (ton)**	**6166**

Consumption of Agricultural Energy and Material (2011)

市 区 Urban District	绍 兴 Shaoxing	上 虞 Shangyu	嵊 州 Shengzhou	新 昌 Xinchang	诸 暨 Zhuji
159809	**936174**	**152829**	**78200**	**40180**	**496476**
15865	25056	131583	39400	37095	105505
8717	14372	97821	25000	26950	71365
2110	2294	18271	7900	3670	11550
1002	3996	9422	2100	1300	6825
4036	4394	6069	4400	5175	15765
4322	7625	34767	11050	10809	35914
1892	3471	26705	7350	7546	25681
575	414	3288	1422	661	2079
370	1998	2104	518	325	1710
1485	1742	2670	1760	2277	6444
660	**662**	**788**	**523**	**310**	**1130**
121	516	128	326	220	840
733	3698	1499	2133	3342	10780
1350	**5327**	**1795**	**2500**	**90**	**3600**
382	**649**	**2065**	**610**	**490**	**1970**

3-23 农田水利情况 (2011年)

指标		Item		全市 Whole Municipality
已建成水库	(座)	Number of Reservoirs	(set)	554
总库容	(万立方米)	Capacity of Reservoirs	(10 000 cu.m)	129537
有效实灌面积	(千公顷)	Effective Irrigated Area	(1000 hectares)	161
旱涝保收面积	(千公顷)	Stable Yield Despite Drought or Excessive Rain	(1000 hectares)	108
机电排灌面积	(千公顷)	Mechanical and Electrical Irrigated Area	(1000 hectares)	108
除涝面积	(千公顷)	Flooded or Water Logged Area under Control	(1000 hectares)	42
水土流失面积	(千公顷)	Area of Soil Erosion	(1000 hectares)	133
治理水土流失面积	(千公顷)	Area of Soil Erosion under Control	(1000 hectares)	91
堤防长度	(公里)	Total Length of Dykes	(km)	813
农田基建完成土石方	(万立方米)	Cubic Meter of Earth and stone completed	(10 000 cu.m)	-
# 水利建设	(万立方米)	Supply for water Conservancy Construct	(10 000 cu.m)	3634
实用人工	(万工日)	Real Labor Days	(10 000 days)	14
水利资金总投入	(万元)	Expend capital	(10 000 yuan)	234576
机电排灌站装机容量	(千千瓦)	Power of Mechanical and Electrical Irrigated	(1000 kw)	143
水利工程年供水量	(亿立方米)	Annually Water Supply of water Conservancy	(100 million cu.m)	199417

Water Conservancy Facilities of Farmland (2011)

市区 Urban District	绍兴 Shaoxing	上虞 Shangyu	嵊州 Shengzhou	新昌 Xinchang	诸暨 Zhuji
8	57	52	141	127	167
171	6991	3362	25657	29174	40604
7	22	43	37	13	39
7	20	23	20	8	29
7	22	30	14	4	31
3	6	13	2	0	17
1	9	17	31	36	39
1	11	16	28	11	24
6	82	178	164	89	294
–	–	–	–	–	–
65	561	1085	508	453	962
0	0	1	1	0	12
18361	27678	32633	35050	78354	42500
4	11	43	23	15	46
33466	40714	15701	29272	26128	54136

3-24 全市各镇(乡)基本情况(2011年)

Basic Statistics on Each Townships and Towns (2011)

镇(乡)名称	Town (Township)	村民委员会个数(个) Number of Villages' Committees (unit)	全镇(乡)总人口(人) Population (person)	#农村人口 Non-Agricultural Population	年末从业人员数(人) Rural Laborers (person)	年末耕地面积(亩) Cultivated Area ear-end (mu)	农林牧渔业机械总动力(千瓦) Total power of Agricultural Machinery (kw)
绍兴市区	**Urban District**						
东湖镇	Donghu	18	57223	54223	29268	19030	10167
灵芝镇	Lingzhi	35	62150	62150	29785	12675	14320
东浦镇	Dongpu	32	64531	48289	24887	17538	7216
鉴湖镇	Jianhu	11	29365	28983	17212	14291	14525
皋埠镇	Gaobu	36	56210	55280	32548	27870	18720
马山镇	Mashan	36	55849	55849	38156	17662	13059
斗门镇	Doumen	14	73718	73718	49226	6322	6769
绍兴县	**Shaoxing**						
齐贤镇	Qixian	7	36996	36496	18410	16845	12860
钱清镇	Qianqing	21	140317	65271	70395	19384	27248
孙端镇	Sunduan	16	38968	38318	23160	17342	15605
福全镇	Fuquan	22	52705	52022	29362	20410	50523
马鞍镇	Ma'an	12	57461	49961	52830	22171	41589
平水镇	Pingshui	28	49775	48715	33577	36342	26550
安昌镇	Anchang	11	60545	60310	38536	11600	10455
王坛镇	Wangtan	24	30232	28837	18121	27760	15418
兰亭镇	Lanting	20	41993	36494	29355	19987	19700
稽东镇	Jidong	24	31472	31140	18738	15453	13771
杨汛桥镇	Yangxunqiao	12	43603	42313	22792	7850	6901
漓渚镇	Lizhu	12	29697	29397	18375	8735	13785
富盛镇	Fusheng	14	25413	23213	13115	17655	40877
陶堰镇	Taoyan	11	23198	22995	14560	17957	12126
夏履镇	Xialv	11	24479	23569	11271	4580	14500
上虞市	**Shangyu**						
道墟镇	Daoxu	24	58720	49775	40069	27469	26709
长塘镇	Changtang	8	13425	13085	10275	11375	8470
上浦镇	Shangpu	13	26079	23440	16142	21312	32350
汤浦镇	Tangpu	8	15746	15746	8833	8205	24196
章镇镇	Zhangzhen	35	43390	43390	25790	52341	45880
下管镇	Xiaguan	10	12306	11438	8616	8811	4238
丰惠镇	Fenghui	27	50818	50818	37357	46246	46927
永和镇	Yonghe	8	16114	15120	9477	16382	38478

3-24 续表 1 Continued

镇(乡)名称	Town (Township)	蔬菜总产量(吨) Total Output of Vegetable (ton)	农村经济总收入(万元) Economic Income (10 000yuan)	#出售产品收入 Sales Revenue	农民人均所得(元) Per Capita Annual Net Income (yuan)	粮食总产量(万元) Gross Industrial Output Value of TownshipEnterprises (10 000yuan)	农林牧渔业总产值(现价) Gross Output ValueofFarming, Forestry,Animal Husbandry and Fishery
绍兴市区	**Urban District**						
东湖镇	Donghu	14882	310714	170338	11055	7857	20244
灵芝镇	Lingzhi	7248	574281	125000	13745	5217	6057
东浦镇	Dongpu	7580	986778	377446	13398	5266	7618
鉴湖镇	Jianhu	5428	217154	193660	13700	6834	18123
皋埠镇	Gaobu	18042	560766	254068	13450	16195	32472
马山镇	Mashan	15096	2606148	1652000	14351	10480	12636
斗门镇	Doumen	31256	4313177	4304639	14473	4847	9481
绍兴县	**Shaoxing**						
齐贤镇	Qixian	27331	121478	57696	16647	7740	14487
钱清镇	Qianqing	22205	9571800	9531200	20028	17421	16948
孙端镇	Sunduan	44506	429317	261030	13501	13708	32866
福全镇	Fuquan	7596	3055116	2678773	14505	12840	19103
马鞍镇	Ma'an	24548	9470653	5470650	15618	16508	22489
平水镇	Pingshui	56852	1864337	967487	12997	18362	51194
安昌镇	Anchang	34088	2529348	1726723	15578	10011	23056
王坛镇	Wangtan	29392	302881	143846	11953	11056	35926
兰亭镇	Lanting	16995	1554420	1344420	17128	15718	36622
稽东镇	Jidong	17958	209817	135965	11140	9408	30398
杨汛桥镇	Yangxunqiao	1444	2725710	2188445	16198	6141	9350
漓渚镇	Lizhu	715	869371	836368	18046	1223	31569
富盛镇	Fusheng	19709	336287	154231	10505	14126	21885
陶堰镇	Taoyan	22177	392615	333723	14628	13159	11922
夏履镇	Xialv	15848	915538	905212	12850	3431	10690
上虞市	**Shangyu**						
道墟镇	Daoxu	129917	3498151	1991110	19260	15503	42967
长塘镇	Changtang	8280	82287	23800	9918	7641	14941
上浦镇	Shangpu	5560	377080	368480	12843	13771	18938
汤浦镇	Tangpu	11538	91508	34458	18546	3141	6831
章镇镇	Zhangzhen	43638	60196	38580	8000	37875	59952
下管镇	Xiaguan	17290	33431	20186	7286	4790	13660
丰惠镇	Fenghui	52879	673033	519772	13693	40338	60182
永和镇	Yonghe	14736	36234	32026	10428	13453	14419

3-24 续表 2 Continued

镇(乡)名称	Town (Township)	村民委员会个数(个) Number of Villages' Committees (unit)	全镇(乡)总人口(人) Population (person)	#农村人口 Non-Agricultural Population	年末实有劳动力(人) Rural Laborers (person)	年末耕地面积(亩) Cultivated Area ear-end (mu)	农林牧渔业机械总动力(千瓦) Total power of Agricultural Machinery (kw)
梁湖镇	Lianghu	14	29093	29093	15997	16092	20371
驿亭镇	Yiting	16	21694	21694	12390	17656	15000
小越镇	Xiaoyue	21	37107	37107	18469	20900	19877
谢塘镇	Xietang	14	27180	25648	16259	21997	21474
盖北镇	Gaibei	10	39879	35623	17499	15768	21634
崧厦镇	Songxia	38	108908	108908	81555	76728	44732
沥海镇	Lihai	22	58893	58310	37989	46332	32501
岭南乡	Lingnan	13	10742	10730	7480	9159	4461
陈溪乡	Chenxi	10	8991	8991	5970	5100	3480
丁宅乡	Dingzhai	9	10441	10441	5933	9951	23995
嵊州市	**Shengzhou**						
甘霖镇	Ganlin	71	76201	70339	51775	71090	48312
长乐镇	Changle	47	73503	63631	50513	55992	36296
黄泽镇	Huangze	25	46842	46812	26787	35252	23851
三界镇	Sanjie	38	49714	49684	37000	55411	43550
崇仁镇	Chongren	63	77666	73127	46370	61656	45407
石璜镇	Shihuang	17	21975	21945	15918	25933	18182
仙岩镇	Xianyan	18	10442	10420	6956	12023	7200
谷来镇	Gulai	20	24668	24638	16698	12069	15727
金庭镇	Jinting	9	20407	20377	14510	16201	13740
北漳镇	Beizhang	13	17735	17705	12470	12550	5230
下王镇	Xiawang	19	13359	13329	7884	11873	8669
雅璜乡	Yahuang	4	3800	2953	2270	2860	4712
竹溪乡	Zhuxi	3	3565	3535	2369	2393	4300
通源乡	Tongyuan	6	5843	5843	3441	3264	10346
里南乡	Linan	14	9751	9721	7412	8477	7404
贵门乡	Guimen	10	8661	8631	5735	14475	13500
王院乡	Wanyuan	4	5598	5568	3646	3626	5621
新昌县	**Xinchang**						
澄潭镇	Chengtan	28	19063	18367	13275	12091	14844
梅渚镇	Meizhu	26	14763	14523	10841	12248	7415
镜岭镇	Jingling	35	23421	23219	15365	17132	14541
回山镇	Huishan	26	16721	15983	11037	14771	12591
儒岙镇	Ru'ao	40	34740	34605	23427	23760	13259

3-24 续表 3 Continued

镇(乡)名称	Town (Township)	蔬菜总产量(吨) Total Output of Vegetable (ton)	农村经济总收入(万元) Economic Income (10 000yuan)	#出售产品收入 Sales Revenue	农民人均所得(元) Per Capita Annual Net Income (yuan)	粮食总产量(万元) Gross Industrial Output Value of Township Enterprises (10 000yuan)	农林牧渔业总产值(现价) Gross Output ValueofFarming, Forestry,Animal Husbandry and Fishery
梁湖镇	Lianghu	22244	49239	26351	12301	11460	35429
驿亭镇	Yiting	2601	210857	204872	14127	10774	18130
小越镇	Xiaoyue	21250	141796	14928	12585	14452	21448
谢塘镇	Xietang	69981	134891	94423	15829	15811	29430
盖北镇	Gaibei	78477	298503	37937	15276	2005	22263
崧厦镇	Songxia	75418	1986575	1764079	18311	31264	55462
沥海镇	Lihai	67606	1973929	493182	13620	16496	36994
岭南乡	Lingnan	5338	53068	1350	9500	5806	11796
陈溪乡	Chenxi	8558	27178	23367	7351	3798	16501
丁宅乡	Dingzhai	1231	46285	44062	10449	6697	14284
嵊州市	**Shengzhou**						
甘霖镇	Ganlin	4239	1546145	1207591	14149	24231	66266
长乐镇	Changle	40106	1231253	1170285	14641	21958	53484
黄泽镇	Huangze	44597	463656	292103	11315	10177	31978
三界镇	Sanjie	50400	544676	472650	12366	34011	48800
崇仁镇	Chongren	54100	649994	440540	12326	22159	69879
石璜镇	Shihuang	33653	332167	186013	12201	5433	34628
仙岩镇	Xianyan	12300	269342	251062	10865	3859	11823
谷来镇	Gulai	3910	60609	49380	8377	3625	17227
金庭镇	Jinting	9600	77769	72504	9495	2503	15203
北漳镇	Beizhang	1980	81210	68000	8247	2911	12118
下王镇	Xiawang	11040	36629	25000	9155	5675	14146
雅璜乡	Yahuang	820	8639	4419	10020	1306	6190
竹溪乡	Zhuxi	1900	34710	25000	8385	1069	4466
通源乡	Tongyuan	1288	9530	6840	7798	876	12401
里南乡	Linan	10576	71685	63400	8496	2822	14364
贵门乡	Guimen	7524	11359	5931	7843	1994	11744
王院乡	Wanyuan	2860	8375	5346	8968	1824	5255
新昌县	**Xinchang**						
澄潭镇	Chengtan	8758	285789	249500	10009	5246	15067
梅渚镇	Meizhu	8642	437832	392600	10208	4648	12520
镜岭镇	Jingling	15310	161155	151952	9420	6203	16768
回山镇	Huishan	22969	32411	22930	8978	3398	15161
儒岙镇	Ru'ao	21975	423146	405508	10455	8302	27443

3-24 续表 4 Continued

镇(乡)名称	Town (Township)	村民委员会个数(个) Number of Villages' Committees (unit)	全镇(乡)总人口(人) Population (person)	#农村人口 Non-Agricultural Population	年末实有劳动力(人) Rural Laborers (person)	年末耕地面积(亩) Cultivated Area ear-end (mu)	农林牧渔业机械总动力(千瓦) Total power of Agricultural Machinery (kw)
大市聚镇	Dashiju	30	27426	26267	18330	20486	13083
小将镇	Xiaojiang	24	13685	13385	9471	14440	5033
沙溪镇	Shaxi	17	10503	10418	7238	15043	6326
城南乡	Chennan	19	16931	15974	9896	14123	14555
东茗乡	Dongming	15	10789	10554	7154	11500	6805
双彩乡	Shuangcai	19	11231	10834	7118	11121	7168
新林乡	Xinlin	22	9799	9423	5880	10636	6806
巧英乡	Qiaoying	15	9132	9032	6358	9624	3927
诸暨市	**Zhuji**						
大唐镇	Datang	10	48723	32572	41906	14540	42514
应店街镇	Yingdian	27	47201	47201	30303	22732	36627
次坞镇	Ciwu	22	39251	39251	35967	24843	104678
店口镇	Diankou	17	126479	63973	98644	37620	50824
阮市镇	Ruanshi	17	36474	36474	23603	35021	18920
直埠镇	Zhibu	11	26624	26624	17807	30436	29853
江藻镇	Jiangzao	13	25575	25575	17840	26899	33677
山下湖镇	Shanxiahu	11	31374	31374	19503	28916	38876
枫桥镇	Fengqiao	28	72636	72636	47067	43614	100559
赵家镇	Zhaojia	13	31729	31329	18802	19731	25867
东和乡	Donghe	15	17607	17607	12747	19201	7276
马剑镇	Majian	15	14079	14079	11658	14009	9883
五泄镇	Wuxie	8	15730	15730	9959	7456	22375
草塔镇	Caota	18	44259	44259	25754	23287	56201
王家井镇	Wangjiajing	23	34362	29844	19028	31708	39723
牌头镇	Paitou	27	49345	49345	39354	32038	33001
同山镇	Tongshan	16	16210	16210	13770	11471	11111
安华镇	Anhua	20	38197	34012	24503	23106	41032
街亭镇	Jieting	15	19290	19290	11883	19890	17321
璜山镇	Huangshan	20	41053	37581	22375	26762	14302
陈宅镇	Chenzhai	11	19206	18692	10892	13607	815
岭北镇	Lingbei	8	13006	13006	8002	5054	4110
里浦镇	Lipu	13	21286	21286	12124	13341	13500
东白湖镇	Dongbaihu	20	33021	33021	21022	18968	12172

3-24 续 表 5 Continued

镇(乡)名称	Town (Township)	蔬菜总产量(吨) TotalOutput of Vegetable (ton)	农村经济总收入(万元) Economic Income (10 000yuan)	#出售产品收入 Sales Revenue	农民人均所得(元) Per Capita Annual Net Income (yuan)	粮食总产量(万元) Gross Industrial Output Value of TownshipEnterprises (10 000yuan)	农林牧渔业总产值(现价) Gross Output ValueofFarming, Forestry,Animal Husbandry and Fishery
大市聚镇	Dashiju	11771	488582	470207	10318	9636	23262
小将镇	Xiaojiang	5830	328318	303013	9258	4272	18887
沙溪镇	Shaxi	8938	214332	199934	9427	3593	11231
城南乡	Chennan	12466	38716	32250	8326	4692	14877
东茗乡	Dongming	7912	46512	35235	9385	3505	18614
双彩乡	Shuangcai	7613	35351	33022	7870	3101	9338
新林乡	Xinlin	2630	99746	94606	8713	4504	8326
巧英乡	Qiaoying	5333	120013	111513	8787	3158	13295
诸暨市	**Zhuji**						
大唐镇	Datang	10778	2686809	1207645	28118	11202	17237
应店街镇	Yingdian	12715	800745	770661	15927	15961	22882
次坞镇	Ciwu	22665	1310310	1087742	18546	13584	24474
店口镇	Diankou	27865	7166833	6779447	30018	24168	47739
阮市镇	Ruanshi	19970	1005981	965382	23698	22133	25047
直埠镇	Zhibu	27728	222728	179982	15116	19067	22644
江藻镇	Jiangzao	32010	362735	140000	11729	16083	28308
山下湖镇	Shanxiahu	11567	2948401	1129850	27871	16110	36005
枫桥镇	Fengqiao	38142	1987951	1848794	17481	22692	41650
赵家镇	Zhaojia	4043	100469	76938	8795	9514	26979
东和乡	Donghe	5144	21635	15686	8424	7183	16348
马剑镇	Majian	14102	94384	90072	8430	9059	13401
五泄镇	Wuxie	9573	246996	189780	15643	4158	7574
草塔镇	Caota	27148	1580268	1333816	22959	14528	24901
王家井镇	Wangjiajing	17200	53282	32181	15576	22323	24618
牌头镇	Paitou	56027	1668822	1558158	18533	23690	40614
同山镇	Tongshan	36325	107039	69575	8122	7719	21465
安华镇	Anhua	9856	200831	145460	17368	16170	29788
街亭镇	Jieting	19608	48467	27466	11435	11117	19769
璜山镇	Huangshan	26094	2402962	2210779	20617	15374	20668
陈宅镇	Chenzhai	3265	105611	79208	10323	8679	24118
岭北镇	Lingbei	3476	23840	18210	8117	2833	6589
里浦镇	Lipu	6440	97322	86000	10422	8221	10744
东白湖镇	Dongbaihu	10682	182961	144896	10050	9136	24542

主 要 统 计 指 标 解 释

农林牧渔业总产值 是指以货币表现的农、林、牧、渔业全部产品总量，它用价值量形式综合反映一定时期农林牧渔业生产的总规模和总成果。

农、林、牧、渔业的统计范围是：

(1)农业 包括农作物种植业和其他农业。

农作物种植业 包括谷物、豆类、薯类、棉花、油料、糖料、麻类、烟叶、蔬菜、药材、瓜类和其他农作物的种植以及茶园、桑园、果园的生产经营。

其他农业 包括采集野生植物的果实、纤维、树胶、树脂、油料以及柴草、野生药材、菌类等。

(2)林业 包括林木的栽培(不包括茶园、桑园和果园的栽培、管理和收获等活动)、林产品的采集和村及村以下合作经济组织和农户的竹木采伐。

(3)牧业 包括除渔业养殖以外的一切动物饲养和放牧以及野生动物的捕猎和饲养。

(4)渔业 包括水生动物和海类植物的养殖和捕捞。

粮食产量 指全社会的粮食产量。包括国有经济经营的、集体统一经营的和农民家庭经营的粮食产量，还包括工矿企业家属办的农场和其他生产单位的产量。粮食除包括稻谷、小麦、玉米、高粱、谷子及其杂粮外，还包括薯类和大豆。

油料产量 指全部油料作物的生产量。包括花生、油菜籽、芝麻、向日葵籽、胡麻籽(亚麻籽)和其他油料。不包括大豆，也不包括木本油料和野生油料。花生以带壳干花生计算。

水产品产量 指人工养殖的水产品和天然生长的水产品捕捞量，包括海水的鱼类、虾蟹类、贝类和藻类以及内陆水域的鱼类、虾蟹类和贝类，不包括淡水生植物。

猪、牛、羊肉产量 指当年出栏并已屠宰后除去头蹄下水后带骨肉的重量（即胴体重）。

耕地面积 指可以用来种植农作物、经常进行耕锄的田地，除包括熟地、当年新开荒地、连续撂荒未满三年的耕地和当年的休闲地(轮歇地)外，还包括以种植农作物为主并附带种植桑树、茶树、果树和其他林木的土地，以及沿海、沿湖地区已围垦利用的“海涂”、“湖田”等面积。但不包括属于专业性的桑园、茶园、果园、果木苗圃、林地、芦苇地、天然或人工草地面积。

农作物播种面积 指实际播种或移植有农作物的面积。凡是实际种植有农作物的面积，不论种植在耕地上还是种植在非耕地上，均包括在农作物播种面积中，同时还包括因遭灾而重新改种和补种的农作物面积，种一公顷算一公顷。

Explanatory Notes on Main Statistical Indicators

Gross Output Value of Farming, Forestry, Animal Husbandry and Fishery refers to the total volume of products of farming, forestry, animal husbandry and fishery in value terms, which reflects the total scale and total result of agricultural production during a given period of time.

The statistical scopes for farming, forestry, animal husbandry and fishery are:

(1) **Farming** include crop cultivation and other farming crop cultivation, include planting of grain, beans, tubers, cotton, oil-bearing crops, sugar crops, fiber crops, tobacco, vegetables, medicinal materials, melons and others, as well as tea, mulberry and fruit plantation.

Other farming include gathering of wild plant fruits, fiber, gum, oil, firewood, wild medicinal materials, fungi and commodity industry run by rural household.

(2) **Forestry** includes planting of trees (not including planting, management & harvest of tea, mulberry and fruit plantation), collection of forest products, cutting and felling of bamboo and trees by villages and other cooperative organizations under villages.

(3) **Animal Husbandry** include raising and grazing of any kind of animal and hunting and raising of wild animal, excluding fish breeding.

(4) **Fishery** includes cultivation and catches of aquatic animals and seaweed.

Grain Yield refers to the yield in the whole country including grains produced by state farms, collective units, industrial enterprises and mines. Grain includes rice, wheat, corn, sorghum, millet and other miscellaneous grains as well as tubers and beans.

Yield of Oil-bearing Crops refers to the total yield of oil-bearing crops of various kinds, including peanuts, (dry, in shell) rapeseeds, sesame, sunflower seeds, flax seeds, and other oil-bearing crops. Soybeans, oil-bearing woody plants, and wild oil-bearing crops are not included.

Output of Aquatic Products refers to catches of both artificially cultured and naturally grown aquatic products, including fish, shrimps, crabs and shellfish in sea and inland water as well as seaweed. Freshwater plants are not included.

Output of Pork, Beef, and Mutton refers to the meat of slaughtered hogs, cattle, sheep and goats with head, feet, and offal taken away.

Cultivated Area refers to farmland which is plowed constantly for growing crops, including cultivated land, newly cultivated land in the current year, farmland left without cultivation for less than three years and fallow land in the current year, rotation land, rotation land of grass and crops, farmland with some fruit trees, mulberry trees and other trees and cultivated seashore land, lake land, and etc. The land of mulberry fields, tea plantations, orchards, nurseries of young plants, forestland, reed land, natural and man-made grassland and other land are not included in cultivated land. Ditches, roads and ridges between cultivated fields that are less than 1 meter in width in the south or less than 2 meters in width in the north are included in the cultivated land.

Sown Area of Crops refers to area of land sown or transplanted with crops regardless of being in cultivated area or non-cultivated area. Area of land re-sown due to natural disasters is also included.

四

工　业

CHAPTER 4 INDUSTRY

主要统计指标
Main Statistical Indicators

年主营业务收入 2000 万元及以上工业企业：

Industrial Enterprises with an Annual Sales Income above 5 Million Yuan

2011 年工业总产值	Gross Industrial Output Value	7932.68	亿元 (10^8yuan)
比上年增长	Increase over Previous Year000000	16.7	%
2011 年实现利税	Pre-tax Profits	688.86	亿元(10^8 yuan)
比上年增长	Increase over Previous Year	17.0	%
2011 年布产量	Output of Cloth	513102.25	万米(10^4 meters)
比上年增长	Increase over Previous Year	8.5	%
2011 年服装产量	Output of Costumes	54112.08	万件(10^4 pieces)
比上年增长	Increase over Previous Year	-0.4	%
2011 年化学纤维产量	Output of Chemical fiber	392.45	万吨(10^4ton)
比上年增长	Increase over Previous Year	17.7	%
2011 年黄酒产量	Output of Millet Wine	341896.32	千升(10^3 Litre)
比上年增长	Increase over Previous Year	13.8	%

年主营业务收入 2000 万元以下工业企业：

Enterprises with an Annual Sales Income below 5 Million Yuan

2011 年工业总产值	Gross Industrial Output Value	2502.20	亿元(10^8 yuan)

工 业 增 加 值

Value-added of Industry

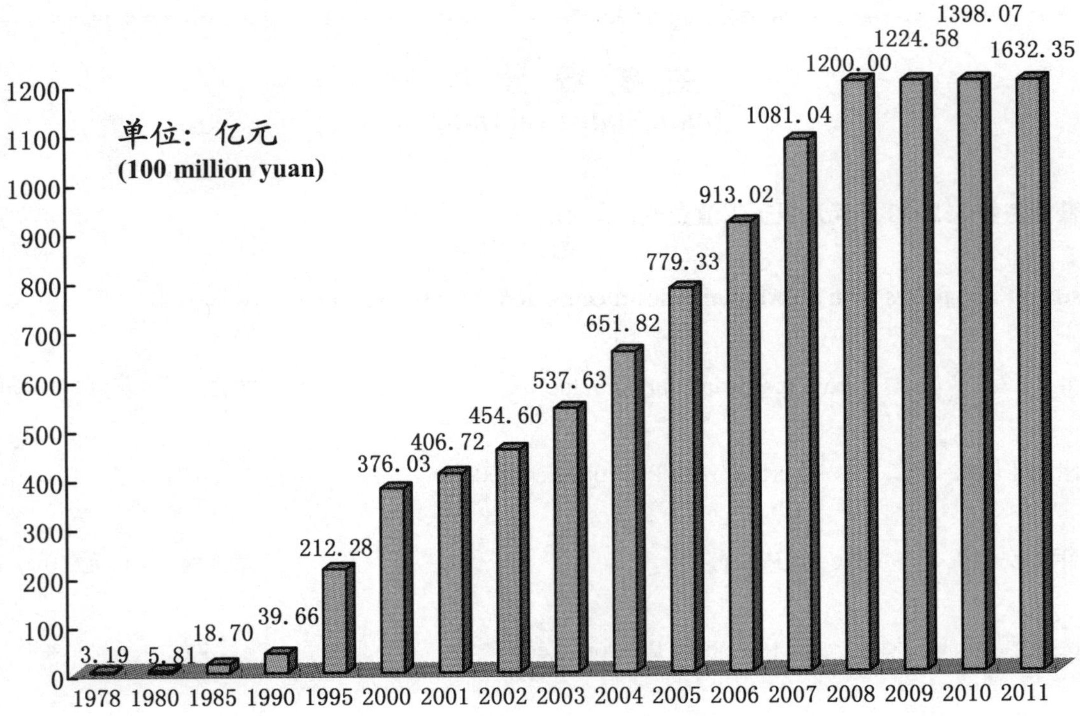

国有和规模以上工业企业分所有制构成

Composition of All State-owned and Non-state-owned above Designated Size Industrial Enterprises

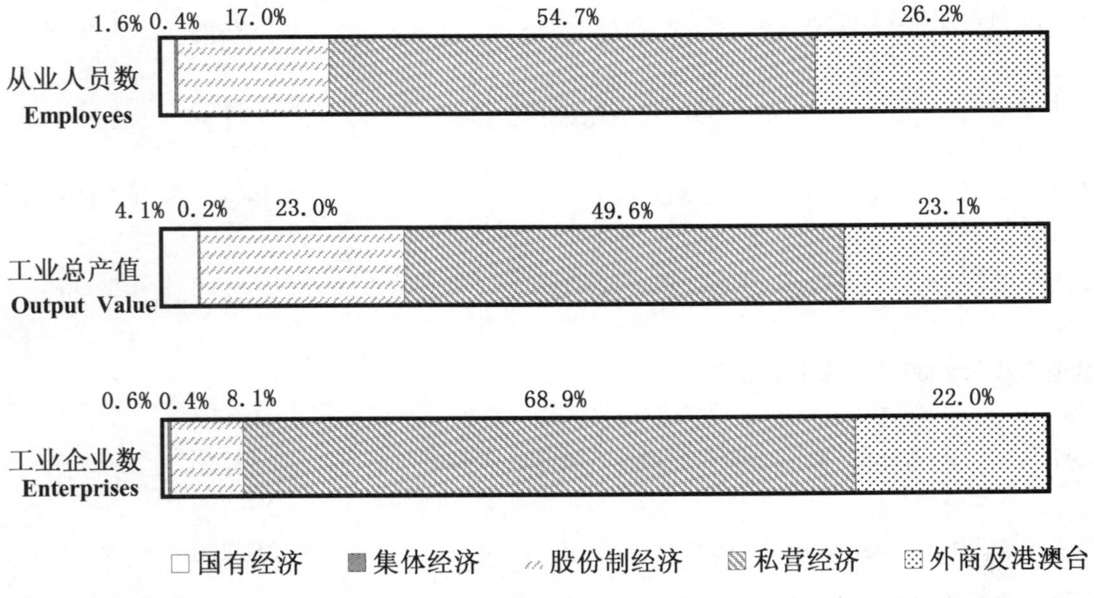

4-1 各县(市)全部工业企业主要经济指标 (2011 年)

Main Economic Indicators of All Industrial Enterprises (2011)

地 区	Region	全部工业单位数(个) Number of Enterprises and Individuals (unit)	#工 业企业数 Number of Enterprises	#国有及国有控股企业 State-owned and State-holding Enterprises	全部工业总产值(万元) Gross Industrial Output Value (10 000 yuan)	#国有及国有控股企业 State-owned and State-holding Enterprises
全 市	**Whole Municipality**	**129653**	**20609**	**46**	**104348832**	**4446825**
市 区	Urban District	2760	2308	24	12130599	2704116
绍 兴	Shaoxing	15021	5306	5	34636737	172285
上 虞	Shangyu	13444	4519	4	15878214	424909
嵊 州	Shengzhou	24306	3177	6	8560124	715772
新 昌	Xinchang	23513	1577	4	6267444	304758
诸 暨	Zhuji	49552	4586	3	26868730	124985

4-2 各县(市)规模以下工业企业主要经济指标 (2011 年)

Main Indicators of Industrial Enterprises below Designated Size (2011)

地 区	Region	规模以下工业单位个数(个) Number of Enterprises and Individuals (unit)	小型工业 Small Industrial Enterprises	个体工业 Self-Employed Individuals	规模以下工业总产值(万元) Gross Industrial Output Value (10 000 yuan)	小型工业 Small Industrial Enterprises	个体工业 Self-Employed Individuals
全 市	**Whole Municipality**	**126226**	**17182**	**109044**	**25022000**	**9966898**	**15055102**
市 区	Urban District	2256	1804	452	855510	837746	17765
绍 兴	Shaoxing	13909	4194	9715	5205718	2229261	2976457
上 虞	Shangyu	12924	3999	8925	3879042	2170914	1708128
嵊 州	Shengzhou	24001	2872	21129	4771654	1250884	3520770
新 昌	Xinchang	23316	1380	21936	1878943	637275	1241668
诸 暨	Zhuji	48763	3797	44966	8424149	2774730	5649419

注：规模以下工业企业指年主营业务收入 500 万元以下工业企业。

Note: industrial enterprises below designated size refer to industrial enterprises with an annual sales income below 5 million yuan.

4-3　历年规模以上工业企业主要指标

单位：万元

年　份 Year	全　市 Whole Municipality	市　区 Urban District	绍　兴 Shaoxing	上　虞 Shangyu	嵊　州 Shengzhou	新　昌 Xinchang	诸　暨 Zhuji
企业单位数(个) Number of Enterprises (unit)							
2000	1776	322	445	293	216	100	400
2001	1975	351	551	322	234	99	418
2002	2125	418	553	372	234	137	411
2003	2448	486	597	484	253	162	466
2004	3877	683	1055	710	376	271	782
2005	3676	711	866	698	425	224	752
2006	4032	725	1074	705	477	219	832
2007	4428	784	1118	732	612	246	936
2008	5213	832	1396	884	703	319	1079
2009	5266	787	1438	882	674	330	1155
2010	5545	777	1498	900	765	335	1270
2011	3427	504	1112	520	305	197	789
工业总产值 Gross Industrial Output Value							
2000	10451307	1599471	3538483	2297214	626617	657940	1731582
2001	12019285	1616156	4487689	2552035	644698	733124	1985584
2002	14714046	2120701	5765052	2679015	627240	958012	2564027
2003	18953957	3194921	7167382	3067101	778999	1248039	3497515
2004	25774503	4947249	9595972	3637539	1165685	1511246	4916811
2005	32150738	5928778	11592806	4696333	1495497	1888676	6548648
2006	39108689	7298954	13846380	5588093	1852968	2255178	8267115
2007	48690061	8764222	17566837	6777867	2462829	2558396	10559911
2008	53901974	9002439	19478296	7529603	2804516	2867900	12219221
2009	55189053	8225619	20461657	7758145	2888509	2910094	12945029
2010	67973914	9675474	24146733	10268524	3764761	3844256	16274166
2011	79326832	11275089	29431019	11999172	3788470	4388501	18444581
主营业务收入 Main Business Income							
2000	9968523	1529076	3416932	2158299	600168	580839	1683211
2001	11545999	1554063	4367528	2424675	628551	674043	1897138
2002	14211004	2047046	5592724	2553028	621690	895517	2500999
2003	18490024	3084394	6972126	2966475	786900	1199063	3481066
2004	24978860	4918083	9279111	3448171	1125319	1418215	4789961
2005	31481179	5949575	11259205	4491407	1478607	1852517	6449868
2006	38278416	7333700	13522091	5354236	1813349	2129591	8125449
2007	47961175	8854176	17200329	6548797	2411324	2493403	10453146
2008	52968220	9135741	19037029	7175787	2708470	2830787	12080407
2009	54387246	8344538	19965888	7529055	2766050	2901784	12879931
2010	66938501	9817692	23792522	9780382	3635961	3800954	16110989
2011	77803109	11410053	28905041	11348285	3568548	4350501	18220682
利税总额 Total Pre-tax Profits							
2000	1044398	143767	298170	265253	57918	75726	203564
2001	1215380	133366	408358	307217	52204	89245	224989
2002	1467281	176754	493998	322919	57626	121359	294625
2003	1875905	308516	585685	370520	69394	143319	398471
2004	2204176	311928	752884	374454	85190	159989	519731
2005	2556911	398864	725860	511978	117389	183291	619528
2006	2952497	484291	800752	582239	136547	206889	741780
2007	3846356	653271	1141657	689286	166888	248784	946471
2008	4089133	587308	1101981	736582	163412	448461	1051390
2009	4465295	547926	1275502	790958	178645	526620	1145644
2010	5888665	748940	1747924	1116834	217520	609115	1448332
2011	6888602	838576	2149261	1321384	233376	690846	1655159

注：①本表各栏指标统计口径为规模以上工业企业(以下有关各表同)。规模以上工业统计口径：2005 年及 2005 年以前为国有和年产品销售收入 500 万元以上非国有法人工业企业，2006 年以后为年主营业务收入 500 万元及以上法人工业企业。

②本表 2004 年、2008 年、2009 年、2010 年、2011 年数据已包括绍兴电力局数据。

Main Indicators on aboveDesignated Size Industrial Enterprises over the Years

(10 000 yuan)

年 份 Year	全 市 Whole Municipality	市 区 Urban District	绍 兴 Shaoxing	上 虞 Shangyu	嵊 州 Shengzhou	新 昌 Xinchang	诸 暨 Zhuji
利润总额 Total Profits							
2000	604164	66321	179558	155187	30510	45564	127025
2001	753826	62932	257057	197083	28666	60182	147907
2002	945465	93225	321535	214186	32045	85318	199157
2003	1172042	139579	375505	243630	39071	92217	282040
2004	1339749	188636	404789	250219	48811	86036	361260
2005	1614950	234342	409724	346149	65589	93135	466012
2006	1878509	284225	451366	393439	70393	112625	566461
2007	2507812	421822	673165	454558	93211	141098	723958
2008	2642189	374461	593084	479088	79581	310406	805569
2009	2984838	328125	763493	540772	95974	379931	876543
2010	4052658	483798	1103390	805664	112341	435182	1112284
2011	4807592	558935	1355003	955856	134707	511878	1291212
资产总计 Total Assets							
2000	9057313	2289813	3130050	1259348	485215	635091	1257796
2001	10016442	2373744	3577387	1412407	465506	755116	1432282
2002	12652138	2896666	4760458	1709879	571610	979337	1734189
2003	17945772	4040066	6842705	2381673	766909	1377468	2536951
2004	23714153	4758579	9058702	3245079	1121584	1645512	3884697
2005	29545157	5673404	11641949	4041050	1370195	2104901	4713659
2006	34299117	6445561	12976985	4975287	1682554	2492479	5726252
2007	42149009	7266105	16059874	6266631	2226845	2762433	7567123
2008	49186838	8153319	18633613	7676824	2649001	2938096	9135987
2009	54212680	8597845	19613389	8801536	2783831	3337601	11078478
2010	63285559	10040853	21212395	10454965	3342965	4220674	14013706
2011	68369718	10474581	23918923	11510887	3284818	5002726	14177783
负债合计 Liabili-ties							
1998	2360275	123523	1537671	107844	250286	235407	105544
1999	4780195	881614	2164764	368072	573854	550461	241429
2000	5295519	1522147	1822629	381671	672561	596530	299982
2001	5697106	1555292	2026190	444546	726394	665840	278845
2002	7175311	1844534	2789563	584218	803738	797945	355312
2003	10520444	2615076	4090103	1241126	479285	855152	1239703
2004	14016009	2561736	5874504	1774794	704885	1022973	2077117
2005	17800833	3683484	7597770	2109400	804686	1298757	2306737
2006	20848315	4142171	8480754	2666212	1042806	1505065	3011307
2007	25794706	4563996	10716533	3442187	1411061	1721800	3939129
2008	30178354	5170756	12589693	4283801	1710904	1625456	4797744
2009	33215150	5498919	13632363	4989475	1783259	1686516	5624619
2010	38168303	6289919	14654043	5626094	2192332	2016997	7388918
2011	41262985	6591280	16271991	6160518	2232063	2355549	7651585
全部职工年均人数(人) Average Employees (person)							
1997	458530	77460	175793	64357	44379	29849	66692
1998	442618	74074	170169	60471	42336	30742	64826
1999	429423	67949	161992	60760	41738	30402	66582
2000	446636	91956	131303	66595	43806	30418	82558
2001	467085	87203	145758	68052	42439	32087	91546
2002	487526	95910	153547	69335	36602	38267	93865
2003	549633	109568	174817	79066	38342	43517	104323
2004	676692	123557	223969	93787	47768	54338	133273
2005	709684	135288	225785	102021	49631	53673	143286
2006	766076	145273	240691	111069	57878	54790	156375
2007	840419	150286	265820	126365	69043	61817	167088
2008	864796	145655	271677	136781	73648	64976	172059
2009	847517	140820	262601	133751	72750	62900	174695
2010	888903	139972	276345	143430	80865	65741	182550
2011	810375	125963	269945	128380	65241	56117	164729

Note: a)the statistics of main indicators in this table refer to above designated size industrial enterprises(The relative tables in the chapter are the same). b)In this chart, the figure of year 2004、2008、2009、2010、2011 includes the data from Shaoxing Power Bureau.

4-4 规模以上工业企业主要经济效益指标 (2011 年)

指　　标		Item		全　市 Whole Municipality
产 销 率	(%)	Proportion of Products Sold	(%)	97.41
资产负债率	(%)	Assets Liability Ratio	(%)	60.35
成本费用利润率	(%)	Rate Between Profit and Cost	(%)	6.54
每百元固定资产原值实现利税	(元)	Pre-tax Profits per 100 Yuan Original Value of Fixed Assets	(yuan)	26.90
每百元销售收入实现利税	(元)	Pre-tax Profits per 100 Yuan Sales Revenue	(yuan)	8.77
流动比率	(%)	Current Ratio	(%)	1.17
速动比率	(%)	Quick Ratio	(%)	0.46
企业亏损面	(%)	Ratio of Number of Deficit Enterprises to Total Enterprises Number	(%)	8.35
亏 损 率	(%)	Ratio of Total Loss to Total Profit	(%)	2.05
出口交货值占工业销售产值比重	(%)	Export Delivery Value Proportion in Industry Sale Output Value	(%)	17.27
利润总额占利税比重	(%)	Total Profit Proportion in Profit Payments and Tax Turnover	(%)	69.79
存货周转次数	(次)	Number of Times of Turnover of Inventory	(time)	7.63

Main Indicators on Economic Benefit of above Designated Size Industrial Enterprises (2011)

市 区 Urban District	绍 兴 Shaoxing	上 虞 Shangyu	嵊 州 Shengzhou	新 昌 Xinchang	诸 暨 Zhuji
96.50	98.33	95.28	95.94	98.64	97.88
62.93	68.03	53.52	67.95	47.09	53.97
5.12	4.90	9.05	3.85	13.52	7.57
14.80	21.75	37.79	21.17	56.12	39.12
7.35	7.39	11.50	6.40	15.77	9.01
1.15	1.01	1.34	0.97	1.62	1.28
0.85	0.33	0.71	0.45	1.04	0.69
12.90	5.58	13.27	18.36	8.12	2.28
4.34	2.73	2.01	7.15	0.47	0.36
19.14	10.95	17.87	32.53	28.31	20.15
66.65	63.05	72.34	57.72	74.09	78.01
6.86	9.57	6.05	6.92	6.29	7.32

4–5 规模以上工业企业主要工业产品生产总量(2011 年)

指 标		Item		全 市 Whole Municipality
铁矿石原矿量	（吨）	Iron Ore	（ton）	1057417
铜金属含量	（吨）	Copper Content in Copper Concentrate	（ton）	1673.44
锌金属含量	（吨）	Zinc Content in Zinc Concentrate	（ton）	7729.51
硫铁矿石（折含 S35%）	（吨）	Sulfur Iron Ore (Equivalent to S35%)	（ton）	54780.48
小麦粉	（吨）	Wheat Powder	（ton）	42211
大米	（吨）	Rice	（ton）	51322
饲料	（吨）	Forage	（ton）	681725.47
罐头	（吨）	Canned Food	（ton）	29154
酱油	（吨）	Soy Sauce	（ton）	26149
饮料酒	（千升）	Alcoholic Beverages	（1000units）	380681.99
# 白酒（折 65 度）	（千升）	Liquor	（1000units）	14354.03
黄酒	（千升）	Millet Wine	（1000units）	341896.32
软饮料	（吨）	Soft Drinks	（ton）	228744.90
精制茶	（吨）	Tea	（ton）	182127.59
纱	（吨）	Yarn	（ton）	300108.77
布	（万米）	Cloth	（10 000 m）	513102.25
# 棉布	（万米）	Cotton Cloth	（10 000 m）	106345.85
棉混纺布	（万米）	Blended Colth	（10 000 m）	110669.04
化学纤维布	（万米）	Pure Chemical-fiber Colth	（10 000 m）	296087.36
印染布	（万米）	Printed Fabric	（10 000 m）	2134178.28
绒线（毛线）	（吨）	Knitting Wool	（ton）	779
毛机织物（呢绒）	（万米）	Woolen Piece Goods	（10 000 m）	1786.79
亚麻布	（万米）	Linen Cloth	（10 000 m）	763.72
生丝	（吨）	Raw Silk	（ton）	1308.09
领带	(万条)	tie	（1 0000 units）	15989.16
无纺布(无纺织物)	(吨)	Non-woven	（ton）	67991
袜子	(万双)	socks	（10 000 m）	483569.48
服装	（万件）	Costumes	（1 0000 units）	54112.08

Output of Main Industrial Products of above Designated Size Industrial Enterprises (2011)

市区 Urban District	绍兴 Shaoxing	上虞 Shangyu	嵊州 Shengzhou	新昌 Xinchang	诸暨 Zhuji
1057417	–	–	–	–	–
1673.44	–	–	–	–	–
2322.51	–	–	–	–	5407.00
54780.48	–	–	–	–	–
–	–	42211	–	–	–
–	34912	8537	7873	–	–
–	604022.00	3540.00	–	–	74163.47
–	–	–	–	29154	–
–	26149	–	–	–	–
126768.86	204923.13	40364.00	1324.00	–	7302.00
4783.00	8109.03	1462.00	0.00	–	–
97716.00	196652.32	38902.00	1324.00	–	7302.00
228744.90	–	–	–	–	–
–	75283.96	18530.67	82899.33	3900.00	1513.63
76191.00	57857.96	97923.00	8506.83	12085.00	47544.98
59415.25	301360.35	1398.64	12795.65	5302.80	132829.56
15053.66	24874.77	–	8378.84	5223.80	52814.78
9667.04	68857.83	1154.84	2249.29	–	28740.04
34694.55	207627.75	243.80	2167.52	79.00	51274.74
167612.02	1896255.50	45434.81	5459.95	–	19416.00
779	–	–	–	–	–
174.19	1108.60	–	–	–	504.00
–	459.10	–	304.62	–	–
–	–	–	737.21	570.88	–
–	–	–	15698.51	290.65	–
7606	56541	–	1497	1334	1013
1477.00	0.00	18307.00	1255.40	102.00	462428.08
10445.05	10218.19	3212.44	8974.12	1372.33	19889.95

4-5 续表 1

指　　标		Item		全　市 Whole Municipality
# 针织服装	（万件）	Knitting Costumes	（10 000 units）	22980.07
# 梭织服装	（万件）	Shuttle Woven Costumes	（10 000 units）	31132.01
# 羽绒服	（万件）	Eiderdown Costumes	（10 000 units）	550.21
西服套装	（万件）	Western-style Clothes	（10 000 units）	2087.92
衬衫	（万件）	Shirt	（10 000 units）	8583.09
轻革	（平方米）	Light Leather	（square meter）	1215445.74
实木木地板	（平方米）	Wooden Board	（square meter）	1691390
复合木地板	（平方米）	engineered hardwood	（square meter）	426000
家具	（件）	Furniture	（unit）	5464231
# 木质家具	（件）	Wooden Furniture	（unit）	2561961
金属家具	（件）	Metal Furniture	（unit）	438963
软体家具(含床垫、沙发)	（件）	Soft Furniture （include Mattress and Settee）	（unit）	2382040
机制纸及纸板	（吨）	Machine-made Paper and Paperboard	（ton）	570256.41
箱纸板	（吨）	Box carton	（ton）	156416
纸制品	（吨）	Paper Products	（ton）	850933.18
# 瓦楞纸箱（吨）	（吨）	Cardboard box	（ton）	717906.11
硫酸（折１００％）	（吨）	sulfuric Acid	（ton）	42149
合成氨	（吨）	Synthetic Ammonia	（ton）	91911
农用氮磷钾化肥(折纯)	（吨）	Chemical Fertilizer	（ton）	36318
# 氮肥(折含 N100%)	（吨）	Nitrogenous Fertilizer（100%）	（ton）	36318
建筑涂料	（吨）	Building Dope	（ton）	31168.40
染料	（吨）	Dye	（ton）	485611.10
合成纤维单体	（吨）	Synthetic Fiber Monomer	（ton）	1877679
合成纤维聚合物	（吨）	Synthetic Fiber Polymer	（ton）	1405784
# 聚脂	（吨）	Polyester	（ton）	1405784
化学药品原药	（吨）	Chemical Medicine	（ton）	138702.61
中成药	（吨）	Traditional Chinese Medicine	（ton）	4272.22
化学纤维	（吨）	Chemical Fiber	（ton）	3924547.73

Continued 1

市 区 Urban District	绍 兴 Shaoxing	上 虞 Shangyu	嵊 州 Shengzhou	新 昌 Xinchang	诸 暨 Zhuji
2862.93	4518.76	2134.68	6501.85	644.33	6317.52
7582.12	5699.43	1077.76	2472.27	728.00	13572.43
181.31	129.40	–	–	–	239.50
198.69	412.06	–	28.81	–	1448.36
3565.44	496.60	648.95	1184.04	–	2688.06
549904.00	665541.74	–	–	–	–
1691390	–	–	–	–	–
210000	–	–	–	–	216000
2304776	1351087	977968	34752	–	795648
829064	583670	350762	34752	–	763713
–	–	438963	–	–	–
1475712	767417	106976	–	–	31935
–	297930.00	70229.00	202097.41	–	–
–	95597.00	46582.00	14237.00	–	–
241411.32	260182.00	66068.51	10332.55	10718.00	262220.80
156095.52	224868.00	62646.24	10332.55	5310.00	258653.80
–	42149.00	–	–	–	–
91911	–	–	–	–	–
36318	–	–	–	–	–
36318	–	–	–	–	–
–	143.40	31025.00	–	–	–
18260.00	34409.10	432942.00	–	–	–
–	1877679	–	–	–	–
607182	798602	–	–	–	–
607182	798602	–	–	–	–
14728.41	5481.57	18397.60	1917.30	98086.73	91.00
1225.06	–	5.78	1731.38	–	1310.00
644177.70	3054873.00	1793.00	–	5466.00	218238.03

4–5 续表 2

指　　标		Item		全　市 Whole Municipality
# 合成纤维	（吨）	Synthetic Fiber	（ton）	3924547.73
锦纶纤维	（吨）	Polyamide fiber	（ton）	85576
涤纶纤维	（吨）	Polyester Fiber	（ton）	3791675.10
氨纶纤维	（吨）	Polypropylene Fiber	（ton）	34293.58
橡胶轮胎外胎	（条）	Tries	（unit）	11912200
塑料制品	（吨）	Plastic Membrane	（ton）	1689169.24
# 塑料薄膜	（吨）	Plastic Film	（ton）	1229517.07
# 农用薄膜	（吨）	Plastic Sheeting for Farm use	（ton）	42330
日用塑料制品	（吨）	Household Plastic Products	（ton）	152666.46
水泥熟料	（万吨）	Cement clinker	（10 000 tons）	579.74
水泥	（万吨）	Cement	（10 000 tons）	1327.18
水泥混凝土排水管	（千米）	Cement Sewage Pipe	（km）	90
预应力混凝土桩	（米）	prestressed-concretepile	（meter）	5458364
砖（折标准砖）	（万块）	Bricks	（10 000 pieces）	10754.10
平板玻璃	（重量箱）	Plate Glass	（weight cases）	20801200
日用玻璃制品	（吨）	Daily Use Glassware	（ton）	82748
耐火材料制品	（吨）	Fireproof Material Products	（ton）	193109.46
钢材	（吨）	Steel Products	（ton）	1733059.76
# 线材（盘条)	（吨）	Wire Material	（ton）	14381
中板	（吨）	Medium Plate	（ton）	13907.70
冷轧薄板	（吨）	Cold-rolled sheet	（ton）	541082
热轧窄钢带	（吨）	Hot rolling narrow steel belt	（ton）	276011
冷轧窄钢带	（吨）	Steel Strip	（ton）	29991.25
无缝钢管	（吨）	Seamless Steel Pipe	（ton）	301397.81
焊接钢管	（吨）	Welded Steel Pipe	（ton）	99731
白银	（千克）	Silver	（kg）	587507.09
铜材	（吨）	Copper　Material	（ton）	633857.19
铝材	（吨）	Aluminum	（ton）	263014.55

Continued 2

市 区 Urban District	绍 兴 Shaoxing	上 虞 Shangyu	嵊 州 Shengzhou	新 昌 Xinchang	诸 暨 Zhuji
644177.70	3054873.00	1793.00	–	5466.00	218238.03
9087	–	1793	–	–	74696
620140.00	3038460.00	–	–	5466.00	127609.10
14950.70	9277.00	–	–	–	10065.88
–	–	–	–	722200	11190000
235419.98	497700.70	63128.13	16071.76	107113.67	769735.00
227194.37	368387.70	–	2525.00	–	631410.00
–	–	–	–	–	42330
–	–	10076.70	12029.76	–	130560.00
39.18	166.44	–	–	–	374.13
124.70	394.36	122.47	29.31	–	656.34
–	90	–	–	–	–
–	2579457	2878907	–	–	–
465.28	6045.00	4243.82	–	–	–
–	20801200	–	–	–	–
33233	49515	–	–	–	–
–	208.00	191472.46	–	–	1429.00
–	4333.00	505832.00	68287.76	–	1154607.00
–	–	14381	–	–	–
–	–	–	13907.70	–	–
–	–	378302	–	–	162780
–	–	–	–	–	276011
–	–	–	29991.25	–	–
–	–	–	24388.81	–	277009.00
–	4333	74103	–	–	21295
809.51	–	586697.58	–	–	–
5345.80	65480.00	216488.39	–	11878.00	334665.00
34778.43	180310.95	20659.17	27266.00	–	–

4-5 续表 3

指标		Item		全市 Whole Municipality
金属切削工具	（万件）	Metal-cutting tools	（10 000 pieces）	505.20
不锈钢日用制品	（吨）	Daily Use Stainless Steel Product	（ton）	7355.86
工业锅炉	（蒸发量吨）	Industry Boiler	（ton）	238
发动机	（千瓦）	Engine	（kw）	8317149
金属切削机床	（台）	Metal-cutting Machine Tools	（unit）	24796
#数控金属切削机床	（台）	Numerically Metal-cutting Machine Tools	（unit）	19369
金属成形机床	（台）	Metal forming machine tools	（unit）	10435
起重机	（吨）	Derrick	（ton）	54021
泵	（台）	Pump	（unit）	1703395
阀门	（吨）	Valve	（ton）	234577
滚动轴承	（万套）	Bearing	（10 000 units）	23135.72
风机	（台）	Wind Machine	（unit）	238651
两轮脚踏自行车	（辆）	Bicycle	（unit）	287486
电动自行车	（辆）	Electric Bicycle	（unit）	417111
交流电动机	（千瓦）	Alternating Current Motor	（kw）	11324053
高压开关板	（面）	High Voltage Switchboard	（panel）	3537
低压开关板	（面）	Low Voltage Switchboard	（panel）	59844
通信及电子网络用电缆	（对千米）	Communication and electronic network cable	（pair km）	433518
电力电缆	（千米）	Electric Power Cable	（km）	142296.12
铅酸蓄电池	（千伏安时）	Storage Battery	（kvah）	2152400.70
家用吸排油烟机	（台）	Household Smoke Absorbers	（unit）	1798336
家用燃气灶具	（台）	Houdehold Gas Burning Appliance	（set）	959729
灯具及照明装置	〔万套（台、个）〕	Lamps and illumination devices	（10 000pcs）	65807.39
汽车仪器仪表	（台）	Automobile Instrument	（set）	4282648
伞类制品	（万把）	Umbrella	（10 000 units）	14275.26
发电量	（万千瓦时）	Electricity	（10 000 kwh）	519700.53
# 火电	（万千瓦时）	Thermal Power Generation	（10 000 kwh）	519700.53

Continued 3

市　区 Urban District	绍　兴 Shaoxing	上　虞 Shangyu	嵊　州 Shengzhou	新　昌 Xinchang	诸　暨 Zhuji
–	–	502.00	–	3.20	–
–	–	6963.00	–	392.86	–
–	238	–	–	–	–
–	–	113956	–	8203193	–
–	49	–	–	3285	21462
–	49	–	–	3285	16035
–	–	271	10164	–	–
6245	–	–	13856	–	33920
455961	–	–	–	–	1247434
–	1050	2621	826	276	229804
–	471.00	3256.50	2584.53	16823.69	–
–	–	233051	–	5600	–
287486	–	–	–	–	–
–	13988	403123	–	–	–
1089337	–	8544021	1690695	–	–
2370	–	1141	26	–	–
5750	–	1556	542	51996	–
40689	–	–	–	–	392829
83100.14	48996.00	10199.98	–	–	–
237993.46	347565.69	932187.55	32365.00	–	602289.00
–	–	–	1798336	–	–
–	–	–	959729	–	–
5291.39	365.25	59732.68	261.59	–	156.48
2473816	1808832	–	–	–	–
–	–	14275.26	–	–	–
60934.49	365758.90	46342.49	14799.60	5507.80	26357.25
60934.49	365758.90	46342.49	14799.60	5507.80	26357.25

4-6 规模以上工业企业主要财务指标(2011年)

单位：万元

分类	Item	企业个数(个) Number of Enterprises (unit)	工业总产值现行价 Gross Industrial Output Value	工业销售产值现行价 Industrial Sales Output Value
全市总计	**Whole Municipality**	**3427**	**79326832**	**77271375**
总计中：市区	Urban District	504	11275089	10880517
绍兴	Shaoxing	1112	29431019	28940564
上虞	Shangyu	520	11999172	11433172
嵊州	Shengzhou	305	3788470	3634613
新昌	Xinchang	197	4388501	4328614
诸暨	Zhuji	789	18444581	18053894
按登记注册类型分	**Grouped by Registration Status**			
内资企业	Domestic Funded Enterprises	2674	61007936	59724990
国有企业	State-owned Enterprises	11	2639648	2639872
地方企业	Local Enterprises	10	2633504	2633486
集体企业	Collective-owned Enterprises	9	140239	138250
股份合作企业	Share-holding Cooperative Enterprises	5	43731	40684
联营企业	Joint Ownership Enterprises	2	63590	63709
国有联营企业	State Joint Ownership Enterprises	1	60830	60830
其他联营企业	Other Joint Ownership Enterprises	1	2760	2879
有限责任公司	Limited liability Corporations	246	14228250	13988440
国有独资公司	Sole State-funded Corporations	10	584272	590453
其他有限责任公司	Other Limited liability Corporations	236	13643978	13397987
股份有限公司	Share-holding Corporations Ltd.	41	4570407	4440414
私营企业	Private Enterprises	2360	39322071	38413622
私营独资企业	Private-funded Enterprises	162	1265448	1240006
私营合伙企业	Private Partnership Enterprises	7	30859	30015
私营有限责任公司	Private Limited Liability Corporations	2172	37003148	36139952
私营股份有限公司	Private Shareholding Corporations Ltd.,	19	1022615	1003648

Main Financial Indicators of above Designated Size Industrial Enterprises (2011)

(10 000 yuan)

本年应付职工薪酬 Wages Payable	全部职工年均人数（人） Average Employees (person)	流动资产合计 Circulating Funds	#产成品 Products	固定资产合计 Total Fixed Assets	固定资产原价 Original Value of Fixed Assets	累计折旧 Depreciation	#本年折旧 Depreciation in This Year	资产总计 Total Assets	负债总计 Total Liabilities
2691149	**810375**	**42526030**	**4118577**	**17672064**	**25607489**	**9742629**	**1837839**	**68369718**	**41262985**
413449	125963	5704143	589610	3676432	5666365	2438116	359796	10474581	6591280
927404	269945	14639429	1451907	6588887	9880120	3787672	749223	23918923	16271991
462672	128380	7454663	795617	2645737	3496347	1229743	266398	11510887	6160518
177948	65241	2049587	146794	804383	1102468	405629	76492	3284818	2232063
197335	56117	3480916	244539	826064	1230921	488412	83953	5002726	2355549
512341	164729	9197293	890111	3130561	4231268	1393058	301979	14177783	7651585
2004945	597823	31242081	3052953	12988991	19375650	7648005	1386068	50714266	30366880
43910	4523	114507	2399	1212407	1953500	888099	153764	1373685	1128933
43481	4422	111341	1800	1208560	1949222	887667	153443	1365820	1126196
6858	1782	44175	14084	16902	46976	30529	4314	83910	44887
3727	1132	29487	8282	12752	20385	7853	683	46910	30713
2527	544	17145	176	38971	89558	50587	6438	57412	37866
2259	435	13429	–	37055	87534	50479	6389	50905	33484
267	109	3715	176	1915	2024	109	49	6507	4382
405615	106493	6835307	617734	3294656	5081695	2070192	335782	11732929	7574255
37275	8354	699140	86379	442656	569937	226022	29412	1538119	728299
368340	98139	6136167	531355	2852000	4511758	1844170	306369	10194810	6845956
159134	39749	4198232	334592	1069999	1570990	623863	117261	6241040	2252685
1383174	443600	20003228	2075686	7343305	10612545	3976883	767826	31178379	19297540
45995	16550	556204	59018	203174	297835	110440	19820	845147	582938
1689	533	23592	633	6890	9445	2555	665	31674	24895
1296118	414879	18892703	1974607	6954711	9992002	3719082	724802	29479684	18211862
39373	11638	530730	41428	178530	313263	144806	22539	821874	477845

4-6 续表 1

单位：万元

分 类	Item	主营业务收入 Main Business Income	主营业务成本 Cost of Main Business	主营业务税金及附加 Main Business Tax and Extra Charges
全 市 总 计	**Whole Municipality**	**77803109**	**68073722**	**320910**
总计中：市 区	Urban District	11410053	10217689	38181
绍 兴	Shaoxing	28905041	26067702	130051
上 虞	Shangyu	11348285	9544009	48134
嵊 州	Shengzhou	3568548	3071553	11269
新 昌	Xinchang	4350501	3328580	26216
诸 暨	Zhuji	18220682	15844189	67060
按登记注册类型分	**Grouped by Registration Status**			
内资企业	Domestic Funded Enterprises	60024143	52578643	263874
国有企业	State-owned Enterprises	2642466	2521984	6756
地方企业	Local Enterprises	2636150	2516461	6750
集体企业	Collective-owned Enterprises	138482	128419	1037
股份合作企业	Share-holding Cooperative Enterprises	39138	33587	183
联营企业	Joint Ownership Enterprises	63974	59344	205
国有联营企业	State Joint Ownership Enterprises	61095	56871	197
其他联营企业	Other Joint Ownership Enterprises	2879	2474	8
有限责任公司	Limited liability Corporations	14254014	12642731	59704
国有独资公司	Sole State-funded Corporations	643746	519806	6624
其他有限责任公司	Other Limited liability Corporations	13610267	12122926	53080
股份有限公司	Share-holding Corporations Ltd.	4469020	3453470	20685
私营企业	Private Enterprises	38417050	33739108	175303
私营独资企业	Private-funded Enterprises	1236926	1097217	5606
私营合伙企业	Private Partnership Enterprises	29538	25077	92
私营有限责任公司	Private Limited Liability Corporations	36159404	31771097	166290
私营股份有限公司	Private Shareholding Corporations Ltd.,	991182	845717	3315

Continued 1

(10 000 yuan)

销售费用 Business Expenses	管理费用 Management Expenses	财务费用 Finance Expenses	利息支出 Interest Expenditure	利息收入 Interest Income	营业利润 Business Profits	利润总额 Total Profits	亏损企业亏损额 Total Loss	利税总额 Total Pre-tax Profits	本年应交增值税 Value Added Tax Payable
1206992	**2187056**	**1524184**	**166509**	**1539217**	**4735074**	**4807592**	**100412**	**6888602**	**1760099**
181002	324843	194369	21196	205387	528948	558935	25348	838576	241459
258869	561337	598507	69565	623005	1317351	1355003	38015	2149261	664207
227320	431388	240244	35012	254722	923998	955856	19570	1321384	317394
90761	180544	95496	12276	94672	127709	134707	10369	233376	87400
114716	249615	84912	7768	80860	517297	511878	2442	690846	152752
334324	439328	310657	20693	280571	1319772	1291212	4668	1655159	296888
954379	1642200	1134098	114353	1145994	3600603	3646789	62904	5271099	1360436
5864	36280	9791	723	10092	67492	68259	–	128203	53187
5800	35850	9702	721	10002	67288	68004	–	127849	53095
487	2269	1607	-149	1363	6414	4630	23	8330	2662
1253	2526	1120	14	1080	1014	1402	–	2556	971
26	2558	1350	62	1353	588	529	–	2493	1759
–	2349	1189	62	1197	586	527	–	2438	1714
26	209	161	–	156	2	2	–	55	45
249466	366083	270378	35975	275921	740722	767623	35231	1098428	271101
18238	42555	21863	1279	22241	38944	42268	2450	72507	23614
231229	323528	248516	34696	253680	701778	725354	32781	1025921	247487
131039	203516	71320	17885	80314	597018	583572	804	753288	149031
566245	1028970	778532	59842	775870	2187355	2220774	26847	3277801	881724
23311	30345	21192	666	18999	60339	61712	743	97214	29897
672	1401	1019	40	946	1283	1307	73	2060	661
517672	963925	733004	57381	732928	2068190	2099484	25997	3091701	825928
24591	33298	23316	1756	22997	57543	58272	33	86827	25239

4-6 续表 2

单位：万元

分类	Item	企业个数（个） Number of Enterprises (unit)	工业总产值现行价 Gross Industrial Output Value	工业销售产值现行价 Industrial Sales Output Value
港、澳、台商投资公司	Enterprises with Investment from Hong Kong,Macao and Taiwan	461	11895356	11323904
内地与港澳台合资经营企业	Joint-venture Enterprises with Investment from Hong Kong,Macao and Taiwan	288	8868802	8432230
内地与港澳台合作经营企业	Cooperative Enterprises with Investment from Hong Kong,Macao and Taiwan	8	282802	278374
港澳台商独资经营企业	Sole Investment from Hong Kong,Macao and Taiwan	158	2627988	2502002
港澳台商投资股份有限公司	Share-holding Corporations Ltd. With Investment from Hong Kong,Macao and Taiwan	7	115765	111299
外商投资企业公司	Enterprises with Foreign Investment	292	6423540	6222481
中外合资经营企业	Joint-venture Enterprises with Foreign Investment	184	4267124	4171345
中外合作经营企业	Cooperative Enterprises with Foreign Investment	6	103229	102393
外商独资经营企业	Enterprises with Sole Foreign Investment	93	1455211	1360902
外商投资股份有限公司	Share-holding Corporations Ltd. with Foreign Investment	9	597975	587841
总计中：亏损企业	Loss Enterprises	286	2311131	2241292
总计中：国有控股企业	State-owned and State-holding Enterprises	46	4446825	4424257
总计中：轻工业	Light Industry	2185	42467459	41299049
重工业	Heavy Industry	1242	36859373	35972326
总计中：大型企业	Large	103	30419589	29905003
中型企业	Medium-sized	563	24211521	23379354
小型企业	Small	2635	24191193	23488287
微型企业	Miniature	126	504529	498731
按主营业务收入分	Grouped by Main Business Income			
2000–3000 万	20 -30million	592	1511326	1470525
3000–5000 万	30 -50million	741	2910271	2835980
5000–1 亿	50 -100million	811	5693144	5542170
1 亿–5 亿	100-500 million	981	20510861	19849439
5 亿–10 亿	500-1000 million	139	9485371	9203114
10 亿–50 亿	1-5 billion	111	20829648	20288932
50 亿–100 亿	5-10 billion	14	8966731	8668972
100 亿及以上	Above10 billion	5	9361054	9357356

Continued 2

(10 000 yuan)

本年应付职工薪酬 Wages Payable	全部职工年均人数(人) Average Employees (person)	流动资产合计 Circulating Funds	#产成品 Products	固定资产合计 Total Fixed Assets	固定资产原价 Original Value of Fixed Assets	累计折旧 Depreciation	#本年折旧 Depreciation in This Year	资产总计 Total Assets	负债总计 Total Liabilities
425741	132660	7590811	708715	3252331	4201651	1369595	297092	12028635	7631920
292380	89097	5701377	522678	2467866	3158063	1037568	222470	9042841	5858517
12108	3029	145605	20379	52002	92287	42530	7762	213183	139298
118406	39456	1633747	158567	715280	924444	279442	64939	2629515	1547356
2847	1078	110081	7092	17182	26858	10054	1920	143096	86749
260464	79892	3693138	356909	1430741	2030189	725029	154680	5626818	3264185
166147	51379	2176412	185395	892989	1266175	456403	103672	3461780	2020801
3754	1146	31921	1154	34235	59541	27391	3460	69326	25702
75048	23642	945548	143962	378199	484202	144675	35933	1425242	783093
15515	3725	539258	26399	125318	220271	96561	11615	670470	434589
150792	52464	2326212	179074	1431845	1854925	719730	116862	4195807	3201834
135721	25975	1830782	160839	2256040	3638896	1674047	248422	4624681	2595650
1661851	532861	24400249	2616197	9612846	13944558	5157992	995005	38789388	23109069
1029299	277514	18125781	1502380	8059218	11662931	4584637	842834	29580330	18153917
880370	231579	15574124	1462406	6365350	9656321	3890195	725370	25700859	14197498
949653	281955	13150377	1250640	5785790	8517336	3402737	622712	21346980	13128484
856065	295142	13610371	1379106	5455466	7358216	2433811	484729	21034748	13753616
5061	1699	191158	26426	65457	75617	15886	5028	287132	183387
108767	43170	1150461	98154	447861	625616	216377	38125	1831159	1264821
182429	69269	1864320	171093	776524	1051423	344886	68127	2934493	1939599
317195	114982	3534450	347142	1636785	2207116	722290	143085	5682500	3725647
895639	275061	12386981	1302069	5313094	7591333	2843816	523831	19765109	12427461
305661	86387	4665115	487434	2078904	3071686	1182131	224094	7651389	4516750
530078	144181	10916121	1029473	4177324	5832522	2168790	436744	17756734	9137069
228648	50200	5292565	560001	1367690	2121060	884569	163922	7689240	4307646
116813	24402	2663768	117836	1838609	3059867	1362328	237753	4966258	3871024

4-6 续 表 3

单位：万元

分 类	Item	主营业务收入 Main Business Income	主营业务成本 Cost of Main Business	主营业务税金及附加 Main Business Tax and Extra Charges
港、澳、台商投资公司	Enterprises with Investment from Hong Kong,Macao and Taiwan	11485322	10086122	37737
内地与港澳台合资经营企业	Joint-venture Enterprises with Investment from Hong Kong,Macao and Taiwan	8562811	7582115	24786
内地与港澳台合作经营企业	Cooperative Enterprises with Investment from Hong Kong,Macao and Taiwan	280841	246298	1562
港澳台商独资经营企业	Sole Investment from Hong Kong,Macao and Taiwan	2522383	2157091	10996
港澳台商投资股份有限公司	Share-holding Corporations Ltd. With Investment from Hong Kong,Macao and Taiwan	119287	100618	394
外商投资企业公司	Enterprises with Foreign Investment	6293644	5408957	19299
中外合资经营企业	Joint-venture Enterprises with Foreign Investment	4174081	3613990	11831
中外合作经营企业	Cooperative Enterprises with Foreign Investment	102580	81239	384
外商独资经营企业	Enterprises with Sole Foreign Investment	1394356	1206572	3839
外商投资股份有限公司	Share-holding Corporations Ltd. with Foreign Investment	622626	507157	3246
总计中：亏损企业	Loss Enterprises	2217826	2052876	7647
总计中：国有控股企业	State-owned and State-holding Enterprises	4692224	4205227	18172
总计中：轻工业	Light Industry	41652345	36497387	169750
重工业	Heavy Industry	36150764	31576335	151160
总计中：大型企业	Large	30153874	26202593	135280
中型企业	Medium-sized	23591592	20649486	94184
小型企业	Small	23553945	20755431	89901
微型企业	Miniature	503697	466212	1545
按主营业务收入分	Grouped by Main Business Income			
2000–3000 万	20 -30million	1459538	1267767	6651
3000–5000 万	30 -50million	2829635	2477572	12007
5000–1 亿	50 -100million	5541828	4830221	25150
1 亿–5 亿	100-500 million	19910692	17189736	84557
5 亿–10 亿	500-1000 million	9198990	8039428	35165
10 亿–50 亿	1-5 billion	20429774	17680212	81500
50 亿–100 亿	5-10 billion	9021687	7937432	37577
100 亿及以上	Above10 billion	9357362	8604938	37936

Continued 3

(10 000 yuan)

销售费用 Business Expenses	管理费用 Management Expenses	财务费用 Finance Expenses	利息支出 Interest Expenditure	利息收入 Interest Income	营业利润 Business Profits	利润总额 Total Profits	亏损企业亏损额 Total Loss	利税总额 Total Pre-tax Profits	本年应交增值税 Value Added Tax Payable
146028	317731	267308	38552	275229	689223	708289	23707	992440	246414
93291	213393	200181	29016	207716	511777	524959	17849	736128	186383
3436	5771	7855	374	7582	13845	14213	108	23616	7841
46970	95802	56158	8527	57218	153460	158309	5367	219575	50270
2333	2765	3114	634	2713	10141	10807	383	13121	1920
106584	227125	122778	13605	117995	445248	452514	13802	625062	153250
64696	145306	87064	7477	82295	267787	278583	7230	383429	93015
473	3274	954	40	756	16664	16340	–	18940	2216
23054	68696	23763	3594	22783	85058	85311	5973	119305	30155
18362	9848	10998	2494	12159	75739	72280	599	103389	27863
38659	127767	118208	10190	118744	-107222	-100412	100412	-41899	50866
49965	145052	56590	1062	53935	228228	230462	23492	366539	117905
673273	1162166	885821	101979	897349	2399445	2445744	40080	3621030	1005535
533719	1024890	638363	64530	641868	2335630	2361848	60333	3267572	754564
548411	752649	492730	66649	507548	2087302	2072673	6522	2871418	663466
305347	688409	532565	60013	548337	1457778	1506503	35516	2191493	590806
348253	737780	494178	39746	478908	1171722	1209683	57739	1796670	497086
4981	8217	4711	101	4424	18272	18734	636	29021	8742
29563	79517	39206	2176	38116	40308	44200	8702	88960	38108
53504	134176	67724	3624	63151	90124	100816	14605	182106	69283
103457	235536	132258	10383	127570	224881	236809	23237	402364	140406
328699	680969	489211	49258	479891	1188575	1233701	44123	1819753	501495
130545	245564	187540	19832	190784	623580	626936	540	877541	215440
359553	501187	356366	45073	372164	1547611	1574312	7817	2187882	532070
115364	208450	136507	21206	153504	562664	563688	–	759209	157944
84872	97732	112762	14647	111286	457497	427305	–	568596	103355

4-6 续 表 4

单位：万元

分　　类	Item	企业个数（个）Number of Enterprises (unit)	工业总产值现行价 Gross Industrial Output Value	工业销售产值现行价 Industrial Sales Output Value
按工业行业类别分（老行业类别）	Grouped by Economic Sector			
采掘业	Mining and Quarrying	7	135735	134659
黑色金属矿采选业	Ferrous Metals Mining and Dressing	1	102067	101926
有色金属矿采选业	Nonferrous Metals Mining and Dressing	2	19328	18956
非金属矿采选业	Nonmetal Minerals Mining and Dressing	4	14341	13778
制造业	Manufacturing	3370	75420334	73374697
农副食品加工业	Manufacturing of Agricultural and Non-staple Foodstuff	41	584946	567152
食品制造业	Foodstuff Manufacturing Industry	8	146517	139208
饮料制造业	Beverage Manufacturing Industry	49	784868	766233
# 黄酒制造	Yellow Rice or Millet Wine Manufacturing Industry	14	338854	315161
纺织业	Textile Industry	1248	20550374	20054514
# 棉、化纤纺织及印染精加工	Cotton, Chemical Fiber Weaving, rinting, Dyeing and Finishing	614	13430413	13123735
毛纺织和染整精加工	Wool Weaving, Dyeing and Finishing,	18	93156	93516
麻纺织	Linen Weaving	2	9475	9784
丝绢纺织及精加工	Silk Weaving and Finishing	28	588777	578807
纺织制成品制造	Textile Product Manufacturing	135	1675082	1629270
针织品、编织品及其制品制造	Knitwear, Braid and Their Product Manufacturing	451	4753472	4619402
纺织服装、鞋、帽制造业	Manufacturing Industry of Textile Costumes, Shoes, and Caps	196	1887327	1856830
# 纺织服装制造	Manufacturing Industry of Textile Costumes	192	1871136	1841133
纺织面料鞋的制造	Manufacturing Industry of Cloth's shoes	3	13480	12987
皮革、毛皮、羽毛(绒)及其制品业	Manufacturing Industry of Leather, Fur, Feather (Cloth with Soft Nap) and their Products	22	170918	171398
木材加工及木、竹、藤、棕、草制造业	Wood Processing and Manufacturing Industry of Wood, Bamboo, Rattan, Palm, and Straw-made Articles	8	118282	115345
家具制造业	Cabinetmaking Industry	22	440143	404860
造纸及纸制品业	Papermaking and Paper Product Industry	48	737550	714880
印刷业和记录媒介的复制	Printing Industry and Reproduction of Record Media	11	90716	84054
文教体育用品制造业	Manufacturing Industry for Culture, Education and Sports Goods	19	136121	132873
石油加工、炼焦及核燃料加工业	Petroleum Processing,Coking and Nuclear Fuel Manufacture	2	28342	28326
化学原料及化学制品制造业	Chemical Feedstock and Chemical Manufacturing Industry	150	8280820	7981813
# 涂料、油墨、颜料及类似产品制造	Coat, Ink, Coloring Agent and Similar Product Manufacturing	36	1948413	1879124
合成材料制造	Synthetic Material Manufacturing	11	4200018	4067160
专用化学产品制造	Special Chemical Product Manufacturing	53	643039	600676
医药制造业	Medicine Manufacturing Industry	62	2011479	1899196
化学纤维制造业	Chemical Fiber Manufacturing Industry	143	7577264	7344117

注：该表中工业行业类别按 2002 年国民经济行业分类进行分类。

Continued 4

(10 000 yuan)

本年应付职工薪酬 Wages Payable	全部职工年均人数(人) Average Employees (person)	流动资产合计 Circulating Funds	#产成品 Products	固定资产合计 Total Fixed Assets	固定资产原价 Original Value of Fixed Assets	累计折旧 Depreciation	#本年折旧 Depreciation in This Year	资产总计 Total Assets	负债总计 Total Liabilities
12161	2111	125138	5036	43279	69038	31335	3486	219769	100942
7172	1123	95653	884	29154	51110	23119	2478	156619	58252
4583	853	13213	4047	12403	15557	7468	705	29996	14075
406	135	16272	105	1722	2370	749	304	33154	28615
2597482	795043	41548290	4107252	15388263	21957769	8060146	1570399	64829825	38753158
15034	4560	212293	42889	131575	161677	40659	9875	362670	201381
5017	1803	142171	25466	38446	77412	42174	3084	232486	146645
51261	12658	820421	206915	281052	386089	144717	18259	1469862	672301
34513	8153	547772	185944	197747	273346	105974	11189	1084501	470163
901640	297104	10960845	1034397	4592028	6935278	2694815	521389	17715664	11500874
616152	193203	6957721	636405	3259295	5078674	2063693	388350	11684134	7638380
5944	2510	67391	6977	24240	44983	23964	2558	115109	78225
441	162	4141	1316	934	1738	929	109	5093	4093
21345	7510	378662	27887	111849	165070	67356	12066	600116	356471
74915	26696	1014806	111933	362940	503043	175806	36289	1529061	967628
182843	67023	2538125	249879	832770	1141770	363066	82017	3782151	2456077
130992	50946	1022124	84132	279910	427695	165214	26264	1519893	899616
130070	50428	1014933	83777	276509	423822	164742	26103	1508870	896873
859	486	6518	240	3225	3691	466	155	10173	2037
6751	2756	99761	6278	26571	36726	12596	2271	132383	103760
7883	1639	68748	10129	33823	41398	9675	1878	118755	57958
24169	8293	302002	30245	131862	197125	72685	8745	469056	268002
28294	9183	625597	47845	454087	573858	132826	31020	1148866	772368
5499	1160	58791	9230	28362	31479	11605	2117	94634	54714
5566	2298	65229	7347	23906	32607	9625	1764	98152	52681
94	37	23621	252	2178	1301	240	128	31674	18802
146749	34976	4443533	357163	1592231	2417068	904911	176371	6892952	4310067
53950	12783	1482023	157410	363880	587789	253772	49006	2151436	846873
24383	5271	1990303	69915	749395	1176661	428900	76441	3056926	2553648
18850	4415	265729	38388	132099	178028	59166	16036	458389	269224
82768	22706	1753129	147630	472327	690073	270259	47992	2580404	834823
125504	33210	3557391	330697	1613654	2253299	811741	176766	5667416	3753658

Note:Among the form,industrial sectors was classfied by the national economic industrial classification of 2002.

4-6 续表 5

单位：万元

分　类	Item	主营业务收入 Main Business Income	主营业务成本 Cost of Main Business	主营业务税金及附加 Main Business Tax and Extra Charges
按工业行业类别分（老行业类别）	**Grouped by Economic Sector**			
采掘业	Mining and Quarrying	150971	115730	1894
黑色金属矿采选业	Ferrous Metals Mining and Dressing	118489	95765	1294
有色金属矿采选业	Nonferrous Metals Mining and Dressing	18779	9253	449
非金属矿采选业	Nonmetal Minerals Mining and Dressing	13703	10712	151
制造业	Manufacturing	73894943	64489766	308379
农副食品加工业	Manufacturing of Agricultural and Non-staple Foodstuff	575365	510576	3125
食品制造业	Foodstuff Manufacturing Industry	149872	128996	1108
饮料制造业	Beverage Manufacturing Industry	775211	566148	13179
# 黄酒制造	Yellow Rice or Millet Wine Manufacturing Industry	334403	221141	10238
纺织业	Textile Industry	20094575	17971098	81992
# 棉、化纤纺织及印染精加工	Cotton, Chemical Fiber Weaving, Printing, Dyeing and Finishing	13084828	11761642	57860
毛纺织和染整精加工	Wool Weaving, Dyeing and Finishing,	94696	84939	357
麻纺织	Linen Weaving	9823	8949	34
丝绢纺织及精加工	Silk Weaving and Finishing	594151	535621	1188
纺织制成品制造	Textile Product Manufacturing	1684674	1453108	5461
针织品、编织品及其制品制造	Knitwear, Braid and Their Product Manufacturing	4626405	4126838	17094
纺织服装、鞋、帽制造业	Manufacturing Industry of Textile Costumes, Shoes, and Caps	1854843	1569889	8671
# 纺织服装制造	Manufacturing Industry of Textile Costumes	1839146	1555898	8629
纺织面料鞋的制造	Manufacturing Industry of Cloth's shoes	12987	11409	39
皮革、毛皮、羽毛(绒)及其制品业	Manufacturing Industry of Leather, Fur, Feather (Cloth with Soft Nap) and their Products	172976	159904	444
木材加工及木、竹、藤、棕、草制造业	Wood Processing and Manufacturing Industry of Wood, Bamboo, Rattan, Palm, and Straw-made Articles	114959	100842	1291
家具制造业	Cabinetmaking Industry	402167	325691	1970
造纸及纸制品业	Papermaking and Paper Product Industry	722969	631644	3146
印刷业和记录媒介的复制	Printing Industry and Reproduction of Record Media	87925	68324	341
文教体育用品制造业	Manufacturing Industry for Culture, Education and Sports Goods	133764	117983	652
石油加工、炼焦及核燃料加工业	Petroleum Processing,Coking and Nuclear Fuel Manufacture	28359	28144	8
化学原料及化学制品制造业	Chemical Feedstock and Chemical Manufacturing Industry	8107679	7130865	37139
# 涂料、油墨、颜料及类似产品制造	Coat, Ink, Coloring Agent and Similar Product Manufacturing	1899488	1580723	6283
合成材料制造	Synthetic Material Manufacturing	4168735	3834021	21045
专用化学产品制造	Special Chemical Product Manufacturing	594466	503247	3412
医药制造业	Medicine Manufacturing Industry	1907770	1366334	9428
化学纤维制造业	Chemical Fiber Manufacturing Industry	7630881	7034532	17288

Continued 5

(10 000 yuan)

销售费用 Business Expenses	管理费用 Management Expenses	财务费用 Finance Expenses	利息支出 Interest Expenditure	利息收入 Interest Income	营业利润 Business Profits	利润总额 Total Profits	亏损企业亏损额 Total Loss	利税总额 Total Pre-tax Profits	本年应交增值税 Value Added Tax Payable
3382	17203	1839	532	2229	13505	15896	56	26068	8279
1806	11250	914	252	1141	9941	11969	–	18325	5062
448	4955	580	89	576	3198	3324	–	5953	2180
1128	998	346	190	512	366	603	56	1791	1037
1193982	2094411	1453652	159314	1462667	4584160	4648270	75350	6631594	1674945
7638	13887	8417	334	8173	29803	30049	–	41214	8040
3323	4537	4029	1032	4093	8385	8592	376	15585	5885
59146	35108	15910	1892	18195	88515	93270	2098	141311	34862
29952	23740	9818	844	12573	41560	45697	25	72904	16970
197676	506520	490506	51761	491849	894078	920329	16999	1504550	502229
88422	300518	333248	41857	347800	585882	609955	9382	1019467	351652
845	4125	2698	77	2534	2204	2449	201	5389	2582
406	331	130	0	69	-24	122	0	457	302
6145	21910	14213	1096	14817	21851	22142	746	32400	9070
41815	60675	45744	3768	43169	70806	72000	2789	120163	42702
60043	118961	94473	4963	83460	213359	213660	3881	326674	95920
77678	77790	38571	2230	35491	84853	85677	2115	136660	42312
77566	77545	38529	2228	35455	83588	84412	2115	135193	42153
94	192	37	1	35	1216	1216	–	1415	160
2009	4624	3438	202	3082	2591	3845	133	8737	4448
1718	5702	1744	204	1835	4683	4660	296	7681	1730
17770	18207	8105	882	8261	29838	29974	233	47650	15705
11518	17853	17595	659	17805	48510	47999	1531	78825	27681
2705	7584	1544	45	1485	6549	7261	7	10272	2670
2311	3843	2681	30	2267	5849	6306	–	9547	2589
39	267	-1324	19	-1374	1229	1222	–	1270	40
103273	170249	155993	22808	166526	521860	521213	7776	724479	166127
37924	75779	34551	12110	43902	159530	163283	360	223458	53892
20700	22687	83812	8123	85100	198576	190400	525	266344	54899
13192	22384	12899	947	13524	38126	38943	3361	56699	14344
67135	124145	28859	6061	28994	319449	298193	2375	385382	77761
33877	83499	106581	14931	118085	392970	396475	2574	516257	102494

4-6 续 表 6

单位：万元

分　　类	Item	企业个数（个）Number of Enterprises (unit)	工业总产值现行价 Gross Industrial Output Value	工业销售产值现行价 Industrial Sales Output Value
橡胶制品业	Rubber Production Industry	13	170307	167043
塑料制品业	Plastic Industry	107	3377261	3317801
非金属矿物制品业	Non-metallic Minerals Product Industry	85	1877894	1851742
黑色金属冶炼及压延加工业	Ferrous Metal Smelting and Extrusion	37	1010535	975681
有色金属冶炼及压延加工业	Non-ferrous Smelting and Extrusion	91	5720578	5595215
金属制品业	Metalwork Industry	139	2063289	1995100
通用设备制造业	General-purpose Equipment Manufacturing Industry	294	6152234	6026049
#轴承、齿轮、传动和驱动部件的制造	Bearing, Gear, Driving Unit Manufacturing	92	1074692	1049685
风机、衡器、包装设备等通用设备制造	Fans, Weighing Apparatus, Package and Other General-purpose Equipment manufacturing	48	2201722	2170151
通用零部件制造及机械修理	General-purpose Spare Parts Manufacturing and Machinery Repairs	63	1389428	1370846
专用设备制造业	Specialized Facility Manufacturing Industry	152	2587599	2477095
#纺织、服装和皮革工业专用设备制造	Specialized Facility Manufacturing Industry of Textile Costumes and Leather	84	1065105	1048566
环保、社会公共安全及其他专用设备制造	Environmental Protection, Social Public Security and Other Special Use	33	1344580	1258173
交通运输设备制造业	Transport and Communication Facilities Manufacturing Industry	95	2013531	1968100
电气机械及器材制造业	Electric Machinery and Equipment Manufacturing Industry	174	4253367	4157139
通信设备、计算机及其他电子设备制造业	Manufacturing Industry of Communication Equipment, Computers and Other Electronic Equipment	45	884481	864574
仪器仪表及文化、办公用机械制造业	Manufacturing Industry of Instruments and Meters, and Machinery for Culture and Office	20	141284	136869
工艺品及其他制造业	Artwork and Other Manufacturing Industries	87	1599301	1558789
废弃资源和废旧材料回收加工业	Processing of Discarded Resources, and Waste and Scrap Recovery	2	23008	22704
电力、燃气及水的生产和供应业	Production and Supply of Electric Power, Gas and Water	50	3770762	3762019
电力、热力的生产和供应业	Production and Supply of Electric Power and Heat Power	29	3477720	3469334
燃气生产和供应业	Gas Generation and Supply	7	98969	98683
水的生产和供应业	Water Production and Supply	14	194074	194003

Continued 6

(10 000 yuan)

本年应付职工薪酬 Wages Payable	全部职工年均人数(人) Average Employees (person)	流动资产合计 Circulating Funds	#产成品 Products	固定资产合计 Total Fixed Assets	固定资产原价 Original Value of Fixed Assets	累计折旧 Depreciation	#本年折旧 Depreciation in This Year	资产总计 Total Assets	负债总计 Total Liabilities
11592	3982	103741	19602	48505	65055	19130	4988	167550	78478
68168	22779	1663518	91081	623996	952072	430550	72122	2469513	1484312
62395	18628	1270885	107757	653867	921776	392469	64241	2297751	1319887
28436	6937	375767	57570	144206	180094	63561	12180	611231	320617
63171	16602	1723618	238854	365417	501694	171700	47709	2351269	1564122
92654	24903	1405342	164098	411900	577012	190220	41495	1950033	1156438
273398	78439	3967770	343149	1301919	1734310	592022	115834	6044322	3410297
66778	22235	752569	57026	358755	470893	143313	30761	1254313	741849
81055	21309	925727	53140	359117	486918	173659	36012	1551538	772937
57757	16438	1256542	97825	243083	342305	131956	19143	1730388	1063911
89365	24061	1482933	134560	515271	627831	167384	42671	2269065	1375283
40824	11885	581289	44296	159159	211174	76613	14707	827705	478646
37416	8263	776585	79509	288701	340807	67949	22838	1226079	772681
97130	25998	1010402	87425	389875	537549	183662	42167	1668653	859999
177382	53934	2651599	169527	844441	1007840	285916	65719	4087885	2241950
39314	13583	490666	32035	167571	302716	147606	15406	716610	456116
10008	3594	102082	8793	27648	39388	13130	2500	139049	88052
46700	18044	1136089	311678	189426	243337	77242	15307	1510459	741140
548	230	8226	511	2209	4011	1814	136	11569	8819
81507	13221	852602	6290	2240522	3580682	1651148	263954	3320125	2408886
63001	9790	576194	5356	1521346	2655431	1281283	201728	2264004	1640179
3152	601	35625	921	88697	101207	25236	5373	136147	78168
15355	2830	240783	13	630479	824044	344629	56853	919974	690539

4-6 续 表 7

单位：万元

分　　类	Item	主营业务收入 Main Business Income	主营业务成本 Cost of Main Business	主营业务税金及附加 Main Business Tax and Extra Charges
橡胶制品业	Rubber Production Industry	170114	136284	889
塑料制品业	Plastic Industry	3390446	2991843	12246
非金属矿物制品业	Non-metallic Minerals Product Industry	1844121	1513552	10411
黑色金属冶炼及压延加工业	Ferrous Metal Smelting and Extrusion	980477	910141	1868
有色金属冶炼及压延加工业	Non-ferrous Smelting and Extrusion	5613978	5189044	12103
金属制品业	Metalwork Industry	2003202	1701936	13778
通用设备制造业	General-purpose Equipment Manufacturing Industry	6005326	4893610	37227
#轴承、齿轮、传动和驱动部件的制造	Bearing, Gear, Driving Unit Manufacturing	1024149	849214	4238
风机、衡器、包装设备等通用设备制造	Fans, Weighing Apparatus, Package and Other General-purpose Equipment manufacturing	2193336	1847883	13495
通用零部件制造及机械修理	General-purpose Spare Parts Manufacturing and Machinery Repairs	1375409	1047064	13397
专用设备制造业	Specialized Facility Manufacturing Industry	2481520	2113368	7563
#纺织、服装和皮革工业专用设备制造	Specialized Facility Manufacturing Industry of Textile Costumes and Leather	1043976	871006	4301
环保、社会公共安全及其他专用设备制造	Environmental Protection, Social Public Security and Other Special Use	1266186	1105291	2604
交通运输设备制造业	Transport and Communication Facilities Manufacturing Industry	1972839	1625879	8335
电气机械及器材制造业	Electric Machinery and Equipment Manufacturing Industry	4101301	3471026	13524
通信设备、计算机及其他电子设备制造业	Manufacturing Industry of Communication Equipment, Computers and Other Electronic Equipment	847255	741122	2935
仪器仪表及文化、办公用机械制造业	Manufacturing Industry of Instruments and Meters, and Machinery for Culture and Office	134433	105893	680
工艺品及其他制造业	Artwork and Other Manufacturing Industries	1567919	1364128	6982
废弃资源和废旧材料回收加工业	Processing of Discarded Resources, and Waste and Scrap Recovery	22699	20975	56
电力、燃气及水的生产和供应业	Production and Supply of Electric Power, Gas and Water	3757195	3468226	10638
电力、热力的生产和供应业	Production and Supply of Electric Power and Heat Power	3465798	3221775	9428
燃气生产和供应业	Gas Generation and Supply	97718	85357	385
水的生产和供应业	Water Production and Supply	193678	161094	824

Continued 7

(10 000 yuan)

销售费用 Business Expenses	管理费用 Management Expenses	财务费用 Finance Expenses	利息支出 Interest Expenditure	利息收入 Interest Income	营业利润 Business Profits	利润总额 Total Profits	亏损企业亏损额 Total Loss	利税总额 Total Pre-tax Profits	本年应交增值税 Value Added Tax Payable
8867	8852	3063	301	2877	12338	12799	0	19981	6294
44258	69808	60406	9313	62826	217766	220516	3824	293394	60632
53251	63915	57757	3620	58478	164394	180182	7603	266080	75487
6070	12990	11325	361	10942	43900	38798	1376	52941	12275
32995	61191	53855	11404	55919	297336	283831	2879	345295	49361
40313	66330	36477	3319	36418	118539	110291	3637	167309	43240
155001	281639	139289	5716	133375	507191	509573	4663	705217	158417
22301	57034	32016	1546	29220	61303	68582	2369	101782	28963
67093	83995	42324	941	40981	152619	146145	–	210795	51156
33599	72382	35654	2112	35854	148532	144194	425	203801	46210
39495	91607	45406	6230	43825	198392	206123	2980	275885	62199
20472	50305	16061	676	15237	82876	91765	1056	129941	33875
14618	27512	24757	5143	24295	103947	102301	1361	129030	24125
55340	101805	32350	2425	29298	159064	173231	2378	248375	66808
126098	172698	77385	9560	72071	273662	295961	7236	401020	91535
14702	42102	16811	1203	16831	35293	37003	1461	64036	24098
4831	13399	2330	96	2194	8155	9700	637	15099	4719
24401	33715	34310	2675	32608	108598	114757	164	146637	24898
546	546	240	1	240	370	444	–	907	407
9628	75442	68692	6663	74321	137409	143427	25007	230940	76875
2133	52856	44303	5490	49364	146450	151491	4887	229814	68895
1942	4256	1965	148	2060	6091	5999	108	7941	1556
5552	18330	22423	1024	22897	-15132	-14064	20011	-6815	6424

4-6 续 表 8

单位：万元

分　　类	Item	企业个数（个）Number of Enterprises (unit)	工业总产值现行价 Gross Industrial Output Value	工业销售产值现行价 Industrial Sales Output Value
按工业行业类别分（新行业类别）	**Grouped by Economic Sector**			
采掘业	Mining and Quarrying	7	135735	134659
黑色金属矿采选业	Ferrous Metals Mining and Dressing	1	102067	101926
有色金属矿采选业	Nonferrous Metals Mining and Dressing	2	19328	18956
非金属矿采选业	Nonmetal Minerals Mining and Dressing	4	14341	13778
制造业	Manufacturing	3371	75577834	73524847
农副食品加工业	Manufacturing of Agricultural and Non-staple Foodstuff	41	578892	561300
食品制造业	Foodstuff Manufacturing Industry	9	158716	151074
酒、饮料和精制茶制造业	Manufacturing Industry of Beverage, Drinking and Refiined Tea	48	778724	760219
黄酒制造	Yellow Rice or Millet Wine Manufacturing Industry	14	338854	315161
纺织业	Textile Industry	1105	18932424	18478884
棉纺织及印染精加工	Cotton Textile, Printing and Dyeing Finish Machining	301	7292061	7085112
毛纺织及染整精加工	Wool Weaving, Dyeing and Finish Machining	15	81849	82309
麻纺织及染整精加工	Linen Weaving, Dyeing and Finish Machining	4	51229	51087
丝绢纺织及印染精加工	Silk Weaving , Printing and Dyeing, and Finish Machining	24	520478	513940
化纤织造及印染精加工	Chemical Fibre Product, Printing and Dyeing and Finish Machining	267	5251417	5161304
针织或钩针编织物及其制品制造	Knitwear, Braid and their Product Manufacturing	389	4534344	4402199
家用纺织制成品制造	Manufacturing of Textile Products In Home Application	86	977368	962187
非家用纺织制成品制造	Manufacturing of Textile Products Not In Home Application	19	223678	220746
纺织服装、服饰业	Manufacturing Industry of Textile Costumes, Shoes, and Caps	301	3374406	3301427
机织服装制造	Manufacturing Industry of Textile Costumes In Machine	183	1857697	1833517
针织或钩针编织服装制造	Manufacturing Industry of Stockinet and Knitting	85	714652	700955
服饰制造	Manufacturing Industry of Clothes	33	802058	766955
皮革、毛皮、羽毛及其制品和制鞋业	Manufacturing Industry of Leather, Fur, Feather (Cloth with Soft Nap) and Their Products	33	251099	246075
木材加工和木、竹、藤、棕、草制品业	Wood Processing and Manufacturing Industry of Wood, Bamboo, Rattan, Palm, and Straw-made Articles	7	106464	103536
家具制造业	Cabinetmaking Industry	23	445742	410548
造纸和纸制品业	Papermaking and Paper Product Industry	46	715544	693273
印刷和记录媒介复制业	Printing Industry and Reproduction of Record Media	13	112722	105661
文教、工美、体育和娱乐用品制造业	Manufacturing Industry of Culture, Education and Sports Stuff	88	1518417	1485795
石油加工、炼焦和核燃料加工业	Petroleum Processing,Coking and Nuclear Fuel Manufacture	3	52887	53397

注：该表中工业行业类别按 2011 年国民经济行业分类进行分类。

Continued 8

(10 000 yuan)

本年应付职工薪酬 Wages Payable	全部职工年均人数(人) Average Employees (person)	流动资产合计 Circulating Funds	#产成品 Products	固定资产合计 Total Fixed Assets	固定资产原价 Original Value of Fixed Assets	累计折旧 Depre-ciation	#本年折旧 Depre-ciation in This Year	资产总计 Total Assets	负债总计 Total Liabili-ties
12161	2111	125138	5036	43279	69038	31335	3486	219769	100942
7172	1123	95653	884	29154	51110	23119	2478	156619	58252
4583	853	13213	4047	12403	15557	7468	705	29996	14075
406	135	16272	105	1722	2370	749	304	33154	28615
2599732	795833	41651228	4109147	15443911	22058709	8105438	1576345	64991450	38843792
14770	4469	206554	42622	129353	159010	40215	9727	354674	197887
5351	1928	148417	25767	40805	80284	42688	3243	241160	150495
51192	12624	819915	206881	280915	385883	144648	18248	1469184	671945
34513	8153	547772	185944	197747	273346	105974	11189	1084501	470163
805527	259587	10103115	957250	4322732	6545189	2552612	494066	16438950	10692124
331240	105620	4089343	363503	1770871	2644567	1023730	201049	6573942	4158594
5070	2193	52560	6840	20742	39533	21849	2201	87134	58972
2374	851	17203	5847	11730	18236	9427	995	29755	18767
17794	6264	326944	20764	90997	135953	59140	9974	524713	295099
241295	73154	2331656	210114	1159538	1963744	878086	147857	3992875	2740984
156814	54833	2506403	254491	988427	1376673	450043	101797	4036662	2687382
44938	14779	679864	88038	210432	260922	71585	24569	1004975	627340
6002	1893	99143	7653	69995	105561	38752	5625	188895	104986
214614	83542	1843826	142466	535551	809690	307263	53096	2740181	1664148
127618	49947	998920	84014	271358	412893	158420	24824	1484128	884708
53067	20042	379268	25582	137889	199832	70607	14863	614683	382963
33929	13553	465638	32870	126304	196965	78236	13409	641371	396477
14600	5443	150941	13557	44577	59906	19478	3987	205007	143868
3290	1068	37364	9094	16172	20672	6601	1474	58498	33958
27931	8623	319732	30254	142184	210983	75317	8891	508008	274457
26835	8772	614138	45476	447813	566095	131337	30472	1130695	766673
6958	1571	70250	11599	34636	39241	13093	2664	112804	60409
36666	14422	1099799	311373	178022	247454	86458	14495	1455638	710476
213	70	28265	513	2564	1860	413	174	36752	22277

Note:Among the form,industrial sectors was classfied by the national economic industrial classification of 2011.

4–6 续 表 9

单位：万元

分 类	Item	主营业务收入 Main Business Income	主营业务成本 Cost of Main Business	主营业务税金及附加 Main Business Tax and Extra Charges
按工业行业类别分（新行业类别）	Grouped by Economic Sector			
采掘业	Mining and Quarrying	150971	115730	1894
黑色金属矿采选业	Ferrous Metals Mining and Dressing	118489	95765	1294
有色金属矿采选业	Nonferrous Metals Mining and Dressing	18779	9253	449
非金属矿采选业	Nonmetal Minerals Mining and Dressing	13703	10712	151
制造业	Manufacturing	74045093	64619209	308766
农副食品加工业	Manufacturing of Agricultural and Non-staple Foodstuff	569513	506995	3082
食品制造业	Foodstuff Manufacturing Industry	161738	138298	1156
酒、饮料和精制茶制造业	Manufacturing Industry of Beverage, Drinking and Refiined Tea	769197	560426	13174
黄酒制造	Yellow Rice or Millet Wine Manufacturing Industry	334403	221141	10238
纺织业	Textile Industry	18528465	16619062	76431
棉纺织及印染精加工	Cotton Textile, Printing and Dyeing Finish Machining	7064879	6314011	29416
毛纺织及染整精加工	Wool Weaving, Dyeing and Finish Machining	83680	75441	328
麻纺织及染整精加工	Linen Weaving, Dyeing and Finish Machining	49664	44039	207
丝绢纺织及印染精加工	Silk Weaving , Printing and Dyeing, and Finish Machining	528733	475489	1022
化纤织造及印染精加工	Chemical Fibre Product, Printing and Dyeing and Finish Machining	5145063	4665423	23201
针织或钩针编织物及其制品制造	Knitwear, Braid and their Product Manufacturing	4415108	3938132	17257
家用纺织制成品制造	Manufacturing of Textile Products In Home Application	1021010	913277	4188
非家用纺织制成品制造	Manufacturing of Textile Products Not In Home Application	220328	193251	812
纺织服装、服饰业	Manufacturing Industry of Textile Costumes, Shoes, and Caps	3288292	2794459	13542
机织服装制造	Manufacturing Industry of Textile Costumes In Machine	1831499	1551876	8394
针织或钩针编织服装制造	Manufacturing Industry of Stockinet and Knitting	693875	610390	3307
服饰制造	Manufacturing Industry of Clothes	762917	632193	1841
皮革、毛皮、羽毛及其制品和制鞋业	Manufacturing Industry of Leather, Fur, Feather (Cloth with Soft Nap) and Their Products	249603	224820	836
木材加工和木、竹、藤、棕、草制品业	Wood Processing and Manufacturing Industry of Wood, Bamboo, Rattan,Palm,and Straw-made Articles	103150	90286	1229
家具制造业	Cabinetmaking Industry	407933	331295	2043
造纸和纸制品业	Papermaking and Paper Product Industry	701775	615557	3036
印刷和记录媒介复制业	Printing Industry and Reproduction of Record Media	109119	84411	451
文教、工美、体育和娱乐用品制造业	Manufacturing Industry of Culture, Education and Sports Stuff	1494516	1308467	5943
石油加工、炼焦和核燃料加工业	Petroleum Processing,Coking and Nuclear Fuel Manufacture	56993	54771	8

Continued 9

(10 000 yuan)

销售费用 Business Expenses	管理费用 Management Expenses	财务费用 Finance Expenses	利息支出 Interest Expenditure	利息收入 Interest Income	营业利润 Business Profits	利润总额 Total Profits	亏损企业亏损额 Total Loss	利税总额 Total Pre-tax Profits	本年应交增值税 Value Added Tax Payable
3382	17203	1839	532	2229	13505	15896	56	26068	8279
1806	11250	914	252	1141	9941	11969	–	18325	5062
448	4955	580	89	576	3198	3324	–	5953	2180
1128	998	346	190	512	366	603	56	1791	1037
1194054	2095701	1460933	160255	1470888	4595838	4659947	75350	6645695	1676982
7315	13629	7983	318	7803	28589	28835	–	39655	7738
3715	4840	4472	1048	4472	9763	9971	376	17365	6239
59076	35063	15900	1892	18185	88351	93106	2098	141091	34811
29952	23740	9818	844	12573	41560	45697	25	72904	16970
165098	437853	455590	49633	461437	829469	855243	13497	1394075	462401
56991	170239	183864	25959	191091	338876	342636	5711	552027	179975
785	3542	2301	65	2125	1644	1886	201	4455	2240
480	1809	1941	133	2011	1192	1338	–	2331	786
5361	19500	10811	811	11388	21915	22204	441	30936	7710
23432	104878	120343	13667	127657	223240	237538	2664	405535	144796
52557	107383	108663	7192	100604	196964	199890	2400	304629	87482
22449	25162	20287	1370	19221	34682	38343	1144	74400	31869
3044	5340	7381	436	7339	10957	11408	935	19763	7543
107654	141882	76136	5021	70042	150174	152124	4740	244216	78550
77104	75810	37444	2319	34573	83526	84789	1928	135874	42691
10688	27490	15304	627	13479	27000	27637	1742	49985	19042
19861	38581	23388	2074	21990	39648	39698	1070	58357	16817
3342	6966	5091	349	4658	8493	9446	210	17639	7357
1505	3121	1650	94	1636	5112	5111	275	7571	1231
17989	20523	7176	928	7369	29578	29708	253	47653	15902
10891	16815	17507	633	17694	45258	44731	1508	74528	26761
3333	8622	1632	71	1595	9801	10528	30	14569	3590
20994	29925	32502	2411	30608	99257	105079	1058	133489	22467
867	762	-1214	23	-1355	1803	1540	–	1911	363

4-6 续表 10

单位：万元

分　　类	Item	企业个数(个) Number of Enterprises (unit)	工业总产值现行价 Gross Industrial Output Value	工业销售产值现行价 Industrial Sales Output Value
化学原料和化学制品制造业	Chemical Feedstock and Chemical Manufacturing Industry	143	8233570	7935931
涂料、油墨、颜料及类似产品制造	Coat, Ink, Coloring Agent and Similar Product Manufacturing	36	1946427	1876137
合成材料制造	Synthetic Material Manufacturing	9	4235704	4102267
专用化学产品制造	Special Chemical Product Manufacturing	46	538708	502547
医药制造业	Medicine Manufacturing Industry	64	2028121	1913765
化学纤维制造业	Chemical Fiber Manufacturing Industry	160	7730144	7493027
橡胶和塑料制品业	Manufacturing industriy of robber and plastic	119	3492746	3432423
非金属矿物制品业	Non-metallic Minerals Product Industry	87	1885698	1859394
黑色金属冶炼和压延加工业	Ferrous Metal Smelting and Extrusion	55	1255293	1215631
有色金属冶炼和压延加工业	Non-ferrous Smelting and Extrusion	90	5219085	5088465
金属制品业	Metalwork Industry	132	2026900	1955593
通用设备制造业	General-purpose Equipment Manufacturing Industry	292	6063063	5938141
轴承、齿轮和传动部件制造	Manufacturing of Bearing, Gear, Driving Unit	97	1152442	1124152
烘炉、风机、衡器、包装等设备制造	Dring furnace, Fans,Weighing Apparatus, Package and Other General-purpose Equipment's manufacturing	48	2307756	2253760
通用零部件制造	General-purpose Spare Parts Manufacturing and Machinery Repairs	62	1358797	1341549
专用设备制造业	Specialized Facility Manufacturing Industry	157	2653231	2542206
纺织、服装和皮革加工专用设备制造	Specialized Facility's Manufacturing Industry of Textile Costumes and Leather transform	84	1047975	1033161
环保、社会公共服务及其他专用设备制造	Environmental Protection, Social Public Security and Other Special Use	34	1345560	1258970
汽车制造业	Manufacturing Industry of Transport and Communication Facilities	76	1842043	1805614
铁路、船舶、航空航天和其他运输设备制造	Manufacturing Industry of railway, shipping, spackflight and other transiport equipments	11	51584	49820
电气机械和器材制造业	Electric Machinery and Equipment Manufacturing Industry	173	4703399	4614831
计算机、通信和其他电子设备制造业	Manufacturing Industry of Communication Equipment, Computers and Other Electronic Equipment	46	889797	869069
仪器仪表制造业	Manufacturing Industry of Instruments and Meters	16	130218	125836
其他制造业	Artwork and Other Manufacturing Industries	31	323900	311212
废弃资源综合利用业	Processing of Discarded Resources, and Waste and cycle	2	23008	22704
电力、燃气及水的生产和供应业	Production and Supply of Electric Power, Gas and Water	49	3613262	3611869
电力、热力生产和供应业	Production and Supply of Electric Power and Heat Power	28	3320220	3319184
燃气生产和供应业	Gas Generation and Supply	7	98969	98683
水的生产和供应业	Water Production and Supply	14	194074	194003

注：该表中工业行业类别按 2011 年国民经济行业分类进行分类。

Continued 10

(10 000 yuan)

本年应付职工薪酬 Wages Payable	全部职工年均人数(人) Average Employees (person)	流动资产合计 Circulating Funds	#产成品 Products	固定资产合计 Total Fixed Assets	固定资产原价 Original Value of Fixed Assets	累计折旧 Depreciation	#本年折旧 Depreciation in This Year	资产总计 Total Assets	负债总计 Total Liabilities
145074	34497	4452580	357747	1575070	2397703	901959	174543	6867110	4313230
53626	12779	1481323	157606	364424	587994	253868	49022	2150720	847044
24497	5275	2032876	73696	751343	1182519	432298	76913	3100922	2604112
14722	3323	216826	35214	100295	134645	46632	11989	356957	198885
84302	23187	1760130	148447	475809	693543	271524	48329	2592177	841973
131183	35416	3646325	339167	1661786	2320467	833373	180147	5809494	3844523
77155	25825	1719010	105741	665765	1004979	446015	76106	2581106	1510800
62766	18755	1273030	107959	655058	923333	392835	64345	2301087	1322216
37448	9630	514614	70570	206641	266478	93823	18218	829094	459370
60366	16151	1506854	205514	343994	475878	161083	45567	2067822	1397191
90313	24310	1377093	165692	385935	555503	184470	40612	1892991	1120769
270947	77704	3926538	341827	1278211	1688341	574949	113312	5966529	3360458
69515	22874	810296	62212	371056	483821	146583	31988	1324809	788806
83474	21586	1008643	91920	366062	492556	173790	36340	1652420	823736
56991	16249	1230498	96502	238120	335566	130605	18508	1694061	1040628
91836	24686	1505437	135068	519389	635554	169806	43203	2298786	1388268
40968	11885	572302	43886	153697	206132	76578	14536	812473	467838
37533	8309	771933	78852	290038	342395	68201	22888	1221353	768399
89572	23408	905166	70950	363837	502892	171157	39601	1515578	771239
3176	1202	36858	4502	10324	16168	5959	946	62168	44145
177949	53663	2841395	198644	871147	1040285	297784	67858	4361194	2401482
39355	13623	499699	33094	170138	305735	148058	15658	729678	465242
8839	3143	87402	8545	22708	32675	11139	2161	118621	72941
20959	8284	148561	18317	60568	68898	19568	5067	234894	132410
548	230	8226	511	2209	4011	1814	136	11569	8819
79257	12431	749664	4395	2184874	3479742	1605856	258008	3158500	2318252
60751	9000	473256	3461	1465698	2554491	1235991	195782	2102379	1549545
3152	601	35625	921	88697	101207	25236	5373	136147	78168
15355	2830	240783	13	630479	824044	344629	56853	919974	690539

4-6 续表 11

单位：万元

分　　类	Item	主营业务收入 Main Business Income	主营业务成本 Cost of Main Business	主营业务税金及附加 Main Business Tax and Extra Charges
化学原料和化学制品制造业	Chemical Feedstock and Chemical Manufacturing Industry	8062920	7087844	37176
涂料、油墨、颜料及类似产品制造	Coat, Ink, Coloring Agent and Similar Product Manufacturing	1896742	1578709	6263
合成材料制造	Synthetic Material Manufacturing	4204490	3865687	21157
专用化学产品制造	Special Chemical Product Manufacturing	499553	420982	3073
医药制造业	Medicine Manufacturing Industry	1922339	1377444	9510
化学纤维制造业	Chemical Fiber Manufacturing Industry	7780724	7171626	17638
橡胶和塑料制品业	Manufacturing industriy of robber and plastic	3507141	3082563	12906
非金属矿物制品业	Non-metallic Minerals Product Industry	1851761	1520199	10459
黑色金属冶炼和压延加工业	Ferrous Metal Smelting and Extrusion	1214073	1120029	2688
有色金属冶炼和压延加工业	Non-ferrous Smelting and Extrusion	5109838	4712304	11675
金属制品业	Metalwork Industry	1963891	1667719	13596
通用设备制造业	General-purpose Equipment Manufacturing Industry	5920675	4817017	37004
轴承、齿轮和传动部件制造	Manufacturing of Bearing, Gear, Driving Unit	1099097	912486	4444
烘炉、风机、衡器、包装等设备制造	Dring furnace, Fans,Weighing Apparatus, Package and Other General-purpose Equipment's manufacturing	2261781	1890760	13851
通用零部件制造	General-purpose Spare Parts Manufacturing and Machinery Repairs	1345842	1021258	13420
专用设备制造业	Specialized Facility Manufacturing Industry	2546646	2167181	7726
纺织、服装和皮革加工专用设备制造	Specialized Facility's Manufacturing Industry of Textile Costumes and Leather transform	1028246	855982	4307
环保、社会公共服务及其他专用设备制造	Environmental Protection, Social Public Security and Other Special Use	1267015	1106161	2621
汽车制造业	Manufacturing Industry of Transport and Communication Facilities	1808347	1490741	7712
铁路、船舶、航空航天和其他运输设备制造	Manufacturing Industry of railway, shipping, spackflight and other transiport equipments	52095	42287	248
电气机械和器材制造业	Electric Machinery and Equipment Manufacturing Industry	4554866	3902818	13771
计算机、通信和其他电子设备制造业	Manufacturing Industry of Communication Equipment, Computers and Other Electronic Equipment	852085	745176	2942
仪器仪表制造业	Manufacturing Industry of Instruments and Meters	123449	97023	630
其他制造业	Artwork and Other Manufacturing Industries	311252	267418	2098
废弃资源综合利用业	Processing of Discarded Resources, and Waste and cycle	22699	20975	56
电力、燃气及水的生产和供应业	Production and Supply of Electric Power, Gas and Water	3607045	3338782	10251
电力、热力生产和供应业	Production and Supply of Electric Power and Heat Power	3315648	3092332	9041
燃气生产和供应业	Gas Generation and Supply	97718	85357	385
水的生产和供应业	Water Production and Supply	193678	161094	824

Continued 11

(10 000 yuan)

销售费用 Business Expenses	管理费用 Management Expenses	财务费用 Finance Expenses	利息支出 Interest Expenditure	利息收入 Interest Income	营业利润 Business Profits	利润总额 Total Profits	亏损企业亏损额 Total Loss	利税总额 Total Pre-tax Profits	本年应交增值税 Value Added Tax Payable
102631	169684	158059	22965	168789	519157	518549	7172	720754	165029
37796	75640	34676	12086	44017	158929	162678	360	222473	53532
21056	24439	86998	8643	88629	197195	188762	525	265103	55184
12408	16356	11040	505	11417	33758	34685	2757	49238	11481
67252	125411	29138	6098	29186	321165	299873	2375	387476	78093
34778	86230	109500	15160	121062	398727	402312	3280	524757	104807
52830	76178	59970	8957	61814	228752	232219	3273	310329	65205
53437	64253	57971	3620	58598	164600	180390	7603	266591	75742
8455	20089	16252	604	15433	53284	48685	2508	66540	15167
31872	63070	49998	12591	54227	268756	256523	2879	315358	47161
39851	65012	35334	3170	34980	116529	107894	3651	163996	42506
155020	279249	136930	5652	131321	503397	506024	3805	700934	157906
23810	60239	34047	1570	30721	67771	74941	2369	109538	30154
68367	88472	42154	978	40800	186384	181959	–	249444	53634
31812	70573	34411	2129	35232	147802	144042	425	203900	46438
40640	94237	46185	6277	44711	204867	212968	2708	284559	63865
20334	49957	15638	652	14835	83043	91923	784	130158	33928
14745	27762	24684	5144	24227	103590	102002	1361	128732	24109
50202	95144	28454	2270	25870	145989	160406	1964	231276	63159
2001	2484	1872	56	1723	3286	3320	127	5073	1504
126786	169334	80973	8613	73841	298999	319221	7810	426344	93352
14731	42143	16940	1203	16952	35863	37573	1461	64808	24294
4557	12388	1792	96	1658	7767	9174	637	14243	4439
6688	10251	6901	503	6339	18680	18952	54	27991	6941
546	546	240	1	240	370	444	–	907	407
9556	74152	61411	5722	66100	125732	131749	25007	216838	74838
2061	51566	37023	4550	41143	134773	139814	4887	215713	66858
1942	4256	1965	148	2060	6091	5999	108	7941	1556
5552	18330	22423	1024	22897	-15132	-14064	20011	-6815	6424

4-7 全部独立核算国有控股工业企业主要财务指标 (2011 年)

单位：万元

分　　类	Item	企业个数（个） Number of Enterprises (unit)	工业总产值现行价 Gross Industrial Output Value	工业销售产值现行价 Industrial Sales Output Value
全市总计	**Whole Municipality**	**46**	**4446825**	**4424257**
总计中：市区	Urban District	24	2704116	2691437
绍兴	Shaoxing	5	172285	170959
上虞	Shangyu	4	304758	303877
嵊州	Shengzhou	3	124985	124914
新昌	Xinchang	4	424909	418843
诸暨	Zhuji	6	715772	714228
总计中：亏损企业	Loss Enterprises	7	110808	110738
总计中：轻工业	Light Industry	19	1198037	1180646
重工业	Heavy Industry	27	3248789	3243611
总计中：大型企业	Large	6	2767368	2757399
中型企业	Medium-sized	15	1298758	1288308
小型企业	Small	25	380699	378551
按工业行业类别分	**Grouped by Economic Sector**			
采掘业	Mining and Quarrying	2	114394	114235
黑色金属矿采选业	Ferrous Metals Mining and Dressing	1	102067	101926
有色金属矿采选业	Nonferrous Metals Mining and Dressing	1	12327	12309
制造业	Manufacturing	22	1461129	1438791
农副食品加工业	Manufacturing of Agricultural and Non-staple Foodstuff	1	16588	16522
饮料制造业	Beverage Manufacturing Industry	2	119388	127253
# 黄酒制造	Yellow Rice or Millet Wine Manufacturing Industry	1	117284	125219
纺织业	Textile Industry	1	150591	149055
丝绢纺织及精加工	Silk Weaving and Finishing	1	150591	149055
纺织服装、鞋、帽制造业	Manufacturing Industry of Textile Costumes, Shoes,and caps	1	3516	3203

Main Financial Indicators of Independent Accounting State-owned and State-holding Industrial Enterprises (2011)

(10 000 yuan)

本年应付职工薪酬 Wages Payable	全部职工年均人数(人) Average Employees (person)	流动资产合计 Circulating Funds	#产成品 Products	固定资产合计 Total Fixed Assets	固定资产原价 Original Value of Fixed Assets	累计折旧 Depreciation	#本年折旧 Depreciation in This Year	资产总计 Total Assets	负债总计 Total Liabilities
135721	**25975**	**1830782**	**160839**	**2256040**	**3638896**	**1674047**	**248422**	**4624681**	**2595650**
80370	14675	845407	124627	1395057	2398451	1147900	154794	2616949	1677030
9149	1741	70382	1198	257514	415092	218215	35216	339020	242671
4365	942	37182	2953	130822	169796	67201	13027	175071	84661
6511	782	33538	–	92289	113220	41413	6688	132648	77456
19360	4137	527001	16589	160152	218907	83907	15727	696021	100771
15966	3698	317273	15473	220206	323429	115413	22970	664973	413062
7030	1244	117418	213	295777	398109	170959	31904	426647	341043
60695	14920	1281713	132088	650479	1016893	454522	52668	2303220	923989
75026	11055	549069	28752	1605561	2622004	1219525	195754	2321461	1671662
69149	13425	1215833	122094	1172823	2037968	996977	142353	2783420	1481878
47824	8879	377162	28344	664379	1062495	500135	78986	1139783	659742
18748	3671	237788	10402	418839	538433	176935	27084	701478	454031
10598	1720	104380	2684	40354	64125	29247	3036	176546	63997
7172	1123	95653	884	29154	51110	23119	2478	156619	58252
3425	597	8727	1800	11200	13015	6128	558	19927	5745
69987	17754	1466123	157987	464244	861323	431486	38861	2365185	893604
376	116	2844	104	1971	4059	2088	304	5138	5491
15535	3472	292900	73783	125550	163529	64761	6274	669352	234640
15086	3337	290840	73725	120080	155895	62596	5790	661095	229611
4997	1863	100884	5320	44097	51676	19479	2854	195706	111397
4997	1863	100884	5320	44097	51676	19479	2854	195706	111397
498	141	1134	248	158	190	32	32	1356	511

4–7 续 表 1

单位：万元

分 类	Item	主营业务收入 Main Business Income	主营业务成本 Cost of Main Business	主营业务税金及附加 Main Business Tax and Extra Charges
全 市 总 计	**Whole Municipality**	**4692224**	**4205227**	**18172**
总计中：市 区	Urban District	2940753	2731770	11224
绍 兴	Shaoxing	175066	160121	689
上 虞	Shangyu	298101	268483	936
嵊 州	Shengzhou	124985	105339	325
新 昌	Xinchang	420947	263638	2555
诸 暨	Zhuji	732372	675876	2443
总计中：亏损企业	Loss Enterprises	109279	111566	644
总计中：轻工业	Light Industry	1423417	1134453	7932
重工业	Heavy Industry	3268807	3070774	10241
总计中：大型企业	Large	3018689	2714540	11567
中型企业	Medium-sized	1296218	1170789	4562
小型企业	Small	377317	319898	2043
按工业行业类别分	**Grouped by Economic Sector**			
采掘业	Mining and Quarrying	130659	100455	1591
黑色金属矿采选业	Ferrous Metals Mining and Dressing	118489	95765	1294
有色金属矿采选业	Nonferrous Metals Mining and Dressing	12170	4690	297
制造业	Manufacturing	1686905	1363273	9122
农副食品加工业	Manufacturing of Agricultural and Non-staple Foodstuff	14664	13700	0
饮料制造业	Beverage Manufacturing Industry	147001	100843	4193
# 黄酒制造	Yellow Rice or Millet Wine Manufacturing Industry	144967	99222	3854
纺织业	Textile Industry	162398	140723	341
丝绢纺织及精加工	Silk Weaving and Finishing	162398	140723	341
纺织服装、鞋、帽制造业	Manufacturing Industry of Textile Costumes, Shoes,and caps	3214	2846	15

Continued 1

(10 000 yuan)

销售费用 Business Expenses	管理费用 Management Expenses	财务费用 Finance Expenses	利息支出 Interest Expenditure	利息收入 Interest Income	营业利润 Business Profits	利润总额 Total Profits	亏损企业亏损额 Total Loss	利税总额 Total Pre-tax Profits	本年应交增值税 Value Added Tax Payable
49965	**145052**	**56590**	**1062**	**53935**	**228228**	**230462**	**23492**	**366539**	**117905**
25514	61460	20289	511	20188	100569	106408	4962	171769	54136
927	10073	9343	131	9332	-7397	-6877	16538	-311	5877
6378	12937	2190	220	2292	9280	9012	–	18195	8248
217	10880	2360	396	2417	2929	2853	–	6952	3773
12674	33416	4918	-686	2526	101610	100331	814	128012	25126
4256	16286	17491	490	17180	21238	18735	1177	41923	20745
686	8610	11852	119	11938	-23994	-23492	23492	-21448	1400
39641	67791	28458	-948	25506	149991	147863	3069	200658	44863
10324	77261	28132	2010	28430	78237	82599	20422	165882	73042
30066	59560	19277	-1062	16481	188848	188420	–	265118	65130
15008	66324	23396	1148	23185	22145	23877	16538	70212	41773
4891	19168	13917	976	14269	17235	18165	6953	31210	11002
2023	15221	1163	267	1387	12727	14716	–	22692	6385
1806	11250	914	252	1141	9941	11969	–	18325	5062
217	3970	250	14	246	2787	2747	–	4367	1323
42139	80199	28124	-460	24876	168417	167462	1078	229323	52739
511	418	-24	39	5	31	32	–	35	3
13380	10902	3567	405	3896	15150	18605	1078	30324	7527
12704	10387	3567	403	3895	16260	19683	–	30896	7360
690	6709	5409	–	5395	10718	7735	–	11464	3388
690	6709	5409	–	5395	10718	7735	–	11464	3388
103	108	-8	8	2	138	133	–	230	82

4-7 续表 2

单位：万元

分　　类	Item	企业个数（个）Number of Enterprises (unit)	工业总产值现行价 Gross Industrial Output Value	工业销售产值现行价 Industrial Sales Output Value
印刷业和记录媒介的复制	Printing Industry and Reproduction of Record Media	1	3250	3672
化学原料及化学制品制造业	Chemical Feedstock and Chemical Manufactuning Industry	2	58518	57658
医药制造业	Medicine Manufacturing Industry	3	455766	441922
非金属矿物制品业	Non-metallic Minerals Product Industry	2	62142	60813
专用设备制造业	Specialized Facility Manufacturing Industry	2	125649	125643
# 环保、社会公共安全及其他专用	Environmental Protection, Social Public Security and Other Special Use	2	125649	125643
电气机械及器材制造业	Electric Machinery and Equipment Manufacturing Industry	1	36100	36100
通信设备、计算机及其他电子设备制造业	Manufacturing Industry of Communication Equipment, Computers and Other Electronic Equipment	3	66602	63954
电力、燃气及水的生产和供应业	Production and Supply of Electric Power, Gas and Water	22	2871302	2871231
电力、热力的生产和供应业	Production and Supply of Electric Power and Heat Power	7	2632893	2632893
燃气生产和供应业	Gas Generation and Supply	4	70164	70164
水的生产和供应业	Water Production and Supply	11	168245	168174

Continued 2

(10 000 yuan)

本年应付职工薪酬 Wages Payable	全部职工年均人数(人) Average Employees (person)	流动资产合计 Circulating Funds	#产成品 Products	固定资产合计 Total Fixed Assets	固定资产原价 Original Value of Fixed Assets	累计折旧 Depreciation	#本年折旧 Depreciation in This Year	资产总计 Total Assets	负债总计 Total Liabilities
584	83	2714	43	357	493	136	47	3073	1411
814	128	10819	3068	4477	8857	4379	751	15888	9438
21805	5296	556172	26404	128425	212503	92653	14793	693382	67138
1727	499	19813	1389	21219	37057	15838	1077	46758	29655
4555	1129	147968	9962	16191	23766	7781	1108	222522	139791
4555	1129	147968	9962	16191	23766	7781	1108	222522	139791
1844	271	35899	–	5796	11207	5411	573	44117	13472
9164	2437	69537	10434	40016	143997	90920	3665	119081	58959
55136	6501	260280	168	1751443	2713448	1213315	206526	2082949	1638049
38794	3562	75048	–	1166692	1935239	886250	153780	1281949	1069874
2711	474	24146	155	70151	80144	20475	4338	102787	59915
13631	2465	161086	13	514600	698065	306590	48407	698213	508261

4-7 续表 3

单位：万元

分类	Item	主营业务收入 Main Business Income	主营业务成本 Cost of Main Business	主营业务税金及附加 Main Business Tax and Extra Charges
印刷业和记录媒介的复制	Printing Industry and Reproduction of Record Media	3278	2419	11
化学原料及化学制品制造业	Chemical Feedstock and Chemical Manufactuning Industry	52688	49229	90
医药制造业	Medicine Manufacturing Industry	443172	267431	2440
非金属矿物制品业	Non-metallic Minerals Product Industry	62788	47629	325
专用设备制造业	Specialized Facility Manufacturing Industry	129216	111845	743
# 环保、社会公共安全及其他专用	Environmental Protection, Social Public Security and Other Special Use	129216	111845	743
电气机械及器材制造业	Electric Machinery and Equipment Manufacturing Industry	41049	33589	376
通信设备、计算机及其他电子设备制造业	Manufacturing Industry of Communication Equipment, Computers and Other Electronic Equipment	64181	48467	398
电力、燃气及水的生产和供应业	Production and Supply of Electric Power, Gas and Water	2874660	2741499	7459
电力、热力的生产和供应业	Production and Supply of Electric Power and Heat Power	2635962	2535162	6399
燃气生产和供应业	Gas Generation and Supply	70164	63659	277
水的生产和供应业	Water Production and Supply	168534	142678	784

Continued 3

(10 000 yuan)

销售费用 Business Expenses	管理费用 Management Expenses	财务费用 Finance Expenses	利息支出 Interest Expenditure	利息收入 Interest Income	营业利润 Business Profits	利润总额 Total Profits	亏损企业亏损额 Total Loss	利税总额 Total Pre-tax Profits	本年应交增值税 Value Added Tax Payable
–	328	-5	5	–	534	531	–	626	84
1226	698	256	10	249	1525	1440	–	2486	956
17371	32441	2955	-674	524	116968	114677	–	143334	26216
1252	1316	2147	17	2153	8303	8743	–	12107	3039
3028	8113	4363	336	4161	3651	4076	–	10140	5322
3028	8113	4363	336	4161	3651	4076	–	10140	5322
271	2884	43	25	64	4200	4197	–	5992	1419
1955	8525	2964	328	2843	2443	2901	–	6260	2962
5803	49633	27303	1255	27672	47084	48285	22413	114525	58781
–	31178	8684	489	8870	57069	57601	3425	115603	51604
471	2980	1269	115	1347	3787	3789	108	5182	1116
5332	15475	17349	652	17455	-13771	-13105	18880	-6260	6061

4-8 规模以上外商和港澳台投资工业企业主要财务指标(2011 年)

单位：万元

分　类	Item	企业个数（个） Number of Enterprises (unit)	工业总产值现行价 Gross Industrial Output Value	工业销售产值现行价 Industrial Sales Output Value
全　市　总　计	**Whole Municipality**	**753**	**18318895**	**17546385**
总计中：市　区	Urban District	196	4276616	3986081
绍　兴	Shaoxing	213	7762294	7622236
上　虞	Shangyu	113	2641348	2425166
嵊　州	Shengzhou	73	1186516	1134959
新　昌	Xinchang	24	319695	309681
诸　暨	Zhuji	134	2132425	2068262
总计中：轻工业	Light Industry	541	13070481	12617551
重工业	Heavy Industry	212	5248414	4928834
总计中：大型企业	Large	28	4454310	4328153
中型企业	Medium-sized	192	8449617	8000510
小型企业	Small	521	5374863	5177679
微型企业	Miniature	12	40105	40043
按工业行业类别分	**Grouped by Economic Sector**			
制造业	Manufacturing	747	18077372	17306796
农副食品加工业	Manufacturing of Agricultural and Non-staple Foodstuff	3	14533	14577
食品制造业	Foodstuff Manufacturing Industry	4	97052	93914
饮料制造业	Beverage Manufacturing Industry	4	146905	161418
# 黄酒制造	Yellow Rice or Millet Wine Manufacturing Industry	1	4465	5715
纺织业	Textile Industry	271	6024311	5800367
# 棉、化纤纺织及印染精加工	Cotton, Chemical Fiber Weaving, Printing, Dyeing and Finishing	118	3545522	3404467
毛纺织和染整精加工	Wool Weaving, Dyeing and Finishing,	3	8181	7938
麻纺织	Linen Weaving	1	2274	2231
丝绢纺织及精加工	Silk Weaving and Finishing	6	154643	149268
纺织制成品制造	Textile Product Manufacturing	33	747784	722077
针织品、编织品及其制品制造	Knitwear, Braid and Their Product Manufacturing	110	1565907	1514385
纺织服装、鞋、帽制造业	Manufacturing Industry of Textile Costumes, Shoes, and Caps	90	508800	498486
# 纺织服装制造	Manufacturing Industry of Textile Costumes	90	508800	498486
皮革、毛皮、羽毛(绒)及其制品业	Manufacturing Industry of Leather, Fur, Feather (Cloth with Soft Nap) and their Products	5	41907	42969
木材加工及木、竹、藤、棕、草制造业	Wood Processing and Manufacturing Industry of Wood, Bamboo, Rattan, Palm, and Straw-made Articles	2	63577	59420
家具制造业	Cabinetmaking Industry	5	32146	31246

Main Financial Indicators of Foreign Funded Industrial Enterprises and Enterprises Funded by Entrepreneurs from Hong kong,Macao and Taiwan above Designated Size(2011)

(10 000 yuan)

本年应付职工薪酬 Wages Payable	全部职工年均人数(人) Average Employees (person)	流动资产合计 Circulating Funds	#产成品 Products	固定资产合计 Total Fixed Assets	固定资产原价 Original Value of Fixed Assets	累计折旧 Depreciation	#本年折旧 Depreciation in This Year	资产总计 Total Assets	负债总计 Total Liabilities
686205	**212552**	**11283949**	**1065624**	**4683072**	**6231840**	**2094624**	**451771**	**17655453**	**10896105**
163400	52411	2593884	236056	1219808	1583602	531633	100402	4182746	2531081
252347	71696	4491653	376681	2113928	2898579	1009600	223983	7347911	4798121
111329	29806	1600751	215871	580893	742286	243987	58585	2387375	1369836
60825	23377	764746	58476	233077	331594	117336	24517	1137892	719087
23238	7311	187399	26648	77487	112553	39392	8420	285456	143296
75067	27951	1645516	151893	457880	563226	152676	35864	2314073	1334684
520011	165897	7978715	756761	3319756	4506973	1505368	335799	12549358	7909581
166194	46655	3305234	308863	1363317	1724867	589257	115973	5106095	2986525
158652	47041	2329507	204650	1095246	1514363	556969	121284	4015589	2308471
312160	93858	4793240	450905	1913343	2536974	891301	190128	7280266	4635255
214831	71478	4133197	405569	1641778	2148881	643225	138160	6280732	3925675
562	175	28004	4500	32706	31621	3130	2200	78866	26705
681599	211598	11171777	1065624	4583974	6071188	2026091	440442	17439000	10795785
1103	414	13676	3618	8047	10940	2915	488	22653	9971
2968	952	45007	14429	20682	25157	7683	1529	73579	44881
9801	1821	120077	5050	29317	47557	18571	2451	152630	55886
563	148	8627	305	3015	5534	2518	202	13163	9320
298519	95537	3693176	336754	1472097	2149667	808923	173770	5740409	3538711
182908	53899	2102648	205876	987199	1472027	570232	122995	3417562	2168249
825	323	7209	268	2690	4425	1761	309	19319	9815
152	59	599	275	113	337	225	33	730	275
7466	2477	119408	14230	30395	47435	18447	4849	160427	89461
37671	13130	490972	40789	135246	191485	74736	14349	694259	427444
69497	25649	972340	75314	316454	433959	143522	31235	1448113	843467
50076	20288	376017	27710	101433	140501	47084	8045	524856	345576
50076	20288	376017	27710	101433	140501	47084	8045	524856	345576
3683	1356	41127	949	11299	13664	4008	752	53906	38966
1658	497	16149	3117	5560	8697	3138	563	21731	15193
2659	800	23396	2896	9441	9289	1644	482	34682	23354

4-8 续表 1

单位：万元

分类	Item	主营业务收入 Main Business Income	主营业务成本 Cost of Main Business	主营业务税金及附加 Main Business Tax and Extra Charges
全市总计	**Whole Municipality**	**17778966**	**15495079**	**57036**
总计中：市区	Urban District	4184538	3697225	11089
绍兴	Shaoxing	7631591	6792674	23291
上虞	Shangyu	2414027	1976148	12378
嵊州	Shengzhou	1144077	960994	3111
新昌	Xinchang	320157	266699	1018
诸暨	Zhuji	2084574	1801339	6150
总计中：轻工业	Light Industry	12679484	11143906	36785
重工业	Heavy Industry	5099481	4351173	20252
总计中：大型企业	Large	4353871	3777312	11446
中型企业	Medium-sized	8176368	7192361	28073
小型企业	Small	5206522	4488143	17430
微型企业	Miniature	42204	37262	87
按工业行业类别分	**Grouped by Economic Sector**			
制造业	Manufacturing	17539940	15308363	56143
农副食品加工业	Manufacturing of Agricultural and Non-staple Foodstuff	14331	11760	14
食品制造业	Foodstuff Manufacturing Industry	101105	90418	567
饮料制造业	Beverage Manufacturing Industry	157070	97362	1671
# 黄酒制造	Yellow Rice or Millet Wine Manufacturing Industry	5715	3075	248
纺织业	Textile Industry	5830784	5138562	18075
# 棉、化纤纺织及印染精加工	Cotton, Chemical Fiber Weaving, Printing, Dyeing and Finishing	3424596	3051764	10734
毛纺织和染整精加工	Wool Weaving, Dyeing and Finishing,	8097	6717	17
麻纺织	Linen Weaving	2274	2099	2
丝绢纺织及精加工	Silk Weaving and Finishing	147795	130796	313
纺织制成品制造	Textile Product Manufacturing	726970	617257	2308
针织品、编织品及其制品制造	Knitwear, Braid and Their Product Manufacturing	1521052	1329929	4702
纺织服装、鞋、帽制造业	Manufacturing Industry of Textile Costumes, Shoes, and Caps	499897	440155	1868
# 纺织服装制造	Manufacturing Industry of Textile Costumes	499897	440155	1868
皮革、毛皮、羽毛(绒)及其制品业	Manufacturing Industry of Leather, Fur, Feather (Cloth with Soft Nap) and their Products	42950	37909	122
木材加工及木、竹、藤、棕、草制造业	Wood Processing and Manufacturing Industry of Wood, Bamboo, Rattan, Palm, and Straw-made Articles	59550	53348	630
家具制造业	Cabinetmaking Industry	30562	26441	87

Continued 1

(10 000 yuan)

销售费用 Business Expenses	管理费用 Management Expenses	财务费用 Finance Expenses	利息支出 Interest Expenditure	利息收入 Interest Income	营业利润 Business Profits	利润总额 Total Profits	亏损企业亏损额 Total Loss	利税总额 Total Pre-tax Profits	本年应交增值税 Value Added Tax Payable
252613	**544856**	**390086**	**52156**	**393224**	**1134471**	**1160803**	**37508**	**1617503**	**399664**
64693	132584	70844	11136	77595	252915	261045	10618	361402	89269
65762	166345	170155	25432	178330	442498	453368	12660	659628	182970
42848	109212	56319	7326	56503	240241	243067	10504	312560	57116
37845	60263	32197	3418	31587	45918	46680	3200	76340	26550
8533	20691	5543	100	4436	18609	23805	341	33691	8869
32932	55761	55028	4745	44772	134291	132840	185	173881	34891
166908	368807	290221	40186	290185	742224	753761	17455	1078780	288234
85704	176048	99865	11970	103039	392248	407042	20053	538723	111429
76783	130122	83524	8324	79833	295876	310884	6286	424204	101874
94583	217707	176884	29776	189589	534357	543488	8149	752710	181149
80604	194949	129051	14063	123115	302800	304749	22741	437823	115644
644	2078	627	-7	687	1438	1682	333	2766	997
252611	539308	385161	51586	387837	1092567	1119214	37508	1568805	393448
395	584	501	23	478	1098	1131	–	1528	383
1553	2909	2494	59	1668	3666	3512	376	8428	4349
18802	5482	-210	668	415	34122	33388	–	47477	12418
1150	629	-1	7	5	614	579	–	1369	542
68378	188064	148944	20096	147433	289603	297058	6756	464967	149834
26239	99254	82263	15045	86711	179406	182537	2521	286463	93192
52	726	201	23	173	491	511	41	813	285
–	93	–	–	–	81	50	–	104	52
3406	9655	2676	538	3336	2750	6735	305	8824	1776
18399	30303	21153	1398	19918	28512	29101	1269	51410	20002
20281	48035	42652	3092	37295	78363	78123	2621	117353	34528
8992	23033	13833	1001	12147	13997	13331	1883	26461	11262
8992	23033	13833	1001	12147	13997	13331	1883	26461	11262
805	2564	1383	190	1219	359	502	–	2918	2295
929	2239	765	93	770	1639	1658	–	2856	569
1064	1595	781	52	897	549	577	–	1856	1192

4-8 续表 2

单位：万元

分类	Item	企业个数（个） Number of Enterprises (unit)	工业总产值现行价 Gross Industrial Output Value	工业销售产值现行价 Industrial Sales Output Value
造纸及纸制品业	Papermaking and Paper Product Industry	16	270328	260346
印刷业和记录媒介的复制	Printing Industry and Reproduction of Record Media	2	27036	24639
文教体育用品制造业	Manufacturing Industry for Culture, Education and Sports Goods	8	61650	60300
石油加工、炼焦及核燃料加工业	Petroleum Processing,Coking and Nuclear Fuel Manufacture	1	25487	25471
化学原料及化学制品制造业	Chemical Feedstock and Chemical Manufacturing Industry	43	1442267	1270143
#涂料、油墨、颜料及类似产品制造	Coat, Ink, Coloring Agent and Similar Product Manufacturing	12	258384	236009
合成材料制造	Synthetic Material Manufacturing	5	675706	543482
专用化学产品制造	Special Chemical Product Manufacturing	8	117281	115965
医药制造业	Medicine Manufacturing Industry	16	424554	400290
化学纤维制造业	Chemical Fiber Manufacturing Industry	39	3872908	3763344
橡胶制品业	Rubber Production Industry	2	21856	20454
塑料制品业	Plastic Industry	25	791633	756535
非金属矿物制品业	Non-metallic Minerals Product Industry	11	377122	369967
黑色金属冶炼及压延加工业	Ferrous Metal Smelting and Extrusion	5	208448	204752
有色金属冶炼及压延加工业	Non-ferrous Smelting and Extrusion	8	652314	579134
金属制品业	Metalwork Industry	27	338038	325272
通用设备制造业	General-purpose Equipment Manufacturing Industry	44	492590	477804
#轴承、齿轮、传动和驱动部件的制造	Bearing, Gear, Driving Unit Manufacturing	17	161371	157996
风机、衡器、包装设备等通用设备制造	Fans, Weighing Apparatus, Package and Other General-purpose Equipment manufacturing	8	138803	131019
通用零部件制造及机械修理	General-purpose Spare Parts Manufacturing and Machinery Repairs	11	129051	127230
专用设备制造业	Specialized Facility Manufacturing Industry	26	335007	322643
#纺织、服装和皮革工业专用设备制造	Specialized Facility Manufacturing Industry of Textile Costumes and Leather	16	205386	199376
交通运输设备制造业	Transport and Communication Facilities Manufacturing Industry	15	379160	371655
电气机械及器材制造业	Electric Machinery and Equipment Manufacturing Industry	40	920203	881094
通信设备、计算机及其他电子设备制造业	Manufacturing Industry of Communication Equipment, Computers and Other Electronic Equipment	14	223390	220906
仪器仪表及文化、办公用机械制造业	Manufacturing Industry of Instruments and Meters, and Machinery for Culture and Office	6	62723	60415
工艺品及其他制造业	Artwork and Other Manufacturing Industries	15	221430	209233
电力、燃气及水的生产和供应业	Production and Supply of Electric Power, Gas and Water	6	241523	239589
电力、热力的生产和供应业	Production and Supply of Electric Power and Heat Power	4	225682	223748
燃气生产和供应业	Gas Generation and Supply	1	12872	12872
水的生产和供应业	Water Production and Supply	1	2969	2969

Continued 2

(10 000 yuan)

本年应付职工薪酬 Wages Payable	全部职工年均人数(人) Average Employees (person)	流动资产合计 Circulating Funds	#产成品 Products	固定资产合计 Total Fixed Assets	固定资产原价 Original Value of Fixed Assets	累计折旧 Depreciation	#本年折旧 Depreciation in This Year	资产总计 Total Assets	负债总计 Total Liabilities
10852	3499	427224	35089	316097	361406	46743	12781	796371	545731
1776	296	13024	2515	10106	11299	4368	854	24066	10185
2514	991	19306	2457	6276	10006	3915	747	27716	14810
60	23	23223	247	1834	858	141	102	30818	18038
28575	6698	853902	82493	312114	382695	110774	29218	1309890	820811
8986	2024	159753	33315	58233	76416	29308	5996	239032	123560
3484	899	415359	14650	88571	115728	27207	7728	563428	376947
3044	645	37980	5891	23284	30153	12788	2927	65329	40340
18446	5522	246859	28449	115389	141158	44539	11126	393844	250177
47119	13024	1791052	179868	863416	1146880	402876	93859	2934931	1963688
2043	984	24836	3244	10431	10767	1358	1040	36586	22492
17320	5172	728979	29546	231844	325704	119870	20396	979201	650186
15211	5542	325294	33165	282419	299792	122054	17060	722457	406422
7578	1769	91385	17514	50877	60489	14901	3225	168878	78227
8437	1663	270188	69525	63866	76266	26994	6494	366160	218215
21027	6032	213662	28219	102249	124764	34264	7095	341533	189737
31608	8714	341944	32575	132385	186181	66643	13605	524902	251618
14895	3980	132738	6908	50025	82701	35263	5331	204097	104338
4386	1348	80534	11604	46938	59237	19033	4784	137993	65681
7749	2119	79179	7462	20042	26796	7862	2407	116282	49842
17628	4720	219907	20289	77381	84355	17029	4787	318499	178768
11852	2959	142170	13234	39433	41637	10424	2447	196626	104071
14365	3886	188913	13213	53377	82768	35901	6331	249716	107203
47121	14338	622808	46676	220354	264693	54110	17289	1005697	617584
7557	2667	179971	8600	26259	30775	9618	2472	223420	150874
4704	1560	36098	4245	13173	18061	5240	848	51297	36649
7191	2833	224580	33172	36255	46802	10785	3032	308572	191835
4605	954	112172	–	99098	160651	68534	11329	216453	100320
4132	832	109998	–	90596	147588	63937	10710	203669	96566
99	30	1733	–	1499	2259	760	177	3362	238
374	92	440	–	7004	10805	3836	442	9421	3516

4-8 续 表 3

单位：万元

分 类	Item	主营业务收入 Main Business Income	主营业务成本 Cost of Main Business	主营业务税金及附加 Main Business Tax and Extra Charges
造纸及纸制品业	Papermaking and Paper Product Industry	267180	232645	1309
印刷业和记录媒介的复制	Printing Industry and Reproduction of Record Media	29306	21948	111
文教体育用品制造业	Manufacturing Industry for Culture, Education and Sports Goods	60275	53546	170
石油加工、炼焦及核燃料加工业	Petroleum Processing,Coking and Nuclear Fuel Manufacture	25510	25406	1
化学原料及化学制品制造业	Chemical Feedstock and Chemical Manufacturing Industry	1365266	1191941	2952
# 涂料、油墨、颜料及类似产品制造	Coat, Ink, Coloring Agent and Similar Product Manufacturing	234018	183385	974
合成材料制造	Synthetic Material Manufacturing	645291	587841	719
专用化学产品制造	Special Chemical Product Manufacturing	111529	101967	217
医药制造业	Medicine Manufacturing Industry	400835	326270	1060
化学纤维制造业	Chemical Fiber Manufacturing Industry	3776959	3455202	7055
橡胶制品业	Rubber Production Industry	22466	16596	132
塑料制品业	Plastic Industry	815434	704661	3011
非金属矿物制品业	Non-metallic Minerals Product Industry	374590	308205	3101
黑色金属冶炼及压延加工业	Ferrous Metal Smelting and Extrusion	205062	190776	418
有色金属冶炼及压延加工业	Non-ferrous Smelting and Extrusion	576320	484193	5032
金属制品业	Metalwork Industry	327208	278951	1280
通用设备制造业	General-purpose Equipment Manufacturing Industry	474274	379507	2131
# 轴承、齿轮、传动和驱动部件的制造	Bearing, Gear, Driving Unit Manufacturing	158143	130238	590
风机、衡器、包装设备等通用设备制造	Fans, Weighing Apparatus, Package and Other General-purpose Equipment manufacturing	125291	96142	818
通用零部件制造及机械修理	General-purpose Spare Parts Manufacturing and Machinery Repairs	127773	102012	587
专用设备制造业	Specialized Facility Manufacturing Industry	325723	272044	1194
# 纺织、服装和皮革工业专用设备制造	Specialized Facility Manufacturing Industry of Textile Costumes and Leather	199522	163998	835
交通运输设备制造业	Transport and Communication Facilities Manufacturing Industry	379521	306371	766
电气机械及器材制造业	Electric Machinery and Equipment Manufacturing Industry	875381	731881	1927
通信设备、计算机及其他电子设备制造业	Manufacturing Industry of Communication Equipment, Computers and Other Electronic Equipment	226510	202472	444
仪器仪表及文化、办公用机械制造业	Manufacturing Industry of Instruments and Meters, and Machinery for Culture and Office	59265	45580	318
工艺品及其他制造业	Artwork and Other Manufacturing Industries	216604	184218	697
电力、燃气及水的生产和供应业	Production and Supply of Electric Power, Gas and Water	239026	186716	893
电力、热力的生产和供应业	Production and Supply of Electric Power and Heat Power	223355	174020	849
燃气生产和供应业	Gas Generation and Supply	12872	11355	27
水的生产和供应业	Water Production and Supply	2800	1342	17

Continued 3

(10 000 yuan)

销售费用 Business Expenses	管理费用 Management Expenses	财务费用 Finance Expenses	利息支出 Interest Expenditure	利息收入 Interest Income	营业利润 Business Profits	利润总额 Total Profits	亏损企业亏损额 Total Loss	利税总额 Total Pre-tax Profits	本年应交增值税 Value Added Tax Payable
4684	8019	6395	210	6404	18584	17549	279	28536	9678
1381	2291	199	10	143	1598	2200	–	3232	920
1012	1368	1026	13	751	3159	3133	0	4609	1307
28	211	-1358	19	-1408	1225	1219	0	1230	10
15108	36005	21397	456	21746	100252	103183	4708	128906	22770
5009	12954	4992	274	4346	26766	26895	338	35048	7179
1147	4671	7576	-782	8899	46209	47177	–	52660	4764
2925	3705	662	37	812	2690	2599	1184	4948	2132
8661	28464	8364	1778	9645	28821	28583	2185	40110	10467
15129	36238	59032	11759	67756	234495	237601	2370	300088	55431
634	790	734	121	701	3641	3628	–	4769	1010
7306	15281	20027	6677	24149	68542	68753	2002	91825	20061
10886	13888	15798	122	15671	26505	26016	6341	44332	15215
1832	2255	2708	128	2577	7052	6855	802	9947	2674
6746	13131	11696	1513	12213	62647	61979	1610	71875	4863
8736	16440	7930	1433	8108	15193	18079	1961	27876	8517
12658	28507	11761	764	10324	46231	48774	519	64343	13438
4281	11156	3744	109	2721	13925	14531	314	20056	4935
2651	5427	4274	563	4648	15997	16245	–	19930	2867
4793	8362	2734	47	1954	9969	10998	–	15654	4069
4919	18217	6468	364	5902	23031	23736	340	32007	7078
2968	11246	4221	309	4118	16503	17295	108	22796	4666
15796	27419	4919	99	3740	24120	31359	1655	44006	11881
27359	43529	26346	2799	20359	50304	52823	2490	69487	14737
3883	8773	2543	242	3968	13214	13107	595	17735	4183
2527	7101	1093	47	1019	2733	2905	637	5417	2194
2410	4912	9592	853	9040	16189	16576	–	21986	4712
2	5548	4925	570	5387	41904	41589	–	48698	6215
–	4833	4753	543	5188	39862	39564	–	46236	5823
2	199	-26	27	–	1316	1301	–	1553	224
–	516	198	1	199	727	724	–	909	168

4-9 全市大中型工业企业主要财务指标(2011 年)

单位：万元

分　　类	Item	企业个数(个) Number of Enterprises (unit)	工业总产值现行价 Gross Industrial Output Value	工业销售产值现行价 Industrial Sales Output Value
全　市　总　计	**Whole Municipality**	**666**	**54631110**	**53284357**
总计中：市　区	Urban District	113	8272989	7941851
绍　兴	Shaoxing	248	20786499	20481011
上　虞	Shangyu	95	7422334	7051286
嵊　州	Shengzhou	51	2166206	2077455
新　昌	Xinchang	36	3517136	3477942
诸　暨	Zhuji	123	12465946	12254812
按登记注册类型分组	**Grouped by Registration Status**			
内资企业	Domestic Funded Enterprises	446	41727183	40955694
国有企业	State-owned Enterprises	7	2591612	2591594
地方企业	Local Enterprises	7	2591612	2591594
集体企业	Collective-owned Enterprises	1	84374	82789
股份合作企业	Share-holding Cooperative Enterprises	1	21170	19343
联营企业	Joint Ownership Enterprises	1	60830	60830
有限责任公司	Limited liability Corporations	84	11460821	11281026
国有独资公司	Sole State-funded Corporations	5	515268	521519
其他有限责任公司	Other Limited liability Corporations	79	10945553	10759506
股份有限公司	Share-holding Corporations Ltd.	32	4510030	4379204
私营企业	Private Enterprises	320	22998346	22540910
私营独资企业	Private-funded Enterprises	8	167120	168157
私营有限责任公司	Private Limited Liability Corporations	300	21845119	21403793
私营股份有限公司	Private Shareholding Corporations Ltd.,	12	986107	968960
港、澳、台商投资公司	Enterprises with Investment from Hong Kong, Macao and Taiwan	141	8415677	7948487
内地与港澳台合资经营企业	Joint-venture Enterprises with Investment from Hong Kong，Macao and Taiwan	101	6659171	6295548
内地与港澳台合作经营企业	Cooperative Enterprises with Investment from Hong Kong，Macao and Taiwan	4	229238	226299
港澳台商独资经营企业	Sole Investment from Hong Kong,Macao and Taiwan	35	1488507	1390740
港澳台商投资股份有限公司	Share-holding Corporations Ltd. With Investment from Hong Kong,Macao and Taiwan	1	38761	35900
外商投资企业公司	Enterprises with Foreign Investment	79	4488251	4380176
中外合资经营企业	Joint-venture Enterprises with Foreign Investment	54	3067042	3013964

Main Financial Indicators of Large and Medium–sized Industrial Enterprises(2011)

(10 000 yuan)

本年应付职工薪酬 Wages Payable	全部职工年均人数(人) Average Employees (person)	流动资产合计 Circulating Funds	#产成品 Products	固定资产合计 Total Fixed Assets	固定资产原价 Original Value of Fixed Assets	累计折旧 Depreciation	#本年折旧 Depreciation in This Year	资产总计 Total Assets	负债总计 Total Liabilities
1830023	**513534**	**28724501**	**2713045**	**12151141**	**18173657**	**7292932**	**1348082**	**47047838**	**27325982**
278735	78350	3803857	399870	2633751	4220720	1897149	278928	7286256	4484494
661712	182805	10248391	1001189	4703370	7277895	2947983	568395	16976473	11358518
311032	79819	5040405	478213	1821295	2422860	868869	186403	7933731	3807995
104965	37167	1008523	81156	423289	602750	230360	42684	1661660	1077804
148044	38384	2967833	213052	634764	959409	394035	65673	4218271	1843852
325535	97009	5655494	539565	1934673	2690024	954535	206000	8971449	4753318
1359211	372635	21601754	2057490	9142552	14122320	5844662	1036670	35751984	20382257
40881	3990	77307	1800	1165443	1894881	868916	150488	1280452	1067896
40881	3990	77307	1800	1165443	1894881	868916	150488	1280452	1067896
2888	560	18497	8569	9501	29747	20246	3113	40683	19963
2260	637	16955	4695	6739	11372	4633	362	24814	18732
2259	435	13429	–	37055	87534	50479	6389	50905	33484
334355	85761	5474556	513911	2511961	3948402	1621351	268182	9354250	6042061
33620	7738	624135	86224	268646	367833	156245	18522	1280613	551734
300735	78023	4850421	427688	2243314	3580569	1465106	249660	8073638	5490327
156207	38658	4158905	329088	1047855	1537745	611328	115622	6143099	2182301
820362	242594	11842106	1199427	4363998	6612640	2667711	492513	18857781	11017820
9576	3210	102800	10774	56418	96251	40493	6104	196606	124814
772935	228314	11236937	1148470	4144555	6231456	2495774	465783	17884723	10449902
37851	11070	502369	40183	163025	284933	131444	20626	776452	443104
302744	89761	4735945	463621	2094237	2735246	987122	208768	7658665	4836646
217289	63733	3839966	360673	1694691	2144718	765970	162219	6211623	3953394
10142	2460	126354	18282	32495	60348	30099	6552	167367	115115
74313	23238	714147	82393	362421	523491	188996	39714	1205116	721904
1000	330	55478	2272	4630	6688	2058	283	74558	46233
168068	51138	2386803	191935	914352	1316092	461148	102645	3637190	2107079
110605	33833	1417470	111741	581563	833235	296233	70698	2291775	1351239

4-9 续表 1

单位：万元

分　类	Item	主营业务收入 Main Business Income	主营业务成本 Cost of Main Business	主营业务税金及附加 Main Business Tax and Extra Charges
全　市　总　计	**Whole Municipality**	**53745466**	**46852080**	**229464**
总计中：市　区	Urban District	8396809	7547414	26248
绍　兴	Shaoxing	20404264	18334635	97826
上　虞	Shangyu	7017362	5795219	34178
嵊　州	Shengzhou	2043537	1742407	6746
新　昌	Xinchang	3496119	2606284	22868
诸　暨	Zhuji	12387376	10826121	41597
按登记注册类型分组	**Grouped by Registration Status**			
内资企业	Domestic Funded Enterprises	41215227	35882406	189945
国有企业	State-owned Enterprises	2594258	2480283	6564
地方企业	Local Enterprises	2594258	2480283	6564
集体企业	Collective-owned Enterprises	82789	76828	572
股份合作企业	Share-holding Cooperative Enterprises	16931	15030	44
联营企业	Joint Ownership Enterprises	61095	56871	197
有限责任公司	Limited liability Corporations	11518421	10200916	51797
国有独资公司	Sole State-funded Corporations	576088	465745	6374
其他有限责任公司	Other Limited liability Corporations	10942333	9735171	45423
股份有限公司	Share-holding Corporations Ltd.	4410724	3402058	20553
私营企业	Private Enterprises	22531009	19650421	110218
私营独资企业	Private-funded Enterprises	167601	137239	843
私营有限责任公司	Private Limited Liability Corporations	21406519	18697768	106229
私营股份有限公司	Private Shareholding Corporations Ltd.,	956889	815414	3147
港、澳、台商投资公司	Enterprises with Investment from Hong Kong,Macao and Taiwan	8097006	7124760	26401
内地与港澳台合资经营企业	Joint-venture Enterprises with Investment from Hong Kong，Macao and Taiwan	6425846	5699921	17136
内地与港澳台合作经营企业	Cooperative Enterprises with Investment from Hong Kong，Macao and Taiwan	226716	208245	1255
港澳台商独资经营企业	Sole Investment from Hong Kong,Macao and Taiwan	1400702	1182980	7774
港澳台商投资股份有限公司	Share-holding Corporations Ltd. With Investment from Hong Kong,Macao and Taiwan	43742	33614	237
外商投资企业公司	Enterprises with Foreign Investment	4433234	3844914	13118
中外合资经营企业	Joint-venture Enterprises with Foreign Investment	3012814	2638299	7890

Continued 1

(10 000 yuan)

销售费用 Business Expenses	管理费用 Management Expenses	财务费用 Finance Expenses	利息支出 Interest Expenditure	利息收入 Interest Income	营业利润 Business Profits	利润总额 Total Profits	亏损企业亏损额 Total Loss	利税总额 Total Pre-tax Profits	本年应交增值税 Value Added Tax Payable
853758	**1441058**	**1025295**	**126662**	**1055885**	**3545080**	**3579175**	**42038**	**5062911**	**1254272**
132609	202537	120922	15116	131568	426719	452079	7592	649833	171505
175172	375633	444355	56180	469159	1004617	1019682	29634	1593382	475874
163878	277133	149358	27964	164797	651391	679070	2401	948177	234928
52885	105526	49486	5346	47279	88379	91708	1919	150720	52266
90846	201708	65469	6595	62235	479551	469308	492	622607	130431
238368	278522	195705	15463	180847	894423	867328	–	1098193	189267
682393	1093230	764886	88562	786463	2714847	2724803	27603	3885997	971249
5329	33569	8898	574	9111	63224	63901	—	122685	52219
5329	33569	8898	574	9111	63224	63901	—	122685	52219
131	754	894	-169	708	5258	3531	—	4863	760
186	1194	845	—	805	-18	386	—	796	365
—	2349	1189	62	1197	586	527	—	2438	1714
219193	289095	213992	28225	216623	617635	635410	23901	911055	223848
18228	38243	15221	865	15525	40103	42981	—	71737	22382
200965	250852	198771	27360	201099	577532	592429	23901	839318	201466
128229	201245	70663	17780	79607	595802	582224	59	750847	148070
329324	565024	468406	42090	478412	1432361	1438824	3643	2093313	544272
6819	5969	5284	114	4648	11555	12357	—	17261	4061
298182	527236	441012	40316	451860	1363995	1369000	3643	1991172	515944
24323	31820	22109	1660	21905	56811	57467	—	84880	24267
96591	208348	177453	27888	188408	514742	532360	12588	732362	173601
67626	148353	141699	23317	151733	407289	419806	10854	576771	139828
1825	3754	6203	356	5944	5498	5433	—	11852	5164
26037	55442	27767	3743	28947	95776	100431	1734	136020	27815
1103	800	1784	471	1784	6180	6690	—	7720	793
74775	139480	82956	10212	81014	315491	322012	1847	444552	109422
45914	93708	61933	6211	59792	181779	191354	1655	264998	65754

4-9 续表 2

单位：万元

分　类	Item	企业个数(个) Number of Enterprises (unit)	工业总产值现行价 Gross Industrial Output Value	工业销售产值现行价 Industrial Sales Output Value
中外合作经营企业	Cooperative Enterprises with Foreign Investment	1	10169	10141
外商独资经营企业	Enterprises with Sole Foreign Investment	20	854939	809919
外商投资股份有限公司	Share-holding Corporations Ltd. With ForeignInvestment	4	556100	546152
总计中：亏损企业	Loss Enterprises	44	857803	854235
总计中：国有控股企业	State-owned and State-holding Enterprises	21	4066126	4045706
总计中：轻工业	Light Industry	467	28438562	27659684
重工业	Heavy Industry	199	26192548	25624673
总计中：大型企业	Large	103	30419589	29905003
中型企业	Medium-sized	563	24211521	23379354
按工业行业类别分	**Grouped by Economic Sector**			
采掘业	Mining and Quarrying	2	114394	114235
黑色金属矿采选业	Ferrous Metals Mining and Dressing	1	102067	101926
有色金属矿采选业	Nonferrous Metals Mining and Dressing	1	12327	12309
制造业	Manufacturing	649	51363816	50023476
农副食品加工业	Manufacturing of Agricultural and Non-staple Foodstuff	3	104035	101419
食品制造业	Foodstuff Manufacturing Industry	2	39784	36680
饮料制造业	Beverage Manufacturing Industry	6	463117	449104
纺织业	Textile Industry	287	13124912	12796463
# 棉、化纤纺织及印染精加工	Cotton, Chemical Fiber Weaving, Printing, yeing and Finishing	205	9912718	9682027
毛纺织和染整精加工	Wool Weaving, Dyeing and Finishing,	1	16560	16201
丝绢纺织及精加工	Silk Weaving and Finishing	5	462216	453656
纺织制成品制造	Textile Product Manufacturing	20	968907	931821
针织品、编织品及其制品制造	Knitwear, Braid and Their Product Manufacturing	56	1764510	1712758
纺织服装、鞋、帽制造业	Manufacturing Industry of Textile Costumes, Shoes, and Caps	39	1221247	1204446
# 纺织服装制造	Manufacturing Industry of Textile Costumes	39	1221247	1204446
皮革、毛皮、羽毛(绒)及其制品业	Manufacturing Industry of Leather, Fur, Feather (Cloth with Soft Nap) and their Products	3	27933	28963

Continued 2

(10 000 yuan)

本年应付职工薪酬 Wages Payable	全部职工年均人数(人) Average Employees (person)	流动资产合计 Circulating Funds	#产成品 Products	固定资产合计 Total Fixed Assets	固定资产原价 Original Value of Fixed Assets	累计折旧 Depreciation	#本年折旧 Depreciation in This Year	资产总计 Total Assets	负债总计 Total Liabilities
704	315	2980	36	2119	2119	530	176	5964	3286
44692	14261	457614	60904	216488	287369	83619	20977	712845	343335
12068	2729	508739	19254	114183	193370	80765	10794	626606	409220
71038	24105	782569	48327	601071	777317	346888	49660	1539619	1153324
116973	22304	1592995	150438	1837201	3100463	1497112	221338	3923203	2141620
1138154	344071	16286217	1727304	6388441	9539717	3742690	714045	26421701	14698312
691869	169463	12438284	985741	5762700	8633940	3550242	634038	20626138	12627670
880370	231579	15574124	1462406	6365350	9656321	3890195	725370	25700859	14197498
949653	281955	13150377	1250640	5785790	8517336	3402737	622712	21346980	13128484
10598	1720	104380	2684	40354	64125	29247	3036	176546	63997
7172	1123	95653	884	29154	51110	23119	2478	156619	58252
3425	597	8727	1800	11200	13015	6128	558	19927	5745
1760935	503580	28254104	2705005	10585261	15527425	6007763	1139934	44876805	25719471
2713	1010	44840	8383	19150	24810	8364	1811	74001	41544
2460	942	31472	10518	6472	10729	4257	682	43104	37938
40229	8844	610071	170365	203079	285677	110264	13181	1142989	459936
633867	197412	7202346	635284	3220713	4962891	2007118	387794	12069483	7530966
485666	145616	5225299	446754	2553736	4009906	1658489	320252	9002859	5749902
1474	718	9988	2425	5575	13459	8289	606	20385	11184
14149	5098	282080	22794	84390	122596	51643	9454	437082	237330
46907	16283	603744	70770	228917	318769	113156	24002	954381	537570
85671	29697	1081235	92541	348095	498162	175542	33478	1654776	994981
72642	27574	651486	53721	164631	253243	100538	15705	996489	546505
72642	27574	651486	53721	164631	253243	100538	15705	996489	546505
1896	978	15962	742	6571	8224	2188	690	23952	14600

4-9 续表 3

单位：万元

分类	Item	主营业务收入 Main Business Income	主营业务成本 Cost of Main Business	主营业务税金及附加 Main Business Tax and Extra Charges
中外合作经营企业	Cooperative Enterprises with Foreign Investment	10141	9381	37
外商独资经营企业	Enterprises with Sole Foreign Investment	831343	727679	2144
外商投资股份有限公司	Share-holding Corporations Ltd. With ForeignInvestment	578935	469556	3047
总计中：亏损企业	Loss Enterprises	850018	794858	2882
总计中：国有控股企业	State-owned and State-holding Enterprises	4314907	3885328	16130
总计中：轻工业	Light Industry	27959132	24310600	114305
重工业	Heavy Industry	25786334	22541480	115159
总计中：大型企业	Large	30153874	26202593	135280
中型企业	Medium-sized	23591592	20649486	94184
按工业行业类别分	**Grouped by Economic Sector**			
采掘业	Mining and Quarrying	130659	100455	1591
黑色金属矿采选业	Ferrous Metals Mining and Dressing	118489	95765	1294
有色金属矿采选业	Nonferrous Metals Mining and Dressing	12170	4690	297
制造业	Manufacturing	50465848	43779891	219473
农副食品加工业	Manufacturing of Agricultural and Non-staple Foodstuff	100862	89119	120
食品制造业	Foodstuff Manufacturing Industry	46478	39947	223
饮料制造业	Beverage Manufacturing Industry	464577	304998	10170
纺织业	Textile Industry	12822294	11385944	55593
# 棉、化纤纺织及印染精加工	Cotton, Chemical Fiber Weaving, Printing, Dyeing and Finishing	9629651	8620661	44477
毛纺织和染整精加工	Wool Weaving, Dyeing and Finishing,	17299	15293	104
丝绢纺织及精加工	Silk Weaving and Finishing	476250	430405	808
纺织制成品制造	Textile Product Manufacturing	990193	837481	2958
针织品、编织品及其制品制造	Knitwear, Braid and Their Product Manufacturing	1708900	1482105	7245
纺织服装、鞋、帽制造业	Manufacturing Industry of Textile Costumes, Shoes, and Caps	1199656	989222	5987
# 纺织服装制造	Manufacturing Industry of Textile Costumes	1199656	989222	5987
皮革、毛皮、羽毛(绒)及其制品业	Manufacturing Industry of Leather, Fur, Feather (Cloth with Soft Nap) and their Products	30344	26180	121

Continued 3

(10 000 yuan)

销售费用 Business Expenses	管理费用 Management Expenses	财务费用 Finance Expenses	利息支出 Interest Expenditure	利息收入 Interest Income	营业利润 Business Profits	利润总额 Total Profits	亏损企业亏损额 Total Loss	利税总额 Total Pre-tax Profits	本年应交增值税 Value Added Tax Payable
76	462	134	15	35	87	75	—	282	170
11714	37703	10582	1423	9569	59565	60021	192	80065	17900
17071	7607	10307	2563	11617	74061	70563	—	99207	25598
16632	50315	42164	4295	41285	-45303	-42038	42038	-17614	21542
45074	125884	42673	86	39666	210993	212297	16538	335330	106903
488261	768280	593650	80028	618778	1796922	1828977	12441	2655529	712247
365497	672779	431645	46634	437107	1748159	1750198	29596	2407382	542025
548411	752649	492730	66649	507548	2087302	2072673	6522	2871418	663466
305347	688409	532565	60013	548337	1457778	1506503	35516	2191493	590806
2023	15221	1163	267	1387	12727	14716	—	22692	6385
1806	11250	914	252	1141	9941	11969	—	18325	5062
217	3970	250	14	246	2787	2747	—	4367	1323
844495	1380345	986558	123538	1014423	3446102	3476403	25499	4881489	1185614
639	3709	1469	119	1398	5840	5999	—	6675	556
1471	1319	2106	35	1409	1418	1265	—	3065	1578
43980	25463	7930	1409	10600	74575	78220	—	115791	27402
121120	335111	346163	41869	356679	618139	634984	7622	1039481	348904
64983	228786	263266	36119	278164	447431	465986	5143	784962	274499
167	565	660	19	621	752	747	—	1578	726
4990	17192	10601	245	10982	18065	17406	590	24306	6092
27784	36428	28470	2584	27018	47918	48094	386	78360	27308
23196	52139	43166	2903	39893	103973	102751	1503	150275	40279
64642	46656	25099	1272	23414	68663	70044	—	103288	27257
64642	46656	25099	1272	23414	68663	70044	—	103288	27257
649	1799	486	33	429	1302	1272	—	1854	461

4-9 续表 4

单位：万元

分　　类	Item	企业个数（个） Number of Enterprises (unit)	工业总产值现行价 Gross Industrial Output Value	工业销售产值现行价 Industrial Sales Output Value
木材加工及木、竹、藤、棕、草制造业	Wood Processing and Manufacturing Industry of wood,Bamboo,Rattan,Palm,and Strawmade articles	2	74527	71090
家具制造业	Cabinetmaking Industry	6	301069	269529
造纸及纸制品业	Papermaking and Paper Product Industry	8	396506	391009
文教体育用品制造业	Manufacturing Industry for Culture, Education and Sports Goods	1	16679	16670
化学原料及化学制品制造业	Chemical Feedstock and Chemical Manufacturing Industry	22	6827341	6593907
#涂料、油墨、颜料及类似产品制造	Coat, Ink, Coloring Agent and Similar Product Manufacturing	6	1503614	1464375
合成材料制造	Synthetic Material Manufacturing	2	4030977	3899709
专用化学产品制造	Special Chemical Product Manufacturing	2	163028	134889
医药制造业	Medicine Manufacturing Industry	20	1589508	1507916
化学纤维制造业	Chemical Fiber Manufacturing Industry	30	5921037	5726419
橡胶制品业	Rubber Production Industry	3	125437	122949
塑料制品业	Plastic Industry	18	2740018	2702634
非金属矿物制品业	Non-metallic Minerals Product Industry	18	1108140	1087283
黑色金属冶炼及压延加工业	Ferrous Metal Smelting and Extrusion	6	699351	673841
有色金属冶炼及压延加工业	Non-ferrous Smelting and Extrusion	8	3007275	2953545
金属制品业	Metalwork Industry	18	1238025	1197805
通用设备制造业	General-purpose Equipment Manufacturing Industry	54	4357150	4302109
#轴承、齿轮、传动和驱动部件的制造	Bearing, Gear, Driving Unit Manufacturing	21	689075	677839
风机、衡器、包装设备等通用设备制造	Fans, Weighing Apparatus, Package and Other General-purpose Equipment manufacturing	10	1926764	1901160
通用零部件制造及机械修理	General-purpose Spare Parts Manufacturing and Machinery Repairs	6	940145	934188
专用设备制造业	Specialized Facility Manufacturing Industry	14	1554696	1481786
#纺织、服装和皮革工 专用设备制造	Specialized Facility Manufacturing Industry of Textile Costumes and Leather	9	494295	491619
环保、社会公共安全及其他专用设备制造	Environmental Protection, Social Public Security and Other Special Use	4	1055693	985561
交通运输设备制造业	Transport and Communication Facilities Manufacturing Industry	14	1451850	1427943
电气机械及器材制造业	Electric Machinery and Equipment Manufacturing Industry	39	3357549	3293794
通信设备、计算机及其他电子设备制造	Manufacturing Industry of Communication Equipment, Computers and Other Electronic Equipment	13	639599	625554
仪器仪表及文化、办公用机械制造业	Manufacturing Industry of Instruments and Meters, and Machinery for Culture and Office	2	41421	43203
工艺品及其他制造业	Artwork and Other Manufacturing Industries	13	935612	917415
电力、燃气及水的生产和供应业	Production and Supply of Electric Power, Gas and Water	15	3152899	3146646
电力、热力的生产和供应业	Production and Supply of Electric Power and Heat Power	12	3069737	3063483
水的生产和供应业	Water Production and Supply	3	83163	83163

Continued 4

(10 000 yuan)

本年应付职工薪酬 Wages Payable	全部职工年均人数(人) Average Employees (person)	流动资产合计 Circulating Funds	#产成品 Products	固定资产合计 Total Fixed Assets	固定资产原价 Original Value of Fixed Assets	累计折旧 Depreciation	#本年折旧 Depreciation in This Year	资产总计 Total Assets	负债总计 Total Liabilities
5819	941	40457	3738	19583	22782	3200	886	70859	28721
17092	6040	166900	15206	67018	125108	61617	5143	245226	127161
13770	4183	165653	8987	112158	192148	90926	15964	292163	133427
758	313	5709	316	1200	2747	1547	226	7374	3163
99242	22409	3533926	258061	1269640	1989805	757842	143753	5496340	3450547
37707	8625	1201155	109622	255583	439494	194703	38159	1729458	585690
21441	4556	1845660	65871	725535	1147661	422126	74482	2873303	2412469
5538	769	49456	20255	46224	62032	20892	5235	103166	52097
63253	16904	1500634	113278	356863	537803	215195	35435	2178263	605470
96852	23796	2560541	235211	1306127	1803320	644740	143056	4298495	2834612
8206	2715	77281	16086	36366	49022	14170	3911	125640	49955
41103	13218	1236801	62378	480925	770509	374873	59291	1835437	1052755
41184	11642	841277	62545	499173	659241	275946	43359	1614077	858648
20027	4568	272062	46875	86804	106371	39799	7218	416437	202200
37245	9039	987890	121999	215668	302770	101005	32023	1381091	880024
62786	14159	999518	116131	237542	365798	137600	27987	1314564	819254
186748	49662	2771739	230041	895389	1203008	434173	79356	4261701	2354125
39720	13005	453487	41819	234394	303793	92819	18920	781781	454046
68895	17143	791039	42667	295864	403202	148423	30276	1325451	642572
37256	9279	961062	77089	163134	233033	97281	11030	1287980	800427
47481	10328	794782	85977	272261	333089	81044	22308	1242140	753633
20655	5064	259712	27264	52298	83242	38078	5978	347916	183643
25880	4943	532278	58589	218105	248588	42462	16216	888668	567273
72352	17405	734989	61355	264259	391337	152926	33935	1218993	620147
133149	37738	2012907	132108	638299	750778	210366	47741	3168205	1667804
30184	10294	297900	19325	103690	233018	123621	9400	429021	277325
3936	1498	28624	1380	9605	14838	6010	780	41174	20062
25941	9968	668336	234995	92075	128360	48436	8301	889589	348951
58490	8234	366017	5356	1525526	2582107	1255922	205113	1994487	1542514
51207	6878	305109	5356	1284941	2231558	1069688	173919	1687011	1305374
7283	1356	60908	—	240585	350549	186235	31194	307475	237140

4-9 续表 5

单位：万元

分类	Item	主营业务收入 Main Business Income	主营业务成本 Cost of Main Business	主营业务税金及附加 Main Business Tax and Extra Charges
木材加工及木、竹、藤、棕、草制造业	Wood Processing and Manufacturing Industry of wood,Bamboo,Rattan,Palm,and Strawmade articles	71090	64029	705
家具制造业	Cabinetmaking Industry	265704	209757	1423
造纸及纸制品业	Papermaking and Paper Product Industry	389874	335301	1696
文教体育用品制造业	Manufacturing Industry for Culture, Education and Sports Goods	16658	14479	61
化学原料及化学制品制造业	Chemical Feedstock and Chemical Manufacturing Industry	6726041	5976679	32087
#涂料、油墨、颜料及类似产品制造	Coat, Ink, Coloring Agent and Similar Product Manufacturing	1484388	1245996	4810
合成材料制造	Synthetic Material Manufacturing	4003394	3681081	20827
专用化学产品制造	Special Chemical Product Manufacturing	135663	104789	1668
医药制造业	Medicine Manufacturing Industry	1504290	1051570	7189
化学纤维制造业	Chemical Fiber Manufacturing Industry	6010446	5547594	13119
橡胶制品业	Rubber Production Industry	125350	97912	687
塑料制品业	Plastic Industry	2743097	2424114	9172
非金属矿物制品业	Non-metallic Minerals Product Industry	1090055	873941	7046
黑色金属冶炼及压延加工业	Ferrous Metal Smelting and Extrusion	673063	622766	1147
有色金属冶炼及压延加工业	Non-ferrous Smelting and Extrusion	2953822	2692121	8636
金属制品业	Metalwork Industry	1205852	1014539	10252
通用设备制造业	General-purpose Equipment Manufacturing Industry	4302725	3485408	28921
#轴承、齿轮、传动和驱动部件的制造	Bearing, Gear, Driving Unit Manufacturing	661822	547666	2412
风机、衡器、包装设备等通用设备制造	Fans, Weighing Apparatus, Package and Other General-purpose Equipment manufacturing	1911187	1618113	11322
通用零部件制造及机械修理	General-purpose Spare Parts Manufacturing and Machinery Repairs	940840	681729	11545
专用设备制造业	Specialized Facility Manufacturing Industry	1480680	1264384	3156
#纺织、服装和皮革工专用设备制造	Specialized Facility Manufacturing Industry of Textile Costumes and Leather	488703	385324	1919
环保、社会公共安全及其他专用设备制造	Environmental Protection, Social Public Security and Other Special Use	987371	875721	1198
交通运输设备制造业	Transport and Communication Facilities Manufacturing Industry	1434698	1169351	5809
电气机械及器材制造业	Electric Machinery and Equipment Manufacturing Industry	3240911	2737305	10059
通信设备、计算机及其他电子设备制造	Manufacturing Industry of Communication Equipment, Computers and Other Electronic Equipment	603405	532207	1954
仪器仪表及文化、办公用机械制造业	Manufacturing Industry of Instruments and Meters, and Machinery for Culture and Office	40251	31356	236
工艺品及其他制造业	Artwork and Other Manufacturing Industries	923630	799669	3907
电力、燃气及水的生产和供应业	Production and Supply of Electric Power, Gas and Water	3148959	2971733	8401
电力、热力的生产和供应业	Production and Supply of Electric Power and Heat Power	3063987	2892231	8094
水的生产和供应业	Water Production and Supply	84972	79502	307

Continued 5

(10 000 yuan)

销售费用 Business Expenses	管理费用 Management Expenses	财务费用 Finance Expenses	利息支出 Interest Expenditure	利息收入 Interest Income	营业利润 Business Profits	利润总额 Total Profits	亏损企业亏损额 Total Loss	利税总额 Total Pre-tax Profits	本年应交增值税 Value Added Tax Payable
982	4663	557	201	687	1422	1437	21	2932	789
14354	12678	4391	705	4657	22495	22617	—	35806	11767
6776	7379	6448	280	6579	36579	36407	—	54484	16382
282	353	320	0	250	1162	1115	—	1571	395
74178	108988	127121	19803	137941	419850	418797	—	584069	133186
29049	54146	22567	11426	32622	122925	126819	—	173185	41556
18511	19285	81798	6966	82147	193766	185540	—	260035	53668
2899	5995	6836	387	7162	13638	14336	—	20316	4312
52343	94820	20019	5180	19629	286412	265131	809	336627	64307
26267	59989	79827	10632	90548	314992	317755	—	412525	81651
7907	6989	1745	278	1676	10160	10602	—	15878	4588
33850	44999	41952	7368	44263	194273	196963	136	251900	45765
25579	38189	41243	2876	41962	125749	134830	7309	187610	45734
4506	7612	5681	150	5375	35924	30884	—	39305	7274
22813	34347	21560	8644	22819	210658	196456	—	234767	29675
25472	40197	21026	1571	21431	68854	59563	321	97777	27963
114505	198376	99654	3525	96238	365526	360847	2011	502122	112354
14804	36458	21170	805	18985	40235	44837	1804	65794	18545
58713	69722	37065	664	36219	130292	123888	—	177538	42328
22666	53444	25070	1637	26072	118603	112317	1	157471	33610
18409	44603	22940	5015	23646	140035	148346	—	192072	40571
9930	26473	4587	177	4603	61166	68668	—	92930	22343
8403	17521	18250	4810	19016	78426	79226	—	98651	18228
43788	82851	22862	2072	20698	119434	133162	1531	190822	51851
108913	123428	55669	7760	51343	236626	255258	3897	337617	72300
11157	30570	12812	998	13239	19495	21143	1206	38629	15532
2513	6420	553	2	551	-394	627	637	2812	1949
17401	18841	16925	1739	16965	66915	72682	—	92011	15423
7240	45493	37574	2857	40074	86251	88057	16538	158730	62273
2128	37763	28735	2667	31229	101492	103090	—	170833	59650
5112	7730	8838	190	8845	-15241	-15033	16538	-12103	2623

4-10 市区规模以上工业企业主要财务指标(2011 年)

单位：万元

分　　类	Item	企业个数(个) Number of Enterprises (unit)	工业总产值现行价 Gross Industrial Output Value	工业销售产值现行价 Industrial Sales Output Value
市区总计	**Urban District**	**504**	**11275089**	**10880517**
总计中：市直属	City	373	9969130	9591838
越城区	Yuecheng	131	1305959	1288680
按登记注册类型分组	**Grouped by Registration Status**			
内资企业	Domestic Funded Enterprises	308	6998472	6894437
国有企业	State-owned Enterprises	4	1774081	1774304
地方企业	Local Enterprises	3	1767936	1767918
股份合作企业	Share-holding Cooperative Enterprises	1	8994	8770
联营企业	Joint Ownership Enterprises	1	2760	2879
其他联营企业	Other Joint Ownership Enterprises	1	2760	2879
有限责任公司	Limited liability Corporations	55	1652359	1651164
国有独资公司	Sole State-funded Corporations	4	265937	273730
其他有限责任公司	Other Limited liability Corporations	51	1386422	1377433
股份有限公司	Share-holding Corporations Ltd.	5	153572	148003
私营企业	Private Enterprises	242	3406707	3309317
私营独资企业	Private-funded Enterprises	19	175829	177472
私营合伙企业	Private Partnership Enterprises	1	5318	5233
私营有限责任公司	Private Limited Liability Corporations	221	3222244	3123296
私营股份有限公司	Private Shareholding Corporations Ltd.,	1	3317	3317
港、澳、台商投资公司	Enterprises with Investment from Hong Kong, Macao and Taiwan	118	3211759	2915468
内地与港澳台合资经营企业	Joint-venture Enterprises with Investment from Hong Kong，Macao and Taiwan	55	2644497	2367767

Main Financial Indicators of above Designated Size Industrial Enterprises(2011)

(10 000 yuan)

本年应付职工薪酬 Wages Payable	全部职工年均人数(人) Average Employees (person)	流动资产合计 Circulating Funds	#产成品 Products	固定资产合计 Total Fixed Assets	固定资产原价 Original Value of Fixed Assets	累计折旧 Depreciation	#本年折旧 Depreciation in This Year	资产总计 Total Assets	负债总计 Total Liabilities
413449	**125963**	**5704143**	**589610**	**3676432**	**5666365**	**2438116**	**359796**	**10474581**	**6591280**
338901	99352	4903700	515231	3179932	4861853	2075851	316888	9019294	5629311
74549	26611	800443	74380	496500	804512	362265	42907	1455288	961969
250050	73552	3110259	353554	2456624	4082763	1906483	259393	6291835	4060199
25504	2331	32835	2398	857758	1483081	719292	116196	906855	873853
25075	2230	29669	1800	853911	1478803	718861	115875	898989	871116
740	185	3885	1953	4247	5189	941	192	9725	4370
267	109	3715	176	1915	2024	109	49	6507	4382
267	109	3715	176	1915	2024	109	49	6507	4382
86027	22495	1210220	166050	710598	1193613	556544	57065	2349972	1223695
23939	4751	399563	74764	245333	312267	121622	14480	930467	350786
62088	17744	810657	91285	465264	881345	434922	42585	1419505	872910
9016	2594	66956	12171	54242	116827	68113	5938	126043	57341
128495	45838	1792648	170806	827864	1282030	561485	79953	2892733	1896557
5293	2080	97925	8090	29334	33982	14729	2318	134171	108470
152	56	1280	178	2224	2619	394	91	3505	2400
122921	43632	1685682	162500	792133	1240900	545892	77364	2742168	1774047
129	70	7761	39	4173	4530	469	180	12890	11639
93068	30538	2001593	186918	921367	1165642	383584	75181	3233024	2014427
55595	17778	1578140	143263	703098	882590	294604	57437	2527830	1633792

4-10 续 表 1

单位：万元

分类	Item	主营业务收入 Main Business Income	主营业务成本 Cost of Main Business	主营业务税金及附加 Main Business Tax and Extra Charges
市区总计	**Urban District**	**11410053**	**10217689**	**38181**
总计中：市直属	City	10094381	9060041	32074
越城区	Yuecheng	1315672	1157647	6108
按登记注册类型分组	**Grouped by Registration Status**			
内资企业	Domestic Funded Enterprises	7225514	6520464	27092
国有企业	State-owned Enterprises	1774095	1714224	4112
地方企业	Local Enterprises	1767779	1708700	4106
股份合作企业	Share-holding Cooperative Enterprises	9643	7759	31
联营企业	Joint Ownership Enterprises	2879	2474	8
其他联营企业	Other Joint Ownership Enterprises	2879	2474	8
有限责任公司	Limited liability Corporations	1924265	1653419	10105
国有独资公司	Sole State-funded Corporations	310042	238865	5214
其他有限责任公司	Other Limited liability Corporations	1614223	1414554	4892
股份有限公司	Share-holding Corporations Ltd.	144671	112860	291
私营企业	Private Enterprises	3369961	3029729	12546
私营独资企业	Private-funded Enterprises	178756	161927	706
私营合伙企业	Private Partnership Enterprises	5233	4948	6
私营有限责任公司	Private Limited Liability Corporations	3182655	2860065	11824
私营股份有限公司	Private Shareholding Corporations Ltd.,	3317	2790	10
港、澳、台商投资公司	Enterprises with Investment from Hong Kong, Macao and Taiwan	3100180	2784748	5897
内地与港澳台合资经营企业	Joint-venture Enterprises with Investment from Hong Kong, Macao and Taiwan	2547218	2301273	4315

Continued 1

(10 000 yuan)

销售费用 Business Expenses	管理费用 Management Expenses	财务费用 Finance Expenses	利息支出 Interest Expenditure	利息收入 Interest Income	营业利润 Business Profits	利润总额 Total Profits	亏损企业亏损额 Total Loss	利税总额 Total Pre-tax Profits	本年应交增值税 Value Added Tax Payable
181002	**324843**	**194369**	**21196**	**205387**	**528948**	**558935**	**25348**	**838576**	**241459**
161628	265919	150216	17947	161981	494312	516290	23499	751266	202902
19374	58925	44153	3249	43407	34636	42646	1849	87310	38557
116309	192259	123525	10059	127792	276033	297890	14730	477174	152191
286	5578	1658	221	1808	50258	50340	—	82549	28097
222	5147	1569	220	1718	50055	50085	—	82195	28004
827	682	126	13	138	219	186	—	503	285
26	209	161	0	156	2	2	—	55	45
26	209	161	0	156	2	2	—	55	45
67086	87123	40310	2330	40997	79995	93669	12819	146896	43122
14517	23666	5775	676	6348	25454	31193	459	49259	12852
52569	63457	34535	1654	34649	54541	62476	12360	97637	30269
5776	9508	2014	284	1976	14327	14179	745	20215	5745
42309	89161	79258	7212	82717	131233	139513	1166	226956	74897
3960	3168	3599	81	3287	5990	6089	135	12758	5963
31	100	82	—	82	65	65	—	124	52
38231	85835	75410	7050	79118	125126	133305	1031	213927	68798
87	59	167	81	231	52	54	—	148	84
32574	82955	54748	9309	61780	179393	189351	6772	250393	55145
20254	58067	44368	7043	50687	157567	167045	4812	215386	44025

4-10 续表 2

单位：万元

分类	Item	企业个数（个） Number of Enterprises (unit)	工业总产值现行价 Gross Industrial Output Value	工业销售产值现行价 Industrial Sales Output Value
港澳台商独资经营企业	Sole Investment from Hong Kong,Macao and Taiwan	62	562626	543065
港澳台商投资股份有限公司	Share-holding Corporations Ltd. With Investment from Hong Kong,Macao and Taiwan	1	4636	4636
外商投资企业公司	Enterprises with Foreign Investment	78	1064858	1070613
中外合资经营企业	Joint-venture Enterprises with Foreign Investment	32	571108	557651
中外合作经营企业	Cooperative Enterprises with Foreign Investment	1	5507	5500
外商独资经营企业	Enterprises with Sole Foreign Investment	39	329473	334338
外商投资股份有限公司	Share-holding Corporations Ltd. with Foreign Investment	6	158769	173125
总计中：亏损企业	Loss Enterprises	65	434841	439125
总计中：国有控股企业	State-owned and State-holding Enterprises	24	2704116	2691437
总计中：轻工业	Light Industry	384	6656163	6409086
重工业	Heavy Industry	120	4618925	4471432
总计中：大型企业	Large	18	4597569	4497487
中型企业	Medium-sized	95	3675421	3444364
小型企业	Small	378	2951125	2888001
微型企业	Miniature	13	50974	50665
按工业行业类别分	**Grouped by Economic Sector**			
采掘业	Mining and Quarrying	2	114394	114235
黑色金属矿采选业	Ferrous Metals Mining and Dressing	1	102067	101926
有色金属矿采选业	Nonferrous Metals Mining and Dressing	1	12327	12309
制造业	Manufacturing	492	9166808	8772396
农副食品加工业	Manufacturing of Agricultural and Non-staple Foodstuff	8	55861	55226

Continued 2

(10 000 yuan)

本年应付职工薪酬 Wages Payable	全部职工年均人数(人) Average Employees (person)	流动资产合计 Circulating Funds	#产成品 Products	固定资产合计 Total Fixed Assets	固定资产原价 Original Value of Fixed Assets	累计折旧 Depreciation	#本年折旧 Depreciation in This Year	资产总计 Total Assets	负债总计 Total Liabilities
37196	12655	422716	43575	218195	282898	88900	17729	704384	380094
277	105	737	81	74	154	80	15	811	542
70332	21873	592291	49138	298440	417959	148048	25221	949722	516654
27884	9072	252500	27169	135028	185328	64366	11675	423911	273148
383	160	3643	149	97	207	122	19	3740	2987
29724	9798	206858	13271	128529	172562	57318	10745	354366	180665
12341	2843	129290	8549	34786	59862	26243	2782	167704	59853
35388	12111	558985	47156	412689	575980	217144	30598	1063397	777001
80370	14675	845407	124627	1395057	2398451	1147900	154794	2616949	1677030
298991	98536	4047863	473266	2022106	2994594	1208881	171812	6882902	4143176
114458	27427	1656280	116344	1654325	2671771	1229235	187984	3591679	2448104
135504	31587	1703108	218787	1574723	2642780	1215586	186741	3857680	2357140
143231	46763	2100750	181083	1059028	1577940	681563	92188	3428576	2127355
134255	47428	1880253	186362	1035375	1439757	538396	80586	3160502	2087482
460	185	20033	3378	7306	5888	2570	281	27823	19304
10598	1720	104380	2684	40354	64125	29247	3036	176546	63997
7172	1123	95653	884	29154	51110	23119	2478	156619	58252
3425	597	8727	1800	11200	13015	6128	558	19927	5745
372522	120985	5435705	586758	2530707	3728314	1515733	217900	8989029	5373258
3091	1053	32965	6919	19876	27880	8053	1237	55359	32667

4-10 续 表 3

单位：万元

分　　类	Item	主营业务收入 Main Business Income	主营业务成本 Cost of Main Business	主营业务税金及附加 Main Business Tax and Extra Charges
港澳台商独资经营企业	Sole Investment from Hong Kong,Macao and Taiwan	548319	479321	1582
港澳台商投资股份有限公司	Share-holding Corporations Ltd. With Investment from Hong Kong,Macao and Taiwan	4642	4155	—
外商投资企业公司	Enterprises with Foreign Investment	1084359	912476	5192
中外合资经营企业	Joint-venture Enterprises with Foreign Investment	567387	501333	2572
中外合作经营企业	Cooperative Enterprises with Foreign Investment	5726	5241	24
外商独资经营企业	Enterprises with Sole Foreign Investment	340626	294271	1122
外商投资股份有限公司	Share-holding Corporations Ltd. with Foreign Investment	170621	111631	1474
总计中：亏损企业	Loss Enterprises	436008	402435	1775
总计中：国有控股企业	State-owned and State-holding Enterprises	2940753	2731770	11224
总计中：轻工业	Light Industry	6739907	5960305	24307
重工业	Heavy Industry	4670146	4257383	13874
总计中：大型企业	Large	4785330	4350414	16722
中型企业	Medium-sized	3611479	3197001	9526
小型企业	Small	2960574	2621831	11840
微型企业	Miniature	52670	48443	93
按工业行业类别分	**Grouped by Economic Sector**			
采掘业	Mining and Quarrying	130659	100455	1591
黑色金属矿采选业	Ferrous Metals Mining and Dressing	118489	95765	1294
有色金属矿采选业	Nonferrous Metals Mining and Dressing	12170	4690	297
制造业	Manufacturing	9287802	8211345	32060
农副食品加工业	Manufacturing of Agricultural and Non-staple Foodstuff	54154	45876	197

Continued 3

(10 000 yuan)

销售费用 Business Expenses	管理费用 Management Expenses	财务费用 Finance Expenses	利息支出 Interest Expenditure	利息收入 Interest Income	营业利润 Business Profits	利润总额 Total Profits	亏损企业亏损额 Total Loss	利税总额 Total Pre-tax Profits	本年应交增值税 Value Added Tax Payable
12122	24726	10364	2266	11086	21716	22200	1960	34901	11120
198	163	16	—	7	111	106	—	107	—
32120	49629	16096	1827	15815	73522	71694	3846	111009	34124
9653	22754	8623	625	8929	22223	22342	2071	39064	14150
34	130	51	5	51	200	194	—	408	190
5807	20095	7275	610	6246	16696	15793	1176	23603	6688
16627	6650	148	587	590	34403	33364	599	47934	13096
9178	34262	28267	2984	30680	-30448	-25348	25348	-12518	11055
25514	61460	20289	511	20188	100569	106408	4962	171769	54136
141345	219121	138454	15250	145144	311029	324599	15318	501020	152114
39657	105723	55914	5946	60243	217919	234337	10030	337556	89345
92568	86211	52576	4182	51566	206393	216264	0	327037	94052
40041	116326	68346	10934	80003	220326	235815	7592	322795	77454
47603	121601	73053	6073	73428	100045	104711	17757	185883	69332
790	706	395	7	391	2184	2146	—	2860	622
2023	15221	1163	267	1387	12727	14716	—	22692	6385
1806	11250	914	252	1141	9941	11969	—	18325	5062
217	3970	250	14	246	2787	2747	—	4367	1323
178967	299311	178751	18981	187790	454774	481939	20494	717633	203635
1776	2265	1130	67	1127	2707	2762	—	4222	1264

4-10 续 表 4

单位：万元

分　类	Item	企业个数（个）Number of Enterprises (unit)	工业总产值现行价 Gross Industrial Output Value	工业销售产值现行价 Industrial Sales Output Value
食品制造业	Foodstuff Manufacturing Industry	2	63263	64069
饮料制造业	Beverage Manufacturing Industry	7	268356	291426
# 黄酒制造	Yellow Rice or Millet Wine Manufacturing Industry	3	127222	136188
纺织业	Textile Industry	195	2623596	2562569
# 棉、化纤纺织及印染精加工	Cotton, Chemical Fiber Weaving, Printing, Dyeing and Finishing	116	2031450	1981459
毛纺织和染整精加工	Wool Weaving, Dyeing and Finishing,	8	41213	41940
纺织制成品制造	Textile Product Manufacturing	28	144700	144851
针织品、编织品及其制品制造	Knitwear, Braid and Their Product Manufacturing	43	406233	394318
纺织服装、鞋、帽制造业	Manufacturing Industry of Textile Costumes, Shoes, and Caps	71	273203	270212
# 纺织服装制造	Manufacturing Industry of Textile Costumes	70	270493	267502
皮革、毛皮、羽毛(绒)及其制品业	Manufacturing Industry of Leather, Fur, Feather (Cloth with Soft Nap) and their Products	9	66936	68207
木材加工及木、竹、藤、棕、草制造业	Wood Processing and Manufacturing Industry of Wood, Bamboo, Rattan, Palm, and Straw-made Articles	4	81222	77833
家具制造业	Cabinetmaking Industry	5	144373	119224
造纸及纸制品业	Papermaking and Paper Product Industry	15	152138	151293
印刷业和记录媒介的复制	Printing Industry and Reproduction of Record Media	6	69434	62890
文教体育用品制造业	Manufacturing Industry for Culture, Education and Sports Goods	8	23070	22492
化学原料及化学制品制造业	Chemical Feedstock and Chemical Manufacturing Industry	16	849054	713802
# 涂料、油墨、颜料及类似产品制造	Coat, Ink, Coloring Agent and Similar Product Manufacturing	2	24370	24102
合成材料制造	Synthetic Material Manufacturing	2	579197	448344
专用化学产品制造	Special Chemical Product Manufacturing	6	26636	25622

Continued 4

(10 000 yuan)

本年应付职工薪酬 Wages Payable	全部职工年均人数(人) Average Employees (person)	流动资产合计 Circulating Funds	#产成品 Products	固定资产合计 Total Fixed Assets	固定资产原价 Original Value of Fixed Assets	累计折旧 Depreciation	#本年折旧 Depreciation in This Year	资产总计 Total Assets	负债总计 Total Liabilities
920	230	14241	3221	6795	10601	3935	641	21238	4812
25457	5433	405835	77372	163288	215327	80547	8956	826978	288565
15873	3547	301350	74428	124658	162991	65434	6081	677805	240826
126742	46196	1488368	164383	803012	1302981	573661	74803	2507339	1549926
100540	35609	1148823	125205	665940	1099046	495418	63507	1986614	1186378
3600	1588	28006	5306	15847	32594	19758	1691	56602	33623
8004	3220	131884	11833	44611	72609	29854	3302	192116	141524
14598	5779	179656	22040	76614	98732	28631	6303	272006	188401
32276	13065	180483	14316	62994	87526	29864	5109	258734	177972
32212	13033	179810	14201	62817	87344	29858	5103	257884	177266
2381	958	54674	4103	11058	14158	4294	751	67052	57172
2254	668	28779	7425	11174	16731	6341	696	42151	29067
6871	2839	126345	4989	40728	55925	16755	2723	190217	124218
7787	2483	99767	7048	45079	76343	31373	4036	154031	94035
4328	735	35869	6173	20399	20221	7866	1444	58163	29034
1713	713	11197	832	5048	7339	2587	396	18622	14174
8731	2575	401698	22340	163613	204628	57184	14245	660338	402221
583	235	11819	1173	2837	6061	3788	424	15433	11583
1905	506	319677	13199	77677	99872	23665	6633	453817	287808
966	322	12726	1015	3637	4611	1960	349	17900	11718

4-10 续表 5

单位：万元

分类	Item	主营业务收入 Main Business Income	主营业务成本 Cost of Main Business	主营业务税金及附加 Main Business Tax and Extra Charges
食品制造业	Foodstuff Manufacturing Industry	61463	56242	420
饮料制造业	Beverage Manufacturing Industry	305077	199702	5917
# 黄酒制造	Yellow Rice or Millet Wine Manufacturing Industry	155936	106718	4154
纺织业	Textile Industry	2534065	2260416	8104
# 棉、化纤纺织及印染精加工	Cotton, Chemical Fiber Weaving, Printing, Dyeing and Finishing	1949115	1738831	6619
毛纺织和染整精加工	Wool Weaving, Dyeing and Finishing,	42921	37100	243
纺织制成品制造	Textile Product Manufacturing	143988	129302	546
针织品、编织品及其制品制造	Knitwear, Braid and Their Product Manufacturing	398041	355182	696
纺织服装、鞋、帽制造业	Manufacturing Industry of Textile Costumes, Shoes, and Caps	270990	238950	1227
# 纺织服装制造	Manufacturing Industry of Textile Costumes	268281	236368	1225
皮革、毛皮、羽毛(绒)及其制品业	Manufacturing Industry of Leather, Fur, Feather (Cloth with Soft Nap) and their Products	68365	63507	204
木材加工及木、竹、藤、棕、草制造业	Wood Processing and Manufacturing Industry of Wood, Bamboo, Rattan, Palm, and Straw-made Articles	77833	69085	1145
家具制造业	Cabinetmaking Industry	117152	86295	677
造纸及纸制品业	Papermaking and Paper Product Industry	159470	140273	371
印刷业和记录媒介的复制	Printing Industry and Reproduction of Record Media	67163	50263	235
文教体育用品制造业	Manufacturing Industry for Culture, Education and Sports Goods	22665	20383	82
化学原料及化学制品制造业	Chemical Feedstock and Chemical Manufacturing Industry	822323	734983	1659
# 涂料、油墨、颜料及类似产品制造	Coat, Ink, Coloring Agent and Similar Product Manufacturing	24882	20628	62
合成材料制造	Synthetic Material Manufacturing	552013	499438	702
专用化学产品制造	Special Chemical Product Manufacturing	27279	20077	316

Continued 5

(10 000 yuan)

销售费用 Business Expenses	管理费用 Management Expenses	财务费用 Finance Expenses	利息支出 Interest Expenditure	利息收入 Interest Income	营业利润 Business Profits	利润总额 Total Profits	亏损企业亏损额 Total Loss	利税总额 Total Pre-tax Profits	本年应交增值税 Value Added Tax Payable
169	1452	93	23	51	3177	3166	—	6478	2892
32184	16494	3131	1055	4090	49023	51377	1823	77393	20099
14078	11275	3679	411	4000	17060	20450	—	32652	8049
21661	78145	70580	5806	70863	107308	113302	3883	186737	65331
12394	57831	57183	4725	58588	87629	93567	1612	152992	52806
448	2384	1802	48	1714	1312	1567	39	3542	1731
2512	5538	5131	665	4976	1173	1163	1362	3789	2080
6307	12392	6464	368	5586	17194	17005	871	26414	8713
4913	15702	7196	563	5936	4415	3912	1380	11508	6369
4896	15649	7189	562	5936	4365	3863	1380	11456	6369
599	1934	1813	172	1820	447	448	—	3102	2450
1062	2521	1192	90	1192	2889	2884	—	4979	951
8405	7086	2193	112	1983	12233	11659	233	17982	5646
4513	4529	4034	144	4120	7874	8223	—	12063	3469
2593	6859	691	45	654	5324	6007	7	8225	1984
378	1070	451	4	433	342	364	—	817	371
8504	12309	10353	-1547	10891	57245	59703	288	73584	12222
563	791	525	12	465	2312	2289	—	2707	356
350	3365	6697	-1612	7355	44176	45135	—	50450	4612
3444	1922	160	8	169	1374	1328	—	2874	1230

4-10 续表 6

单位：万元

分　　类	Item	企业个数（个） Number of Enterprises (unit)	工业总产值现行价 Gross Industrial Output Value	工业销售产值现行价 Industrial Sales Output Value
医药制造业	Medicine Manufacturing Industry	12	330524	313532
化学纤维制造业	Chemical Fiber Manufacturing Industry	14	1667746	1524881
塑料制品业	Plastic Industry	15	433113	427132
非金属矿物制品业	Non-metallic Minerals Product Industry	11	180620	180349
黑色金属冶炼及压延加工业	Ferrous Metal Smelting and Extrusion	2	41834	41749
有色金属冶炼及压延加工业	Non-ferrous Smelting and Extrusion	9	226929	226180
金属制品业	Metalwork Industry	5	38870	37692
通用设备制造业	General-purpose Equipment Manufacturing Industry	12	102375	102555
# 轴承、齿轮、传动和驱动部件的制造	Bearing, Gear, Driving Unit Manufacturing	4	33673	33431
通用零部件制造及机械修理	General-purpose Spare Parts Manufacturing and Machinery Repairs	2	25156	24864
专用设备制造业	Specialized Facility Manufacturing Industry	16	147783	151749
# 纺织、服装和皮革工业专用设备制造	Specialized Facility Manufacturing Industry of Textile Costumes and Leather	9	71695	77051
交通运输设备制造业	Transport and Communication Facilities Manufacturing Industry	6	39176	38632
电气机械及器材制造业	Electric Machinery and Equipment Manufacturing Industry	22	914939	904466
通信设备、计算机及其他电子设备制造业	Manufacturing Industry of Communication Equipment, Computers and Other Electronic Equipment	13	287756	285092
仪器仪表及文化、办公用机械制造业	Manufacturing Industry of Instruments and Meters, and Machinery for Culture and Office	3	27040	22901
工艺品及其他制造业	Artwork and Other Manufacturing Industries	6	57597	56243
电力、燃气及水的生产和供应业	Production and Supply of Electric Power, Gas and Water	10	1993887	1993887
电力、热力的生产和供应业	Production and Supply of Electric Power and Heat Power	5	1889828	1889828
燃气生产和供应业	Gas Generation and Supply	2	49152	49152
水的生产和供应业	Water Production and Supply	3	54907	54907

Continued 6

(10 000 yuan)

本年应付职工薪酬 Wages Payable	全部职工年均人数(人) Average Employees (person)	流动资产合计 Circulating Funds	#产成品 Products	固定资产合计 Total Fixed Assets	固定资产原价 Original Value of Fixed Assets	累计折旧 Depreciation	#本年折旧 Depreciation in This Year	资产总计 Total Assets	负债总计 Total Liabilities
21005	5937	207960	22389	115751	155488	61257	10499	354563	235297
27363	6419	815215	109494	439789	655065	300291	41834	1328833	918516
6943	1940	351605	16143	179816	227461	93753	15281	576207	326618
2979	1014	59753	6652	29827	54724	27766	4336	113517	55666
887	256	18293	2746	10584	13263	2679	548	28877	16102
4373	1449	65435	9849	21454	28084	12715	1904	92517	59992
2081	586	13304	1180	6424	7595	1729	606	21474	12702
9633	2846	83820	6149	46920	71011	27917	3799	141128	83928
4462	1335	23848	1671	20513	36887	16963	2121	47993	22761
589	266	7374	577	2290	3367	1077	125	13420	5651
9880	3252	80468	15878	37005	40464	10546	2932	129185	75413
6336	2073	45398	11441	19948	22277	7735	1839	71906	37290
2459	796	14622	1384	7237	10647	3622	345	22578	12905
43621	13298	540431	54166	199658	238416	46172	14573	900881	507369
14555	4502	251713	16029	69185	167999	98701	5372	348262	235749
2207	790	24417	1730	5687	9235	4325	528	32594	10314
1986	952	28453	3846	8310	9202	1800	308	38191	18827
30329	3258	164057	168	1105371	1873926	893136	138860	1309006	1154024
25240	2398	129043	—	874621	1586242	799593	124507	1032799	978655
1886	300	15919	155	47758	60157	17127	2934	66439	43158
3203	560	19096	13	182993	227528	76416	11418	209768	132211

4-10 续表 7

单位：万元

分类	Item	主营业务收入 Main Business Income	主营业务成本 Cost of Main Business	主营业务税金及附加 Main Business Tax and Extra Charges
医药制造业	Medicine Manufacturing Industry	316914	254490	915
化学纤维制造业	Chemical Fiber Manufacturing Industry	1834694	1755842	3047
塑料制品业	Plastic Industry	483208	422248	1774
非金属矿物制品业	Non-metallic Minerals Product Industry	182663	158861	816
黑色金属冶炼及压延加工业	Ferrous Metal Smelting and Extrusion	44238	39628	151
有色金属冶炼及压延加工业	Non-ferrous Smelting and Extrusion	226789	213006	455
金属制品业	Metalwork Industry	37347	33795	128
通用设备制造业	General-purpose Equipment Manufacturing Industry	106296	87626	382
# 轴承、齿轮、传动和驱动部件的制造	Bearing, Gear, Driving Unit Manufacturing	33908	28943	154
通用零部件制造及机械修理	General-purpose Spare Parts Manufacturing and Machinery Repairs	24605	20829	22
专用设备制造业	Specialized Facility Manufacturing Industry	154853	129002	452
# 纺织、服装和皮革工业专用设备制造	Specialized Facility Manufacturing Industry of Textile Costumes and Leather	80301	63607	275
交通运输设备制造业	Transport and Communication Facilities Manufacturing Industry	40000	34660	157
电气机械及器材制造业	Electric Machinery and Equipment Manufacturing Industry	930906	785360	2729
通信设备、计算机及其他电子设备制造业	Manufacturing Industry of Communication Equipment, Computers and Other Electronic Equipment	290050	260679	595
仪器仪表及文化、办公用机械制造业	Manufacturing Industry of Instruments and Meters, and Machinery for Culture and Office	22797	18005	155
工艺品及其他制造业	Artwork and Other Manufacturing Industries	56328	52169	66
电力、燃气及水的生产和供应业	Production and Supply of Electric Power, Gas and Water	1991592	1905889	4531
电力、热力的生产和供应业	Production and Supply of Electric Power and Heat Power	1887538	1811309	4121
燃气生产和供应业	Gas Generation and Supply	49152	46563	134
水的生产和供应业	Water Production and Supply	54903	48017	276

Continued 7

(10 000 yuan)

销售费用 Business Expenses	管理费用 Management Expenses	财务费用 Finance Expenses	利息支出 Interest Expenditure	利息收入 Interest Income	营业利润 Business Profits	利润总额 Total Profits	亏损企业亏损额 Total Loss	利税总额 Total Pre-tax Profits	本年应交增值税 Value Added Tax Payable
10115	24164	7787	1466	8828	19721	19597	2181	30177	9666
6465	25124	15349	4862	26958	55534	58981	2037	78495	16467
5880	10110	11410	4223	14721	33263	36198	313	46826	8854
4608	5850	1999	202	1918	10391	12955	—	20696	6925
295	754	999	5	1002	2531	2534	—	3229	545
1402	4755	2726	175	2757	4808	4178	—	7552	2920
382	2013	483	110	493	547	688	278	2086	1271
3581	8043	3000	-198	2337	10043	10311	1804	13340	2648
1179	4435	906	53	636	4655	4638	1804	5658	867
526	647	239	5	170	2343	2333	—	2367	11
3656	8614	2001	167	1737	11406	12642	232	16862	3769
2752	3801	731	109	621	9375	10449	—	12796	2072
1228	2669	538	55	480	1445	1425	127	2230	648
48715	37598	22711	793	15427	40099	44957	4446	64572	16886
3665	15184	6109	564	7289	9912	10582	1461	19173	7996
1552	2433	302	2	265	780	1809	—	3145	1181
668	1635	482	22	420	1310	1278	—	2159	815
12	10312	14454	1948	16210	61447	62281	4854	98251	31439
—	4162	10501	1895	12242	59695	60188	4396	92700	28391
12	1907	1344	40	1347	879	921	108	1928	874
—	4243	2609	13	2621	873	1173	351	3623	2175

4-11 全市规模以上工业企业分行业主要能源消费量(2011年)

行　　业	Item	原　煤 (吨) Coal (ton)
总　计	**Total**	**10856910**
黑色金属矿采选业	Ferrous Metals Mining and Dressing	—
有色金属矿采选业	Nonferrous Metals Mining and Dressing	752
非金属矿采选业	Nonmetal Minerals Mining and Dressing	—
农副食品加工业	Manufacturing of Foodstuff and Non-Staple Foodstuff	9333
食品制造业	Foodstuff Manufacturing	6700
饮料制造业	Beverage Manufacturing	83181
纺织业	Textile	2529731
纺织服装、鞋、帽制造业	Manufacturing of Textile Costumes, Shoes, and Caps	20322
皮革、毛皮、羽绒及其制品业	Manufacturing of Leather, Fur, Feather (Cloth with Soft Nap) and their Products	1300
木材加工及竹、藤、棕、草制品业	Wood Processing and Manufacturing of Wood, Bamboo, Rattan, Palm, and Straw-made Articles	738
家具制造业	Cabinetmaking	10252
造纸及纸制品业	Papermaking and Paper Product	89042
印刷业和记录媒介的复制	Printing and Reproduction of Record Media	—
文教体育用品制造业	Manufacturing for Culture, Education and Sports Goods	553
石油加工、炼焦及核燃料加工	Petroleum Processing，Coking and Nuclear Fuel Manufacture	13
化学原料及化学制品制造业	Chemical Feedstock and Chemical Manufacture	733086
医药制造业	Medicine Manufacturing	34137
化学纤维制造业	Chemical Fiber Manufacturing	284650
橡胶制品业	Rubber Production	15819
塑料制品业	Plastic	98603
非金属矿物制品业	Non-metallic Minerals Product	900286
黑色金属冶炼及压延加工业	Ferrous Metal Smelting and Extrusion	11869
有色金属冶炼及压延加工业	Non-ferrous Smelting and Extrusion	16047
金属制品业	Metalwork	5742
通用设备制造业	General-purpose Equipment Manufacturing	43662
专用设备制造业	Specialized Facility Manufacturing	1748
交通运输设备制造业	Transport and Communication Facilities Manufacturing	75181
电气机械及器材制造业	Electric Machinery and Equipment Manufacturing	3472
通信设备、计算机及其他电子设备制造业	Manufacturing of Communication Equipment, Computers and Other Electronic Equipment	2758
仪器仪表及文化、办公用机械制造业	Manufacturing of Instruments and Meters，and Machinery for Culture and Office	—
工艺品及其他制造业	Other Manufacturing Industries	3327
废弃资源和废旧材料回收加工业	Processing of Discarded Resources, and Waste and Scrap Recovery	1610
电力、热力的生产和供应业	Production and Supply of Electric Power and Heat Power	5872995
燃气生产和供应业	Gas Generation and Supply	—
水的生产和供应业	Water Production and Supply	1

Main Resources Consumption of above Designated Size Industrial Enterprises by Sector(2011)

洗精煤(吨) clenedcoal (ton)	热　力(百万千焦) Heat (million kilo-joule)	电　力(万千瓦时) Electricity (10 000 kwh)	汽　油(吨) Gasoline (ton)	煤　油(吨) Kerosene (ton)	柴　油(吨) Diesel Oil (ton)	燃料油(吨) Fuel Oil (ton)	液化石油气(吨) LPG (ton)
182641	**82282530**	**2059863**	**36123**	**5042**	**69862**	**240810**	**4468**
28279	–	6447	22	–	318	–	–
–	–	2861	15	–	198	–	–
–	–	592	–	–	57	–	–
–	216875	6963	203	–	210	–	–
–	448812	2094	32	–	151	–	–
16	757624	5912	356	–	734	1392	83
1155	58599523	680317	12762	227	8920	6011	951
187	191233	10375	1443	–	1282	–	4
–	10947	2927	72	–	104	–	–
–	–	632	30	–	44	–	–
–	310971	4847	453	–	397	–	–
–	1499490	25207	291	–	1924	–	–
–	–	2526	7	–	8	–	–
–	19342	1269	66	–	105	–	1
–	423	40	8	9	3	–	–
–	12524366	226695	628	1908	3358	8092	162
–	3154271	53909	713	4	469	2131	
–	1057052	338864	892	1	3721	3125	20
–	117130	4843	3617	–	84	–	–
–	731348	83967	580	10	4122	–	–
–	240178	123216	662	–	13139	217191	954
78679	96751	32567	115	–	315	–	–
–	353567	60426	1623	545	9303	914	390
–	33988	27163	1126	697	1948	1015	388
38	182051	81835	3313	1454	6928	103	136
74287	55510	24150	1850	114	1662	–	13
–	13364	34764	1294	73	5808	837	139
–	82050	50369	2025	–	2391	–	1226
–	115837	13016	447	–	399	–	–
–	–	842	148	–	144	–	–
–	8485	6687	454	–	526	–	1
–	–	546	1	–	6	–	–
–	1461341	116770	796	–	1006	–	–
–	–	574	23	–	–	–	–
–	–	25652	56	–	77	–	–

4-12　市区规模以上工业企业分行业主要能源消费量 (2011 年)

行　业	Item	原　煤 (吨) Coal (ton)
总　计	**Total**	**2093260**
黑色金属矿采选业	Ferrous Metals Mining and Dressing	–
有色金属矿采选业	Nonferrous Metals Mining and Dressing	752
农副食品加工业	Manufacturing of Foodstuff and Non-Staple Foodstuff	1509
食品制造业	Foodstuff Manufacturing	–
饮料制造业	Beverage Manufacturing	74966
纺织业	Textile	401704
纺织服装、鞋、帽制造业	Manufacturing of Textile Costumes, Shoes, and Caps	280
皮革、毛皮、羽绒及其制品业	Manufacturing of Leather, Fur, Feather (Cloth with Soft Nap) and their Products	774
木材加工及木、竹、藤、棕、草制造	Wood Processing and Manufacturing Industry of Wood, Bamboo, Rattan, Palm, and Straw-made Articles	–
家具制造业	Cabinetmaking	–
造纸及纸制品业	Papermaking and Paper Product	2807
印刷业，记录媒介的复制	Printing and Reproduction of Record Media	–
文教体育用品制造业	Manufacturing for Culture, Education and Sports Goods	–
化学原料及化学制品制造业	Chemical Feedstock and Chemical Manufacturing	118396
医药制造业	Medicine Manufacturing	–
化学纤维制造业	Chemical Fiber Manufacturing	87633
塑料制品业	Plastic	1720
非金属矿物制品业	Non-metallic Minerals Product	66976
黑色金属冶炼及压延加工业	Ferrous Metal Smelting and Extrusion	–
有色金属冶炼及压延加工业	Non-ferrous Smelting and Extrusion	4207
金属制品业	Metalwork	90
通用设备制造业	General-purpose Equipment Manufacturing	248
专用设备制造业	Specialized Facility Manufacturing	–
交通运输设备制造业	Transport and Communication Facilities Manufacturing	–
电气机械及器材制造业	Electric Machinery and Equipment Manufacturing	1180
通信设备、计算机及其他电子设备制造业	Manufacturing of Communication Equipment, Computers and Other Electronic Equipment	–
仪器仪表及文化、办公用机械制造业	Manufacturing of Instruments and Meters, and Machinery for Culture and Office	–
工艺品及其他制造业	Other Manufacturing	–
电力、热力的生产和供应业	Production and Supply of Electric Power and Heat Power	1330015
燃气生产和供应业	Gas Generation and Supply	–
水的生产和供应业	Water Production and Supply	1

Main Resources Consumption of above Designated Size Industrial Enterprises in Urban District by Sector (2011)

洗精煤 (吨) clenedcoal (ton)	热 力 (百万千焦) Heat(million kilo-joule)	电 力 (万千瓦时) Electricity (10 000 kwh)	汽 油 (吨) Gasoline (ton)	煤 油 (吨) Kerosene (ton)	柴 油 (吨) Diesel Oil (ton)	燃料油 (吨) Fuel Oil (ton)	液化石油气 (吨) LPG (ton)
28279	**11198470**	**377307**	**3720**	**38**	**5494**	**6476**	**760**
28279	–	6447	22	–	318	–	–
–	–	2355	–	–	179	–	–
–	39151	1194	33	–	103	–	–
–	390007	736	13	–	–	–	–
–	307196	3689	11	–	7	1392	–
–	7954673	116102	1542	8	1490	4407	695
–	50796	2092	117	–	119	–	–
–	10947	643	–	–	–	–	–
–	–	477	–	–	–	–	–
–	–	1313	256	–	187	–	–
–	420886	3784	56	–	132	–	–
–	–	2457	–	–	–	–	–
–	–	801	13	–	52	–	1
–	913766	46588	214	1	673	–	–
–	679409	10841	71	–	20	–	–
–	178289	68344	104	–	135	–	–
–	112858	19619	41	–	21	–	–
–		6375	4	–	1225	–	–
–	1384	1300	–	–	–	–	–
–		2828	17	16	163	678	–
–	8469	806	13	–	5	–	–
–		2795	83	14	35	–	–
–	780	880	102	–	67	–	–
–	4466	366	48	–	74	–	64
–	53560	12931	559	–	106	–	–
–	66439	6692	61	–	4	–	–
–	–	184	22	–	22	–	–
–	5394	302	–	–	–	–	–
–	–	53151	318	–	358	–	–
–	–	66	–	–	–	–	–
–	–	1151	–	–	–	–	–

4-13 各县(市)规模以上工业企业能源综合利用情况(2011)

单位：吨标准煤

指　　标		Item		全　市 Whole Municipality
综合能耗		**Total Energy Consumption**		**10190249**
万元产值能耗(每一万元产值耗能)		**Energy Consumption per 10 000 RMB Output**		**0.1294**
节能率±%		**The Rate of Saved Energy**		**19.07**
消 费 量		**Consumption**		**14226261**
# 工业生产消费		Industry Production Consumption		14147338
非工业生产消费		Non-industrial Production Consumption		78923
主要能源消费量	**(吨)**	**Consumption of Main Energy**	**(ton)**	
原　　煤		Coal		10856910
洗 精 煤		clenedcoal		182641
汽　　油		Gasoline		36123
煤　　油		Kerosene		5042
柴　　油		Diesel Oil		69862
燃 料 油		Fuel Oil		240810
液化石油气		Liquefied Petroleum Gas		4468
热　　力	(百万千焦)	Heat	(million kilo-joule)	82282530
电　　力	(万千瓦时)	Electricity	(10 000 kwh)	2059863

Main Indicators on Economic Benefit of above Designated Size Industrial Enterprises(2011)

(Ton standard coal)

市　区 Urban District	绍　兴 Shaoxing	上　虞 Shangyu	嵊　州 Shengzhou	新　昌 Xinchang	诸　暨 Zhuji
1654771	**5821283**	**912775**	**234410**	**278441**	**1288569**
0.1471	**0.1981**	**0.0766**	**0.0622**	**0.0642**	**0.0713**
18.04	**20.18**	**14.64**	**18.00**	**8.32**	**22.73**
2460605	**8206217**	**1354244**	**364563**	**347445**	**1493187**
2452091	8185538	1343481	358904	346410	1460914
8513	20679	10763	5659	1035	32273
2093260	6285906	941239	265396	238564	1032546
28279	–	–	1121	–	153241
3720	9940	3651	2647	2331	13833
38	154	76	325	862	3586
5494	14245	9773	4097	7287	28964
6476	229912	–	228	2974	1221
760	834	1960	559	25	331
11198470	56884369	9234225	1904516	1333023	1727927
377307	1011565	230173	67707	77576	295536

主 要 统 计 指 标 解 释

工业 指从事自然资源的开采，对采掘品和农产品进行加工和再加工的物质生产部门。具体包括：(1)采矿业；(2)制造业；(3)电力、燃气及水的生产和供应业。

轻工业 指主要提供生活消费品和制作手工工具的工业。按其所使用的原料不同，可分为两大类：(1)以农产品为原料的轻工业，是指直接或间接以农产品为基本原料的轻工业。主要包括食品制造、饮料制造、烟草加工、纺织、缝纫、皮革和毛皮制作、造纸以及印刷等工业；(2)以非农产品为原料的轻工业，是指以工业品为原料的轻工业。主要包括文教体育用品、化学药品制造、合成纤维制造、日用化学制品、日用玻璃制品、日用金属制品、手工工具制造、医疗器械制造、文化和办公用机械制造等工业。

重工业 是指为国民经济各部门提供物质技术基础的主要生产资料的工业。按其生产性质和产品用途，可以分为下列三类：(1)采掘工业，是指对自然资源的开采，包括石油开采、煤炭开采、金属矿开采、非金属矿开采等工业；(2)原材料工业，指向国民经济各部门提供基本材料、动力和燃料的工业。包括金属冶炼及加工、炼焦及焦炭、化学、化工原料、水泥、人造板以及电力、石油和煤炭加工等工业；(3)加工工业，是指对工业原材料进行再加工制造的工业。包括装备国民经济各部门的机械设备制造工业、金属结构、水泥制品等工业，以及为农业提供的生产资料如化肥、农药等工业。

工业总产值 是以货币形式表现的，工业企业在一定时期内生产的工业最终产品或提供工业性劳务活动的总价值量，是反映一定时期内工业生产总规模和总水平的价值量指标，是计算工业增加值的基础指标。工业总产值包括本企业报告期内生产的不再进行加工，经检验包装入库(规定不需要包装的产品除外)的成品价值、对外加工费收入和自制半成品在产品期末期初差额价值。

工业销售产值 是以货币形式表现的，工业企业在报告期内销售的本企业生产的工业产品或提供工业性劳务活动的价值总量，是反映一定时期内工业企业产品销售总规模和总水平的重要指标。工业销售产值包括本企业报告期内销售的成品价值和对外加工费收入。

主营业务收入 工业企业主营业务收入主要包括销售产品、自制半成品、代制品、代修品、提供工业性劳务及让渡资产使用权等日常性活动所取得的收入。

利润总额 是指企业一定时期的最终经营成果，是企业在一定时期内实现的盈亏相抵后的利润总额(亏损以“-”号表示)它等于营业利润加上补贴收入、投资收益、营业外净收入、以前年度损益调整。

利税总额 是指企业产品销售税金及附加、应交增值税和利润总额之和。

资产总计 是指企业拥有或控制的能以货币计量的经济资源，包括各种财产、债权和其他权利。资产按其流动性可分为流动资产、长期投资、固定资产、无形资产、递延资产和其他资产。

负债总计 是指企业资产总额中属于债权人的那部分权益，是企业所承担的能以货币计量，将以资产或劳务偿付的债务。负债一般按偿还期长短分为流动负债和长期负债。

资产负债率 反映企业经营风险的大小和企业利用债权人提供的资金从事经营活动的能力。

资产负债率(%)=负债总额/资产总额×100%

全员劳动生产率 是工业企业平均每个职工在单位时间内创造的工业生产最终成果，反映企业的生产效率和劳动投入的经济效益。

全员劳动生产率(元/人)=工业增加值/全部从业人员平均人数

产品销售率 是反映工业产品已实现销售的程度，是分析工业产销衔接状况、研究工业产品满足社会需求程度的指标。

产品销售率(%)=工业销售产值/工业总产值(现价)×100%

独资企业 包括国有企业、集体企业、私营独资企业、港澳台商独资经营企业、外商独资经营企业。

合作合伙企业 包括股份合作企业、国有联营企业、集体联营企业、国有与集体联营企业、私营合伙企业、内地与港澳台合作经营企业、中外合作经营企业、其他企业(内资)。

股份有限公司 包括股份有限公司(内资)、私营股份有限公司、港澳台商投资股份有限公司、外商投资股份有限公司。

有限责任公司 包括国有独资公司、私营有限责任公司、内地与港澳台合资经营企业、中外合资经营企业、其他有限责任公司。

Explanatory Notes on Main Statistical Indicators

Industry refers to the material production sector which is engaged in extraction of natural resources and processing and reprocessing of minerals and agricultural products, including (1) Mining and Quarrying (2) Manufacturing (3) Production and Supply of Electric Power, Gas and Water.

Light Industry refers to the industry that produces consumer goods and hand tools. It consists of two categories, depending on the materials used:

(1) Industries using farm products as raw materials. These are branches of light industry which directly or indirectly use farm products as basic raw materials, including the manufacture of food and beverages, tobacco processing, textile, clothing, fur and leather manufacturing, paper making, printing, etc.

(2) Industries using non farm products as raw materials. These are branches of light industry which use manufactured goods as raw materials, including the manufacture of cultural, educational articles and sports goods, chemicals, synthetic fiber, chemical products for daily use, glass products for daily use, metal products for daily use, hand tools, medical apparatus and instruments, and the manufacture of cultural and clerical machinery.

Heavy Industry refers to the industry, which produces capital goods, and provides various sectors of the national economy with necessary material and technical basis. It consists of the following three branches according to the purpose of production or the use of products:

(1) Mining, quarrying and logging industry refers to the industry that extracts natural resources, including extraction of petroleum, coal, metal and non-metal ores and logging.

(2) Raw materials industry refers to the industry that provides various sectors of the national economy with raw materials, fuels and power. It includes smelting and processing of metals, coking and coke chemistry, chemical materials and building materials such as cement, plywood, and power, petroleum refining and coal dressing.

(3) Manufacturing industry refers to the industry that processes raw materials. It includes machine-building industry, which equips sectors of the national economy, industries of metal structure and cement products, industries producing means of agricultural production, such as chemical fertilizers and pesticides. According to the above principle of classification, the repairing trades, which are engaged primarily in repairing products of heavy industry, are classified into heavy industry while these engaged in repairing products of light industry are classified into light industry.

Gross Industrial Output Value refers to the total volume of final industrial products and industrial services provided during a given period. It reflects the total achievements and overall scale of industrial production during a given period. It's the basic of calculating value-added of industry. It includes the value of the finished products, which are not to be further processed in the enterprises and have been inspected, packed and put in storage, the value of industrial services rendered to other units, and the changes in the value of the semi-finished products and products in process between the beginning and closing of the period.

Industrial Sales Output Value refers to the total volume of industrial products sold and industrial services provided by an industrial enterprise during a given period and in the form of currency. It reflects the total achievements and overall scale of the sales of industrial production sale during a given period. Industrial Sales Output Value consists of the value of the finished products during the reference period and the income from external processing.

Revenue on Main Business The revenue on main business of industrial enterprises mainly include incomes from sales product, self manufactured semi-product, alternate product, repaired product, industrial labor service, transfer of transition assets right of use, and other regular activities.

Total Profits refers to the final achievements of production and operation of the enterprises, represented by the total profits after deducting losses (loss is expressed by the negative figure).It is the sum of profits from operation, income from subsidies, investment earnings, net income from activities other than operation, and adjustment of profits an losses of previous years.

Total pre-tax Profits refers to the total sum of profits, products sales tax and surcharges and the value added tax payable of industrial enterprises.

Total Assets refers to all economic resources, owned or controlled by enterprises, which could be measured in monetary terms, including properties, creditors equity and other economic rights of all forms. Classified by the degree of equitability, total assets include circulating assets, long－term investment, fixed assets, intangible assets and deferred assets, and other assets.

Total Liabilities refers to the rights and interests belong to creditor in enterprise's total assets, it's the debts, measured in monetary terms, which enterprises are responsible for repayment in the form of cash, assets or labor. Classified by terms of repayment, liabilities include liquid liabilities and long-term liabilities.

Ratio of Debts to Assets reflect both the operation risk and the capability of the enterprise in making use of the capital from the creditors. It is calculated as follows:

Ratio of debts to assets (%) = (Total debts / total assets) × 100%

Overall Labor Productivity of Industrial Enterprises refers to the average output per employed person in industrial enterprises. Reflects efficiency of production and economic results labor input of enterprises.

Overall Labor Productivity=(Value – added of Industry) / (Average Number of Staff and Workers)

Ratio of Sales to Gross Output Value refers to the sales of industrial products to the gross industrial output value during the reference period, and is important in reflecting the linkage between production and sales and the extent of the needs of the society that has been met by the supply of industrial products.

Ratio of Sales to Gross Output Value=[Industrial sales / Gross industrial output value (at current prices)] × 100%

Sole-owned Enterprises includes state-owned enterprises, collective-owned enterprises, private-funded enterprises, sole investment from Hong Kong, Macao and Taiwan, enterprises with sole foreign investment.

Cooperation and Partnership includes share-holding cooperative enterprises, state joint ownership enterprises, collective joint ownership enterprises, joint state-collective ownership enterprises, private partnership enterprises, cooperative enterprises with investment from Hong Kong, Macao and Taiwan, Cooperative enterprises with foreign investment, other enterprises.

Share-holding Corporations Ltd. includes Share-holding Corporations Ltd., Private Shareholding Corporations Ltd., Share-holding Corporations Ltd. with Investment from Hong Kong, Macao and Taiwan, Share-holding Corporations Ltd. with Foreign Investment.

Limited Liability Corporations includes sole state-funded corporations, private limited liability corporations, joint-venture enterprises with investment from Hong Kong, Macao and Taiwan, joint-venture enterprises with foreign investment, other limited liability corporations.

五

交通、邮电及电力

CHAPTER 5 TRANSPORTATION, POST AND TELECOMMUNICATIONS, ELECTRICITY

交 通、邮 电 及 电 力
TRANSPORTATION，POST AND TELECOMMUNICATIONS，ELECTRICITY

主 要 统 计 指 标
Main Statistical Indicators

2011 年全社会客运量	Total Passenger Traffic	17415	万人次 (10^4 persons)
比上年增长	Increase over Previous Year	0.1	%
2011 年全社会货运量	Total Freight Traffic	8899	万吨 (10^4 tons)
比上年增长	Increase over Previous Year	-0.4	%
2011 年邮电业务收入	Business Income of Post and Telecommunication	536414	万元 (10^4 yuan)
比上年增长	Increase over Previous Year	9.8	%
2011 年固定电话期末用户数	Number of Subscribers of Fixed Telephone at Year-end	199.22	万户 (10^4 subscribers)
比上年增长	Increase over Previous Year	-1.3	%
2011 年移动电话用户数	Number of Subscribers of Mobile Telephone	484.76	万户 (10^4 subscribers)
比上年增长	Increase over Previous Year	11.1	%
2011 年全社会用电量	Total Electricity Consumption	324.60	亿千瓦时(10^8 kwh)
比上年增长	Increase over Previous Year	9.8	%
2011 年工业用电量	Industrial Electricity Consumption	268.68	亿千瓦时(10^8 kwh)
比上年增长	Increase over Previous Year	9.5	%
2011 年城乡居民用电量	Electricity Consumption in Urban and Rural Areas	27.20	亿千瓦时(10^8 kwh)
比上年增长	Increase over Previous Year	9.6	%

注：2009 年起客货运输量口径改为营业性。

Note:From 2009,The caliber of passengers and cargo transportation with road has changed to commercial.

年末公路通车里程情况

Length of Highways (Year-end)

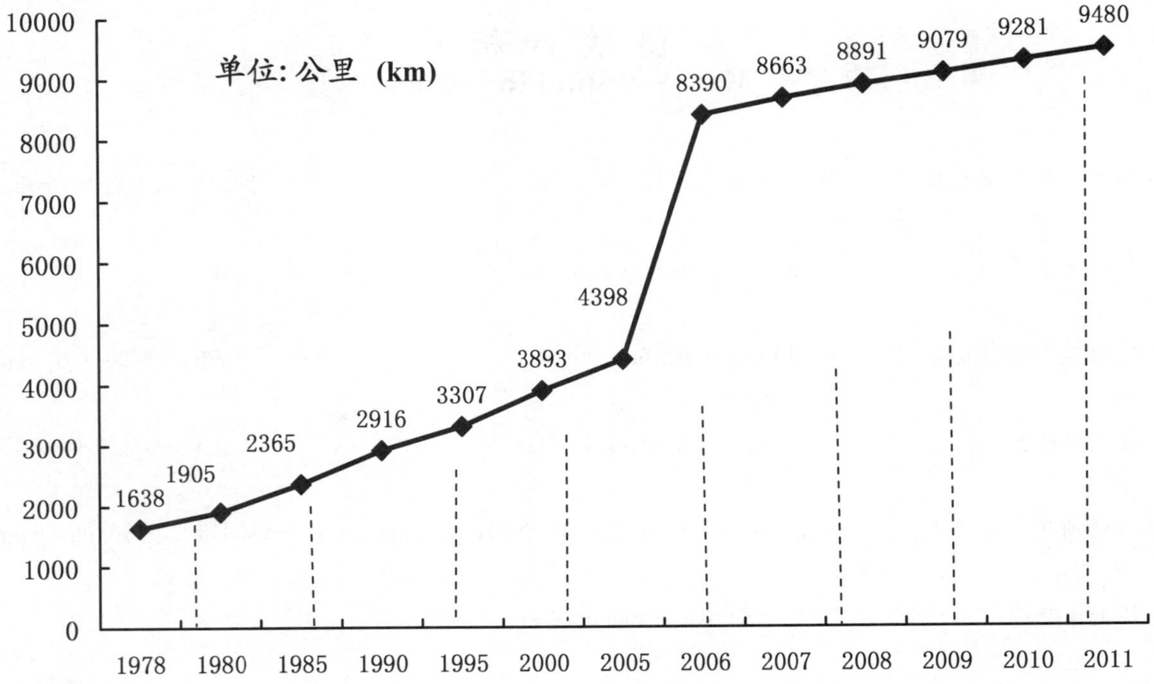

全社会客货运输情况

Total Passenger and Freight Traffic

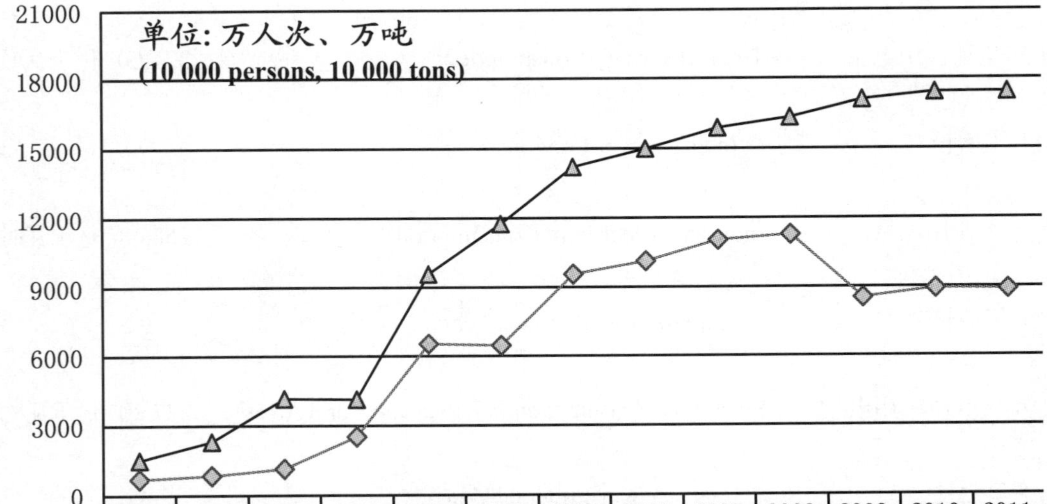

	1978	1980	1985	1990	1995	2000	2005	2006	2007	2008	2009	2010	2011
客运量	1509	2302	4162	4134	9574	11753	14202	14989	15878	16340	17088	17398	17415
货运量	693	844	1142	2517	6531	6470	9559	10119	11032	11273	8528	8931	8899

电　话　用　户　数

Number of Telephone Subscribers

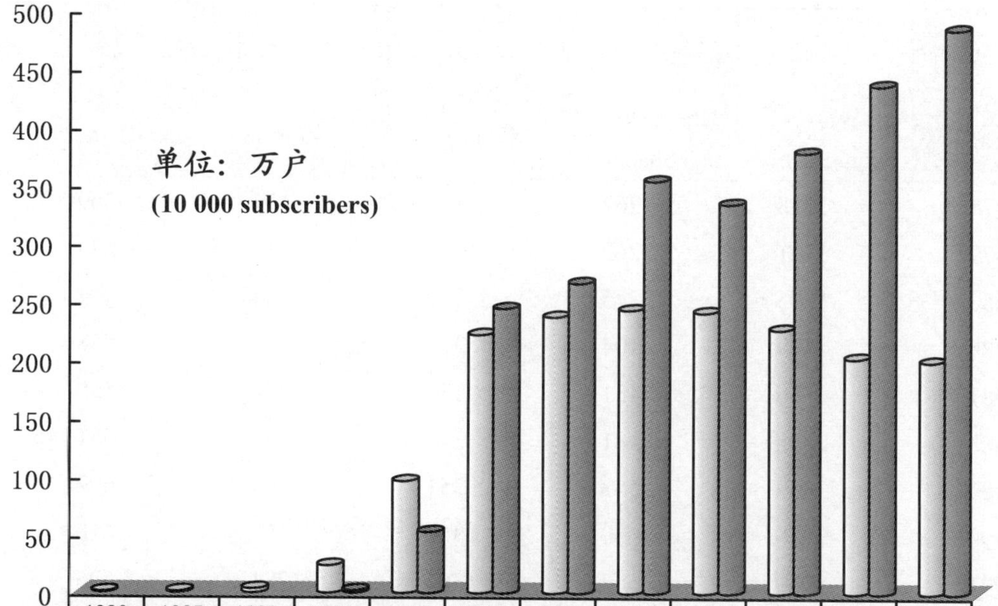

	1980	1985	1990	1995	2000	2005	2006	2007	2008	2009	2010	2011
□固定电话	0.65	1.16	3.47	23.80	96.02	221.39	236.65	242.78	240.78	226.28	201.80	199.22
■移动电话				2.14	52.74	243.91	265.92	353.90	334.02	378.52	436.45	484.76

注：2008年起移动电话用户数口径变为通话用户数。

Note: From 2008, the number of callers was applied instead of the number of mobile phone users caliber.

全　社　会　用　电　情　况

Electricity Consumption

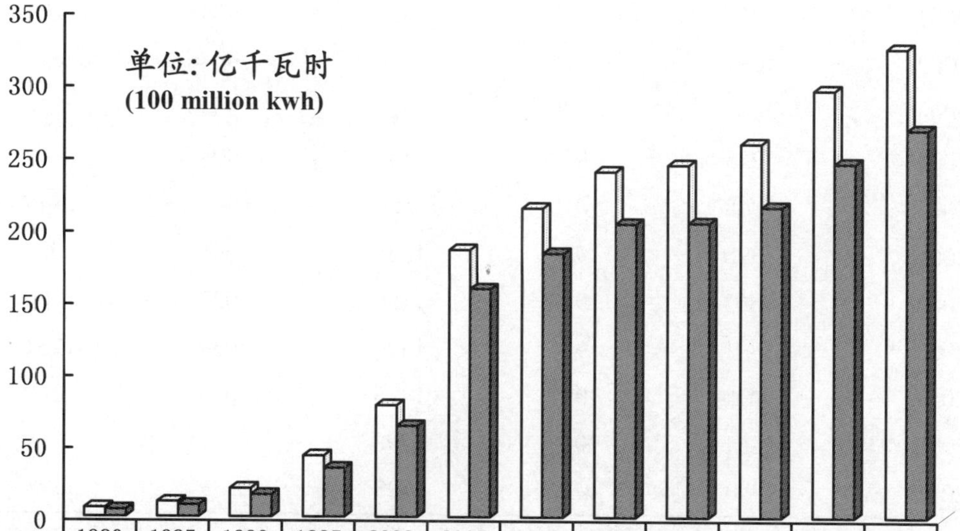

	1980	1985	1990	1995	2000	2005	2006	2007	2008	2009	2010	2011
□全社会用电量	6.32	10.54	19.89	42.42	77.67	185.52	214.44	239.58	244.31	258.87	295.68	324.60
■工业用电量	5.02	8.46	15.51	34.01	63.29	158.62	183.25	203.65	204.19	215.20	245.27	268.68

5-1 历年年末公路通车里程
Total Length of Highways over the Years

单位：公里 (km)

年 份 Year	全 市 Whole Municipality	市区及绍兴 Urban District and Shaoxing	上 虞 Shangyu	嵊 州 Shengzhou	新 昌 Xinchang	诸 暨 Zhuji
1978	1638	262	197	476	369	334
1979	1721	262	209	517	379	354
1980	1905	275	246	554	444	386
1986	2479	404	313	711	538	513
1987	2586	431	330	736	550	539
1988	2698	481	340	743	581	554
1989	2839	553	351	769	602	565
1990	2916	550	360	778	618	610
1991	2939	563	364	781	626	605
1992	3176	651	375	814	708	629
1993	3212	681	375	811	708	637
1994	3253	683	378	828	711	654
1995	3307	690	394	829	722	672
1996	3321	675	394	835	731	686
1997	3423	726	391	851	752	704
1998	3556	740	434	857	775	750
1999	3643	783	438	858	784	780
2000	3893	800	460	872	788	826
2001	3955	843	502	904	823	883
2002	4087	876	520	904	823	963
2003	4167	920	520	904	834	989
2004	4235	950	551	904	839	991
2005	4398	1010	551	987	845	1005
2006	8390	1964	1382	2006	1057	1980
2007	8663	1977	1386	2027	1200	2074
2008	8891	1986	1394	2039	1231	2240
2009	9079	1999	1425	2054	1269	2333
2010	9281	2003	1498	2071	1279	2430
2011	9480	2049	1506	2135	1298	2491

注：①2000 年 147.1 公里高速公路未分解到各县市。②2006 年末公路通车里程包括村道。

Note: a)the 147.1 km expressway of year 2000 was not broken down to different counties.b)At the end of 2006,the total length of highway include village highway.

5-2 历年全社会客货运输量
Total Passenger and Freight Traffic over the Years

指 标 Item	客运量(万人) Passenger Traffic (10 000 persons)	#公路 Highway	客运周转量(万人公里) Turnover Volume of Passenger Traffic (10 000 person-km)	#公路 Highway	货运量(万吨) Freight Traffic (10 000 tons)	#公路 Highway	货运周转量(万吨公里) Turnover Volume of Freight Traffic (10 000 ton-km)	#公路 Highway
1978	1509	1086	26666	21287	693	187	22821	5692
1979	1825	1338	31414	25233	788	207	29237	6273
1980	2302	1733	38874	31733	844	206	33648	6605
1981	2762	2154	46217	38693	840	218	35254	7724
1982	3063	2524	51511	44884	934	289	39736	9985
1983	3373	2865	58219	52178	916	278	41136	11689
1984	3704	3170	69287	62952	1049	379	47367	14625
1985	4162	3700	88416	82607	1142	471	56545	19947
1986	4235	3887	95433	91111	1204	550	64101	25494
1987	4511	4189	108159	104594	3287	1242	129260	50449
1988	4021	3772	100109	97256	2940	1286	122287	54040
1989	4107	3923	95342	93228	2810	1309	125878	50328
1990	4134	4000	110600	109062	2517	1235	115838	47077
1991	4511	4412	128162	126979	2583	1292	128990	54341
1992	8240	8153	220861	219795	5550	4268	208667	123277
1993	8926	8856	248288	247457	5964	4628	233157	140566
1994	9095	9046	251063	250560	6214	4786	241180	143910
1995	9574	9539	278508	278203	6531	5120	238990	151628
1996	10037	10014	299589	299397	6668	5390	241545	162889
1997	10531	10517	322356	322250	6723	5615	244209	172368
1998	9416	9406	319587	319501	5495	4489	230478	165224
1999	11009	11003	349365	349311	5534	4570	263034	185495
2000	11753	11751	376372	376350	6470	5560	284851	210913
2001	12634	12632	408970	408951	6555	5646	262139	194151
2002	13020	13017	426003	425960	7134	6079	298670	213791
2003	12946	12944	432626	432598	7894	6766	332862	233961
2004	13739	13737	458666	458643	9308	8132	359577	252243
2005	14202	14200	475619	475598	9559	8406	413781	262383
2006	14989	14985	490708	490658	10119	9014	480997	289771
2007	15878	15874	539767	539724	11032	9852	579820	347219
2008	16340	16279	549269	549076	11273	10235	581133	361802
2009	17088	17025	452668	452445	8528	7612	872895	673793
2010	17398	17314	459033	458779	8931	7890	1001862	707482
2011	17415	17328	475338	475100	8899	7694	1102870	784353

注：2009 年起客货运输量统计口径变化，与以前年份不可比。

Note:From 2009,The caliber of passengers and cargo transportation with road has changed.

5－3　各县(市)民用车辆拥有量 (2011 年末)

单位：辆

指　　标	Item	全　市 Whole Municipality
总计	**Total**	**943928**
汽车	**Vehicles**	**525914**
载客汽车	Passenger Vehicles	460365
#大型	Large-Sized	4950
中型	Medium-Sized	5942
小型	Small-Sized	436567
微型	Minicar	12906
载货汽车	Trucks	62629
#大型	Large-Sized	7739
中型	Medium-Sized	9331
小型	Small-Sized	44945
微型	Minicar	614
其它汽车	Others	2920
摩托车	**Motorcycles**	**416559**
普通	Ordinary	408123
轻便	Lightweigh	8436
挂车	**Trailers**	**1455**

注：5–3 表数据来源于公安局车辆管理所。

Number of Civil Vehicles Owned by County (City) (End of 2011)

(unit)

市区 Urban District	绍兴 Shaoxing	上虞 Shangyu	嵊州 Shengzhou	新昌 Xinchang	诸暨 Zhuji
119591	**217725**	**168288**	**129158**	**96501**	**212629**
119159	**108795**	**71566**	**49797**	**34251**	**142531**
107631	96527	64221	42548	30520	125016
1504	998	672	366	434	979
1374	1034	1137	666	582	1153
102690	86298	61315	40226	28628	117501
2063	2197	1097	1290	876	5383
10720	17778	6723	7022	3523	16891
1728	1685	1287	716	420	1911
2213	2927	12668	841	385	1705
6732	12987	4148	5435	2700	12955
47	179	20	30	18	320
808	490	562	227	208	624
66	**108648**	**94683**	**79248**	**62177**	**69776**
66	107283	93712	77862	59940	69099
0	1365	2771	1386	2237	677
366	**282**	**299**	**113**	**73**	**322**

Note: the data of sheet 5-3 are provided by police automobile administration.

5－4 全市运输船舶数 (2011年末)

指　　标		Item		全　市 Whole Municipality
一、机动船		**Motor Vessels**		**865**
艘　　数	(艘)	Number	(unit)	865
净载重量	(吨位)	Dead Weight Tonnage	(ton)	181291
载客量	(客位)	Passenger Capacity	(seat)	2499
功　　率	(千瓦)	Power	(kw)	92646
1. 客　船		**Passenger Ship**		**48**
艘　数	(艘)	Number	(unit)	48
载客量	(客位)	Passenger Capacity	(seat)	2499
功　率	(千瓦)	Power	(kw)	2045
2. 货　船		**Cargo Ship**		**815**
艘　数	(艘)	Number	(unit)	815
载货量	(吨位)	Freight Capacity	(ton)	181291
功　率	(千瓦)	Power	(kw)	90402
3. 拖　船		**Tugboats**		**2**
艘　数	(艘)	Number	(unit)	2
功　率	(千瓦)	Power	(kw)	199
二、货　驳		**Cargo Barge**		**15**
艘　数	(艘)	Number	(unit)	15
载货量	(吨位)	Freight Capacity	(ton)	810

5－5 全市各类公路到达情况 (2011年末)

单位：公里

指　　标	Item	全　市 Whole Municipality
通车里程	**Total Length of Highway**	**9479.60**
1.干线公路	Trunk Highway	899.84
#国　道	State Highway	440.78
省　道	Provincial Highway	459.06
2.支线公路	Branch Highway	8579.76
#县　道	County Highway	2218.02
乡　道	Township Highway	1584.32
专用公路	Special Highway	24.44
村　道	Village Highway	4752.98

Number of Transport Vessels (End of 2011)

市 区 Urban District	绍 兴 Shaoxing	上 虞 Shangyu	嵊 州 Shengzhou	新 昌 Xinchang	诸 暨 Zhuji
192	**198**	**141**	**69**	**4**	**261**
192	198	141	69	4	261
30854	27366	52956	12503	–	57612
511	492		384	146	966
17145	15417	20713	7006	153	32212
19	**11**	–	**7**	**4**	**7**
19	11	–	7	4	7
511	492	–	384	146	966
855	428	–	134	153	475
173	**187**	**139**	**62**	–	**254**
173	187	139	62	–	254
30854	27366	52989	12503	–	57612
16289	14989	20514	6872	–	31738
–	–	**2**	–	–	–
–	–	2	–	–	–
–	–	199	–	–	–
–	–	**15**	–	–	–
–	–	15	–	–	–
–	–	810	–	–	–

Length of Highways by Level (End of 2011)

(km)

市 区 Urban District	绍 兴 Shaoxing	上 虞 Shangyu	嵊 州 Shengzhou	新 昌 Xinchang	诸 暨 Zhuji
449.98	**1599.30**	**1506.00**	**2134.72**	**1298.22**	**2491.37**
61.32	104.71	109.17	205.60	147.68	271.36
31.44	40.11	105.65	131.11	79.34	53.13
29.88	64.60	3.52	74.49	68.34	218.23
388.66	1494.59	1396.83	1929.12	1150.55	2220.01
82.94	442.04	374.48	458.02	396.19	464.36
71.83	320.03	122.58	347.84	316.66	405.38
3.59	11.44	0.00	0.59	1.12	7.71
230.30	721.09	899.78	1122.68	436.57	1342.57

5-6 全市公路到达情况 (2011年末)

单位：公里

类别	Type	通车里程 Total Length of Highways	按技术等级分 Grouped by Technical Grade 高速公路 Expressway	一级 First Class	二级 Second Class
通车里程	**Total Length of Highways**	**9479.60**	**393.61**	**255.86**	**892.79**
#国　道	State Highway	440.78	278.75	99.25	61.80
省　道	Provincial Highway	459.06	114.86	6.70	263.22
县　道	County Highway	2218.02	-	149.92	492.15
乡　道	Township Highway	1584.32	-	-	13.76
专用道	Special Highway	24.44	-	-	-
村　道	Village Highway	4752.98	-	-	61.86

5-7 全社会客货运输量 (2011年)

指　　标		Item		全　市 Whole Municipality
客 运 量	**(万人)**	**Passenger Traffic**	**(10 000 persons)**	**17415**
公　路		Highways		17328
水　路		Waterways		87
客运周转量	**(万人公里)**	**Passenger-Kilometers**	**(10 000 person-km)**	**475338**
公　路		Highways		475100
水　路		Waterways		238
货 运 量	**(万吨)**	**Freight Traffic**	**(10 000 tons)**	**8899**
公　路		Highways		7694
水　路		Waterways		1205
货运周转量	**(万吨公里)**	**Freight Ton-kilometers**	**(10 000 ton-km)**	**1102870**
公　路		Highways		784353
水　路		Waterways		318517

注：公路客货运量口径变化，改为营业性

Length of Highways (End of 2011)

(km)

			按路面等级分 Grouped by Standard of Road Surface		
三级 Third Class	四级 Forth Class	等外 Highway Below Class IV	高级路面 High	次高级路面 Sub-high	中级路面 Medium
377.97	**7041.24**	**518.12**	**9387.30**	–	**92.30**
0.98	–	–	440.78	–	–
11.52	49.87	12.90	459.06	–	–
198.86	1339.37	37.72	2202.01	–	9.01
55.83	1464.15	50.58	1584.32	–	–
–	22.16	2.28	22.51	–	1.93
110.79	4165.69	414.64	4671.62	–	81.36

Passenger Traffic and Freight Traffic (2011)

市区 Urban District	绍兴 Shaoxing	上虞 Shangyu	嵊州 Shengzhou	新昌 Xinchang	诸暨 Zhuji
3073	**3571**	**2489**	**2497**	**1909**	**3876**
3071	3513	2489	2497	1907	3851
2	58	–	–	2	25
76577	**105502**	**68759**	**65031**	**48301**	**111168**
76552	105444	68759	65031	48298	111016
25	58	–	–	3	152
1016	**2295**	**1299**	**1209**	**890**	**2190**
864	2065	1036	1053	890	1786
152	230	263	156	–	404
160470	**224410**	**243123**	**128773**	**79052**	**267042**
124304	186507	109688	106583	79052	178219
36166	37903	133435	22190	–	88823

5-8 历年邮电业务收入

Business Volume of Post and Telecommunications over the Years

单位：万元 (10 000 yuan)

年份 Year	全市 Whole Municipality	市区及绍兴 Urban District and Shaoxing	上虞 Shangyu	嵊州 Shengzhou	新昌 Xinchang	诸暨 Zhuji
2000	195778	92673	24541	22456	14896	41211
2001	195275	95972	23319	21502	14244	40237
2002	231416	111348	27969	26016	17262	48821
2003	281971	135915	34222	31593	21492	58750
2004	324367	151371	42115	36966	25438	68477
2005	341938	161868	43371	37283	26720	72696
2006	364976	172561	48001	39131	26239	79045
2007	412391	194402	55965	43374	28707	89943
2008	456851	220908	61083	46849	30579	97432
2009	473446	232167	62194	47191	30863	101030
2010	488718	236355	65564	49080	30776	106943
2011	536414	258713	72182	53264	33181	119075

5-9 历年年末固定电话用户数

Number of Fixed Telephone over the Years

单位：万户 (10 000 subscribers)

年份 Year	全市 Whole Municipality	市区及绍兴 Urban District and Shaoxing	上虞 Shangyu	嵊州 Shengzhou	新昌 Xinchang	诸暨 Zhuji
2000	96.02	37.25	15.89	13.43	8.05	21.41
2001	119.00	44.40	20.10	17.20	11.00	26.30
2002	135.15	49.33	22.99	20.36	12.89	29.58
2003	159.47	59.42	26.35	23.94	14.88	34.88
2004	189.92	70.52	31.31	28.06	18.00	42.03
2005	221.39	82.86	35.20	31.95	21.02	50.37
2006	236.65	90.08	37.42	33.31	21.72	54.12
2007	242.78	92.91	39.45	33.65	22.01	54.75
2008	240.78	93.84	39.15	32.45	21.21	54.13
2009	226.28	90.83	36.64	29.60	19.08	50.13
2010	201.80	81.69	32.64	26.69	16.19	44.60
2011	199.22	82.57	31.31	25.77	15.38	44.19

5-10 历年年末移动电话用户数
Number of Mobile Telephone Subscribers over the Years

单位：户 (subscriber)

年份 Year	全市 Whole Municipality	市区及绍兴 Urban District and Shaoxing	上虞 Shangyu	嵊州 Shengzhou	新昌 Xinchang	诸暨 Zhuji
1992	626	626		–	–	–
1993	3036	2220	295	113	87	321
1994	9102	5671	870	673	451	1437
1995	21392	11696	2679	1950	1160	3907
1996	40042	22666	4685	3507	2081	7103
1997	68409	37839	8023	6092	4173	12282
1998	109344	59445	12754	10094	6992	20059
1999	239055	116661	28881	25587	16785	51141
2000	527428	236760	72997	66853	39061	111757
2001	693021	291767	95637	80322	78375	146920
2002	1046226	507564	120112	119915	92615	206020
2003	1502853	718742	180388	179979	114720	309024
2004	1786216	781812	236173	234275	151187	382769
2005	2439132	1150567	296800	290387	188479	512899
2006	2659168	1269970	331184	301681	195146	561187
2007	3538970	1702169	456332	385481	243357	751631
2008	3340246	1627243	422657	362967	232983	694396
2009	3785190	1697692	519585	445723	292062	830128
2010	4364458	1918834	617400	518567	340916	968741
2011	4847622	2127665	693962	576408	376526	1073060

注：移动电话用户统计口径变化。

5-11 历年互联网用户数
Number of Subscribers of Internet Services over the Years

单位：万户 (10 000 subscribers)

年份 Year	全市 Whole Municipality	市区及绍兴 Urban District and Shaoxing	上虞 Shangyu	嵊州 Shengzhou	新昌 Xinchang	诸暨 Zhuji
2000	7.62	3.34	1.25	1.13	0.80	1.08
2001	17.00	7.40	2.80	2.36	2.02	2.42
2002	24.16	11.86	3.31	2.86	2.02	4.11
2003	42.17	20.56	5.96	5.08	3.49	7.07
2004	38.72	19.87	4.29	4.82	3.08	6.66
2005	74.66	34.40	9.47	9.66	6.04	15.10
2006	114.65	51.85	15.65	14.36	8.96	23.84
2007	91.77	42.91	12.81	10.18	6.59	19.28
2008	150.10	76.87	19.87	13.65	9.04	30.68
2009	255.32	123.70	35.65	24.16	15.11	56.69
2010	342.65	165.66	46.60	32.99	21.83	73.09
2011	360.47	172.48	49.31	36.92	24.49	77.32

5-12 邮政基本情况 (2011 年)

指　　标		Item	
邮政业务收入	(万元)	Postal Business Revenue	(10 000 yuan)
邮政局所总数	(个)	Number of Post offices	(unit)
#自办局所数	(个)	Number of Self-established Post Offices	(unit)
邮政储蓄点	(个)	Postal Saving Services	(unit)
信筒信箱	(个)	Number of Post Boxes	(unit)
邮路及农村投递路线总长度	(公里)	Length of Postal Routes and Rural Delivery Routes	(km)
1.邮路总长度	(公里)	Length of Postal Routes	(km)
#汽车邮路	(公里)	Highway Routes	(km)
2.农村投递路线长度	(公里)	Rural Delivery Routes	(km)
函件总数	(万件)	Number of Letters	(10 000 pieces)
包　　件	(万件)	Number of Courier Services	(10 000 pieces)
汇　　票	(万张)	Number of Bill of Exchange	(10 000 pieces)
特快专递	(万件)	Pieces of Express Mail Services	(10 000 pieces)
订销报纸累计数	(万份)	Total of Newspaper Subscribed	(10 000 copies)
订销杂志累计数	(万份)	Total of Magazine Subscribed	(10 000 copies)
集邮业务	(万枚)	Philately	(10 000 pieces)
每百人平均函件量	(件/百人)	Average Number of Letters Mailed per 100 Persons	(piece/100 persons)
每百人平均订阅报刊量	(份/百人)	Average Number of Newspaper Subscribed per 100 Persons	(copy/100 persons)
每百人平均包件	(件/百人)	Average Number of Parcels per 100 Persons	(piece/100 persons)
每百人平均汇票量	(张/百人)	Average Number of Money Order 100 Persons	(piece/100 persons)

注：从 2004 年开始函件总数包括邮送广告量。

Basic Statistics on Post (2011)

全　市 Whole Municipality	市区及绍兴 Urban District and Shaoxing	上　虞 Shangyu	嵊　州 Shengzhou	新　昌 Xinchang	诸　暨 Zhuji
37947	15339	4954	4132	2269	11254
163	41	21	22	21	58
118	34	19	17	11	37
126	32	11	17	10	56
879	249	257	73	79	221
18803	5186	3720	3044	2814	4039
2403	700	268	568	276	591
1874	666	268	233	276	431
16400	4486	3452	2476	2538	3448
5979.19	3447.34	1056.50	328.06	326.43	820.86
25.47	12.38	3.92	2.94	2.16	4.07
100.38	46.59	16.63	9.47	2.91	24.78
35.75	16.25	5.27	2.43	2.62	9.18
15716.91	7198.21	3567.93	1515.76	870.53	2564.48
670.51	254.56	113.80	62.25	58.42	181.48
358.96	163.03	75.73	26.97	57.30	35.93
1358.87	2501.05	1358.96	446.56	745.78	765.74
3571.92	5222.31	4589.37	2063.26	1988.86	2392.27
5.79	8.98	5.04	4.00	4.93	3.80
22.81	33.80	21.39	12.89	6.65	23.12

Note: from year 2004, the total mail number includes the advertisement mails.

5－13 电 信 基 本 情 况 (2011 年)

指　　标		Item	
电信业务收入	(万元)	Telecommunications Business Revenue	(10 000 yuan)
自办营业网点	(个)	Self-established Business Points	(unit)
委托代办点总数	(个)	Number of Authorized Business Point	(unit)
固定电话交换机容量	(万门)	Fixed Switchboard	(10 000 lines)
移动电话交换机容量	(万门)	Mobile Switchboard	(10 000 lines)
固定电话年末户数(包括小灵通)	(万户)	Number of Subscribers of Fixed Telephone at Year-end(Including PAS)	(10 000 subscribers)
固定电话主线普及率	(号线/百人)	Popularization Rate of Telephone Line	(line/100 persons)
移动电话年末户数	(万户)	Number of Mobile Telephone Subscribers at Year-end	(10 000 subscribers)
移动电话普及率	(部/百人)	Popularization Rate of Mobile Telephone	(set/100 persons)
长途电话通话量	(万分钟)	Communication time by Long Distance Telephone Call	(10 000 minutes)
互联网用户数（包括手机上网用户）	(万户)	Number of Subscribers of Internet Services (Including WAP users)	(10 000 subscribers)

注：①移动电话用户统计口径变化。②电信公司委托代办点口径为合营网点。

Basic Statistics on Telecommunications (2011)

全 市 Whole Municipality	市区及绍兴 Urban District and Shaoxing	上 虞 Shangyu	嵊 州 Shengzhou	新 昌 Xinchang	诸 暨 Zhuji
498467	243374	67228	49132	30912	107821
206	86	34	26	23	37
2596	1213	322	309	173	579
267.45	104.46	37.37	34.67	17.77	48.89
1140.98	197.99	73.56	61.05	43.94	111.43
199.22	82.57	31.31	25.77	15.38	44.19
45.28	59.91	40.27	35.08	35.14	41.22
484.76	212.77	69.40	57.64	37.65	107.31
110.17	154.36	89.26	78.46	86.02	100.10
235218	121515	31355	16543	9397	56409
360.47	172.48	49.31	36.92	24.49	77.32

Note:a)Changing of the statistical coverage of mobile phone users.b)The caliber of the telecommunications company's commissioned agent branch was joint venture outlets.

5－14 历年全社会用电量

Electricity Consumption over the Years

单位：万千瓦时 (10 000 kwh)

年份 Year	全市 Whole Municipality	市区 Urban District	绍兴 Shaoxing	上虞 Shangyu	嵊州 Shengzhou	新昌 Xinchang	诸暨 Zhuji
1978	44878		22976	5966	5279	2462	8194
1979	55515		26943	7726	6839	3228	10734
1980	63173		30482	9218	7645	3750	12079
1981	70191		33923	10237	8527	4477	13027
1982	75582		36909	11216	9290	4988	13180
1983	82688		39498	12051	10389	6013	14738
1984	92612	27401	19109	11887	11576	6817	15820
1985	105359	32366	22336	14197	11706	7277	17477
1986	122413	35495	27502	16616	13306	8137	19612
1987	150258	38521	34628	20193	16056	10079	23999
1988	170433	43117	39387	22773	17960	12414	28057
1989	176566	47915	40880	21919	17451	13105	29588
1990	198941	43523	59890	23207	18005	14247	32628
1991	236011	48316	80067	26386	21606	15994	39478
1992	286151	55381	102783	31178	25415	18442	49210
1993	335634	62064	124500	35676	28746	19855	60766
1994	378856	67354	147822	42451	32049	22129	64757
1995	424186	72931	160686	46201	34596	26701	74224
1996	490389	81578	197420	50094	35117	29277	88610
1997	566921	87493	251914	52822	38019	32108	95942
1998	625175	90563	289370	56064	39965	36382	103564
1999	678196	92446	313637	64021	43480	40909	119663
2000	776702	156974	289992	75924	47493	50653	150731
2001	901529	174502	355878	84580	47701	53374	180254
2002	1111592	220261	442823	103723	56723	62432	219205
2003	1376353	278521	540416	132517	70824	77732	266700
2004	1547773	305812	631495	142298	79549	85712	291024
2005	1855228	353473	752030	182068	98200	93534	365030
2006	2144386	396981	853876	231237	114059	104390	424740
2007	2395751	433115	942139	268440	129705	114280	485970
2008	2443122	432693	944071	271684	141039	118527	517351
2009	2588674	423091	1026363	292751	148379	118377	559365
2010	2956778	485155	1166762	343075	168502	134728	630370
2011	3246028	532462	1295069	360520	188719	154981	690933

5－15 历年工业用电量

Consumption of Industrial Electricity over the Years

单位：万千瓦时 (10 000 kwh)

年 份 Year	全 市 Whole Municipality	市 区 Urban District	绍 兴 Shaoxing	上 虞 Shangyu	嵊 州 Shengzhou	新 昌 Xinchang	诸 暨 Zhuji
1978	34365		18355	3270	3502	1753	5263
1979	43587		21705	5160	4856	2257	7229
1980	50233		24990	6560	5453	2587	8401
1981	55144		27418	7340	6440	2917	8884
1982	60191		30134	8145	6836	3097	9099
1983	65148		32355	9162	7457	3820	9978
1984	73520	24830	13329	8969	8540	4295	11557
1985	84582	29277	16418	11301	8582	4742	12740
1986	98370	32212	20622	12958	10051	5570	13455
1987	119647	34722	25678	16603	12071	6914	16634
1988	133523	38808	30203	17923	13021	8129	18713
1989	138107	42992	32280	16886	11845	8275	20118
1990	155071	37970	49732	17298	11539	9309	21783
1991	185980	41977	67423	19943	14913	10521	27039
1992	229909	48286	89513	24028	17456	12115	34768
1993	271024	53167	109940	27040	20129	14254	42468
1994	304052	55959	131181	31569	21721	16260	45070
1995	340095	59923	141229	33868	23320	19775	53134
1996	397625	66850	175921	36659	23411	21369	65121
1997	464228	70514	227320	39178	26172	22922	69499
1998	508033	70530	260955	39984	26491	25710	75196
1999	557276	71310	285627	48796	29990	28862	88651
2000	632883	126612	262635	57710	32671	36421	111901
2001	735265	138981	321518	64545	31778	37792	135410
2002	912926	175596	397327	81563	39159	44582	168274
2003	1127661	216735	482700	103109	49158	55610	210708
2004	1287520	240651	560697	111080	56577	67004	239627
2005	1586233	283190	698269	145164	69323	74015	305371
2006	1832517	318919	787764	187441	81106	82911	355271
2007	2036465	340939	866021	215800	91957	90436	409210
2008	2041913	332587	857056	211850	98837	91835	431992
2009	2151960	311058	932355	226289	103629	89410	468863
2010	2452700	357015	1053169	264452	118526	102516	528836
2011	2686777	391252	1161160	280997	133361	119177	577485

5－16 历年生活用电量

Residents Consumption of Electricity for Non-production over the Years

单位：万千瓦时 (10 000 kwh)

年份 Year	全市 Whole Municipality	市区 Urban District	绍兴 Shaoxing	上虞 Shangyu	嵊州 Shengzhou	新昌 Xinchang	诸暨 Zhuji
1978	3354		1029	686	414	249	977
1979	4026		1228	756	464	331	1247
1980	5104		1640	996	565	408	1495
1981	6156		2070	1118	709	479	1780
1982	7157		2584	1303	793	542	1935
1983	8274		3085	1177	1235	662	2116
1984	9191	1083	2835	1223	1423	674	1954
1985	10539	1390	3101	1278	1621	793	2356
1986	12817	1882	4080	1659	1476	1013	2724
1987	16540	1900	6034	2023	2014	1212	3477
1988	19435	2035	5939	2452	2483	1777	4750
1989	21314	2471	5535	2711	3137	2262	5198
1990	25179	2739	6160	3463	4039	2483	6403
1991	29725	3062	8790	3738	4239	2720	7177
1992	32212	3320	8999	4002	4873	3197	7821
1993	36712	3786	9477	5205	5553	3488	9203
1994	44156	4891	10982	6421	6473	3926	11462
1995	49071	5533	12158	7422	6802	4191	12965
1996	55124	6165	14061	8339	7074	4898	14587
1997	57710	6500	14710	8177	7502	5538	15284
1998	63368	7118	15567	9165	8400	6255	16864
1999	61407	6689	13765	8826	8535	6622	16970
2000	70328	11658	11973	9934	9197	7656	19910
2001	77995	13346	12562	10515	9457	8611	23504
2002	92075	16098	15267	11843	10287	10083	28496
2003	112251	21489	17658	14671	13409	12871	32154
2004	111502	23910	19196	14034	13648	10190	30524
2005	134711	28419	24229	17741	16513	11577	36233
2006	158827	33469	29640	20945	19541	13133	42098
2007	181692	38211	34379	24504	22740	14899	46958
2008	203703	41947	39315	28275	25843	16658	51665
2009	220397	46453	42129	31176	27867	17874	54897
2010	248269	51870	47836	35558	31663	19761	61582
2011	272042	56133	54614	37679	35108	21789	66719

5－17 供用电设备情况(2011 年)
Residents Consumption of Electricity for Non-production (2011)

指 标	Item	合计 Total	500kV	220kV	110kV	35kV	20kV	10kV
变电所 （所）	**Transformer Substation(place)**	**–**	**5**	**26**	**123**	**175**	**–**	**–**
公 用	Public	–	5	25	110	61	–	–
用户自备	Provide	–	–	1	13	114	–	–
变压器 （台）	**Transformer (unit)**	**44919**	**12**	**58**	**237**	**294**	**62**	**44256**
公 用	Public	21447	12	57	213	115	6	21044
用户自备	Provide	23472	–	1	24	179	56	23212
铭牌容量（万 kVA）	**Capacity (10000 kVA)**	**4734.80**	**975.00**	**1002.15**	**1024.10**	**313.90**	**4.57**	**1415.08**
公 用	Public	3703.82	975.00	999.00	941.35	154.11	0.03	634.33
用户自备	Provide	1031	–	3	83	160	5	781
线路条数 （条）	**Number of Lines (line)**	**–**	**25**	**76**	**209**	**299**	**16**	**–**
线路长度 （公里）	**Length of Lines (km)**	**22641.98**	**963.51**	**1311.32**	**1850.20**	**1749.71**	**73.21**	**16694.04**

5－18 水、火发电设备情况 (2011 年)
Equipment in Water and Fire Power (2011)

指 标 Item	全 市 Whole Munici-pality	市 区 Urban District	绍 兴 Shaoxing	上 虞 Shang-yu	嵊 州 Sheng-zhou	新 昌 Xin-chang	诸 暨 Zhuji
水、火发电厂 （座） Water and Fire Power plants(set)	**367**	**6**	**40**	**24**	**126**	**116**	**55**
≥6000kw	29	6	13	4	2	2	2
发电容量 （千瓦） Power Capacity (kW)	**1107940**	**216000**	**523815**	**104675**	**102395**	**82000**	**79055**
≥6000kw	974850	216000	513000	96000	59100	36750	54000
发电量 （万千瓦时） Electricity (10000kWh)	**369110**	**62749**	**205326**	**43855**	**24658**	**15304**	**17218**
≥6000kw	345805	62749	202042	42794	16521	6806	14893

5－19 全社会用电量(2011 年)

单位：万千瓦时

指　　标	Item	全　市 Whole Municipality
全社会用电量总计	**Total**	**3246028.32**
一、行业用电量	**Consumption of Electricity for Production**	**2973985.97**
1.农林牧渔业	Farming，Forestry，Animal Husbandry and Fishery	20946.36
2.工业用电量合计	Industry	2686776.73
(1)轻 工 业	Light Industry	1637242.88
(2)重 工 业	Heavy Industry	1049533.85
按行业分	**Grouped by Sector**	
(1)采 矿 业	Mining and Quarrying	21874.82
(2)制 造 业	Manufacturing	2474135.47
食品、饮料和烟草制造业	Food，Beverage and Tobacco Processing	26389.8
纺 织 业	Textile Industry	1131997.99
服装鞋帽、皮革羽绒及其制品业	Manufacturing Industry of Costumes, Shoes, Caps ,Leather, Feather and Their Products	76642.89
木材加工及制品和家具制造业	Wood Processing and Cabinetmaking Industry	9880.12
造纸及纸制品业	Papermaking and Paper Products	22904.5
印刷业和记录媒介的复制	Printing and Record Medium Reproduction	3707.03
文体用品制造业	Cultural and Sports Goods	3332.71
石油加工、炼焦及核燃料加工业	Petroleum Processing, Cooking and Nuclear Fuel Processing	563.18
化学原料及化学制品制造业	Raw Chemical Materials and Chemical Products	196029.8
医药制造业	Medical and Pharmaceutical Products	63222.12
化学纤维制造业	Chemical Fiber	184628.32
橡胶及塑料制品业	Rubber and Plastic Products	138420.88
非金属矿物制品业	Nonmetal Mineral Products	134043.45
黑色金属冶炼及压延加工业	Smelting and Pressing of Ferrous Metals	6594.99
有色金属冶炼及压延加工业	Smelting and Pressing of Nonferrous Metals	60796.64

注：各县市相加与全市数不等，因全市合计数中包括 110KV 及以上电网线损等。

Electricity Consumption (2011)

(10 000 kwh)

市　区 Urban District	绍　兴 Shaoxing	上　虞 Shangyu	嵊　州 Shengzhou	新　昌 Xinchang	诸　暨 Zhuji
532462.29	**1295068.73**	**360519.90**	**188718.51**	**154981.19**	**690932.69**
476329.08	**1240454.90**	**322840.45**	**153610.74**	**133191.95**	**624213.82**
1678.90	8283.71	3677.78	2439.93	606.15	4259.90
391252.28	1161159.51	280996.91	133360.87	119177.12	577484.96
269042.96	815063.63	114528.00	73189.16	39731.03	325688.15
122209.32	346095.88	166468.91	60171.71	79446.09	251796.81
647.98	13324.80	1900.90	2480.72	652.97	2867.45
368447.87	1082902.50	256368.97	117860.63	112076.64	536478.81
5841.48	8936.93	3977.74	4224.44	1342.99	2066.21
162545.70	624080.55	34897.35	31690.63	10464.86	268318.90
18358.15	27685.45	3544.89	14924.69	2340.12	9789.60
2928.56	2973.46	1395.18	1155.35	400.64	1026.93
3270.59	8600.32	1368.04	7928.74	143.53	1593.30
863.84	968.03	642.93	161.62	245.73	824.91
1372.12	1137.86	625.30	35.42	19.72	142.30
1.83	206.47	2.67	252.92	0.31	98.98
37519.75	82873.43	66938.81	1139.48	4841.52	2716.80
12080.22	3665.51	18817.84	4725.95	22593.10	1339.53
43222.01	118985.33	3514.57	31.94	41.95	18832.50
19229.46	57864.32	25977.22	4803.54	4839.25	25707.08
10429.44	54549.66	13185.00	4420.93	866.14	50592.27
0.00	4701.82	0.00	1766.61	126.52	0.04
2800.18	16967.17	19695.87	3364.89	617.59	17350.90

Note: Since the total number of the city include the line loss of 110 KV and up networks, the sum of the counties does not equal to that of the whole city.

5-19 续表

单位：万千瓦时

指 标	Item	全 市 Whole Municipality
金属制品业	Metal Products	98505.80
通用及专用设备制造业	Common Use and Special Purpose Equipment	176917.99
交通运输、电气、电子设备制造业	Transport and Electronic Equipment Manufacturing	112103.93
工艺品及其他制造业	Artwork and Other Manufacturing Industries	25493.38
废弃资源和废旧材料回收加工业	Processing of Discarded Resources, and Waste and Scrap Recovery	1959.95
(3)电力、燃气及水的生产和供应业	Production and Supply of Electric Power, Gas and Water	190766.44
3.建 筑 业	Construction	42348.07
4.交通运输、仓储、邮政业	Traffic, Storage and Mail Business	18483.14
(1)交通运输业	Traffic	16004.79
(2)仓储业	Storage	1627.51
(3)邮政业	Mail Business	850.84
5. 信息传输、计算机服务和软件业	Information Transfer，Computer Service and Software	13932.94
6. 商业、住宿和餐饮业	Business, Accommodation and Food Industry	86188.20
(1)批发和零售业	Wholesale and retail trade	61370.09
(2)住宿和餐饮业	Accommodation and food industry	24818.11
7. 金融、房地产、商务及居民服务业	Finance, Realty, Business Service and Neighborhood Services Industry	44211.64
8. 公共事业及管理组织	Public Enterprise and Management Organization	61098.89
(1)科学研究、技术服务和地质勘查业	Scientific Research, Technical Service and Geologic Examination Industry	975.04
(2)水利、环境和公共设施管理业	Water Conservancy, Environment and Public Institution Management	15166.83
(3)教育、文化、体育和娱乐业	Education, Cultural, Physical and Entertainment Industry	19113.85
(4)卫生、社会保障和社会福利业	Sanitation, Social Security and Social Welfare Industry	11393.78
(5)公共管理和社会组织、国际组织	Public Administration, Social Organization and International Organizations	14449.39
二、城乡居民生活用电量	**Residents Consumption of Electricity for Non-production**	**272042.35**
#乡 村	Rural Residents	132199.11
城 市	Urban Residents	139843.24

Continued

(10 000 kwh)

市　区 Urban District	绍　兴 Shaoxing	上　虞 Shangyu	嵊　州 Shengzhou	新　昌 Xinchang	诸　暨 Zhuji
7839.65	18178.90	18331.45	9637.59	2756.42	41761.76
5346.29	26149.71	14922.59	9560.69	57975.99	62962.69
30526.41	18319.98	23026.68	16589.17	1790.44	21851.29
4185.77	4838.55	5352.87	1316.57	556.29	9243.29
86.42	1219.05	151.97	129.46	113.53	259.53
22156.43	64932.21	22727.04	13019.52	6447.51	38138.70
8264.44	17547.42	6850.03	1893.44	959.51	6833.22
8143.75	5596.97	1148.43	750.97	484.76	2358.24
7457.91	4997.08	551.56	569.52	387.66	2041.08
389.18	393.74	538.18	109.32	43.04	154.03
296.66	206.15	58.69	72.13	54.06	163.13
4850.72	2111.99	1947.83	1584.92	1060.22	2377.37
25479.79	15999.15	14642.72	6830.94	5004.66	18230.89
16476.25	12434.32	10743.81	4977.00	3174.62	13564.06
9003.54	3564.83	3898.91	1853.94	1830.04	4666.83
15591.24	17327.89	4236.19	2527.93	1823.61	2704.77
21067.96	12428.26	9340.56	4221.74	4075.92	9964.47
407.85	223.78	89.08	26.61	78.98	148.76
4232.54	4206.70	2162.30	913.33	1137.74	2514.21
7640.33	3221.06	2992.61	1261.92	1017.17	2980.73
4137.69	1641.28	1712.34	927.00	1106.04	1869.43
4649.55	3135.44	2384.23	1092.88	735.99	2451.34
56133.21	**54613.83**	**37679.45**	**35107.77**	**21789.24**	**66718.87**
40198.55	20186.14	16535.14	16109.79	10934.87	28234.65
15934.66	34427.69	21144.31	18997.98	10854.37	38484.22

主要统计指标解释

公路里程 指在一定时期内实际达到《公路工程技术标准 JTJ0l—88》规定的等级公路，并经公路主管部门正式验收交付使用的公路里程数。其计算单位为：KM。它包括大中城市的郊区公路以及通过小城镇街道部分的公路里程，也包括桥梁、渡口的长度，但不包括大中城市的街道、厂矿、林区生产用道和农业生产用道的里程。两条或多条公路共同经由同一路段，只计算一次，不得重复计算里程长度。公路里程是反映公路建设发展规模的重要指标，也是计算运输网密度等指标的基础资料。

货(客)运量 指在一定时期内，各运输部门实际运送的货物(旅客)数量。是反映运输业为国民经济和人民生活服务的数量指标，也是制定和检查运输生产计划，研究运输发展规模和速度的重要指标。货运按吨计算，客运按人计算。货物不论运输距离长短，货物类别，均按实际重量统计；旅客不论行程远近或票价多少，均按一人一次作为客运量统计。半价票、小孩票也按一人统计。

货物(旅客)周转量 指在一定时期内，由各种运输工具运送的货物(旅客)数量与其相应运输距离的乘积之总和，是反映运输业生产总成果的重要指标，也是编制和检查运输生产计划，计算运输效率、劳动生产率以及核算运输单位成本的主要基础资料。通常以吨公里和人公里为计算单位。计算货物周转量通常按发出站与到达站之间的最短距离，也就是计费距离计算。

移动电话用户 指在邮电部门登记，通过移动电话交换机进入移动电话网，占有移动电话号码的电话用户。用户数量以实际办理登记手续进入邮电部门移动电话网的户数计算，一部或一台移动电话统计为一户。

国际互联网用户数 指连接计算机网的网络，范围遍及全世界，包括局域网、城域网和广域网。用户数包括在邮电部门办理登记手续且已入网的用户数。

Explanatory Notes on Main Statistical Indicators

Length of Highways refers to the length of highways which are built in conformity with the grades specified by the highway engineering standard formulated by the Ministry of Communications, and have been formally checked and accepted by the departments of highways and put into use. The length of highways includes that of the suburb highways at large and medium-sized cities, highways passing through streets at small cities and towns, and also the length of bridges and ferries. It does not include the length of streets in big and medium-sized cities and highways built for the production purpose at factories, mines, forest areas and agricultural areas. If two or more highways go the same section of the way, the length of the section is only calculated for once and no duplication is allowed. The length of highways is an important indicator to show the development of the highway construction and to provide essential information to calculate the transport network density.

Freight (Passenger) Traffic refers to the volume of freight (passenger) transported with various means. Freight transport is calculated in tons and passenger traffic is calculated in the number of persons. Despite the type of freight and traveling distance, the freight transport is calculated in the actual weight of the goods: and despite the traveling distance and ticket price, the passenger traffic is calculated by the principle that one person can be counted only once in one travel. The passenger who travels with a half price ticket or a child ticket is also calculated as one person. The freight (passenger) traffic provides a quantitative measure to show how the transport industry serves the national economy and people, and is also an important indicator for planning the transport industry and for studying the development scale and speed of the transport industry.

Freight Ton-kilometers (Passenger-kilometers) refer to the sum of the products of the volume of transported cargo (passengers) multiplying by the transport distance, usually using ton-kilometer and passenger-kilometer as units for measurement. Normally, the shortest distance between the departure station and the destination station (i.e., the payable distance) is the basis to calculate the freight ton-kilometers. This is an important indicator to show the total results of the transport industry, to prepare and examine the transport plan and to measure the efficiency, the labor productivity and the unit cost of transport.

The formula is as follows:

Freight Ton-kilometers (Passenger-kilometers)=$\sum$\{Freight (Passenger) Traffic$\times$Distance of Transportation\}

Measuring unit: ton-kilometer (person-kilometer)

Mobile Telephone Subscribers refer to the persons who own mobile telephone numbers and are connected with the mobile telephone communication network through the mobile telephone switchboards. The number of subscribers is calculated by the subscribers who have completed registration and have entered into the mobile telephone network. One mobile telephone is taken as a subscriber.

Internet Subscribers refer to the nets connect the computer with the scope of all over the world, involved direct net, city nets and world-wide-web. The amount involves the subscribers sign up in the post office and applied for the Internet.

六

固定资产投资和建筑业

CHAPTER 6 INVESTMENT IN FIXED ASSETS, CONSTRUCTION

固定资产投资和建筑业
INVESTMENT IN FIXED ASSETS，CONSTRUCTION

主要统计指标
Main Statistical Indicators

2011 年固定资产投资	Investment in Fixed Assets	1426.26	亿元 (10^8 yuan)
比上年增长	Increase over Previous Year	24.8	%
2011 年工业性投资	Investment in Industry	744.42	亿元 (10^8 yuan)
比上年增长	Increase over Previous Year	19.6	%
2011 年基础设施投资	Infrastructure Investment	241.00	亿元 (10^8 yuan)
比上年增长	Increase over Previous Year	19.6	%
2011 年房地产开发投资	Value of Investment in Real Estate Development	403.24	亿元 (10^8 yuan)
比上年增长	Increase over Previous Year	35.4	%
2011 年商品房销售面积	Floor Space of Selling House	457.15	万平方米(10^4sq.m)
比上年增长	Increase over Previous Year	-25.1	%
2011 年建筑企业个数	Number of Construction Enterprises	572	个 (unit)
比上年增长	Increase over Previous Year	5.7	%
2011 年建筑企业总产值	Gross Output Value of Construction Enterprises	4212.19	亿元 (10^8 yuan)
比上年增长	Increase over Previous Year	29.1	%

固 定 资 产 投 资

Investment in Fixed Assets

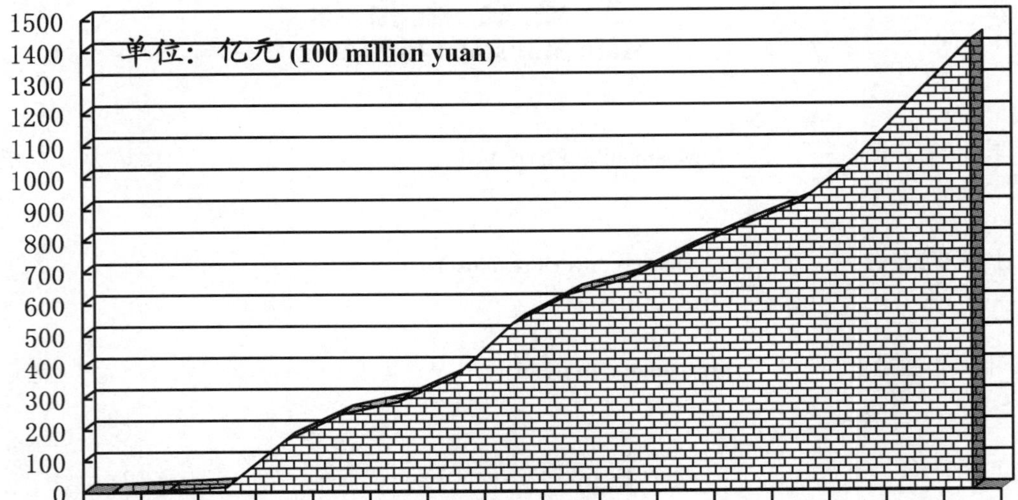

	1980	1985	1990	1995	2000	2001	2002	2003	2004	2005	2006	2007	2008	2009	2010	2011
投资额	1	9	17	162	247	287	367	535	629	676	766	843	916	1055	1246	1426

房 地 产 投 资

Investment in Real Estate

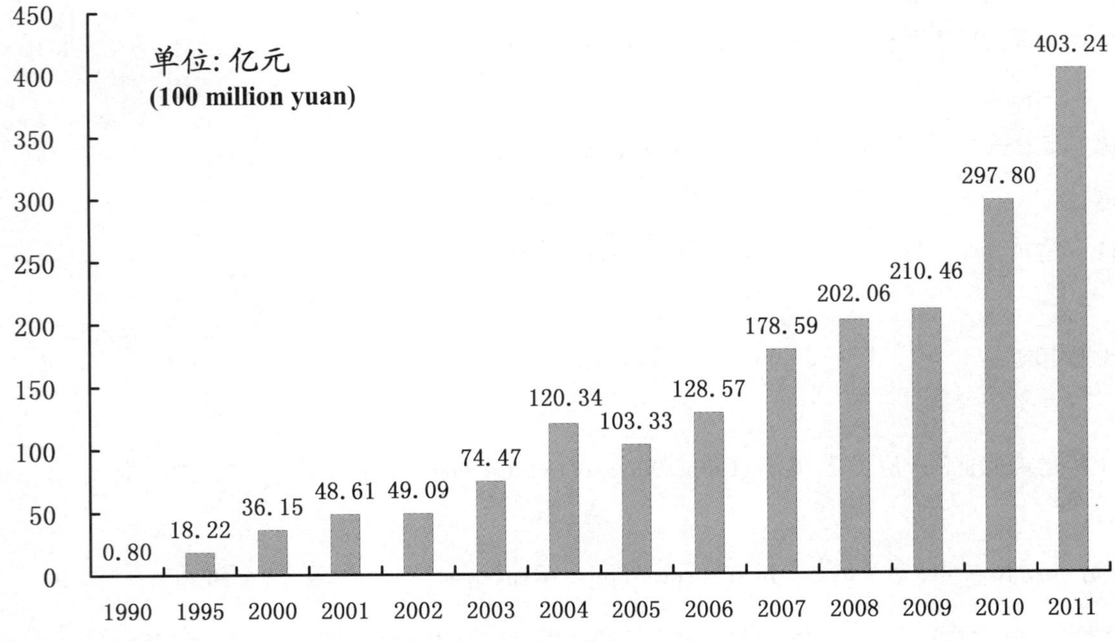

6－1　历年分县(市)固定资产投资完成额

Investment in Fixed Assets by County (City)

单位：万元　　(10 000 yuan)

年　份 Year	全　市 Whole Municipality	市　区 Urban District	绍　兴 Shaoxing	上　虞 Shangyu	嵊　州 Shengzhou	新　昌 Xinchang	诸　暨 Zhuji
1985	91199	14656	36490	14629	8565	5562	11297
1986	105796	20010	36808	18503	10674	7336	12465
1987	145438	21549	56829	26165	12065	9404	19426
1988	180734	27804	68770	29873	18167	12870	23250
1989	164330	24164	63035	27510	16467	10814	22340
1990	172053	26802	63564	27791	19450	12509	21937
1991	244522	39597	97689	36554	24491	14413	31778
1992	446114	88259	187514	64691	38437	23964	43249
1993	1113334	229305	476373	181522	49886	40389	135859
1994	1365648	343260	413708	281572	84408	72598	170162
1995	1623146	296269	520951	354325	94676	102601	254324
1996	1775979	306788	644014	316622	88286	96748	323521
1997	1645175	263643	535625	289445	89790	115630	351042
1998	1701775	303936	440282	301621	147485	143930	364521
1999	1910004	368786	426538	345087	186403	196318	386872
2000	2471758	625330	455071	449359	207467	291615	442916
2001	2865486	882621	574631	426809	258705	238545	484175
2002	3674797	991002	978044	517439	350955	306770	668223
2003	5350324	1674106	1465906	660001	450318	414814	885179
2004	6291005	1780256	1750399	852928	552826	465321	1119275
2005	6761274	1613747	1701098	951719	628835	413622	1452253
2006	7657451	1853917	1930531	1067368	696341	458485	1650809
2007	8433749	1905495	2145773	1258393	738990	529558	1855540
2008	9157476	1844390	2423840	1453185	798102	589696	2048263
2009	10550321	2291186	2720659	1659054	933589	668341	2277492
2010	12455609	2740810	3116361	1980031	1099745	779301	2739361
2011	14262594	3079529	3568042	2410721	1174366	783227	3246709

注：1985 年-2010 年为全社会固定资产投资,2011 年起改为固定资产投资（计划总投资 500 万元及以上项目投资和房地产开发投资）。

Note: In 1985-2010, it was referred as "Total Investment in Fixed Assets", and instead of "Investment in Fixed Assets"(the projects completed and investment of real estate development plan a total investment of 5000 million yuan and above)since 2011.

6－2 分县(市)固定资产投资完成情况 (2011 年)

单位：万元

项 目	Item	全 市 Whole Municipality
固定资产投资合计	Investment in Fixed Assets	**14262594**
#建筑安装工程投资	Construction and Installation	7544339
1.房地产开发投资	Investment of Real Estate Development	4032384
2.项目完成投资数	Number of Projects Completed	10230210
#工业投资	Industrial Investment	7444163
#基础设施投资	Infrastructure Investment	2410028

注：越城区固定资产投资 798621 万元，增长 18.4%，其中工业投资 109696 万元，增长 5.7%。

Investment in Fixed Assets by County (City) (2011)

(10 000 yuan)

市　区 Urban District	绍　兴 Shaoxing	上　虞 Shangyu	嵊　州 Shengzhou	新　昌 Xinchang	诸　暨 Zhuji
3079529	**3568042**	**2410721**	**1174366**	**783227**	**3246709**
1694232	1918556	1323650	630732	315252	1661917
1122633	1243297	556932	219799	188069	701654
1956896	2324745	1853789	954567	595158	2545055
1082068	1832186	1320466	715275	510614	1983554
758244	539568	431607	202550	80014	398045

Note: the fixed asset investment of Yuecheng District was 7986 million yuan，up 18.4%，in which the industrial investment amounted 1097 million yuan，up 5.7%.

6-3 全市投资项目完成情况（2011年）

单位：万元

指　　标	Item	本年累计完成投资 Accumul-ative Investment	建筑工程 Construction	安装工程 Installation
总　　计	**Total**	**10230210**	**4770841**	**534278**
#基础设施投资	Infrastructure Investment	2410028	1746068	136276
一、按国有控股情况分	**By Type of State-Holding**			
国有及国有控股投资	State-owned and State-holding Units	2449683	1770955	132927
非国有控股投资	Non-State-holding Units	7780527	2999886	401351
#民间投资	Nongovernmental Investment	6867959	2663722	343458
二、投资项目按建设性质分	**By Type of Construction**			
(1)新　　建	New Construction	5236720	2944844	243077
(2)扩　　建	Expansion	3916497	1487062	224173
(3)改　　建	Reconstruction	644996	288615	57205
三、按国民经济行业分组	**Grouped by Sector**			
1.农林牧渔业	Farming，Forestry，Animal Husbandry and Fishery	69064	52912	5559
2.采 矿 业	Mining	1750	600	200
3.制 造 业	Manufacturing	6989936	2489086	342135
4.电力、燃气及水的生产和供应业	Production and Supply of Electricity, Gas and Water	452477	148425	85179
5.建 筑 业	Construction			
6.交通运输、仓储和邮政业	Traffic，Storage and Mail Business	632978	593207	1277
7.信息传输、计算机服务和软件业	Information Transfer, Computer Service and Software	33838	14679	16527
8.批发和零售业	Wholesale and Retail Trade	277508	150785	26634
9.住宿和餐饮业	Accommodation and Food	151663	99382	14221
10.金 融 业	Finance	4446	782	375
11.房地产业	Real Estate Trade	107416	76524	2616
12.租赁和商务服务业	Leasehold and Business Service	123898	81014	2668
13.科学研究、技术服务和地质勘查业	Scientific Research，Technical Service and Geologic Examination	26796	22052	50
14.水利、环境和公共设施管理业	Water Conservancy，Environment and Public Institution Management	1088431	846174	19435
15.居民服务和其他服务业	Neighborhood Services and Others	10962	8160	940
16.教　　育	Education	95332	69268	5270
17.卫生、社会保障和社会福利业	Sanitation，Social Security and Social Welfare	63960	46534	6708
18.文化、体育和娱乐业	Cultural，Physical and Entertainment	81418	55542	4080
19.公共管理和社会组织	Public Administration and Social Organization	18337	15715	404

注：2011年起，项目投资口径改为计划总投资500万元及以上。

Investment of the Whole Municipality (2011)

(10 000 yuan)

设备工器具购置 Purchase of Equipment and Instruments	其他费用 Others	本年新增固定资产 Newly Increased Fixed Assets This Year	施工项目个数 Number of Projects Under Construction	本年资金来源小计 Source of Funs This Year	#国家预算内资金 State Budgetary Appropriation	#国内贷款 Domestic Loans	#利用外资 Foreign Investment	#自筹资金 Fund Raising
3858348	**1066743**	**6204671**	**3052**	**10937652**	**321924**	**1640699**	**163605**	**8704331**
217949	309735	1178937	539	2620450	290613	665276	—	1611969
203005	342796	1121498	493	2692233	293240	684462	—	1662139
3655343	723947	5083173	2559	8245419	28684	956237	163605	7042192
3216505	644274	4467728	2306	7269584	27114	846411	28903	6318334
1398469	650330	2521833	1170	5566145	249191	843665	124191	4302701
1848738	356524	2832297	1512	4180148	47642	681449	37151	3359357
251615	47561	562706	315	683616	22351	81072	2030	575357
4478	6115	42575	106	71654	3303	2180	—	65615
830	120	5390	2	1800	—	1000	—	800
3588761	569954	4505488	2155	7412063	7610	924987	159105	6276652
194112	24761	165896	82	485369	3320	85067	—	380536
6548	31946	179119	75	678683	97424	202464	—	377949
2595	37	45340	7	37738	—	1715	—	35633
19117	80972	198119	91	300846	945	27800	4500	267601
13240	24820	107864	57	169350	—	14900	—	152720
2385	904	21490	4	4446	—	—	—	4446
1135	27141	5200	17	109306	13300	2624	—	89366
91	40125	68192	28	131233	—	807	—	130226
3410	1284	11878	9	27691	2150	1125	—	21916
9182	213640	699948	307	1232406	148658	368830	—	697292
1847	15	12845	10	10962	—	—	—	10962
251	20543	33175	39	84165	18979	3000	—	50786
1154	9564	16672	17	63554	17472	4200	—	36644
8462	13334	83007	32	97709	4760	—	—	91913
750	1468	2473	14	18677	4003	—	—	13274

Note:From 2011,investment scheme was modified that totally 5 million yuan or more would be invested.

6-4 全市城镇投资完成情况 (2011 年)

单位：万元

指　　标	Item	本年累计完成投资 Accumul-ative Investment	建筑工程 Construction	安装工程 Installation
总　　计	**Total**	**4379931**	**2217813**	**287977**
#基础设施投资	Infrastructure Investment	1520599	1177865	105981
一、按国有控股情况分	**By Type of State-Holding**			
国有及国有控股投资	State-owned and State-holding Units	1586372	1226522	103026
非国有控股投资	Non-State-holding Units	2793559	991291	184951
#民间投资	Nongovernmental Investment	2293102	839230	144462
二、投资项目按建设性质分	**Grouped By Type of Construction**			
(1)新　　建	New Construction	2513351	1523707	142346
(2)扩　　建	Expansion	1343608	494345	97747
(3)改　　建	Reconstruction	305389	160911	39796
三、按国民经济行业分组	**Grouped by sector**			
1.农林牧渔业	Farming，Forestry，Animal Husbandry and Fishery	2480	2150	50
2.采 矿 业	Mining			
3.制 造 业	Manufacturing	2391817	758232	146248
4.电力、燃气及水的生产和供应业	Production and Supply of Electricity, Gas and Water	204591	50550	61616
5.建 筑 业	Construction			
6.交通运输、仓储和邮政业	Traffic，Storage and Mail Business	499984	477647	1277
7.信息传输、计算机服务和软件业	Information Transfer, Computer Service and Software	33838	14679	16527
8.批发和零售业	Wholesale and Retail Trade	170478	87337	18715
9.住宿和餐饮业	Accommodation and Food	97798	68392	9435
10.金融业	Finance	3526	462	290
11.房地产业	Realty Business	41296	25525	2616
12.租赁和商务服务业	Leasehold and Business Service	88149	48872	2668
13.科学研究、技术服务和地质勘查业	Scientific Research，Technical Service and Geologic Examination	24421	20177	—
14.水利、环境和公共设施管理业	Water Conservancy，Environment and Public Institution Management	617414	523045	13763
15.居民服务和其他服务业	Neighborhood Services and Others	7812	7100	20
16.教　　育	Education	72853	50421	4550
17.卫生、社会保障和社会福利业	Sanitation，Social Security and Social Welfare	53898	37926	6518
18.文化、体育和娱乐业	Cultural，Physical and Entertainment	60542	37696	3480
19.公共管理和社会组织	Public Administration and Social Organization	9034	7602	204

注：2011 年起，项目投资口径改为计划总投资 500 万元及以上。

Investment in Urban District (2011)

(10 000 yuan)

设备工器具购置 Purchase of Equipment and Instruments	其他费用 Others	本年新增固定资产 Newly Increased Fixed Assets This Year	施工项目个数 Number of Projects Under Construction	本年资金来源小计 Source of Funs This Year	#国家预算内资金 State Budgetary Appropriation	#国内贷款 Domestic Loans	#利用外资 Foreign Investment	#自筹资金 Fund Raising
1399487	**474654**	**2598877**	**1081**	**4467231**	**235129**	**789184**	**86472**	**3296420**
90576	146177	911730	301	1516367	216174	385593	—	881051
85297	171527	914589	309	1599939	229544	393180	—	942166
1314190	303127	1684288	772	2867292	5585	396004	86472	2354254
1050433	258977	1346989	649	2377968	4115	330118	16700	2006406
540311	306987	1318252	442	2539613	190937	537631	68710	1706565
618344	133172	862735	483	1386678	25921	162680	17029	1161289
75047	29635	237125	126	328750	15531	65805	500	244257
—	280	1980	3	2480	—	—	—	2480
1282011	205326	1367255	636	2471837	1810	369784	86472	1993950
76137	16288	113719	42	223158	2020	55178	—	157621
3277	17783	124665	45	465926	78429	170304	—	216547
2595	37	45340	7	37738	—	1715	—	35633
5964	58462	125802	55	170613	945	21500	—	148168
8931	11040	64600	29	101397	—	11500	—	89897
1900	874	20570	3	3526	—	—	—	3526
1135	12020	1500	7	42506	13300	—	—	25440
83	36526	47802	17	95484	—	807	—	94677
3410	834	10003	7	25316	2150	—	—	20666
3395	77211	560780	167	641786	103054	151196	—	377910
692	—	9685	6	7812	—	—	—	7812
1	17881	26393	24	61199	11539	3000	—	36860
1064	8390	5332	10	53016	16372	4200	—	27306
8192	11174	73451	17	54063	4760	—	—	49303
700	528	—	6	9374	750	—	—	8624

6-5 全市农村投资项目完成情况 (2011 年)

单位：万元

指标	Item	本年累计完成投资 Accumulative Investment	建筑工程 Construction	安装工程 Installation
总　计	**Total**	**5850279**	**2553028**	**246301**
#基础设施投资	Infrastructure Investment	889429	568203	30295
一、按国有控股情况分	**By Type of State-Holding**			
国有及国有控股投资	State-owned and State-holding Units	863311	544433	29901
非国有控股投资	Non-State-holding Units	4986968	2008595	216400
#民间投资	Nongovernmental Investment	4574857	1824492	198996
二、投资项目按建设性质分	**By Type of Construction**			
(1)新　建	New Construction	2723369	1421137	100731
(2)扩　建	Expansion	2572889	992717	126426
(3)改　建	Reconstruction	339607	127704	17409
三、按国民经济行业分组	**Grouped by sector**			
1.农林牧渔业	Farming,Forestry,Animal Husbandry and Fishery	66584	50762	5509
2.采 矿 业	Mining	1750	600	200
3.制 造 业	Manufacturing	4598119	1730854	195887
4.电力、燃气及水的生产和供应业	Production and Supply of Electricity, Gas and Water	247886	97875	23563
5.建筑业	Construction			
6.交通运输、仓储和邮政业	Traffic,Storage and Mail Business	132994	115560	—
7.信息传输、计算机服务和软件业	Information Transfer, Computer Service and Software			
8.批发和零售业	Wholesale and Retail Trade	107030	63448	7919
9.住宿和餐饮业	Accommodation and Food	53865	30990	4786
10.金 融 业	Finance	920	320	85
11.房地产业	Real Estate Trade	66120	50999	—
12.租赁和商务服务业	Leasehold and Business Service	35749	32142	—
13.科学研究、技术服务和地质勘查业	Scientific Research，Technical Service and Geologic Examination	2375	1875	50
14.水利、环境和公共设施管理业	Water Conservancy，Environment and Public Institution Management	471017	323129	5672
15.居民服务和其他服务业	Neighborhood Services and Others	3150	1060	920
16.教育	Education	22479	18847	720
17.卫生、社会保障和社会福利业	Sanitation，Social Security and Social Welfare	10062	8608	190
18.文化、体育和娱乐业	Cultural，Physical and Entertainment	20876	17846	600
19.公共管理和社会组织	Public Administration and Social Organization	9303	8113	200

注：2011 年起，项目投资口径改为计划总投资 500 万元及以上。

Investment in Rural Area (2011)

(10 000 yuan)

设备工器具购置 Purchase of Equipment and Instruments	其他费用 Others	本年新增固定资产 Newly Increased Fixed Assets This Year	施工项目个数 Number of Projects Under Construction	本年资金来源小计 Source of Funs This Year	#国家预算内资金 State Budgetary Appropriation	#国内贷款 Domestic Loans	#利用外资 Foreign Investment	#自筹资金 Fund Raising
2458861	**592089**	**3605794**	**1971**	**6470421**	**86795**	**851515**	**77133**	**5407911**
127373	163558	267207	238	1104083	74439	279683	—	730918
117708	171269	206909	184	1092294	63696	291282	—	719973
2341153	420820	3398885	1787	5378127	23099	560233	77133	4687938
2166072	385297	3120739	1657	4891616	22999	516293	12203	4311928
858158	343343	1203581	728	3026532	58254	306034	55481	2596136
1230394	223352	1969562	1029	2793470	21721	518769	20122	2198068
176568	17926	325581	189	354866	6820	15267	1530	331100
4478	5835	40595	103	69174	3303	2180	—	63135
830	120	5390	2	1800	—	1000	—	800
2306750	364628	3138233	1519	4940226	5800	555203	72633	4282702
117975	8473	52177	40	262211	1300	29889	—	222915
3271	14163	54454	30	212757	18995	32160	—	161402
13153	22510	72317	36	130233	—	6300	4500	119433
4309	13780	43264	28	67953	—	3400	—	62823
485	30	920	1	920	—	—	—	920
—	15121	3700	10	66800	—	2624	—	63926
8	3599	20390	11	35749	—	—	—	35549
—	450	1875	2	2375	—	1125	—	1250
5787	136429	139168	140	590620	45604	217634	—	319382
1155	15	3160	4	3150	—	—	—	3150
250	2662	6782	15	22966	7440	—	—	13926
90	1174	11340	7	10538	1100	—	—	9338
270	2160	9556	15	43646	—	—	—	42610
50	940	2473	8	9303	3253	—	—	4650

6－6 历年房地产开发投资主要指标

单位：万元

指 标	Item	1999
房地产开发投资额	**Real Estate Development**	**241155**
按县(市、区)分	**Grouped by County (City)**	
市 区	Urban District	71073
绍 兴 县	Shaoxing	79456
上 虞 市	Shangyu	32961
嵊 州 市	Shengzhou	18792
新 昌 县	Xinchang	13983
诸 暨 市	Zhuji	24890
按资金来源分	**Grouped by Source of Funds**	
国内贷款	Domestic Loans	66333
利用外资	Foreign Investment	375
自筹资金	Fund Raising	62313
其他资金	Others	142049
按构成分	**Grouped by Use of Funds**	
建筑工程	Construction	161422
安装工程	Installation	5022
设备、工器具购置	Purchase of Equipment and Instruments	152
其他费用	Others	74559
按用途分	**Grouped by Purpose**	
住 宅	Residential Buildings	183849
办公楼	Office Buildings	15656
商业营业用房	Houses for Business Use	25707
其 他	Others	15943
新增固定资产	**Newly Increased Fixed Assets**	**202739**
竣工房屋价值	**Value of Buildings Completed**	**172566**
房屋建筑面积 (万平方米)	**Floor Space of Buildings (10 000 sq.m)**	
施工面积	Floor Space under Construction	345.82
#住宅	Residential Buildings	288.90
竣工面积	Floor Space Completed	169.01
#住宅	Residential Buildings	142.62
房屋竣工率(%)	**Rate of Floor Space of Buildings Completed**	**48.9**
商品房销售面积 (万平方米)	**Floor Space of Selling Houses (10 000 sq.m)**	**143.31**
商品房待售面积 (万平方米)	**Floor Space of Leaving Unused (10 000 sq.m)**	**54.71**
商品房销售额	**Total Sales of Commercial Houses**	**217571**

Main Statistical Indicators of Investment in Real Estate Development over the Years

(10 000 yuan)

2000	2001	2002	2003	2004	2005	2006	2007	2008	2009	2010	2011
361536	**486096**	**490934**	**744682**	**1203434**	**1033309**	**1285667**	**1785888**	**2020573**	**2104629**	**2978018**	**4032384**
137994	185729	183539	342533	463204	326728	350893	527426	583076	655664	813303	1122633
84419	109311	108153	181108	319169	278785	341145	428997	608193	614246	966942	1243297
59950	48987	59235	43579	138980	113328	186059	274856	394745	359935	420434	556932
25384	39781	44512	49013	87926	69035	111735	127124	121278	86401	164300	219799
17797	43754	36364	42346	56470	28111	37691	48034	91200	117696	168978	188069
35992	58534	59131	86103	137685	217322	258144	379451	222081	270687	444061	701654
113714	131449	155439	300998	355105	280882	412534	527303	513655	638492	774110	961140
1760	—	1768	1985	475	500	95450	32520	4145	1786	—	0
77032	118220	171865	278874	338600	354159	483579	745799	727376	799902	1527790	1905956
187978	274569	289727	508320	883782	655624	1037934	1481627	884002	2251878	2713498	2502853
209200	329516	315317	346596	679168	599518	704392	895704	1102823	1187520	1636298	2026367
7050	10736	16180	17467	33646	27807	55342	72066	88911	118065	129762	212853
1186	2024	2536	1760	8555	4589	12756	12567	30442	31718	19733	22769
144100	143820	156901	378859	482065	401395	513177	805551	798397	767326	1192225	1770395
265534	370730	380843	541020	936902	830717	909152	1290289	1345987	1399917	1995613	2897963
19870	22588	27246	57214	48154	54440	111526	119111	245836	185664	197515	242636
39176	68748	72357	134676	193760	120648	201635	240239	251250	372623	603109	519366
36956	24030	10488	11772	24618	27504	63354	136249	177500	146425	181781	372419
202746	**299948**	**408416**	**357732**	**479175**	**470527**	**518807**	**691337**	**1058216**	**1409181**	**1178436**	**1457995**
172470	**259810**	**348506**	**303448**	**423556**	**411849**	**447320**	**559556**	**886824**	**1248678**	**942807**	**1166944**
443.07	559.47	592.18	702.27	1099.93	1122.53	1359.11	1665.89	1803.63	1902.49	2178.88	2872.72
368.10	465.81	480.39	558.05	901.35	918.15	1019.27	1221.16	1230.90	1295.85	1466.06	1992.82
181.30	254.45	316.55	248.51	411.32	363.95	330.17	356.69	390.43	469.18	344.90	453.34
157.34	219.12	250.85	199.53	339.87	299.77	271.53	254.47	274.28	332.24	223.07	294.86
40.9	**45.5**	**53.5**	**35.4**	**37.4**	**32.4**	**24.3**	**21.4**	**21.6**	**24.7**	**15.8**	**15.8**
186.64	**222.73**	**266.54**	**226.19**	**359.72**	**367.19**	**387.12**	**479.38**	**216.87**	**476.45**	**610.35**	**456.73**
39.86	**58.26**	**79.1**	**53.58**	**97.00**	**138.48**	**191.36**	**154.84**	**201.88**	**217.41**	**177.83**	**213.87**
294616	**381292**	**501549**	**572261**	**861487**	**1371516**	**1696779**	**2423011**	**1161205**	**3029877**	**4634095**	**3856161**

6－7 各县(市)房地产开发投资(2011 年)

项　　目		Item		全　市 Whole Municipality
单 位 数	**(个)**	**Number**	**(unit)**	**742**
计划总投资	**(万元)**	**Total Planning Investment**	**(10 000 yuan)**	**17118075**
本年完成投资	**(万元)**	**Investment Completed This Year**	**(10 000 yuan)**	**4032384**
#土地购置费		Land Fees Purchased		1511460
#住　宅		Residential Buildings		2897963
房屋面积	**(万平方米)**	**Floor Space under Construction**	**(10 000 sq.m)**	**2872.72**
#住　宅		Residential Buildings		1992.82
新开工	**(万平方米)**	**Floor Space Started**	**(10 000 sq.m)**	**870.12**
#住　宅		Residential Buildings		640.96
竣工面积	**(万平方米)**	**Floor Space Completed**	**(10 000 sq.m)**	**453.34**
#住　宅		Residential Buildings		294.86
商品房销售面积	**(万平方米)**	**Floor Space of Selling Houses**	**(10 000 sq.m)**	**456.73**
#住　宅		Residential Buildings		364.14
待售面积	**(万平方米)**	**Floor Space of Leaving Unused**	**(10 000 sq.m)**	**213.87**
#住　宅		Residential Buildings		78.14
商品房销售额	**(万元)**	**Total Sales of Commercial Houses**	**(10 000 yuan)**	**3856161**
#住　宅		Residential Buildings		3139043

注：为了房地产单位数与名录库保持一致，以上单位数包括全市所有房地产企业。

Investment in Real Estate Development in Each County (City) (2011)

市 区 Urban District	绍 兴 Shaoxing	上 虞 Shangyu	嵊 州 Shengzhou	新 昌 Xinchang	诸 暨 Zhuji
152	**223**	**112**	**66**	**55**	**134**
4804236	**5369711**	**1816771**	**736265**	**774164**	**3616928**
1122633	**1243297**	**556932**	**219799**	**188069**	**701654**
446584	489803	205195	104160	58125	207593
794941	862314	462813	175148	163848	438899
619.82	**967.14**	**343.05**	**173.41**	**158.78**	**610.53**
448.19	600.96	278.90	131.17	132.24	401.36
250.76	**272.04**	**93.29**	**59.13**	**44.54**	**150.36**
200.28	187.08	79.53	42.37	41.82	89.88
118.10	**193.64**	**61.55**	**19.16**	**18.00**	**42.89**
88.97	104.04	52.49	15.57	13.38	20.41
81.34	**116.36**	**41.20**	**47.06**	**34.56**	**136.22**
59.37	84.43	30.34	36.07	32.57	121.36
58.15	**81.23**	**35.29**	**14.18**	**8.74**	**16.29**
24.29	26.55	12.01	8.91	3.55	2.83
950612	**965331**	**364711**	**319149**	**210805**	**1045553**
768644	692418	278143	252536	199124	948178

Note:To keep the real estate units and list of libraries identical,above units include all real estate companies of the city.

6－8 限额以上投资主要新增生产力 (2011 年)

Main Newly Increased Production Capacity by Designated Size (2011)

指　　标		Item		本年新增生产力 Newly Increased Production Capacity
冷轧钢材	（万吨/年）	Cold Processing of Steel	（10 000 tons/year）	60.35
铝加工	（吨/年）	Aluminum Fabrication	（tons/year）	2
水力发电	（万千瓦）	Hydropower	（10 000 kw）	0.02
火力发电	（万千瓦）	Steam Electric Power Generation	（10 000 kw）	15
平板玻璃	（万重量箱/年）	Plate glass	（10 000 weight case/year）	600
化学原料药	（吨/年）	Chemical Material Preparations	（ton/year）	4720
塑料树脂及共聚物	（吨/年）	Plastic, Colophony and Copolymer	（ton/year）	310112
化学纤维	（吨/年）	Chemical Fiber	（ton/year）	80580
家用电冰箱	（万台/年）	Household Refrigerators	（10 000 sets/year）	20
新建公路	（公里）	Length of New Highways	（km）	63.47
改建公路	（公里）	Length of Reconstructed Highways	（km）	21.2
新(扩)建公路客、货运站	（平方米）	Newly (enlarged) Built Highway Passenger Station and Freight Station	（sq.m）	18735

6－9 历年分县(市)建筑企业总产值

Gross Output Value of Construction Enterprises by County (City) over the Years

单位：亿元 (100 million yuan)

年 份 Year	全 市 Whole Municipality	市 区 Urban District	绍 兴 Shaoxing	上 虞 Shangyu	嵊 州 Shengzhou	新 昌 Xinchang	诸 暨 Zhuji
1993	59.73		19.11	21.53	3.25		11.36
1994	116.23	9.75	31.13	41.32	7.19	3.69	23.15
1995	181.45	13.42	44.69	59.94	12.00	3.96	47.44
1996	233.87	18.17	53.97	74.01	13.88	8.45	65.39
1997	243.07	24.63	58.46	77.46	16.93	7.35	58.24
1998	245.86	22.58	65.23	78.74	18.18	10.66	50.47
1999	284.67	27.41	70.52	93.13	20.31	11.83	61.47
2000	362.30	65.13	69.08	110.25	23.31	15.11	79.43
2001	457.38	91.59	91.26	133.55	27.47	19.78	93.97
2002	623.69	132.33	128.69	198.44	29.21	18.83	116.18
2003	874.35	180.50	203.41	262.98	35.61	22.45	169.40
2004	1136.12	233.65	275.96	331.58	50.21	27.51	217.21
2005	1407.77	278.01	343.41	411.65	60.54	34.24	279.92
2006	1678.99	324.78	410.09	479.55	70.07	39.86	354.64
2007	2112.59	363.32	574.36	598.58	80.33	45.92	450.09
2008	2417.11	423.18	649.96	651.22	92.08	61.34	539.32
2009	2750.88	473.02	735.81	725.59	106.49	72.52	637.45
2010	3263.37	555.11	843.60	826.57	123.60	104.51	809.98
2011	4212.19	677.16	1157.07	1007.98	155.51	120.66	1093.81

6－10 全市建筑企业生产情况 (2011 年)

指 标		Item		总 计 Total
建筑业总产值	**(亿元)**	**Gross Output Value**	**(100 million yuan)**	**4212.19**
1.建筑工程		Construction		3829.91
2.安装工程		Installation		280.61
3.其他产值		Others		101.67
竣工产值	**(亿元)**	**Output Value Of Contraction Completed**	**(100 million yuan)**	**2673.44**
房屋建筑施工面积	**(万平方米)**	**Floor Space of Buildings under Construction**	**(10 000 sq.m)**	**42792.02**
# 本年新开工面积		Floor Space Started This Year		22547.88
房屋建筑竣工面积	**(万平方米)**	**Floor Space of Buildings Completed**	**(10 000 sq.m)**	**16589.70**
自有机械设备年末总台数	**(台)**	**Number of Machinery and Equipment Owned**	**(set)**	**181367**
自有机械设备年末总功率	**(万千瓦)**	**Total Power of Machinery and Equipment Owned**	**(10 000 kw)**	**408.07**
自有机械设备净值	**(亿元)**	**Net Value of Machinery and Equipment Owned**	**(100 million yuan)**	**83.64**
全员劳动生产率平均人数	**(万人)**	**Overall Labor Productivity**	**(10 000 persons)**	**148.81**

Productive Condition of Construction Enterprises (2011)

按 资 质 等 级 分 (Grouped by Grade)

施工总承包 Total Construction Contracting	特级企业 Special Grade Construction Enterprises	一级企业 The First Grade Construction Enterprises	二级企业 The Second Grade Construction Enterprises	三级企业 The Third Trade Construction Enterprises	专业承包 Special Contracting
3963.24	**1672.17**	**1730.90**	**433.33**	**126.85**	**248.95**
3645.87	1550.14	1573.04	405.72	116.97	184.04
222.95	99.16	101.74	18.32	3.74	57.67
94.42	22.87	56.12	9.30	6.14	7.24
2498.13	**979.86**	**1100.40**	**326.54**	**91.33**	**175.31**
42192.88	**19113.06**	**16978.58**	**4824.08**	**1277.17**	**599.14**
22072.62	9646.42	8728.82	2905.65	791.72	475.26
16210.75	**6116.02**	**7206.57**	**2130.39**	**757.77**	**378.96**
169509	**49313**	**81685**	**29545**	**8966**	**11858**
387.95	**113.80**	**186.38**	**64.42**	**23.35**	**20.11**
78.25	**22.06**	**31.72**	**18.75**	**5.72**	**5.39**
141.99	**54.65**	**60.96**	**19.60**	**6.78**	**6.82**

6－11　全市建筑企业财务情况（2011 年）

单位：亿元

指　　标	Item	总　计 Total
一、年末资产负债	**Assets and Liabilities (Year–end)**	
流动资产合计	Circulating Funds	1044.63
#存　　货	Inventories	260.94
#在建工程	Projects under Construction	21.07
固定资产合计	Fixes Assets	179.68
固定资产原值合计	Original Value of Fixed Assets	230.41
累计折旧	Accumulative Depreciation	80.73
#本年折旧	Depreciation This Year	13.10
资产总计	Total Assets	1345.94
流动负债合计	Circulating Funds	732.07
长期负债合计	Long-term Liabilities	26.81
所有者权益合计	Creditors' Equity	587.06
二、损益及分配	**Expenditure，Income and Distribution**	
工程结算收入	Revenue of Project Settlement Accounts	3379.85
工程结算成本	Costs of Project Settlement Accounts	3076.18
工程结算税金及附加	Taxes and Extra Charges on Project Settlement Accounts	121.79
其他业务利润	Other Profit from Business	5.59
管理费用	Management Cost	43.53
#税　金	Tax	2.48
利润总额	Total Profits	108.15
应交所得税	Income Taxes Payable	22.56
应付职工薪酬	Employee compensation payable	528.65
亏损企业个数	Number of Deficits Enterprises	19

Financial Indicators of Construction Enterprises (2011)

(100 million yuan)

按资质等级分 (Grouped by Grade)					
施工总承包 Total Construction Contracting	特级企业 Special Grade Construction Enterprises	一级企业 The First Grade Construction Enterprises	二级企业 The Second Grade Construction Enterprises	三级企业 The Third Trade Construction Enterprises	专业承包 Special Contracting
866.49	294.68	373.15	146.05	52.61	178.13
223.72	71.34	107.07	31.82	13.49	37.22
16.65	2.07	6.93	6.48	1.17	4.41
148.77	38.78	62.02	35.90	12.06	30.91
192.31	50.33	83.92	42.87	15.18	38.10
67.01	17.82	30.87	13.87	4.46	13.72
10.90	2.38	5.32	2.30	0.90	2.20
1113.03	376.90	475.54	190.15	70.44	232.91
587.16	201.22	259.33	90.72	35.89	144.91
22.86	15.45	4.61	1.28	1.51	3.95
503.01	160.23	211.60	98.15	33.03	84.05
3143.89	1267.86	1399.81	364.09	112.13	235.96
2875.00	1179.63	1281.75	319.81	93.81	201.18
114.97	45.16	51.78	13.85	4.17	6.83
5.00	0.36	3.01	1.01	0.62	0.59
33.67	8.14	14.45	8.09	2.98	9.86
1.93	0.45	0.77	0.48	0.23	0.55
93.74	31.70	40.67	16.74	4.62	14.42
20.02	6.52	9.26	3.23	1.01	2.54
507.46	217.73	218.80	54.89	16.04	21.19
10	0	1	2	7	9

6-12 分县(市)建筑企业生产、财务情况 (2011 年)

指 标		Item		全 市 Whole Municipality
建筑业总产值	(亿元)	Gross Output Value	(100 million yuan)	4212.19
#建筑工程	(亿元)	Construction	(100 million yuan)	3829.91
竣工产值	(亿元)	Output Value of Construction Completed	(100 million yuan)	2673.44
房屋建筑施工面积	(万平方米)	Floor Space of Buildings under Construction	(10 000 sq.m)	34390.62
#本年新开工面积	(万平方米)	Floor Space Started This Year	(10 000 sq.m)	18646.85
房屋建筑竣工面积	(万平方米)	Floor Space of Building Completed	(10 000 sq.m)	13574.99
自有机械设备年末总台数	(台)	Number of Machinery and Equipment Qwned	(set)	191380
自有机械设备年末总功率	(万千瓦)	Total Power of Machinery and Equipment Owned	(10 000 kw)	372.48
自有机械设备净值	(亿元)	Net Value of Machinery and Equipment Owned	(100 million yuan)	72.6
全员劳动生产率平均人数	(万人)	Overall Labor Productivity	(10 000 persons)	148.81
流动资产合计	(亿元)	Circulating Funds	(100 million yuan)	1044.63
固定资产合计	(亿元)	Fixes Assets	(100 million yuan)	179.68
资产总计	(亿元)	Total Assets	(100 million yuan)	1345.94
流动负债合计	(亿元)	Circulating Funds	(100 million yuan)	732.07
长期负债合计	(亿元)	Long-term Liabilities	(100 million yuan)	26.81
工程结算收入	(亿元)	Revenue of Project Settlement Accounts	(100 million yuan)	3379.85
工程结算成本	(亿元)	Costs of Project Settlement Accounts	(100 million yuan)	3076.18
工程结算税金及附加	(亿元)	Taxes and Extra Charges on Project Settlement Accounts	(100 million yuan)	96.14
利润总额	(亿元)	Total Profits	(100 million yuan)	108.15
应交所得税	(亿元)	Income Taxes Payable	(100 million yuan)	22.56
应付职工薪酬	(亿元)	Employee compensation payable	(100 million yuan)	528.65

Productive Condition and Financial Indicators of Construction Enterprises by County (City) (2011)

市 区 Urban District	绍 兴 Shaoxing	上 虞 Shangyu	嵊 州 Shengzhou	新 昌 Xinchang	诸 暨 Zhuji
677.16	1157.07	1007.98	155.51	120.66	1093.81
622.64	1061.41	951.25	149.36	97.79	947.45
346.30	822.17	636.99	106.31	76.68	684.98
6660.20	10922.78	9456.89	1180.48	1342.32	13229.35
3068.37	6779.36	4715.44	696.39	744.91	6543.41
1764.66	6136.18	3402.95	736.78	533.33	4015.81
24070	39650	42737	10188	6224	58498
60.30	99.99	112.76	16.89	14.77	103.35
13.36	25.50	19.48	4.68	3.17	17.44
25.28	40.16	37.43	6.19	5.61	34.14
176.41	216.78	332.10	33.00	262.69	23.65
32.81	39.79	38.68	10.65	52.39	5.36
242.38	281.21	402.02	46.12	340.57	33.64
123.70	161.67	210.33	23.74	199.94	12.69
10.95	4.99	5.48	0.55	4.16	0.68
576.47	860.60	810.94	129.30	904.52	98.02
529.94	781.95	731.11	114.71	832.59	85.89
19.77	31.01	31.25	4.69	31.12	3.97
16.08	26.85	31.33	5.34	23.90	4.65
3.99	5.97	4.87	1.25	5.74	0.73
76.42	137.13	135.26	21.23	148.24	10.37

主 要 统 计 指 标 解 释

固定资产投资 即以货币表现的建造和购置固定资产活动的工作量，它是反映固定资产投资规模、速度、比例关系和使用方向的综合性指标。固定资产投资包括基本建设、更新改造、房地产开发投资、其他固定资产投资、城镇集体单位投资和农村集体单位投资、城乡居民个人投资7大部分。

限额以上投资 包括城镇及农村非农户中计划总投资(或实际需要投资)500万元及以上的项目(单位)投资。

房地产开发投资 指各种登记注册类型的房地产开发公司、商品房建设公司及其他房地产开发法人单位和附属于其他法人单位实际从事房地产开发或经营活动的单位统一开发的包括统代建、拆迁还建的住宅、厂房、仓库、饭店、宾馆、度假村、写字楼、办公室等房屋建筑物和配套的服务设施，土地开发工程(如道路、给水、排水、供电、供热、通讯、平整场地等基础设施工程)的投资；不包括单纯的土地交易活动。

农村投资 包括农村区域范围内进行固定资产投资活动的企业、事业、行政单位及农村个人投资。

民间投资 从投资主体为标准划分，政府或代表政府的国有企、事业单位投资建造和购置固定资产，均为政府投资，非国有、合资企业投资建造和购置固定资产则为民间投资。因此在做民间投资分析时，可以从非国有经济投资中再扣除外商及港澳台商投资部分即为民间投资，但要注意在扣除时，不要再次扣除国有控股部分的外商及港澳台商投资。否则会引起重复扣除。

基础设施投资 目前关于基础设施的界定，国际、国内尚没有统一的标准。我们通常在进行基础设施投资分析时，采用的基础设施投资的范围如下：

① 水利、环境和公共设施管理业

② 电力、燃气及水的生产供应业

③ 交通运输、仓储和邮政业

④ 电信和其他信息传输服务业

⑤ 教育设施

⑥ 广播、电视、电影和音像业

⑦ 文化艺术业

⑧ 体育设施

⑨ 卫生设施

施工房屋建筑面积 是从房屋外墙线算起的各层平面面积的总和，包括可供使用的有效面积和房屋结构(如柱、墙)占用的面积。多层建筑按各自然层(包括地下室)面积总和计算。

竣工房屋建筑面积 指在报告期内房屋建筑按照设计要求已全部完工，达到住人和使用条件，经验收鉴定合格，正式移交使用单位的建筑面积。

Explanatory Notes on Main Statistical Indicators

Investment in Fixed Assets investment in fixed assets is the essential means for social reproduction of fixed assets. By means of construction and purchase of fixed assets, more advanced technologies and equipment are adopted in the national economy, and new sectors are established, which promote the adjustment of economic structure and the regional distribution of productive forces and enhance the economic strengths so as to provide the material conditions for improving people's livelihood. This is significant for speeding up the drive of socialist modernization in Shaoxing.

Amount of investment in fixed assets refers to the volume of activities in construction and purchases of fixed assets in monetary terms. It is a comprehensive indicator, which shows the size, pace, proportional relations and use orientation of the investment in fixed assets. Total investment in fixed assets in the whole country includes, by registration type of ownership, the investment by the state-owned units, collective units, individuals, joint ownership units, share-holding units, as well as investment by businessmen from foreign countries and from Hong Kong, Macao and Taiwan, and by other units. According to China's current management system, the investment in fixed assets in the whole country is classified into the following four parts: investment in capital construction, investment in innovation, investment in real estates development and other investment in fixed assets.

Investment above Designated Size includes the projects of total planned investment (or actually required investment) of over 5 million RMB from the urban and non-farmer rural household.

Investment in Real Estate Development refers to the investment by the real estate development companies, commercial buildings construction companies and other real estate development units of various types of ownership in the construction of house buildings, such as residential buildings, factory buildings, warehouses, hotels, guesthouses, holiday villages, office buildings, and the complementary service facilities and land development projects, such as roads, water supply, water drainage, power supply, heating, telecommunications, land leveling and other projects of infrastructure. It excludes the activities in simple land transactions.

Rural Investment Refers to funds received during the reference period, which are not included in the above-mentioned sources.

Nongovernmental Investment classifying by the subject of investment, governmental investments refer to those investments in construction or purchasing fixed assets by governments or state owned enterprises representing the government, while nongovernmental investments refer to those investments in construction or purchasing fixed assets by non-state- owned and joint ventures. Therefore, during the governmental investment analysis, it can be calculated by deducting investment from foreign countries and Hong Kong, Macao and Taiwan regions. However, the deduction must not include those investments from foreign countries and Hong Kong, Macao and Taiwan regions under the state owned share-holding part, to avoid double deduction.

Infrastructure Investment there is not yet a unified standard of the definition for infrastructures. We usually cover the following categories while pursuing infrastructure investment analysis:

Water Conservation, Environmental Protection and Public Facilities Management

Electric Power, Gas and Water Production and Supply

Transportation, Warehousing and Postal Service

Telecommunication and Other Information Transfer Services

Education Facility

Radio, Television, Film and Audio & Video Business

Cultural and Art

Sport Facility

Health Facility

Floor Space under Construction refers to total floor space of all buildings under construction during the reference period, floor space of construction extended from the previous period to the current period, floor space of construction suspended during the previous period and resumed in the current period, floor space of construction completed in the current period, and floor space of construction started and then suspended in the current period.

Floor Space of Buildings Completed refers to the floor space of buildings completed in the reference period, which have come up to the designed standards and have been put into use.

七

国内贸易和对外经济

CHAPTER 7 DOMESTIC TRADE, FOREIGN TRADE AND ECONOMIC COOPERATION

国内贸易和对外经济
DOMESTIC TRADE, FOREIGN TRADE AND ECONOMIC COOPERATION

主要统计指标
Main Statistical Indicators

2011 年限额以上批发、零售企业数	Number of Purchases, Sales and Inventory of Wholesale and Retail Trade above Designated Size	886	个 (unit)
2011 年限额以上批发、零售企业从业人员数	Employed Persons of Purchases, Sales and Inventory of Wholesale and Retail Trade above Designated Size	43050	人(person)
2011 年社会消费品零售总额	Total Retail Sales of Consumer Goods	1006.75	亿元 (10^8 yuan)
比上年增长	Increase over Previous Year	18.0	%
2011 年商品交易市场成交额	Business Value of Transaction Markets	1999.22	亿元 (10^8 yuan)
比上年增长	Increase over Previous Year	13.1	%
2011 年自营出口总额	Total Exports	2598605	万美元(USD 10 000)
比上年增长	Increase over Previous Year	23.2	%
2011 年实际利用外资	Foreign Capital Actually Used	80468	万美元(USD 10 000)
比上年增长	Increase over Previous Year	-15.6	%
2011 年对外承包劳务营业额	Value of Business Fulfilled in Abroad	46224	万美元(USD 10 000)
比上年增长	Increase over Previous Year	-8.0	%
2011 年境外投资额	Total Investment in Abroad	71135	万美元(USD 10 000)
比上年增长	Increase over Previous Year	138.0	%

注：2008 年年报开始，贸易限额以上标准由双标调整为单标。

Note:From 2008's annual report,the above standard of trade quotas would be adjusted from double standard to single standard.

社会消费品零售总额

Total Retail Sale of Consumer Goods

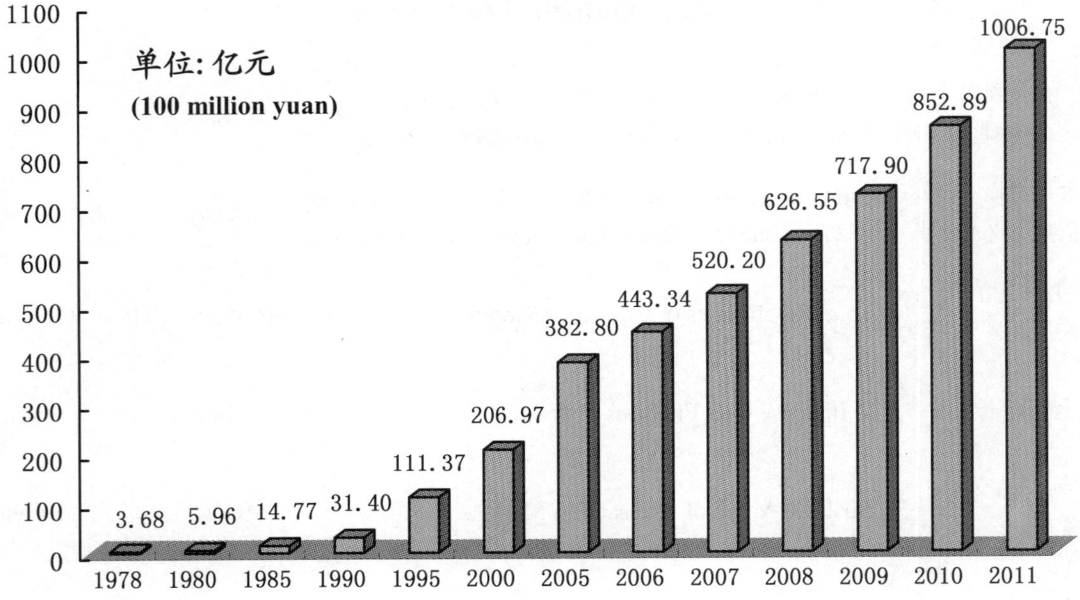

商品交易市场成交额

Business Value of Transaction Markets

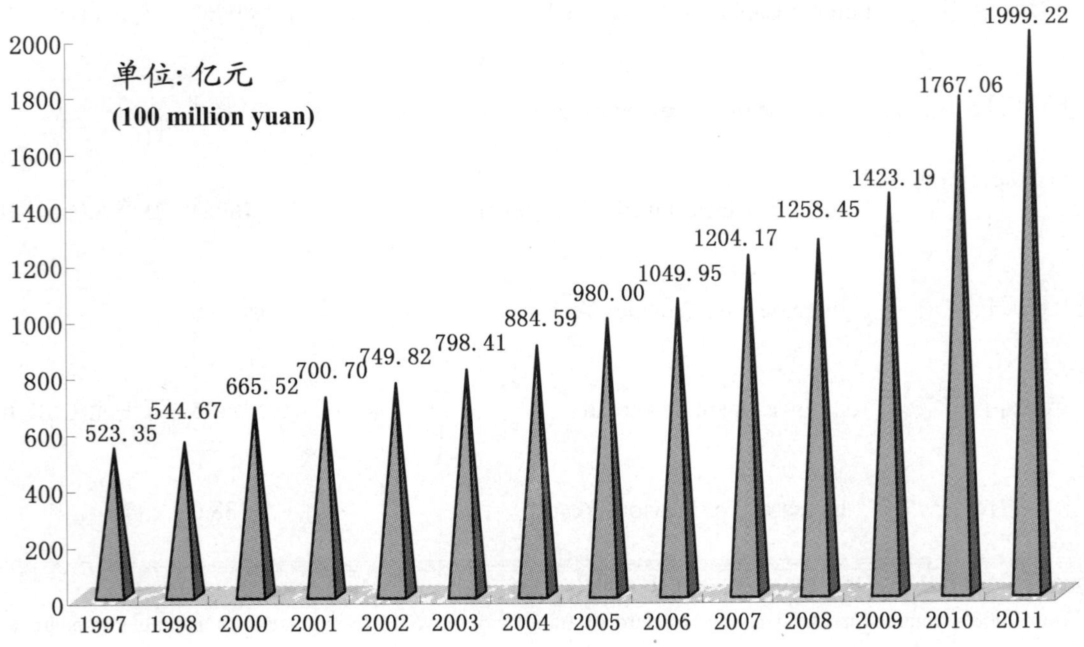

自　营　出　口　额

Exports

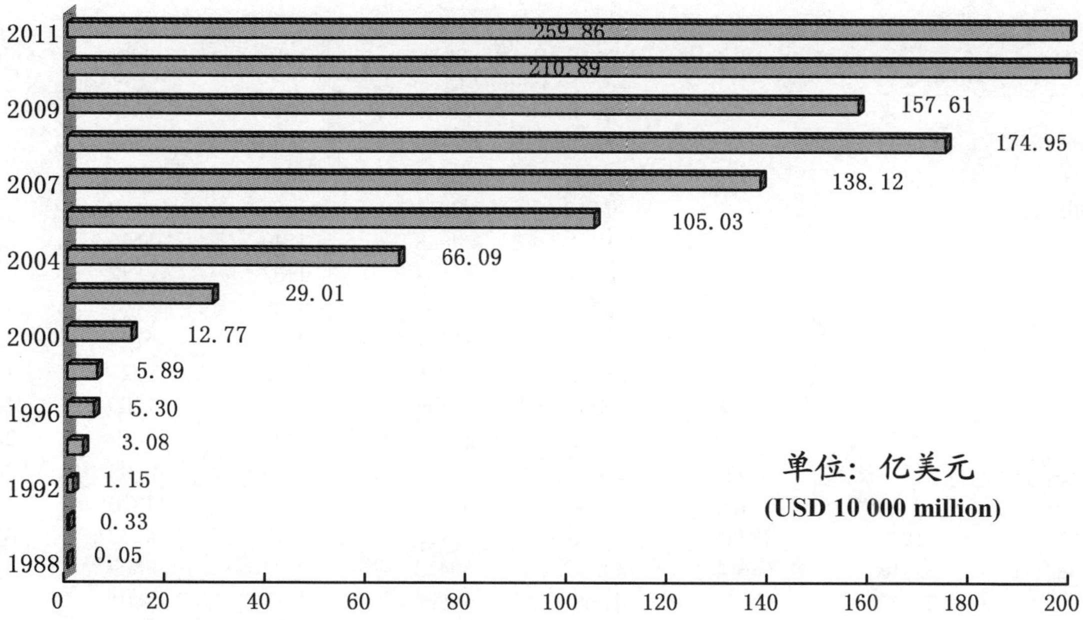

外　商　实　际　投　资　额

Foreign Investment Actually Used

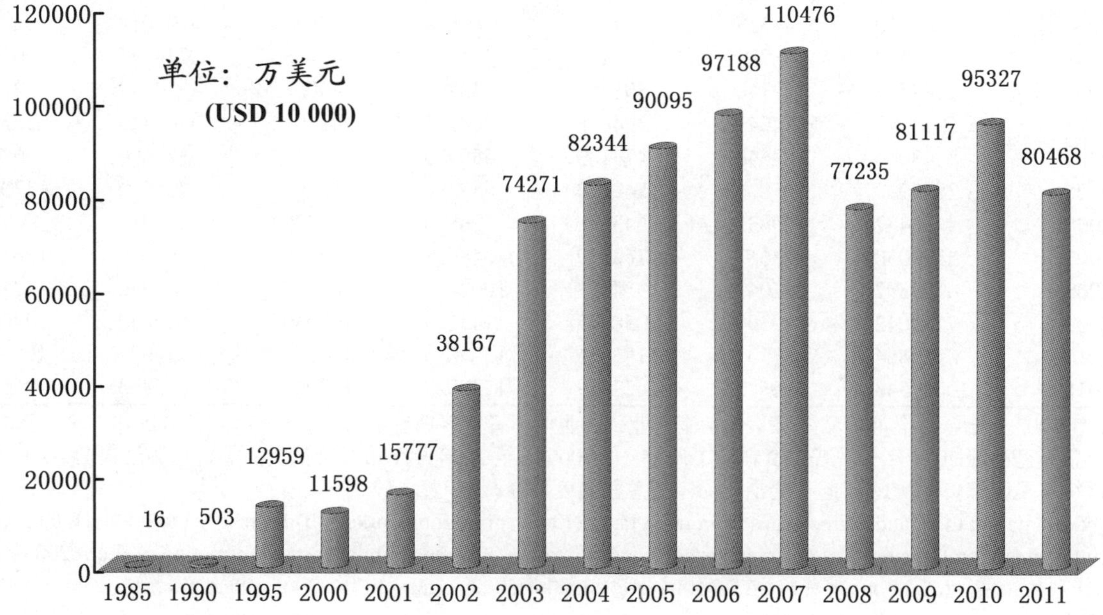

7-1 历年各县(市)社会消费品零售额

Total Retail Sales of Consumer Goods in Each County (City) over the Year

单位：万元 (10 000 yuan)

年份 Year	全市 Whole Municipality	市区 Urban District	绍兴 Shaoxing	上虞 Shangyu	嵊州 Shengzhou	新昌 Xinchang	诸暨 Zhuji
1952	9446		4058	1688	1412	648	1640
1955	13375		5625	2404	1898	952	2496
1960	18863		7906	3508	2604	1567	3278
1965	19928		7141	3913	3066	1490	4318
1970	23650		8216	4928	3540	1666	5300
1975	30658		10739	5868	4763	2887	6401
1980	59551		21308	10614	9189	5154	13286
1981	69738		25471	12167	10761	6175	15164
1982	78236		28794	13956	12043	6521	16922
1983	87133	16738	14629	16133	13424	7203	19006
1984	104679	22559	19122	19674	15031	8067	20226
1985	147681	33964	29676	26363	20433	10408	26837
1986	182806	41173	37118	32756	25216	11970	34573
1987	219436	48583	45923	38726	29879	14255	42070
1988	289130	63634	58286	50420	39481	18609	58700
1989	299512	60016	63870	50591	42987	18801	63247
1990	314045	63585	68919	50051	43951	19752	67787
1991	353504	70178	78305	53951	49214	23543	78313
1992	443367	89967	96965	66703	60954	29489	99289
1993	594220	132545	124044	95647	83479	60284	122306
1994	861062	187941	179508	143812	124055	81049	179599
1995	1113656	227220	225779	198781	163980	104169	238867
1996	1348508	265765	271954	236134	205743	122698	300872
1997	1523921	289109	296881	266204	244489	146017	342990
1998	1673485	326165	316628	291166	280201	170105	357050
1999	1841136	357116	340007	321747	325593	190331	380967
2000	2069720	443186	322626	362579	376474	206018	422727
2001	2296562	487832	342117	401333	437086	224357	463854
2002	2587766	597406	391255	446283	490585	247179	527170
2003	2914342	740415	394898	468761	431032	262825	533811
2004	3348000	836400	473100	559900	493600	321600	663400
2005	3827993	950367	549225	633286	558989	365659	770468
2006	4433437	1098359	643695	726830	642394	421958	900202
2007	5202050	1286832	762879	848608	749104	491099	1063528
2008	6265502	1620431	924853	1000132	874770	567340	1277977
2009	7179042	1893901	1058945	1143029	1000404	642650	1440113
2010	8528864	2537375	1193951	1301875	1128136	713987	1653540
2011	10067548	2965133	1422319	1548027	1329877	835863	1966330

注：①2003年始，社会消费品零售不包括制造业、农业生产者直接销售部分。②1993年至2005年的全市社会消费品零售总额已根据2004年经济普查资料作了调整。③2005年至2008年全市社会消费品零售总额已根据2008年经济普查资料作了调整。④2010年起社会消费品零售总额制度口径调整。

Note: a)It started to exclude direct sales from manufacturer and agriculture workers. b) From 1993 to 2005 the total volume of social consumer retail sales have been adjusted according to the 2004 economic census information.c) From 2005 to 2008 the total volume of social consumer retail sales have been adjusted according to the 2008 economic census information. d) From 2010, the system caliber of the total volume of social consumer retail sales have been adjusted.

7-2 历年社会消费品零售额(按行业分)

Total Retail Sales of Consumer Goods over the Years (by Sector)

单位：万元 (10 000 yuan)

年 份 Year	合 计 Total	批发和零售业 Wholesale and Retail Sale Trade	住宿和餐饮业 Accommodation and Food Industry	制 造 业 Manufacturing	农业生产者 Agriculture	其他行业零售额 Others
1952	10185	8489	275	920	501	–
1955	14673	12231	423	1476	543	–
1960	22969	20594	782	1287	189	117
1965	24393	22169	800	913	285	226
1970	29970	26439	624	893	642	1372
1975	39389	35005	976	1653	950	805
1980	75915	65892	1764	6020	1677	562
1981	86453	72188	2197	8439	2696	933
1982	95835	79664	2485	9409	3035	1242
1983	106533	88710	2624	10204	3726	1269
1984	126584	101123	3850	13590	4745	3276
1985	171116	129040	4693	22109	9433	5841
1986	210744	149913	5509	34436	12867	8019
1987	251756	178301	7026	41339	16028	9062
1988	331644	233674	8894	48068	21048	19960
1989	345191	250729	11209	40566	26901	15786
1990	358915	255828	13833	39940	32749	16565
1991	401109	288073	16175	37839	36871	22151
1992	499112	360022	21187	42164	45867	29872
1993	594220	527867	32905	–	–	33448
1994	861062	773458	50152	–	–	37452
1995	1113656	1005857	65863	–	–	41936
1996	1348508	1210972	90579	–	–	46957
1997	1523921	1351269	120073	–	–	52579
1998	1673485	1473345	141266	–	–	58874
1999	1841136	1620876	154337	–	–	65923
2000	2069720	1833586	162319	–	–	73815
2001	2296562	2024109	189801	–	–	82652
2002	2587766	2282940	212279	–	–	92547
2003	2914342	2540808	269907	–	–	103627
2004	3348000	3008513	339487	–	–	–
2005	3827993	3462372	365622	–	–	–
2006	4433437	4012076	421361	–	–	–
2007	5202050	4706823	495227	–	–	–
2008	6265502	5669851	595651	–	–	–
2009	7179042	6526898	652144	–	–	–
2010	8528864	7787004	741860	–	–	–
2011	10067548	9206157	861391	–	–	–

注：①2003 年始，社会消费品零售不包括制造业、农业生产者直接销售部分。②1993 年至 2005 年的全市社会消费品零售总额已根据 2004 年经济普查资料作了调整。③2005 年至 2008 年全市社会消费品零售总额已根据 2008 年经济普查资料作了调整。④2010 年起社会消费品零售总额制度口径调整。

Note: a)It started to exclude direct sales from manufacturer and agriculture workers. b) From 1993 to 2005 the total volume of social consumer retail sales have been adjusted according to the 2004 economic census information.c) From 2005 to 2008 the total volume of social consumer retail sales have been adjusted according to the 2008 economic census information. d) From 2010, the system caliber of the total volume of social consumer retail sales have been adjusted.

7－3　各县(市)社会消费品零售总额(2011年)

单位：万元

指　　标	Item	全　市 Whole Municipality
社会消费品零售总额	**Total Retail Sales of Consumer Goods**	**10067548**
(一)按销售地区分	**Grouped by Sales Region**	
1.城镇	Municipality	8561723
其中：城区	City	4873850
2.乡村	Country	1505825
(二)按行业分组	**Grouped by sector**	
1.批发零售贸易业	Wholesale and Retail Sale Trade	9206157
2.住宿和餐饮业	Accommodation and Food Industry	861391

注：全市社会消费品零售总额包含部分抽样调查资料。

Total Retail Sales of Consumer Goods in Each County (City) (2011)

(10 000 yuan)

市区 Urban District	绍兴 Shaoxing	上虞 Shangyu	嵊州 Shengzhou	新昌 Xinchang	诸暨 Zhuji
2965133	**1422319**	**1548027**	**1329877**	**835863**	**1966329**
2869114	1144233	1252579	933601	756656	1605540
2058871	–	1048294	491430	–	1275255
96019	278086	295448	396276	79207	360789
–	–	–	–	–	–
–	–	–	–	–	–

Note: The total volume of social consumer retail sales includes the partial sample survey.

7－4　全市限额以上批发零售贸易企业主要商品分类销售额(2009-2011 年)

单位：万元

指　　标	Item	销售合计 Total 2009
总　计	**Total**	**7737150**
食品、饮料、烟酒类	Food, Beverages, Tobacco and Liquor	1005710
食品类	Edible Vegetable Oil，Food	294967
粮油类	Edible Vegetable Oil	93703
肉禽蛋类	Meat, Poultry and Eggs	36306
水产品类	aquatic product	8300
蔬菜类	Vegetable	6334
干鲜果品类	dry and fresh fruit	9846
饮料类	Beverages	79522
烟酒类	Tobacco and Liquor	631220
服装、鞋帽、针纺织品类	Clothing, Shoes, Hats and Textiles	2436568
服装类	Clothing	354635
鞋帽类	Shoes and Hats	56943
针、纺织品类	Knitwear and Textiles	2024990
化妆品类	Cosmetics	31739
金银珠宝类	Gold, Silver and Jewelry	80279
日用品类	Articles for Daily Use	123377
#洗涤用品类	Washing Articles	40807
儿童玩具类	Children Toys	4548
五金、电料类	Hardware and Electrical Materials	92827
体育、娱乐用品类	Sports and Recreation Articles	5783
书报杂志类	Newspapers and Magazines	31124
电子出版物及音像制品类	E-journal and Video Products	2779

Total Sales of Enterprises above Designated Size in Wholesale and Retail Trade by Category of Main Commodities (2009-2011)

(10 000 yuan)

		批发 Wholesale Trade			零售 Retail Trade		
2010	2011	2009	2010	2011	2009	2010	2011
10384482	**13835981**	**4628505**	**6349103**	**9085642**	**3108645**	**4035379**	**4750339**
1091777	1249243	614272	723728	825116	391438	368049	424126
311646	327023	41351	78589	64160	253616	233057	262863
111076	106610	23557	49106	43286	70146	61970	63324
47036	36199	8112	24140	13070	28194	22896	23129
5989	6805	406	485	486	7894	5504	6318
6650	7613	425	399	400	5909	6251	7212
8735	12734	364	466	1055	9482	8269	11680
76954	82747	30427	33355	37038	49095	43599	45709
703178	839473	542493	611784	723918	88727	91394	115555
3293631	4851283	2188546	2990543	4501452	248022	303088	349832
441306	510474	183174	234170	273485	171462	207136	236989
105658	81172	14217	52211	20507	42726	53446	60665
2746668	4259638	1991155	2704162	4207460	33835	42506	52178
28498	33709	–	–	–	31739	28498	33709
186974	228878	4794	67861	59903	75485	119113	168975
134346	178360	13838	22614	68215	109539	111732	110145
44823	42785	–	–	–	40807	44823	42785
5063	6496	305	131	2061	4244	4933	4435
116689	145852	80845	96538	127530	11982	20151	18322
4625	3943	747	687	166	5036	3937	3777
34643	34348	–	–	–	31124	34643	34348
3104	3441	–	–	–	2779	3104	3441

7-4 续 表

单位：万元

指　　标	Item	销售合计 Total 2009
家用电器和音像器材类	Household Appliances and Video Appliances	350126
中西药品类	Traditional Chinese and Western Medicines	369634
#西药	Western Medicines	249897
中草药及中成药	Traditional Chinese Medicines	118306
文化办公用品类	Cultural and Official Goods	33413
家具类	Furniture	1713
通讯器材类	Communication Appliances	28866
煤炭及制品类	Coal and Related Products	190529
木材及制品类	Wood and Wooden Products	905
石油及制品类	Petroleum and Related Products	1180229
化工材料及制品类	Raw Chemical Materials	406085
#化肥类	Fertilizer	53139
金属材料类	Metal Materials	104799
建筑及装潢材料类	Building and Decoration Materials	27911
机电产品设备类	Mechanical and Electrical Products	59049
#农机类	Agricultural Machinery	5917
汽车类	Automobile	1112238
种子饲料类	Seed and Feedstuff	578
棉麻类	Cotton, Hemp	14564
其他类	Others	46323

Continued

(10 000 yuan)

		批　发 Wholesale Trade			零　售 Retail Trade		
2010	2011	2009	2010	2011	2009	2010	2011
399012	458350	33607	55837	92618	316519	343175	365732
429336	531577	271117	277810	412234	98518	151526	119344
288053	360386	191720	196329	290166	58178	91723	70219
139089	164595	78272	81481	115786	40033	57608	48809
49550	52485	14151	22922	23457	19262	26628	29028
3058	3403	6	75	32	1706	2982	3371
33284	36139	6808	13781	16646	22058	19503	19493
276005	525561	190529	276005	525561	–	–	–
1957	950	905	1957	950	–	–	–
1556454	1941313	577337	734115	851637	602893	822339	1089676
543098	809372	401845	538785	799398	4240	4313	9974
16711	73066	49803	13213	67816	3336	3497	5250
254780	361468	104799	254780	361468	–	–	–
51741	50747	24226	44016	45899	3685	7725	4848
90228	203153	44561	77224	194285	14489	13004	8868
13832	9568	5917	13832	9568	–	–	–
1632412	1919000	7932	6760	6744	1104306	1625652	1912255
605	2287	578	605	2287	–	–	–
20925	41557	14564	20925	41557	–	–	–
147750	169562	32500	121534	128487	13824	26216	41076

7-5 全市限额以上批发零售贸易企业财务状况(2011年)

单位：万元

指标	Item	企业数(个) Number of Enterprises (unit)
总计	**Total**	**886**
其中：国有控股	State-owned Enterprises	34
按县(市、区)分	**Grouped by County (City)**	
市区	Urban District	218
绍兴县	Shaoxing	277
上虞市	Shangyu	104
嵊州市	Shengzhou	62
新昌县	Xinchang	56
诸暨市	Zhuji	169
按登记注册类型分组	**Grouped by Registration Status**	
内资企业	Domestic Funded Enterprise	872
国有企业	State-owned Enterprises	6
集体企业	Collective-owned Enterprises	11
股份合作企业	Cooperative Enterprises	–
联营企业	Joint Ownership Enterprises	–
集体联营企业	Colleetive Jomt Oweership Enterprises	–
有限责任公司	Limited Liability Corporations	141
国有独资公司	State-funded Corporations	11
其他有限责任公司	Other Limited Liability Corporations	130
股份有限公司	Share-holding Corporations Ltd.	19
私营企业	Private Enterprises	692
私营独资企业	Private-funded Enterprises	26
私营合伙企业	Private partnership Ewterprise	3
私营有限责任公司	Private Limited Liability Corporations	659
私营股份有限公司	Private Share-holding Corporations Ltd.	4
其他企业	Other Enterprises	3
港、澳、台商投资企业	Enterprises with Investment from Hong Kong,Macao and Taiwan	9
与港澳台商合资经营企业	Joint-venture Enterprises with Investment from Hong Kong,Macao and Taiwan	2
港澳台商独资经营企业	Cooperative Enterprises with Investment from Hong Kong,Macao and Taiwan	7
外商投资企业	Enterprises with Foreign Investment	5
中外合资经营企业	Joint-venture Enterprises with Foreign Investment	4
外资企业	Enterprises with Foreign Investment	1

Main Financial Indicators of Purchases, Sales and Inventory of Wholesale and Retail Trade above Designated Size (2011)

(10 000 yuan)

年末资产负债 (Assets and Liabilities)						所有者权益 Creditors Equity	
流动资产小计 Circulating Funds	#存货 Deposits and Loans	固定资产原价 Original Value of Fixed Assets	#本年折旧 Deprecation	资产合计 Total Assets	负债合计 Total Liabilities		#实收资本 Capital Hold
6397758	**961845**	**945915**	**51536**	**8150630**	**6204932**	**1945697**	**993448**
622941	135121	155553	6859	861733	419332	442401	80701
1527857	351561	285191	16743	1937118	1296072	641045	228242
2649513	252961	176629	9848	3097471	2575843	521628	345804
573452	144616	135949	5670	792828	640323	152505	92992
133149	24660	42566	2209	177174	136196	40978	24437
183550	29546	31622	2005	259676	160981	98694	39534
1330236	158501	273958	15061	1886363	1395517	490846	262439
6291433	942200	908121	49565	7981519	6107071	1874448	940663
296795	43109	43249	2186	336481	64865	271616	7846
17169	5386	12896	408	28712	17836	10875	5073
–	–	–	–	–	–	–	–
–	–	–	–	–	–	–	–
–	–	–	–	–	–	–	–
1400397	229448	296886	14130	1888718	1363161	525558	204704
68819	36823	23535	265	91265	67578	23687	7686
1331578	192625	273351	13865	1797454	1295583	501871	197018
398187	70536	168842	8308	786663	540118	246546	133202
4178306	593721	385718	24530	4939842	4121092	818750	589329
48477	9328	4391	400	57031	46478	10554	6022
9896	486	777	111	10328	8782	1547	1558
4066440	568337	373301	23621	4810818	4013712	797107	578666
53494	15571	7248	399	61664	52121	9543	3083
579	–	530	3	1103	–	1103	510
54877	10713	30503	1428	81973	43146	38827	38984
17814	556	303	16	18105	12488	5617	5090
37062	10157	30199	1413	63868	30658	33210	33894
51449	8933	7291	543	87137	54715	32422	13802
44917	7755	6870	454	80352	48705	31647	13118
6531	1178	421	89	6786	6011	775	684

7-5 续表 1

单位：万元

指标	Item	主营业务收入 Net Sales Revenue	主营业务成本 Cost of Sales
总计	**Total**	**13027246**	**12011884**
其中：国有控股	State-owned Enterprises	2263364	1999125
按县(市、区)分	**Grouped by County (City)**		
市区	Urban District	4695815	4267839
绍兴县	Shaoxing	3530054	3270114
上虞市	Shangyu	1313295	1229427
嵊州市	Shengzhou	393505	370263
新昌县	Xinchang	440567	391683
诸暨市	Zhuji	2654010	2482558
按登记注册类型分组	**Grouped by Registration Status**		
内资企业	Domestic Funded Enterprises	12474417	11493363
国有企业	State-owned Enterprises	615632	440851
集体企业	Collective-owned Enterprises	94751	89015
股份合作企业	Cooperative Enterprises	–	–
联营企业	Joint Ownership Enterprises	–	–
集体联营企业	Collective Joint Ownership Enterprises	–	–
有限责任公司	Limited Liability Corporations	2844445	2612051
国有独资公司	State-funded Corporations	207115	197262
其他有限责任公司	Other Limited Liability Corporations	2637330	2414790
股份有限公司	Share-holding Corporations Ltd.	1489297	1401479
私营企业	Private Enterprises	7413438	6933144
私营独资企业	Private-funded Enterprises	221797	210215
私营合伙企业	Private Partnership Enterprises	30676	28191
私营有限责任公司	Private Limited Liability Corporations	6944086	6490186
私营股份有限公司	Private Share-holding Corporations Ltd.	216879	204552
其他企业	Other Enterprises	16855	16823
港、澳、台商投资企业	Enterprises with Investment from Hong Kong,Macao and Taiwan	157246	145368
与港澳台商合资经营企业	Joint-venture Enterprises with Investment from Hong Kong,Macao and Taiwan	57616	56029
港澳台商独资经营企业	Hong Kong,Macao and Taiwan-funded Enterprises	99630	89339
外商投资企业	Enterprises with Foreign Investment	395583	373153
中外合资经营企业	Joint-venture Enterprises with Foreign Investment	371384	350530
外资企业	Enterprises with Foreign Investment	24199	22623

Continued 1

(10 000yuan)

营业费用 Management Cost	主营业务税金及附加 Sales Tax and Extra Charges	主营业务利润 Total Profits	管理费用 Administration Cost	营业利润 Management Profits	利润总额 Total Profits	应付职工薪酬 Total Wages Payable	本年应缴增值税额 Value Added Tax Payable
300792	**57729**	**282841**	**245249**	**339631**	**334729**	**173068**	**189415**
46697	37106	131325	53388	134892	139910	56191	37663
120300	42476	140391	102903	160152	160112	85723	59499
48791	5509	105470	46645	111351	109034	29655	90635
34296	3887	4493	29963	14021	17543	21525	10058
9303	763	236	9832	3605	5331	6358	4986
29424	983	6429	8781	8304	8668	5025	7102
58678	4112	25822	47125	42198	34042	24781	17135
279878	57141	281041	235183	336196	330248	163310	180897
9855	35106	107616	25095	108187	109718	37169	24937
3375	89	-1158	3254	330	134	2726	697
–	–	–	–	–	–	–	–
–	–	–	–	–	–	–	–
–	–	–	–	–	–	–	–
96003	6376	33663	60951	57144	62975	40506	34034
4777	281	-1089	4517	-998	2608	3666	1407
91226	6095	34752	56435	58142	60367	36840	32627
30802	2698	25910	26363	32532	31903	17600	9082
139836	12872	115010	119497	138003	125515	65297	112147
3549	690	2345	4508	2695	2880	1641	3105
666	67	814	657	814	823	294	79
132990	11861	108039	111255	129955	117191	62057	106295
2632	254	3812	3078	4540	4621	1305	2668
7	–	–	25	–	4	12	–
7582	324	-596	4193	779	1680	4337	3646
817	5	312	338	370	324	219	504
6765	319	-908	3855	410	1356	4118	3142
13332	264	2396	5872	2655	2801	5421	4872
13083	228	2312	4886	2571	2670	4635	1574
249	36	84	986	84	131	786	3297

7-5 续表 2

单位：万元

指　　标	Item	企业数（个） Number of Enterprises (unit)
按国民经济行业分	**Grouped by Sector**	
(一) 批发业	**Wholesale Trades**	
农畜产批发	Wholesale of Farming and Animal Products	8
食品、饮料及烟草制品批发	Wholesale of Food，Beverages and Tobaccos	18
纺织品、服装及日用品批发	Wholesale of Textiles, Garment and Daily Goods	406
文化、体育用品及器材批发	Wholesale of Cultural and Sports Appliances	6
医药及医疗器材批发	Wholesale of Medicines and Medical Appliances	14
矿产品、建材及化工产品批发	Wholesale of Mineral Products，Building Materials and Chemical Products	130
机械设备、五金交电及电子产品批发	Wholesale of Mechanical Facilities，Hardware，Transport，Electric and Electrical Products	38
贸易经纪与代理	Trade Manager and Agency Industry	1
其他批发	Other Wholesale Trade	11
(二) 零售业	**Retail Trades**	
综合零售	Specialty Retail of General Products	39
食品、饮料及烟草制品专门零售	Specialty Retail of Food，Beverages and Tobaccos	4
纺织品、服装及日用品专门零售	Specialty Retail of Textiles, Garment and Daily Goods	6
文化、体育用品及器材专门零售	Specialty Retail of Cultural and Sports Appliances	12
医药及医疗器材专门零售	Specialty Retail of Medicines and Medical Appliances	8
汽车、摩托车、燃料及零配件专门零售	Specialty Retail of Automobile，Motorcycle，Fuel and Their Parts	144
家用电器及电子产品专门零售	Specialty Retail of Electrical Household Appliances and Electronic Products	33
五金、家具及室内装修材料专门零售	Specialty Retail of Metals，Furniture and Building Decoration Materials	6
无店铺及其他零售	Direct and Other Wholesale	2

Continued 2

(10 000yuan)

年末资产负债			(Assets and Liabilities)			所有者权益	
流动资产小计 Circulating Funds	#存货 Deposits and Loans	固定资产原价 Original Value of Fixed Assets	#本年折旧 Deprecation	资产合计 Total Assets	负债合计 Total Liabilities	所有者权益 Creditors Equity	#实收资本 Capital Hold
64600	27740	16972	275	78970	67951	11019	3785
339774	48923	56858	2538	397454	100741	296714	16128
3059195	348049	141207	11473	3490087	2840689	649398	403443
49253	14833	12374	252	64079	41927	22153	6808
175207	46504	37756	2119	247507	165583	81924	28392
1009273	86950	89361	4548	1240099	953975	286123	189577
196296	42375	7466	582	220077	187007	33070	22905
9456	–	–	–	9456	8917	540	500
28951	5317	2873	328	42048	23485	18563	13749
542038	92740	302089	12826	942853	792738	150115	74050
10093	2344	3441	164	13325	3412	9913	1295
9630	3924	11234	1322	19644	18559	1085	3990
78274	46743	16070	462	126523	66231	60292	14438
80845	14892	14987	679	92597	80849	11748	8151
671205	159502	213427	12874	1067552	773986	293566	189875
56430	17294	16110	965	78543	62079	16464	14170
16231	3547	2260	124	17855	15465	2390	1752
1007	169	1432	7	1961	1340	622	441

7-5 续表 3

单位：万元

指　　标	Item	主营业务收入 Net Sales Revenue	主营业务成本 Cost of Sales
按国民经济行业分	**Grouped by Sector**		
(一)批发业	**Wholesale Trades**		
农畜产批发	Wholesale of Farming and Animal Products	68317	62521
食品、饮料及烟草制品批发	Wholesale of Food，Beverages and Tobaccos	678967	496250
纺织品、服装及日用品批发	Wholesale of Textiles, Garment and Daily Goods	4598568	4308421
文化、体育用品及器材批发	Wholesale of Cultural and Sports Appliances	84826	79413
医药及医疗器材批发	Wholesale of Medicines and Medical Appliances	392570	354087
矿产品、建材及化工产品批发	Wholesale of Mineral Products，Building Mater-ials and Chemical Products	2510626	2388980
机械设备、五金交电及电子产品批发	Wholesale of Mechanical Facilities，Hardware，Transport，Electric and Electrical Products	472793	445500
贸易经纪与代理	Trade Manager and Agency Industry	11175	10962
其他批发	Other Wholesale Trade	81109	76493
(二)零售业	**Retail Trades**		
综合零售	Specialty Retail of General Products	1057973	924390
食品、饮料及烟草制品专门零售	Specialty Retail of Food，Beverages and Tobaccos	36223	30078
纺织品、服装及日用品专门零售	Specialty Retail of Textiles, Garment and Daily Goods	50110	44961
文化、体育用品及器材专门零售	Specialty Retail of Cultural and Sports Appliances	88313	64024
医药及医疗器材专门零售	Specialty Retail of Medicines and Medical Appliances	95466	80257
汽车、摩托车、燃料及零配件专门零售	Specialty Retail of Automobile，Motorcycle，Fuel and Their Parts	2637726	2498729
家用电器及电子产品专门零售	Specialty Retail of Electrical Household Appliances and Electronic Products	138559	125208
五金、家具及室内装修材料专门零售	Specialty Retail of Metals，Furniture and Building Decoration Materials	20609	18463
无店铺及其他零售	Direct and Other Wholesale	3318	3147

Continued 3

(10 000yuan)

营业费用 Management Cost	主营业务税金及附加 Sales Tax and Extra Charges	主营业务利润 Total Profits	管理费用 Administration Cost	营业利润 Management Profits	利润总额 Total Profits	应付职工薪酬 Total Wages Payable	本年应缴增值税额 Value Added Tax Payable
2232	28	-1201	2557	-1114	946	1629	1335
13428	35123	109673	26436	110210	113747	37844	24617
54652	5313	114395	53512	117268	112524	23004	89244
981	280	1998	1119	2119	2122	368	819
23931	671	7295	8405	9206	9559	6363	5448
41872	2951	33737	22742	39595	36904	12854	13200
10735	518	7812	6603	8215	6621	4811	9796
73	11	52	12	52	52	60	–
1656	759	-414	1341	-414	177	880	3250
67843	6417	-10291	54367	23067	27807	36846	19075
1360	163	2642	1935	2711	2715	1673	1044
3492	176	-3115	4404	-2325	-1937	779	292
9179	2133	6032	4957	6494	6453	5397	1658
8227	258	1077	4816	1819	1743	4216	2043
51555	2648	13315	47321	22133	14540	32152	14748
8670	234	-580	4032	164	351	3459	1717
809	42	437	606	437	396	656	1110
97	5	-23	85	-6	9	78	22

7-6 全市限额以上住宿餐饮企业财务状况（2011 年）

单位：万元

指　　标	Item	企业数（个） Number of Enterprises (unit)
总　　计	**Total**	**132**
其中：国有控股	State-owned Enterprises	7
按县(市、区)分	**Grouped by County (City)**	
市　　区	Urban District	32
绍 兴 县	Shaoxing	23
上 虞 市	Shangyu	16
嵊 州 市	Shengzhou	13
新 昌 县	Xinchang	17
诸 暨 市	Zhuji	31
按登记注册类型分组	**Grouped by Registration Status**	
内资企业	Domestic Funded Enterprises	125
国有企业	State-owned Enterprises	6
集体企业	Collective-owned Enterprises	1
股份合作企业	Cooperative Enterprises	–
联营企业	Joint Ownership Enterprises	1
集体联营	Collective Joint Ownership Enterprises	1
国有与集体联营企业	Joint State-collective Enterprises	–
有限责任公司	Liablilty Corporations	21
国有独资	State-funded Corporations	1
其他有限责任公司	Other Limited Liability Corporations	20
股份有限公司	Share-holding Corporations Ltd.	–
私营企业	Private Enterprises	96
私营独资企业	Private-funded Enterprises	14
私营合伙企业	Private Partnership Enterprises	2
私营有限责任公司	Private Limited Liability Corporations	79
私营股份有限公司	Private Share-holding Corporations Ltd.	1
港、澳、台商投资经营企业	Enterprises With Sole Investment from HongKong, Macao and Taiwan	5
外商投资企业	Enterprises with Foreign Investment	2
按国民经济行业分组	**Grouped By Sector**	
旅游饭店	Tourist Hotel	63
一般旅馆	General Hotel	12
其他住宿服务	Other Residential Services	1
正餐服务	Dinner Service	53
快餐服务	Fast Food Service	2
其他餐饮服务	Other Food and Beverage Service	1

Main Financial Indicators of Accommodation and Catering Serviced Enterprises Above Designated Size (2011)

(10 000 yuan)

年末资产负债 (Assets and Liabilities)						所有者权益	
流动资产小计 Circulating Funds	#存货 Deposits and Loans	固定资产原价 Original Value of Fixed Assets	#本年折旧 Deprecation	资产合计 Total Assets	负债合计 Total Liabilities	Creditors Equity	#实收资本 Capital Hold
294020	**27729**	**412596**	**21118**	**752721**	**527082**	**225639**	**163061**
14606	584	39562	1568	54334	20088	34246	15607
123365	17785	168056	7722	265096	181407	83689	74968
21444	1614	40389	2806	96043	101727	-5684	16930
52905	2974	110226	5872	199794	130014	69780	33106
18712	1064	18190	1012	43160	23500	19661	15011
35204	563	31923	1441	59110	52471	6640	9266
42390	3729	43813	2266	89517	37964	51553	13779
243070	24284	301484	16412	619303	449284	170019	137354
13021	526	32664	1323	48872	19826	29046	15457
31	2	529	18	255	150	105	87
–	–	–	–	–	–	–	–
334	64	3547	215	3779	4140	-361	1500
334	64	3547	215	3779	4140	-361	1500
–	–	–	–	–	–	–	–
107776	16133	128886	6832	278489	211079	67410	51463
1585	58	6898	245	5462	262	5200	150
106190	16075	121988	6587	273028	210817	62211	51313
–	–	–	–	–	–	–	–
121909	7560	135858	8024	287908	214089	73819	68847
2541	248	11250	518	9185	2771	6414	7387
631	105	344	35	1005	554	451	330
118324	7212	120675	7343	275044	207577	67467	60130
414	-5	3590	129	2674	3187	-513	1000
19401	1187	55200	1816	37291	16581	20710	15567
31549	2258	55912	2890	96127	61217	34910	10140
193484	8573	317949	14760	546520	377905	168615	130834
7989	316	4156	603	12084	7627	4457	2280
485	72	829	143	798	1016	-219	500
87978	16837	83399	5501	182081	135205	46875	28327
4040	1919	5887	61	11042	5232	5810	1020
45	14	375	51	197	96	100	100

7-6 续 表

单位：万元

指　　标	Item	主营业务收入 Not Sales Revenue	主营业务成本 Cost of Sales
总　　计	**Total**	**353324**	**155399**
其中：国有控股	State-owned Enterprises	22728	8605
按县(市、区)分	**Grouped by County (City)**		
市　　区	Urban District	127857	53290
绍 兴 县	Shaoxing	45350	18199
上 虞 市	Shangyu	68498	29598
嵊 州 市	Shengzhou	20622	10148
新 昌 县	Xinchang	20781	12065
诸 暨 市	Zhuji	70217	32097
按登记注册类型分组	**Grouped by Registration Status**		
内资企业	Domestic Funded Enterprises	296897	136699
国有企业	State-owned Enterprises	19699	7043
集体企业	Collective-owned Enterprises	248	48
股份合作企业	Cooperative Enterprises	–	–
联营企业	Joint Ownership Enterprises	917	457
集体联营	Collective Joint Ownership Enterprises	917	457
国有与集体联营企业	Joint State-collective Enterprises	–	–
有限责任公司	Limited Liablilty Corporations	122539	52274
国有独资	State-funded Corporations	3029	1561
其他有限责任公司	Other Limited Liability Corporations	119510	50713
股份有限公司	Share-holding Corporations Ltd.	–	–
私营企业	Private Enterprises	153494	76876
私营独资企业	Private-funded Enterprises	11144	6963
私营合伙企业	Private Partnership Enterprises	2558	1163
私营有限责任公司	Private Limited Liability Corporations	139212	68634
私营股份有限公司	Private Share-holding Corporations Ltd.	580	116
港、澳、台商独资(投资)经营企业	Enterprises With Sole Investment from HongKong, Macao and Taiwan	26807	9719
外商投资企业	Enterprises with Foreign Investment	29619	8981
按国民经济行业分组	**Grouped By Sector**		
旅游饭店	Tourist Hotel	193919	76359
一般旅馆	General Hotel	20739	5700
其他住宿服务	Other Residential Services	4531	925
正餐服务	Dinner Service	124846	65802
快餐服务	Fast Food Service	8582	6283
其他餐饮服务	Other Food and Beverage Service	708	330

Continued

(10 000 yuan)

营　业 费　用 Management Cost	主营业务税 金及附加 Sales Tax and Extra Charges	管　理 费　用 Administration Cost	营　业 利　润 Management Profits	利　润 总　额 Total Profits	应　付 职工薪酬 Total Wages Payable
90785	19316	62942	7878	10504	49930
7445	1195	4826	272	371	4663
33274	7185	25768	1469	2358	17508
14075	2531	10899	-4118	-3149	8661
14515	3532	8989	8010	8776	7784
5453	1153	4673	-992	-967	3085
2826	1128	4395	-848	-929	3002
20643	3789	8218	4356	4415	9892
77723	16392	54597	-2483	-551	42528
6418	1055	4441	353	731	4225
153	14	33	1	1	72
–	–	–	–	–	–
484	51	185	-264	-256	163
484	51	185	-264	-256	163
–	–	–	–	–	–
33868	6802	20342	2199	3347	14520
1028	140	384	-81	-360	437
32841	6662	19958	2280	3707	14083
–	–	–	–	–	–
36800	8470	29596	-4773	-4373	23547
1690	556	1661	124	123	1403
544	146	633	30	33	338
34310	7732	26979	-4851	-4454	21679
256	37	323	-75	-75	126
6735	1419	5793	2853	2838	4779
6327	1506	2552	7509	8217	2624
49752	10753	41705	2565	4391	30334
8459	1335	3523	1865	1871	3829
2805	249	362	145	162	990
28859	6789	16747	2526	3281	14426
679	150	472	803	795	197
231	40	132	-26	4	156

7-7 分县(市)商品交易市场成交情况(2011年)

指　　标	Item	全　市 Whole Municipality
商品交易市场个数　(个)	**Number of Transaction Markets (unit)**	**409**
#超亿元市场	Above 100 Million Yuan	44
超十亿元市场	Above 1000 Million Yuan	14
超百亿元市场	Above 10 000 Million Yuan	5
商品交易市场成交额（万元）	**Business Value of Transaction Markets (10 000 yuan)**	**19992237**
一、消费品市场	Consumer Goods Market	11918380
1.消费品综合市场	General Market	1288169
2.农副产品市场	Agricultural Products and By-products Market	2451793
3.工业消费品市场	Industrial Consumer Goods Market	8178418
二、生产资料市场	Means of Industrial Production Market	8073857
1.生产资料综合市场	General Market	1144217
2.工业生产资料市场	Means of Industrial Production Market	6925640
3.农业生产资料市场	Means of Agricultural Production Market	4000
三、服务市场	Service Market	-
商品交易市场成交量（吨）	**Business Volume of Transaction Markets (ton)**	
一、粮食类（大米）	Food (rice)	403960
二、油脂油料类	Oil and Oil-bearing	51510
三、肉食禽蛋类	Meal，Poultry and Eggs	217621
四、水产品类	Aquatic Products	194459
五、蔬 菜 类	Vegetables	825855
六、干鲜果类	Dried and Fresh Fruits	690827
七、牲畜幼禽类	Livestocks and poults	-
八、机动车（辆）	Motor vehicles	6187
九、钢　　材	Steel Products	45702
十、煤　　炭	Coal	-
十一、木　　材（立方米）	Timber (cu.m)	262671
十二、饲　　料	Fodder	8250

Transactions at Commodity Market in Each County (City) (2011)

市　区 Urban District	绍　兴 Shaoxing	上　虞 Shangyu	嵊　州 Shengzhou	新　昌 Xinchang	诸　暨 Zhuji
84	**86**	**55**	**50**	**41**	**83**
12	7	6	3	4	12
3	1	2	2	2	4
1	2	–		–	2
3962286	**9307528**	**1306550**	**630448**	**630000**	**4155425**
3177875	5224734	672160	624403	517000	1702208
650	15360	–	57283	5000	1209876
679705	305835	386960	319334	330000	429959
2497520	4903539	285200	247786	182000	62373
784411	4082794	634390	6045	113000	2453217
–	–	–	–	–	1144217
784411	4082794	634390	6045	109000	1309000
–	–	–	–	4000	–
–	–	–	–	–	–
96832	239910	29670	25463	5300	6785
21580	8020	2350	14472	3100	1988
49253.45	20006	22500	41722	46000	38140
42609.55	27270	5210	62611	8000	48758
260207	91044	19800	179928	53400	221476
52957	20820	139300	330126	17800	129824
–	–	–	–	–	–
520	–	2600	242	1810	1015
35000	–	–	6671	–	4031
–	–	–	–	–	–
175300	–	81350	–	–	6021
–	–	8250	–	–	–

7-8 历年各县(市)直接利用外资情况

Utilization of Foreign Capital in Each County (City) over the Years

单位：万美元 (USD 10 000)

年 份 Year	全 市 Whole Municipality	市 区 Urban District	绍 兴 Shaoxing	上 虞 Shangyu	嵊 州 Shengzhou	新 昌 Xinchang	诸 暨 Zhuji
合同利用外资 **Foreign Capital in the Signed Agreements & Contracts**							
1990	1132						
1991	2578						
1992	15917						
1993	38403						
1994	23063	4386	8263	5626	791	786	3211
1995	26166	5087	14329	2182	1194	869	2505
1996	32220	7382	15138	7166	43	787	1704
1997	7487	3210	2015	537	1205	166	354
1998	12871	3801	6176	1996	152	36	710
1999	12333	3038	6196	2309	398	138	254
2000	16642	6342	5261	2955	193	573	1318
2001	28826	9634	10150	5622	1010	684	1726
2002	80175	21372	23333	8763	10012	3135	13560
2003	150121	33226	36022	20212	26309	8695	25657
2004	167117	38694	45374	26221	14002	11130	31696
2005	202139	43671	50864	32139	23645	12713	39107
2006	216311	51816	53446	34443	22438	13829	40339
2007	236516	48396	68663	33562	30787	12975	42133
2008	166823	19218	56311	35047	20399	5699	30149
2009	94193	18758	2470	41049	11445	1934	18537
2010	144641	21264	9570	54392	13687	1721	44007
2011	115468	21504	15465	32251	13837	2148	30263
实际利用外资 **Foreign Capital Actually Used**							
1990	503	59	305	57	11	48	23
1991	1213	88	460	66	79	252	268
1992	1657	79	510	206	236	251	375
1993	11132	1477	5789	1330	894	522	1120
1994	11166	2468	5294	1022	662	616	1104
1995	12959	4532	5130	1565	496	422	814
1996	11518	3338	4847	1540	546	772	475
1997	11481	4213	5737	1002	23	51	455
1998	11789	4064	4587	2061	816	56	205
1999	8249	1351	4816	1725	114	86	158
2000	11598	2857	5050	2302	367	319	703
2001	15777	5167	5212	2804	861	778	955
2002	38167	10780	10453	6221	4066	2616	4031
2003	74271	15760	23016	10842	10006	3566	11081
2004	82344	19249	25120	13535	5066	4347	15027
2005	90095	20278	23480	15504	10246	1675	18912
2006	97188	30086	26502	10104	8597	3086	18813
2007	110476	24760	33136	15518	9018	3519	24525
2008	77235	14283	23221	12011	6307	903	20510
2009	81117	13766	10230	25229	6616	2051	23225
2010	95327	14656	22001	30015	8308	2344	18003
2011	80468	14385	15015	15011	8672	2420	24965

注：2002 年始，利用外资不包括境外借款。（7-9、7-18 表类同）

Note:Since 2002 don't include foreign loans (Similarly in table 7-9 and 7-18).

7-9 各县(市)利用外资情况(2011年)

Utilization of Foreign Capital in Each County (City) (2011)

单位：万美元 (USD 10 000)

指标	Item	全市 Whole Municipality	市区 Urban District	绍兴 Shaoxing	上虞 Shangyu	嵊州 Shengzhou	新昌 Xinchang	诸暨 Zhuji
累计三资企业总数 (个)	**Accumulative Foreign-funded Enterprises (unit)**	**5563**	**1179**	**1397**	**1094**	**749**	**240**	**904**
#2011年新增	Newly Increased in Current Year	195	31	84	40	18	1	21
累计总投资额	**Accumulative Investment**	**3514640**	**753458**	**984081**	**704667**	**344731**	**156072**	**571631**
#2011年新增	Newly Increased in Current Year	210532	35508	36567	76436	15221	115	46685
累计注册资本	**Accumulative Registered Capital**	**2263326**	**457955**	**590919**	**458776**	**227173**	**107848**	**420655**
#2011年新增	Newly Increased in Current Year	138143	20837	22642	47490	10779	2120	34275
累计合同外资	**Accumulative Agreement of Foreign Investment**	**17383777**	**383179**	**436871**	**352499**	**196584**	**82360**	**332284**
#2011年新增	Newly Increased in Current Year	115468	21504	15465	32251	13837	2148	30263
累计外商认缴	**Accumulative Foreign Business Payment**	**1772279**	**383217**	**436846**	**348280**	**190310**	**82360**	**331266**
#2011年新增	Newly Increased in Current Year	105680	21542	15440	28254	9051	2148	29245
累计外商实际投资额	**Accumulative Foreign Investment**	**936219**	**212906**	**255007**	**169723**	**82057**	**30706**	**185820**
#2011年新增	Newly Increased in Current Year	80468	14385	15015	15011	8672	2420	24965

7－10 历年各县(市)进出口总额
Imports and Exports in Each County (City) over the Years

单位：万美元　　　　(USD 10 000)

年份 Year	全市 Whole Municipality	市区 Urban District	绍兴 Shaoxing	上虞 Shangyu	嵊州 Shengzhou	新昌 Xinchang	诸暨 Zhuji
1988	786						
1989	2637						
1990	3349						
1991	5770						
1992	11673						
1993	18624						
1994	31871						
1995	49137	17141	15824	3425	3422	1159	8166
1996	80914	23145	40453	7098	2556	3010	10127
1997	79792	24530	26994	9098	3724	5628	12043
1998	91023	25930	34320	5708	4392	9602	11071
1999	98019	27949	31056	7285	5047	13432	13250
2000	166245	40358	67173	15766	9647	13767	19534
2001	247085	50028	112223	26081	13256	15621	29876
2002	387036	85014	194037	30978	18245	21828	36934
2003	596134	128727	302124	43526	24577	33988	63192
2004	866224	175118	426990	65043	37271	52370	109430
2005	1048473	223390	454422	96651	51276	58881	163852
2006	1394914	303739	581260	124438	61283	77676	246518
2007	1929473	408201	815000	174696	91580	93421	346573
2008	2382668	478583	989097	229776	117178	123437	444597
2009	2049048	401955	843114	208837	101110	93302	400731
2010	2701612	551791	1092973	286463	140591	129428	500366
2011	3350542	728477	1331964	335012	165997	166247	622945

注：1998年起按海关口径统计。

Note: Data since 1998 have been obtained from the customs statistics.

7-11 历年各县(市)自营出口额

Total Export in Each County (City) over the Years

单位：万美元 (USD 10 000)

年份 Year	全市 Whole Municipality	市区 Urban District	绍兴 Shaoxing	上虞 Shangyu	嵊州 Shengzhou	新昌 Xinchang	诸暨 Zhuji
1988	786	199	58	2	82	4	441
1989	2273	967	281	367	71	40	547
1990	3338	1155	367	367	434	74	941
1991	5729	2633	778	65	425	89	1739
1992	11500	5105	2597	492	965	244	2097
1993	18109	6500	4292	1530	1635	329	3823
1994	30850	11048	6680	2175	4049	878	6020
1995	44917	16046	13166	3275	3364	1159	7907
1996	53000	20598	16144	6812	2470	3010	9441
1997	65471	22139	17583	7778	3206	5628	11380
1998	58904	19174	16500	3420	3060	7550	9200
1999	71271	19547	22637	4931	4517	10847	8792
2000	127735	28895	51354	12232	8783	11639	14832
2001	187459	32334	85126	21349	12721	12767	23162
2002	290118	50836	146071	26908	16836	18005	31461
2003	453313	76509	236665	37414	21717	27691	53315
2004	660853	115323	321827	57510	32998	44607	88589
2005	814162	163379	337405	80878	46330	51545	134626
2006	1050294	211688	398627	107216	58866	71435	202463
2007	1381235	272598	527909	148418	84078	86277	261954
2008	1749502	338512	642264	191258	108133	115730	353605
2009	1576149	312961	598692	163165	93244	86824	321264
2010	2108906	431327	793902	227014	124717	121766	410180
2011	2598605	544916	946909	273990	154504	152428	507859

注：1998 年起按海关口径统计。

Note: Data since 1998 have been obtained from the customs statistics.

7-12 主要洲、国别(地区)外贸进出口
Import and Export by Continent and County (Region)

单位：万美元 (USD 10 000)

国别(地区)	Country (Territory)	2010年		2011年	
		出口额 Exports	进口额 Imports	出口额 Exports	进口额 Imports
总　计	**Total**	**2108480**	**592940**	**2598614**	**752274**
亚　洲	**Asia**	**808722**	**445054**	**992912**	**575099**
#香　港	Hong Kong	62802	1072	59840	2616
日　本	Japan	56725	72603	69867	99015
韩　国	Korea，Rep.	36667	97063	49132	149746
印度尼西亚	Indonesia	43602	12598	65159	14764
新加坡	Singapore	10856	13459	14257	15311
台　湾	Taiwan	14963	91930	16198	112081
泰　国	Thailand	27902	28543	35792	28047
马来西亚	Malaysia	27680	14041	34483	10441
菲律宾	Philippines	13746	1945	20877	4070
越　南	Vietnam	38069	1491	51954	2307
欧　洲	**Europe**	**480717**	**47126**	**560304**	**63630**
#德意志共和国	Germany	101861	16225	108795	29161
意大利	Italy	73068	7683	77552	6423
英　国	United Kingdom	40973	1697	45921	1269
比利时	Belgium	16304	4226	21907	5683
西班牙	Spain	30396	389	34979	1353
法　国	France	30346	1351	33913	726
俄罗斯	Russian Fed.	49644	1080	66523	5333
荷　兰	Netherlands	10402	5856	59905	1743
北美洲	**North America**	**286661**	**18065**	**344754**	**22109**
#美　国	United States	258957	15547	311684	17058
加拿大	Canada	27704	2519	33069	5050
非　洲	**Africa**	**227804**	**21467**	**298519**	**13542**
拉丁美洲	**Latin America**	**276447**	**58210**	**366201**	**74534**
#墨西哥	Mexico	37259	469	53997	3022
巴　西	Brazil	102961	3281	130175	3514
智　利	Chile	25864	46958	35765	59507
大洋洲	**Oceania**	**28129**	**3016**	**35925**	**3358**
#澳大利亚	Australia	24254	2920	31056	3297

7－13 进出口贸易方式(2004-2011 年)
The Value of Import and Export Goods (2004-2011)

单位：万美元 (USD 10 000)

贸易方式	Type	2004	2005	2006	2007	2008	2009	2010	2011
进口贸易方式	**Imports by Type**	**205372**	**234311**	**344617**	**548238**	**633166**	**472899**	**592941**	**752274**
一般贸易	Original Trade	128939	163928	259483	404067	457270	365175	437559	601738
外商投资企业作为投资进口的设备物品	Imported Commodities as Investment of Foreign Enterprises	38679	16529	12176	18957	13012	7449	11816	11050
进料加工贸易	Processing Imported Raw Materials	29894	41804	60476	117908	154757	94807	135581	128881
来料加工装配贸易	Processing and Assembling Raw Material Supplied by Foreign Firms	7646	5392	5419	6830	5807	4698	6981	6653
保税仓库进出境货物	Import & Export Commodities in Protective Tariff Zone	129	6536	6864	202	2127	587	753	3624
来料加工装配进口的设备	Assembling Imported Equipment	–	–	–	–	32	–	–	–
加工贸易进口设备	Processing Imported Equipment	–	6	39	8	–	–	–	–
补偿贸易	Compensation Trade	–	–	–	–	–	–	–	–
其他贸易	Others	85	116	160	266	161	184	251	311
出口贸易方式	**Exports by Type**	**660853**	**814162**	**1050294**	**1381234**	**1749502**	**1576149**	**2108431**	**2598614**
一般贸易	Original Trade	593816	725601	921233	1191572	1514761	1412774	1879103	2327878
进料加工贸易	Processing Imported Raw Materials	54058	79085	120216	176677	224346	154848	216990	258052
来料加工装配贸易	Processing and Assembling Raw Material Supplied by Foreign Firms	12968	9476	8835	12985	10381	8486	12322	12596
边境小额贸易	Border Small-volume Trade	11	–	10	–	–	–	–	–
对外承包工程出口货物	Exported Commodities for Contracted Projects	–	–	–	–	8	–	–	–
其他贸易	Others	–	–	–	–	8	41	16	19

7－14 主要进口及出口商品额(2005-2011 年)

The Value of Import and Export Goods (2005-2011)

单位：万美元 (USD 10 000)

商品名称	Item	2005	2006	2007	2008	2009	2010	2011
进口商品名称	**Import Goods**							
#机电产品	Mechanical and Electrical Products	30251	30305	44990	45465	31235	58993	85442
#高新技术产品	High Tech Product	6068	5949	8455	9419	15036	29536	30767
#对苯二甲酸	Telephthalic Acid	78823	142243	165468	148831	109126	126750	144664
乙二醇	Ethylene Glycol	38884	54343	86425	97729	45292	68262	95146
未锻造的铜及铜材	Unwrought Copper and its Alloys	16099	26767	59808	74103	90335	105162	122177
初级形状的塑料	Primary Plastics	13511	16907	30596	39195	26042	30928	35612
纺织机械	Textile Machinery	13226	14164	23619	20472	6896	14503	28605
纺织纱线、织物及制品	Spinning, Textile and Related produets	12019	14185	13037	12633	13955	17149	21402
废铜	Waste copper	291	29	4220	2772	823	3602	7024
农产品	Farm products	2363	3018	3390	4626	3743	7743	4959
成品油	Processed oil	9	914	2630	4159	628	5624	147
印刷、装订机械及零件	Printing, binding machinery and related parts	923	913	2587	2775	2472	1755	1429
棉花	Cotton	994	2460	2471	2684	1342	4544	2761
锯材	Lumber	2861	2272	2247	2865	2562	3110	1847
废纸	Waste paper	182	77	2028	1360	8	0	692
出口商品名称	**Export Goods**							
#机电产品	Mechanical and Electrical Products	108321	159070	235217	318573	267647	384797	464252
#高新技术产品	High Tech Product	13830	22484	44698	70975	68883	121338	117938
#纺织纱线、织物及制品	Textiles	426685	514847	664460	810920	769907	1025908	1295488
服装及衣着附件	Garments	157287	192335	238534	290856	286971	366188	432330
未锻造的铜及铜材	Unwrought Copper and its Alloys	18835	49704	59760	72958	35670	47938	49653
医药品	Medical and Pharmaceutical Products	15340	20257	24041	49746	38925	51326	64437
汽车零件	Parts of Motor Vehicles	12176	16055	21466	28858	18471	25918	32448
珍珠、宝石及半宝石	Pearl, Gem and Semi-gem	10912	11446	18458	19844	20189	24666	28705
电视机	Tv	646	3215	14491	25844	27751	32322	35314
摩托车及自行车零件	Parts of motorcycle and bicycle	4261	9729	14310	5476	12031	17156	20824
纺织机械及零件	Textile machinery and related parts	6546	11941	12793	14172	23465	19745	30830
灯具、照明装置及类似品	Lighting Installation	6211	7969	11723	13830	11022	16360	19907
合成有机染料	Synthetic Organic Dyestuffs	6874	7582	10475	12703	11533	14841	19927
床垫、寝具及类似品	Bedding	7250	8754	10219	11007	10173	11242	14019
茶叶	Tea	6528	8306	9737	10315	10659	10837	13750

7-15 外贸企业获权情况 (2011 年)
Basic Conditions of Foreign Trade Enterprises Being Approved (2011)

单位：家 (unit)

指标	Item	全市 Whole Municipality	市区 Urban District	绍兴 Shaoxing	上虞 Shangyu	嵊州 Shengzhou	新昌 Xingchang	诸暨 Zhuji
累计获权企业数	**Accumulative Approved**	**14836**	**3176**	**6401**	**1720**	**1005**	**548**	**1984**
1.内资企业	Domestic Funded Enterprises	12136	2638	5777	1172	632	430	1487
2.个体工商户	Self-employed Individuals	142	17	11	19	22	13	60
当年新批企业数	**Newly Approved in Current Year**	**1681**	**305**	**879**	**152**	**78**	**35**	**230**
1.内资企业	Domestic Funded Enterprises	1672	304	879	151	76	35	227
2.个体工商户	Self-employed Individuals	9	1	0	3	2	0	3

7－16 对外经济技术合作情况 (2011 年)
Economic Cooperation with Foreign Countries or Territories (2011)

单位：万美元 (USD 10 000)

指标	Item	全市 Whole Municipality	市区 Urban District	绍兴 Shaoxing	上虞 Shangyu	嵊州 Shengzhou	新昌 Xinchang	诸暨 Zhuji
承包劳务合同额	**Contracted Value**	**36570**	**19563**	**3020**	**680**	–	–	**13307**
#承包工程	Contracted Projects	36192	19185	3020	680	–	–	13307
劳务合作	Labor Cooperation	378	378	–	–	–	–	–
承包劳务营业额	**Value of Business Fulfilled**	**46224**	**9974**	**12703**	**10192**	–	–	**13355**
#承包工程	Contracted Projects	45723	9473	12703	10192	–	–	13355
劳务合作	Labor Cooperation	501	501	–	–	–	–	–
外派劳务（人）	**Contracted Labor Service to Overseas (person)**	**81**	**81**	–	–	–	–	–
期末在外人数（人）	**Number of Laborers Over seas at the End of Term (person)**	**315**	**315**	–	–	–	–	–

7－17 境外投资情况 (2011年)

Investment Abroad (2011)

指　标	Item	全市 Whole Municipality	市区 Urban District	绍兴 Shaoxing	上虞 Shangyu	嵊州 Shengzhou	新昌 Xinchang	诸暨 Zhuji
累计批准企业数 (家)	**Number of Registered Enterprises (unit)**	**929**	**98**	**419**	**80**	**58**	**57**	**217**
#2010年新批	Newly Approved in Current Year	84	5	45	9	6	2	17
累计总投资额 (万美元)	**Total Investment (USD 10 000)**	**186658**	**10914**	**47000**	**35332**	**3017**	**12741**	**77654**
#2010年新增	Newly Increased in Current Year	71135	2610	11592	18064	800	5425	32644

7－18 省级经济开发区利用外资情况 (2011年)

Utilization of Foreign Capital in Province Development Areas (2011)

单位：万美元　　(USD 10 000)

指　标	Item	企业家数(家) Number of Registered Enterprises (unit)		合同外资 Foreign Capital in the Signed Agreements & Contracts		实到外资 Foreign Capital Actually Used	
		当年新批 Newly Approved in Current Year	累计 Accumulative	当年新批 Newly Approved in Current Year	累计 Accumulative	当年新批 Newly Approved in Current Year	累计 Accumulative
合　计	**Total**	**65**	**1546**	**58176**	**804771**	**38865**	**470965**
绍兴开发区	Shaoxing Economic Development Zone	4	168	512	78137	1233	48703
柯桥开发区	Keqiao Economic Development Zone	5	213	3918	137074	4396	85755
上虞开发区	Shangyu Economic Development Zone	8	273	7540	122154	2079	57345
嵊州开发区	Shengzhou Economic Development Zone	18	249	13837	116544	8609	61760
诸暨开发区	Zhuji Economic Development Zone	8	161	11780	108777	9528	79996
袍江开发区	Paojiang Economic Development Zone	22	482	20589	242085	13020	137406

主 要 统 计 指 标 解 释

社会消费品零售额 指各种经济类型的批发零售贸易业、餐饮业和其他行业对城乡居民和社会集团的消费品零售额。这个指标反映通过各种商品流通渠道向居民和社会集团供应的生活消费品来满足他们生活需要，是研究人民生活、社会消费品购买力、货币流通等问题的重要指标。

批发零售贸易业 指不直接从事商品的生产，而是从农业、工业或其他的单位那里购买（或调拨）成品或半成品。未作任何加工，或只做简单的加工，通过转卖以获取利益的单位。

餐饮业 指在一定的场所内，以烹饪、调制等手段，向购买者提供各种主要供现场消费的食品、饮料，并且所提供的这种服务要大于所提供的其他服务（如娱乐）的单位。

利用外资 指我国各级政府、部门、企业和其他经济组织通过对外借款、吸收外商直接投资以及用其他方式筹措的境外现汇、设备、技术等。

外商直接投资 是指外国企业和经济组织或个人(包括华侨、港澳台胞以及我国在境外注册的企业)按我国有关政策、法规，用现汇、实物、技术等在中国大陆开办外商独资企业、与中国大陆的企业或经济组织共同举办中外合资经营企业、合作经营企业或者合作开发资源的投资(包括外商投资收益的再投资)以及经政府有关部门批准的项目投资总额内，企业从境外借入的资金。

自营出口 指对外贸易中报告期内实际离开我国口岸或边境的出口商品。包括来料加工装配(上缴费)和补偿贸易出口等。实际出口统计的原则是“谁出口、谁统计”。即不论是进出口企业之间的代理出口，还是没有进出口经营权的企业委托有进出口经营权的企业代理出口，均由代理方做出口统计，委托方不做出口统计。

对外承包工程 指各对外承包公司以招标议标承包方式承揽的下列业务：(1)承包国外工程建设项目；(2)承包我国对外经援项目；(3)承包我国驻外机构的工程建设项目；(4)与外国承包公司全营或联合承包工程项目时我国分包部分；(5)以服务成果向业主收费的技术项目(包括承担地形地貌测绘；地质资源勘探与普查；建设地域规则；提供设计文件、图纸、生产工艺技术资料和工程技术经济咨询；工程项目的可行性考察、研究和评估；进行技术指导和培训人员等)；(6)对外承包兼营的房屋开发业务，对外承包工程的营业额是以货币表现的本期内完成的对外承包工程的工作量，包括以前年度签订的合同和本年度新签订的合同在报告期完成的工作量。

对外劳务合作 指以收取工资的形式向业主或承包商提供技术和劳动服务的活动。我国对外承包公司在境外开办的合资企业，中国公司同时又提供劳务的，其劳务部门也纳入劳务合作统计。劳务合作营业额按报告期内向雇主提交的结算数(包括工资、加班费和奖金等)统计。

Explanatory Notes on Main Statistical Indicators

Total Retail Sales of Consumer Goods refer to the sum of retail sales of consumer goods sold by all sectors of the national economy to urban and rural residents and social groups. This indicator is used to show the supply of consumers' goods through various channels to households and institutions, and is very important for the study on changes at the domestic retail market, and on economic cycles.

Wholesale and Retail Enterprises refer to the enterprises do not produce goods directly but (or allocate) end product or half-done products from the enterprises of farming, industry or other fields, do not do any process or only do some easy processing, get profits by selling to the others.

Catering trade refer to the units offer various food and drinks consumed at once in certain places and this kind of service is more important than other services (entertainment, e.g.) offered.

Utilization of Foreign Capital refers to remittance, equipment and technology financed from abroad, by loans, foreign direct investment and other forms undertaken by the Chinese governments at all levels, by various departments, enterprises and other economic units.

Direct Investment by Foreign Entrepreneurs refers to the investments inside China by foreign enterprises and economic organizations or individuals (including overseas Chinese, compatriots from Hong Kong and Macao, and Chinese enterprises registered abroad), following the relevant policies and laws of China, for the establishment of ventures exclusively with foreign own investment, Sino-foreign joint ventures and cooperative enterprises or for co-operative exploration of resources with enterprises or economic organizations in China. It includes the reinvestment of the foreign entrepreneurs with the profits gained from the investment and the funds that enterprises borrow from abroad in the total investment of projects, which are approved by the relevant department of the government.

Contracted Projects with Foreign Countries refer to projects undertaken by Chinese contractors (project contracting companies) through bidding process. They include: (1) overseas civil engineering construction projects financed by foreign investors; (2) overseas projects financed by the Chinese government through its foreign aid programs; (3) construction projects of Chinese diplomatic missions, trade offices and other institutions stationed abroad; (4) construction projects in China financed by foreign investment; (5) sub-contracted projects to be taken by contractors; (6) housing development projects. The business income from international contracted projects is the work volume of contracted projects completed during the reference period, expressed in monetary terms, including completed work on projects signed in previous years.

Service Cooperation with Foreign Countries refer to the activities of providing technology and labour services to employers or contractors in the forms of receiving salaries and wages. Labour services providing by contractual joint ventures of Chinese international contracting corporations should be included in the statistics of service co-operation with foreign countries. The business income of labour service co-operation is the income in the form of wages and salaries, overtime pay, bonuses and other remuneration received from the employers during the reference period.

八

财政、金融、保险

CHAPTER 8 PUBLIC FINANCE, BANKING AND INSURANCE

财政、金融、保险
PUBLIC FINANCE，BANKING AND INSURANCE

主 要 统 计 指 标
Main Statistical Indicators

2011 年财政总收入	Financial Revenue	426.45	亿元 (10^8 yuan)
比上年增长	Increase over Previous Year	22.1	%
2011 年地方财政预算收入	Financial Revenue of the Local Government	239.69	亿元 (10^8 yuan)
比上年增长	Increase over Previous Year	24.0	%
2011 年地方财政预算支出	Financial Expenditure of the Local Government	253.31	亿元 (10^8 yuan)
比上年增长	Increase over Previous Year	14.1	%
2011 年金融系统存款余额(本外币)	Deposits Balance in Financial System (RMB and Foreign Currency)	5510.14	亿元 (10^8 yuan)
比年初增长	Increase over the Beginning of the Year	11.4	%
2011 年金融系统存款余额(人民币)	Deposits Balance in Financial System (RMB)	5461.83	亿元 (10^8 yuan)
比年初增长	Increase over the Beginning of the Year	11.2	%
2011 年城乡居民储蓄存款余额(人民币)	Residents' Savings(RMB)	2217.64	亿元 (10^8 yuan)
比年初增长	Increase over the Beginning of the Year	14.6	%
2011 年金融系统贷款余额 (本外币)	Loans Balance in Financial System (RMB and Foreign Currency)	4463.09	亿元 (10^8 yuan)
比年初增长	Increase over the Beginning of the Year	13.4	%
2011 年金融系统贷款余额 (人民币)	Loans Balance in Financial System (RMB)	4327.50	亿元 (10^8 yuan)
比年初增长	Increase over the Beginning of the Year	13.3	%
2011 年全市保险系统保费收入	Premium in Insurance System	66.56	亿元 (10^8 yuan)
比上年增长	Increase over Previous Year	7.6	%

财 政 收 支 情 况

Financial Revenue and Expenditure

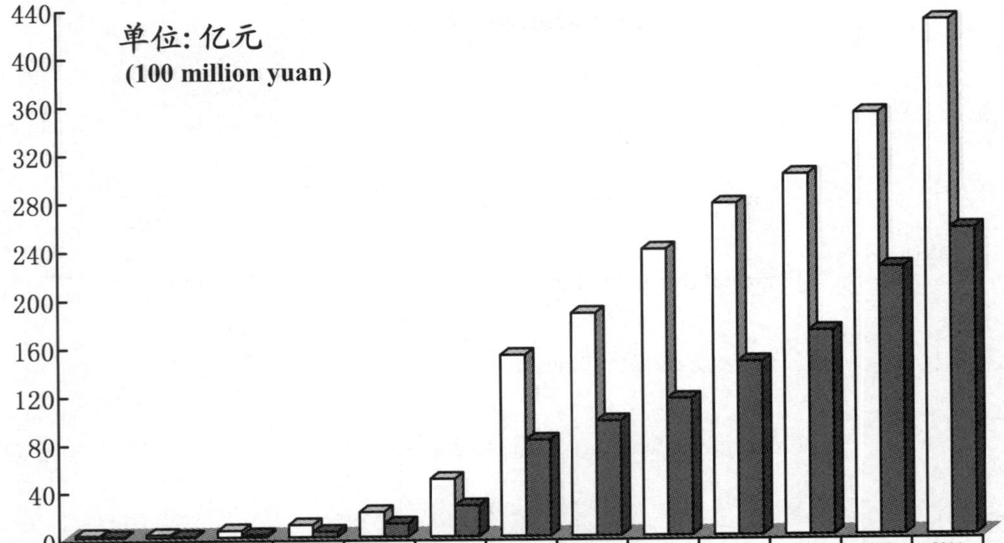

	1978	1980	1985	1990	1995	2000	2005	2006	2007	2008	2009	2010	2011
□财政收入	1.86	2.35	5.72	10.12	20.60	47.86	150.56	184.73	237.12	274.65	298.53	349.25	426.45
■财政支出	0.74	0.92	2.16	4.59	10.96	25.76	80.04	95.49	113.76	144.09	169.53	221.95	253.31

金融系统年末人民币存贷款余额

RMB Deposits and Savings Balance of Financial Institutions (Year-end)

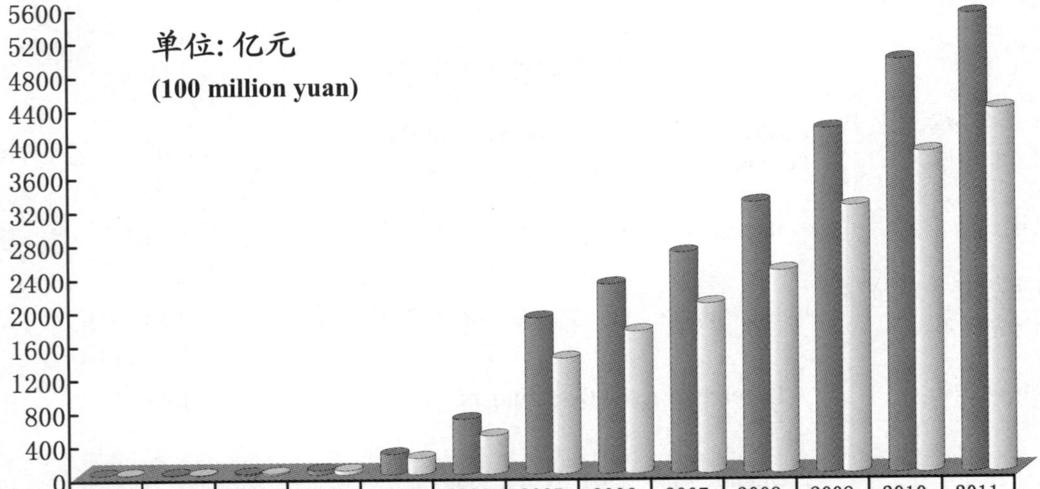

	1978	1980	1985	1990	1995	2000	2005	2006	2007	2008	2009	2010	2011
■存款余额	2.3	4.5	14.5	54.1	239.4	655.7	1864.9	2267.2	2639.3	3232.2	4103.5	4910.9	5461.8
□贷款余额	3.6	5.6	17.2	50.3	193.6	458.5	1381.7	1700.8	2029.6	2419.9	3186.4	3820.1	4327.5

8-1 历年财政收入

Financial Revenue over the Years

单位：万元 (10 000 yuan)

年份 Year	全市 Whole Municipality	市区 Urban District	绍兴 Shaoxing	上虞 Shangyu	嵊州 Shengzhou	新昌 Xinchang	诸暨 Zhuji
1949	1612		790	306	165	60	292
1952	3864		2036	560	462	169	637
1957	6694		3488	788	791	492	1136
1962	7298		3938	937	839	582	1002
1965	7790		3301	1175	1237	617	1460
1970	8897		3945	1329	1476	607	1541
1975	11407	-46	4961	1831	1920	967	1774
1980	23549	1630	10349	3004	3147	2150	3269
1981	26915	1275	12370	3427	3698	2465	3680
1982	31085	1235	14732	4044	4261	2639	4175
1983	35503	858	18657	4981	4220	2449	4339
1984	41060	11557	11650	5883	4349	2620	5000
1985	57203	15459	17191	8000	6165	4044	6344
1986	68491	18149	22120	9332	6680	4576	7634
1987	77396	20758	25563	10212	7279	5052	8532
1988	85669	22390	28180	11411	8180	5830	9678
1989	95647	25243	31052	12654	9305	6891	10503
1990	101159	26737	33330	13194	10071	6982	10845
1991	108717	28636	35329	14590	10680	7741	11741
1992	115231	30328	37849	14788	10861	8514	12891
1993	155807	40651	53391	20018	14129	10550	17068
1994	182590	48681	60517	23676	15985	12414	21317
1995	205980	54059	67788	27106	17583	14255	25189
1996	235296	61933	77046	30983	20116	16299	28919
1997	270090	72655	87570	35817	22238	18841	32969
1998	306137	81198	98012	41305	25406	21799	38417
1999	341179	84368	107717	47499	30105	26179	45311
2000	478654	130099	139743	55204	40262	37142	76204
2001	623692	149661	182983	72026	51154	57745	110123
2002	849967	212796	240800	109088	74123	72037	141123
2003	1073378	266645	308276	138634	90180	88030	181613
2004	1267090	315216	364454	158168	102902	100372	225978
2005	1505617	376998	423230	201816	117572	114065	271936
2006	1847269	475699	520969	250087	131246	135008	334260
2007	2371225	598699	670247	330278	165698	170803	435500
2008	2746472	691637	757283	398063	193178	203010	503301
2009	2985319	747472	812021	439641	208320	230985	546880
2010	3492469	834568	935035	541333	245103	281330	655100
2011	4264528	981644	1170265	651066	321506	339535	800512

注：2004年财政收入按2005年财政体制进行了调整。

Note:The financial revenue of year 2004 was adjusted according to the financial system of year 2005.

8-2 历年地方财政收入

Financial of the Local Government Revenue over the Years

单位：万元 (10 000 yuan)

年份 Year	全市 Whole Municipality	市区 Urban District	绍兴 Shaoxing	上虞 Shangyu	嵊州 Shengzhou	新昌 Xinchang	诸暨 Zhuji
1994	84199	23020	26238	10016	6558	5762	12605
1995	95243	26006	28738	11335	7615	6407	15142
1996	108287	30219	32052	12850	8640	7274	17252
1997	125370	35987	36676	14904	9732	8660	19411
1998	142046	40236	40580	17321	11197	10156	22556
1999	170226	45830	47614	21038	14965	13305	27474
2000	245398	73154	65394	26647	20335	18489	41379
2001	355860	93673	98019	41774	29053	28539	64802
2002	396198	112726	105022	45157	36178	28703	68412
2003	504849	141561	135362	59456	43990	34769	89711
2004	635661	175344	170991	73060	53566	43456	119244
2005	761326	211784	201336	100081	57437	49215	141473
2006	945465	268302	256531	122353	64596	59681	174002
2007	1221169	338583	327923	167056	83830	76278	227499
2008	1435954	389598	385212	202334	100045	93530	265235
2009	1604310	430134	435832	227646	108594	106438	295666
2010	1932305	483297	517568	291582	131523	135008	373327
2011	2396916	592237	637690	355195	184346	169928	457520

注：①1994 年税制改革前，财政收入无地方与中央之分。②2004 年地方财政收入按 2005 年财政体制进行了调整。

Note: a)Before the reform of tax system in 1994, Financial Revenue is not divided into Local Financial Revenue and Central Financial Revenue. b)The local financial revenue of year 2004 was adjusted according to the financial system of year 2005.

8－3 历年地方财政支出

Financial Expenditure of the Local Government over the Years

单位：万元 (10 000 yuan)

年份 Year	全市 Whole Municipality	市区 Urban District	绍兴 Shaoxing	上虞 Shangyu	嵊州 Shengzhou	新昌 Xinchang	诸暨 Zhuji
1949	70		43	3	15	7	2
1952	410		100	39	124	33	114
1957	1606		655	207	226	169	349
1962	2816		695	514	491	253	864
1965	2292		896	360	338	250	449
1970	3289		913	549	767	442	618
1975	5487	429	1500	971	832	757	998
1980	9152	819	2249	1370	1522	1175	2016
1981	9551	678	2542	1560	1796	1166	1808
1982	10875	866	3084	1655	1846	1325	2100
1983	13383	867	4361	2147	2001	1603	2403
1984	20163	3930	5564	3258	2267	1895	3249
1985	21579	5356	4647	3552	2626	2203	3194
1986	29589	7007	7943	4326	3262	2898	4153
1987	28854	6760	7784	3968	3244	2628	4471
1988	36939	8779	8872	5159	4796	3671	5662
1989	43674	10296	10851	6407	5398	4238	6484
1990	45854	10390	11618	6352	5868	4454	7172
1991	50104	11586	12248	7550	6273	4798	7649
1992	55989	12913	13417	8167	6643	5249	9600
1993	77204	17134	19402	12195	9353	6943	12177
1994	100236	20271	32677	15013	8839	8908	14528
1995	109642	24572	30142	15609	11574	10607	17138
1996	123236	29319	33305	18008	11612	11769	19223
1997	141658	35844	35490	21063	13083	13374	22804
1998	164393	41096	40845	26318	15204	15326	25604
1999	194252	47531	48939	30489	18909	17233	31151
2000	257595	71836	57000	38224	24085	22701	43749
2001	373650	96873	92134	48170	35628	34681	66164
2002	451569	119977	111083	58702	42299	40051	79457
2003	570548	146403	150216	74182	52838	47858	99051
2004	645049	186124	146243	84210	59678	53113	115681
2005	800388	222671	188995	111600	70054	62811	144257
2006	954864	271917	231280	133488	79754	73026	165399
2007	1137609	298188	272671	168929	101460	89938	206423
2008	1440939	384274	340021	212191	123887	102216	278350
2009	1695366	405810	420590	267468	145856	132729	322913
2010	2219473	555715	518692	321821	198140	188129	436976
2011	2533091	635331	586443	357568	231803	227588	494358

8－4 财政预算收入(2011年)

单位：万元

指　　标	Item	全　市 Whole Municipality
财政总收入	**Financial Revenue**	**4264528**
一、地方财政收入	**Revenue of Local Governments**	**2396916**
1.税收收入	Taxes	2278023
#增 值 税(25%部分)	Value-added Tax (25%)	382464
营 业 税	Operation Tax	638926
企业所得税(40%部分)	Enterprises' Income Tax (40%)	334001
个人所得税(40%部分)	Individual Income Tax (40%)	118278
城市维护建设税	Tax on Town Maintenance and Construction	142720
房 产 税	Tax on Real Estates	98700
耕地占用税	Tax on The Occupancy of Cultivated Land	62369
契　　税	Contract Tax	184446
其他税收	Other Taxes (Income，Revenue)	316119
行政事业性收费		35689
2.国有资本经营收入	Planning Subsidies to Loss-suffering State-owned Enterprises	-54681
3.罚没收入	Penalty and confiscatory income	55647
4.专项收入	Expert Project Income	70671
5.其他收入	Other Revenue	11567
二、地方上划中央四税	**Revenue of Central Government**	**1867612**
1.增 值 税(75%部分)	Value-added Tax (75%)	1147394
2.消 费 税	Consumption Tax	41801
3.企业所得税(60%部分)	Enterprises' Income Tax (60%)	501001
4.个人所得税(60%部分)	Individual Income Tax (60%)	177416

Financial Budgetary Revenue (2011)

(10 000yuan)

市 区 Urban District	绍 兴 Shaoxing	上 虞 Shangyu	嵊 州 Shengzhou	新 昌 Xinchang	诸 暨 Zhuji
981644	**1170265**	**651066**	**321506**	**339535**	**800512**
592237	**637690**	**355195**	**184346**	**169928**	**457520**
565068	608420	339602	174942	162679	427312
63377	112981	61744	32130	38929	73303
187096	152741	96398	55061	38232	109398
75919	100431	53876	17743	26943	59089
34521	26012	18478	9227	8184	21856
39031	33301	21067	12325	10843	26153
30195	30553	12041	7521	4729	13661
10042	15245	10443	8033	1948	16658
52098	46467	26388	10084	8670	40739
72789	90689	39167	22818	24201	66455
17784	3249	4081	1095	809	8671
-20000	-6500	-9676	-7000	-6000	-5505
10378	8518	9661	8796	6267	12027
15594	19438	10675	5700	5957	13307
3413	4565	852	813	216	1708
389407	**532575**	**295871**	**137160**	**169607**	**342992**
190131	338944	185232	96389	116789	219909
33616	3967	2108	316	127	1667
113878	150647	80814	26614	40415	88633
51782	39017	27717	13841	12276	32783

8－5 财政预算支出(2011年)

单位：万元

指　　标	Item	全　市 Whole Municipality
财政预算支出合计	**Financial Expenditure**	**2533091**
1.一般公共服务	General Public Services	330251
2.外交	Diplomacy	–
3.国防	Expenditure for National Defense	5045
4.公共安全	Public Safety	198032
5.教育支出	Education Expenditure	561261
6.科学技术	Science and Technology	123294
7.文化体育与传媒	Cultural, Sports and the Media	73795
8.社会保障和就业	Social Security and Employment	185334
9.医疗卫生	Expenditure for Public Health	190825
10.节能环保	Energy Conservation and Environmental Protection	66307
11.城乡社区事务	Urban and Rural Community Affairs	147637
12.农林水事务	Agriculture, Forestry, Water Affairs	246577
13.交通运输	Transport	110059
14.资源勘探电力信息等事务	Dig and Electric Information	85744
15.商业服务业等事务	Commercial Services	72804
16.金融监管等事务支出	Financial Regulatory Affairs Expenditure	5706
17.地震灾后恢复重建支出	Post-earthquake Recovery and Reconstruction	–
18.国土资源气象等事务	Land Resources Meteorological Expenditure	8877
19.住房保障支出	Housing Security Spending	50669
20.粮油物资管理事务	Cereads Oils and Material Reserve Management	3075
21.储备事务支出	Reserve Affairs Expenditure	1722
22.国债还本付息支出	Debt Servicing	4502
23.其他支出（类）	Other Expenditure	61575

Financial Budgetary Expenditure (2011)

(10 000 yuan)

市区 Urban District	绍兴 Shaoxing	上虞 Shangyu	嵊州 Shengzhou	新昌 Xinchang	诸暨 Zhuji
635331	**586443**	**357568**	**231803**	**227588**	**494358**
86394	76796	51899	30109	31237	53816
–	–	–	–	–	–
1812	890	589	547	470	737
65239	39819	25492	16598	18069	32815
130362	110353	86630	70802	46115	116999
36631	30429	15435	10843	7635	22321
42897	11477	3962	4895	3949	6615
39987	43884	29386	20371	17137	34569
49882	37827	19856	17581	14512	51167
10246	10555	24425	2141	6258	12682
31902	59216	10025	4191	14311	27992
25597	64958	50072	27288	33518	45144
24535	15181	15736	11001	11185	32421
15241	35266	6977	3685	8675	15900
18960	17551	11543	5999	4128	14623
1618	40	1901	1714	217	216
–	–	–	–	–	–
5064	843	622	677	1295	376
18361	19466	1901	2625	1521	6795
721	336	240	400	418	960
–	1722	–	–	–	–
1316	1097	617	263	263	946
28566	8737	260	73	6675	17264

8-6 金融系统机构、人员数(2011年末)

单位：个、人

机构名称	Name of Institutions	全市 Whole Municipality		市区 Urban District	
		机构数 Number of Institution	从业人员 Employees	机构数 Number of Institution	从业人员 Employees
金融系统	**Financial System**	**1029**	**17906**	**216**	**6369**
人民银行	The People's Bank	5	230	1	131
中国银监会绍兴监管分局	The CBRC Shaoxing Field Office	5	58	1	45
农业发展银行	Agriculture Developing Bank	4	112	1	52
工商银行	Industrial and Commercial Bank	87	1930	24	804
农业银行	Agricultural Bank	111	2492	30	833
中国银行	Bank of China	81	1887	22	709
建设银行	Construction Bank	73	1682	19	627
交通银行	Bank of Communications	34	849	11	384
中信银行	CITIC Industrial Bank	9	350	5	203
光大银行	Everbright Bank	1	68	1	68
华夏银行	Huaxia Bank	5	275	2	178
招商银行	China Merchants Bank	8	315	5	227
浦发银行	Pudong Development Bank	7	218	4	106
兴业银行	Industrial Bank	1	123	1	123
民生银行	Minsheng Bank	2	101	1	77
恒丰银行	Hengfeng Bank	1	61	1	61
浙商银行	Zheshang Bank	3	214	1	32
渤海银行	Bohai Bank	1	58	1	58
绍兴银行	Shaoxing Bank	36	983	26	772
杭州银行	Hangzhou Bank	1	67	1	67
北京银行	Beijing Bank	1	42	1	42
上海银行	Shanghai Bank	1	60	–	–
瑞丰银行	Bank of Ruifeng	101	1306	9	93
天津滨海农商行	Tianjin Binhai Rural Commercial Bank	1	36	–	–
农村合作银行	Rural Credit Bank	295	3317	31	553
瑞丰村镇银行	Ruifeng Village Bank	3	61	–	–
新昌浦发村镇银行	SPD Rural Bank	1	26	–	–
邮政储蓄银行	Postal Savings Bank	151	985	17	124

Number of Institutions and Persons Engaged in Financial System (End of 2011)

(unit, person)

绍兴 Shaoxing		上虞 Shangyu		嵊州 Shengzhou		新昌 Xinchang		诸暨 Zhuji	
机构数 Number of Institution	从业人员 Employees	机构数 Number of Institution	从业人员 Employees	机构数 Number of Institution	从业人员 Employees	机构数 Number of Institution	从业人员 Employees	机构数 Number of Institution	从业人员 Employees
216	**3365**	**191**	**2405**	**120**	**1754**	**77**	**1294**	**209**	**2714**
–	–	1	24	1	21	1	22	1	32
–	–	1	4	1	2	1	3	1	4
–	–	1	20	1	20	–	–	1	20
22	318	10	201	8	171	7	155	16	281
26	483	17	337	12	258	8	189	18	392
18	352	14	252	7	157	7	149	13	268
17	259	12	232	7	165	5	126	13	273
7	131	5	99	3	69	3	71	5	95
1	36	1	48	1	25	–	–	1	38
–	–	–	–	–	–	–	–	–	–
1	36	1	31	–	–	–	–	1	30
1	32	–	–	1	25	–	–	1	31
1	35	1	35	–	–	–	–	1	37
–	–	–	–	–	–	–	–	–	–
–	–	1	24	–	–	–	–	–	–
–	–	–	–	–	–	–	–	–	–
1	152	1	30	–	–	–	–	–	–
–	–	–	–	–	–	–	–	–	–
3	63	2	40	1	29	1	23	3	56
–	–	–	–	–	–	–	–	–	–
–	–	–	–	–	–	–	–	–	–
1	60	–	–	–	–	–	–	–	–
92	1213	–	–	–	–	–	–	–	–
1	36	–	–	–	–	–	–	–	–
–	–	107	900	54	609	30	430	73	825
–	–	–	–	3	61	–	–	–	–
–	–	–	–	–	–	1	26	–	–
24	159	16	128	20	142	13	100	61	332

8－7 历年金融系统年末人民币存款余额

RMB Deposits Balance in Financial System (Year-end) Over the Years

单位：万元 (10 000 yuan)

年 份 Year	全 市 Whole Municipality	市 区 Urban District	绍 兴 Shaoxing	上 虞 Shangyu	嵊 州 Shengzhou	新 昌 Xinchang	诸 暨 Zhuji
1949	65	60		1	1	1	2
1952	917	492		84	137	64	140
1957	2751	1101		440	366	302	542
1962	4951	1818		826	833	294	1180
1965	6979	2613		1545	976	522	1322
1970	10489	4258		1987	1575	723	1946
1975	17899	6556		3727	2579	1551	3487
1980	44907	18795		7537	6492	4299	7784
1981	56258	25044		9345	8060	4785	9024
1982	69642	31502		12549	9301	5466	10824
1983	85672	41312		14310	10593	6547	12910
1984	113554	52718		19844	14856	8562	17575
1985	144690	69726		24094	17691	11187	21993
1986	219858	110896		34584	25877	15678	32823
1987	266159	135717		41185	31294	18312	39651
1988	306657	156736		44645	35972	21195	48110
1989	403195	80327	110869	68721	47536	27542	68200
1990	541126	120586	141851	87245	62607	36463	92374
1991	716501	177966	192617	108429	80559	48867	108063
1992	987949	229617	276831	154181	104530	64958	157832
1993	1274253	291989	360479	215845	132619	75043	198278
1994	1776553	397106	527786	293275	180188	103133	275065
1995	2394140	542831	727018	398081	227318	128305	370586
1996	3159406	756360	994546	499721	297897	172622	438260
1997	4008666	954114	1323371	615487	371000	226975	517719
1998	5058127	1253654	1622009	754066	464469	291418	672511
1999	5976042	1590429	1811452	868945	530163	365187	809866
2000	6556579	1974448	1716523	954802	585693	406536	918577
2001	7595686	2618642	1705411	1072799	630418	473696	1094720
2002	9702439	3325640	2251125	1322392	767033	613140	1423109
2003	12801778	4609212	2929131	1777407	903246	719220	1863562
2004	15234995	5449930	3718632	2102526	1009502	760246	2194159
2005	18648862	6913599	4511286	2510803	1183841	900462	2628871
2006	22671625	8521062	5467242	3014011	1376085	1102580	3190645
2007	26392686	10146464	6334024	3481770	1526121	1191936	3712370
2008	32322192	11845854	8151888	4298805	1825148	1433177	4767320
2009	41035362	14837843	10240419	5519567	2456139	1768037	6213358
2010	49108509	17888366	11318528	6827547	3013718	2267653	7792698
2011	54618323	19448885	12248934	7731231	3403288	2634660	9151326

8-8 历年城乡居民储蓄

Residents' Savings Deposits in Urban and Rural Areas Over the Years

单位：万元 (10 000 yuan)

年份 Year	全市 Whole Municipality	市区 Urban District	绍兴 Shaoxing	上虞 Shangyu	嵊州 Shengzhou	新昌 Xinchang	诸暨 Zhuji
1952	315	182		35	42	13	43
1957	853	363		150	131	71	137
1962	859	349		131	153	70	156
1965	1867	687		403	307	152	318
1970	2474	990		465	395	174	450
1975	5391	2108		1058	845	459	921
1980	16333	6393		2823	2657	1505	2955
1981	21913	8949		3795	3576	1990	3602
1982	29563	12267		5253	4534	2482	5027
1983	38348	16236		6882	5696	3033	6500
1984	49694	21144		9738	6865	3779	8167
1985	73654	32515		13912	9897	5398	11933
1986	112069	51335		20075	14938	8033	17687
1987	151432	70934		26983	19837	10308	23370
1988	167859	78865		27994	21397	11974	27629
1989	243520	41132	75256	43182	28741	16110	39099
1990	340765	62092	102925	57511	40312	22497	55428
1991	466308	89598	136694	79002	55121	30955	74938
1992	609494	93634	196892	106366	71609	38431	102562
1993	830483	127942	269299	153568	93537	50671	135471
1994	1186165	176394	396330	221381	134793	69520	187747
1995	1628839	241010	572841	302722	179206	90898	242161
1996	2172233	343509	790118	383472	234640	121289	299203
1997	2709469	462863	957115	475147	291507	155684	367153
1998	3413135	615703	1200287	585811	357066	194366	459902
1999	3907533	729803	1355567	672292	395563	234761	519547
2000	3989333	893941	1173680	698497	415766	253748	553701
2001	4566555	1266739	1138451	767330	446898	284683	662454
2002	5396353	1526785	1336128	874296	505355	342732	811057
2003	6649024	1937704	1669822	1051282	571194	395737	1023285
2004	7590618	2227901	1897614	1215560	622569	418926	1208048
2005	8890981	2620744	2192302	1418535	736659	487440	1435301
2006	10450417	3131559	2562497	1649778	852136	583178	1671269
2007	10868531	3270549	2611653	1692720	890013	592907	1810688
2008	14060403	4203963	3548374	2082224	1131605	754081	2340157
2009	16961977	4941577	4212475	2590734	1421718	916465	2879007
2010	19355337	5485734	4650198	3093927	1682418	1060018	3383042
2011	22176428	6280588	5123299	3513849	1971396	1237091	4050206

8-9 历年金融系统人民币贷款余额

RMB Loans Balance in Financial System (Year-end) Over the Years

单位：万元 (10 000 yuan)

年 份 Year	全 市 Whole Municipality	市 区 Urban District	绍 兴 Shaoxing	上 虞 Shangyu	嵊 州 Shengzhou	新 昌 Xinchang	诸 暨 Zhuji
1952	345	176		19	68	8	74
1957	5264	2166		787	874	437	1001
1962	10444	4038		1825	1827	925	1829
1965	9690	3290		1888	1494	913	2105
1970	17286	6703		2942	2542	1836	3263
1975	22780	10884		3862	2947	1869	3219
1980	55750	27576		7381	7976	5245	7572
1981	60331	28700		8297	8271	6081	8982
1982	74523	36871		9989	9998	6632	11033
1983	86624	46088		10209	11203	7726	11399
1984	141842	72856		18125	18262	11930	20669
1985	171935	84254		24901	21980	16141	24660
1986	250599	123061		36705	32237	23144	35453
1987	307454	153847		44795	38281	26322	44209
1988	385087	200785		51605	46957	31504	54236
1989	405081	101180	99124	60409	50194	33326	60848
1990	503232	134924	123188	72559	60637	39164	72760
1991	641391	177716	151194	92586	81432	50314	88149
1992	854558	230681	203908	127713	99802	65608	126836
1993	1129387	303332	296097	176072	120341	76881	156664
1994	1488442	380514	419084	233966	156624	92382	205872
1995	1936372	510470	566824	307454	178511	107554	265566
1996	2543421	721108	730842	390681	220034	145004	335758
1997	3161321	861951	1016906	469998	256320	169629	386517
1998	3788597	1049635	1209200	551657	320730	198133	459242
1999	4285624	1273755	1258654	620555	358364	233380	540916
2000	4585080	1527171	1198689	637983	366941	244023	610273
2001	5142476	1861137	1189706	696538	407058	284898	703139
2002	6950958	2670219	1495088	883814	511950	406251	983636
2003	9867918	4003852	2028090	1282967	675140	554096	1323773
2004	11767640	4569898	2702869	1568006	756146	603373	1567348
2005	13816789	5431422	3185553	1846758	828475	673162	1851419
2006	17008493	6492259	4017500	2340293	1036128	759084	2363229
2007	20296222	7859268	4716808	2783492	1164742	851148	2920764
2008	24198779	9152066	5837351	3321085	1322510	971353	3594414
2009	31863826	11754958	7792710	4341915	1784349	1216835	4973059
2010	38201280	14342875	8785299	5122667	2234655	1489065	6226718
2011	43274959	15976621	9765421	6064140	2520045	1787063	7161669

8－10 金融系统本外币存、贷款余额基本情况(2011 年末)

Deposits and Loans Balance of Financial System (End of 2011)

单位：万元 (10 000 yuan)

指　标	Item	全　市 Whole Municipality 总　量 Total	比年初± Increase over the Beginning of the Year	市本级 Urban District 总　量 Total	比年初± Increase over the Beginning of the Year
一、各项存款	**Deposits**	**55101360**	**5642536**	**19631784**	**1609342**
1.单位存款	Deposits of Enterprises	30942589	2257945	11965950	471638
#活　期	Demand	10069416	541819	3501232	-346091
定　期	Time	10581647	611995	4413976	175542
2.个人存款	Individual Deposits	22525994	3065469	6388783	856660
#储蓄存款	Urban and Rural Savings Deposits	22276697	2824822	6329803	805085
3.财政性存款	Financial Deposits	976936	43979	778035	60464
4.委托存款	Commission Deposits	74959	12970	54952	1255
5.其他存款	Other Deposits	580881	262173	397864	232237
二、各项贷款	**Loans**	**44630856**	**5288187**	**16791568**	**1653401**
1.短期贷款	Short-term Loans	33922138	4682602	12344331	1436109
2.中长期贷款	Medium-term & Long-term Loans	10242044	725780	4099190	270696
3.各项垫款	Paying in Advance	431099	-108830	317799	-52923
4.票据融资	Circulating Funds of Bills	34321	-10476	29836	5
5.其他贷款	Other Loans	1254	-890	412	-486

8－11　金融系统外币存、贷款余额基本情况(2011 年末)

Foreign Deposits and Loans Balance of Financial System (End of 2011)

单位：万美元　　　　　　　　　　　　　　　　　　　　(USB 10 000)

指　　标	Item	全　市 Whole Municipality		市本级 Urban District	
		总　量 Total	比年初± Increase over the Beginning of the Year	总　量 Total	比年初± Irease over the Beginning of the Year
一、各项存款	**Deposits**	**76662**	**19990**	**29027**	**9541**
1.单位存款	Deposits of Enterprises	59847	20113	20809	8600
#活　期	Demand	52269	13978	16307	4287
定　期	Time	5493	5112	3667	3628
2.个人存款	Individual Deposits	16115	735	7978	1464
#储蓄存款	Urban and Rural Savings Deposits	15913	685	7811	1414
3.财政性存款	Financial Deposits	–	–	–	–
4.委托存款	Commission Deposits	38	19	13	-6
5.其他存款	Other Deposits	661	-878	227	-518
二、各项贷款	**Loans**	**215191**	**42846**	**129338**	**9252**
1.短期贷款	Short-term Loans	209285	42494	124832	8840
2.中长期贷款	Medium-term & Long-term Loans	3392	526	2097	686
3.各项垫款	Paying in Advance	–	–	–	–
4.票据融资	Circulating Funds of Bills	2514	-173	2409	-273
5.其他贷款	Other Loans	–	–	–	–

8－12　金融系统人民币存、贷款余额基本情况（2011年末）

RMB Deposits and Loans Balance of Financial System (End of 2011)

单位：万元

指　　标	Item	全　市 Whole Municipality 总　量 Total	全　市 Whole Municipality 比年初± Increase over the Beginning of the Year	市本级 Urban District 总　量 Total	市本级 Urban District 比年初± Irease over the Beginning of the Year
一、各项存款	**Deposits**	**54618323**	**5534819**	**19448885**	**1555497**
1.单位存款	Deposits of Enterprises	30565499	2144002	11834834	421380
#活　期	Demand	9740072	466070	3398481	-369238
定　期	Time	10547039	579909	4390869	152692
2.个人存款	Individual Deposits	22424455	3065785	6338517	849529
#储蓄存款	Urban and Rural Savings Deposits	22176428	2825406	6280588	798237
3.财政性存款	Financial Deposits	976936	43979	778035	60464
4.委托存款	Commission Deposits	74719	12854	54869	1297
5.其他存款	Other Deposits	483976	302154	442630	222826
二、各项贷款	**Loans**	**43274959**	**5073679**	**15976621**	**1633746**
1.短期贷款	Short-term Loans	32603452	4468527	11557774	1417735
2.中长期贷款	Medium-term & Long-term Loans	10220670	723391	4085980	266831
3.各项垫款	Paying in Advance	431099	-108830	317799	-52923
4.票据融资	Circulating Funds of Bills	18484	-8520	14656	2590
5.其他贷款	Other Loans	1254	-890	412	-486

8－13 历年保险事业基本情况

Basic Statistics of Insurance over the Years

单位：万元　　　　　　　　　　　　　　　　　　　　　　　　　　　　(10 000 yuan)

年 份 Year	全 市 Whole Municipality	市 区 Urban District	绍 兴 Shaoxing	上 虞 Shangyu	嵊 州 Shengzhou	新 昌 Xinchang	诸 暨 Zhuji
保费收入 **Premium**							
1994	23893	10169		4853	3633	1822	3416
1995	27893	11402		5436	4088	2509	4458
1996	41989	19008		7521	5512	3706	6241
1997	32708	16792		4784	3360	2680	5092
1998	65693	39251		6707	6664	4033	9038
1999	74800	40065		9379	8444	5656	11254
2000	86534	48205		10065	8865	5882	13519
2001	128143	70692		15269	13119	9048	20015
2002	192634	53395	30628	29393	22904	16309	40004
2003	207393	68245	28114	30368	26096	17570	37000
2004	227195	76057	28563	33469	27140	17652	44314
2005	247731	95957	33419	34770	23567	17174	42843
2006	294933	117942	32826	40269	29810	19606	54480
2007	351877	142015	41964	44889	34114	22358	66546
2008	411759	155196	52122	54731	39877	26968	82863
2009	475369	179212	72332	83026	59923	37606	43271
2010	618683	229713	78934	89761	56946	37085	126245
2011	665560	232028	95195	88569	61038	41781	146949
赔偿费支出 **Settled Claim and Payment**							
1997	19987	10741		3082	1880	1474	2810
1998	35222	21318		3714	3453	2192	4545
1999	26925	14464		3112	2856	2002	4491
2000	26934	13458		3308	3271	2417	4480
2001	34632	18223		5031	4069	2442	4867
2002	48896	11858	9342	7112	5250	6228	9105
2003	56694	18415	9202	7801	6556	4861	9857
2004	71069	23459	10137	10670	7791	5799	13212
2005	80091	30617	12831	12676	5953	5650	12364
2006	76930	33112	9049	9501	8247	5612	11410
2007	123022	51242	14125	15448	13055	8247	20905
2008	161367						
2009	134116	57012	17608	22092	15060	12404	9940
2010	159322	61259	19628	21608	16555	11568	28704
2011	182350	70518	22967	23234	16891	12467	36274

8－14 保险事业情况(2011年)

Basic Statistics on Insurance (2011)

指 标	Item	全 市 Whole Municipality
有效承保金额 (亿元)	**Amount Insured (100 million yuan)**	
1.财产保险	**Property Insurance**	**10383**
# 企业财产保险	Enterprise Property Insurance	3735
家庭财产保险	Family Property Insurance	599
机动车辆保险	Motor Vehicle Insurance	3047
货物运输保险	Freight Transport Insurance	1127
责任保险	Liability Insurance	1108
其他保险	Other Insurance	766
2.人身保险	**Life Insurance**	
# 寿 险	Life Insurance	
健康险	Health Insurance	
人身意外伤害险	Unforeseen Human Injury Insurance	
保费收入 (万元)	**Premium (10 000 yuan)**	**665559**
1.财产保险	**Property Insurance**	**295566**
# 企业财产保险	Enterprise Property Insurance	38456
家庭财产保险	Family Property Insurance	4407
机动车辆保险	Motor Vehicle Insurance	232702
货物运输保险	Freight Transport Insurance	5819
责任保险	Liability Insurance	4779
其他保险	Other Insurance	9404
2.人身保险	**Life Insurance**	**369994**
# 寿 险	Life Insurance	339296
健康险	Health Insurance	18725
人身意外伤害险	Unforeseen Human Injury Insurance	11973
各种赔款和给付 (万元)	**Settled Claim and Payment (10 000 yuan)**	**182350**
1.财产保险	**Property Insurance**	**139833**
# 企业财产保险	Enterprise Property Insurance	10965
家庭财产保险	Family Property Insurance	1143
机动车辆保险	Motor Vehicle Insurance	118620
货物运输保险	Freight Transport Insurance	1417
责任保险	Liability Insurance	2550
其他保险	Other Insurance	5137
2.人身保险	**Life Insurance**	**42517**
# 寿 险	Life Insurance	34569
健康险	Health Insurance	5840
人身意外伤害险	Unforeseen Human Injury Insurance	2108

8－15 历年各县（市、区）证券市场基本情况

Basic Statistics of stock market over the Years

单位：万元 （10 000 yuan）

年份 Year	全市 Whole Municipality	市区 Urban District	绍兴 Shaoxing	上虞 Shangyu	嵊州 Shengzhou	新昌 Xinchang	诸暨 Zhuji
上市公司家数 The number of listed companies							
2009	23	2	3	6	–	5	7
2010	28	3	4	8	–	6	7
2011	36	3	5	9	–	6	13
业务收入 Operating income							
2009	3817947	201661	150143	1078178	–	1100861	1287104
2010	6247737	491105	246434	2264314	–	1390853	1855030
2011	10089457	490370	987914	3595383	–	1790076	3225714
净利润 Net profit							
2009	456203	9429	13933	111092	–	2541095	67640
2010	669936	40138	23908	232668	–	290994	82228
2011	899649	23974	85447	376833	–	303382	110013
净资产 Net assets							
2009	2647979	183541	198018	827802	–	802284	636334
2010	4740202	431665	287357	1891106	–	1351978	778096
2011	7049750	431478	674973	2630417	–	1636873	1676010
证券融资 Securities financing							
2009	256300	–	–	205000	–	–	51300
2010	1034900	123000	48000	496200	–	300700	67000
2011	908600	–	238400	103500	–	45300	521400

注：本表统计范围为境内上市企业，其中证券融资不包含债券。

Note:This form's statistical coverage just included the domestic listed companies,furthermore,securities financing did not include the bonds.

主要统计指标解释

财政总收入 指国家财政参与社会产品分配所取得的收入。是实现国家职能的财力保证。由中央财政和地方财政收入组成，其具体包括的内容几经变化，目前主要包括：

(1)各项税收 包括增值税、营业税、消费税、个人所得税、证券交易税、遗产税、土地增值税、城市维护建设税、房产税、车船使用税、屠宰税、资源税、印花税、城镇土地使用税、筵席税、固定资产投资方向调节税、关税、企业所得税、企业所得税退税。

(2)国有企业上缴利润 是指国有企业缴纳所得税后上缴国家预算的利润。

(3)国有企业计划亏损补贴 这项为负收入，冲减财政收入。

(4)债务收入 包括国外借款、国内公债收入、国库券收入以及专业银行购买财政专项债券等。

(5)其他收入 包括专款收入、基建贷款归还收入、国家能源交通重点建设基金收入、其他收入、罚没收入、行政性收费收入。

财政支出 指国家财政将筹集起来的资金进行分配使用的数额。以满足经济建设和各项事业的需要，主要包括：

(1)基本建设支出 指按国家有关规定，属于基本建设范围内的基本建设有偿使用、拨款、资本金支出以及经国家批准对专项和政策性基建投资贷款，在部门的基建投资额中统筹支付的贴息支出。

(2)企业挖潜改造资金 指国家预算内拨给的用于企业挖潜、革新和改造方面的资金。包括个部门企业挖潜改造资金和企业挖潜改造贷款资金，为农业服务的县办“五小”企业技术改造补助，挖潜改造贷款利息支出。

(3)地质勘探费用 指国家预算用于地质勘探单位的勘探工作费用，包括地质勘探管理机构及其事业单位经费、地质勘探经费。

(4)科技三项费用 指国家预算用于科技支出的费用，包括新产品试制费、中间试验费、重要科学研究补助费。

(5)支援农村生产支出 指国家财政支援农村集体(户)各项生产的支出。包括对农村举办的小型农田水利和打井喷灌等的补助费；对农村水土保持措施的补助费；对农村举办的小水电站的补助费特大抗旱的补助费；农村开荒的补助费；扶持乡镇企业资金；农村农技推广和植保补助费；农村草场和畜禽保护补助费；农村造林和林木保护补助费；农村水产补助费；发展粮食生产专项资金。

(6)农林水利气象等部门的事业费用 指国家财政用于农垦、农场、农业、林业、森林、水利、水产、气象、乡镇企业的技术推广、良种推广(示范)、植物(畜禽、森林)保护、水质监测、勘探设计、资源调查、干部训练等项费用，园艺特产场补助费，中等专业学校经费，飞播牧草试验补助费，营林机构、气象机构经费，渔政费以及农业管理事业费等。

(7)工业交通商业等部门的事业费 指国家预算支付给工交商各部门用于个事业发展的经费。包括勘探设计费、中等专业学校经费、技术学校经费、干部训练费。

(8)文教科学卫生事业费 指国家预算用于文化、出版、文物、教育、卫生、中医、公费医疗、体育、档案、地震、海洋、通讯、电影电视、计划生育、党政群干部训练、自然科学、社会科学、科协等项事业的经费支出和高科技研究专项经费。主要包括工资、补助工资、福利费、离退休费、助学金、公务费、设备购置费、修缮费、业务费、差额补助费。

(9)抚恤和社会福利救济费 指国家预算用于抚恤和社会救济事业的经费，包括由民政部门开支的烈士家属的一次性、定期抚恤金、革命伤残人员的抚恤金，各种伤残补助费、烈军属、复员退伍军人生活补助费、退伍军人安置费，优抚事业单位经费，烈士纪念建筑物管理、维修费，自然灾害救济事业费和特大自然灾害灾后重建补助费等。

(10)国防支出　指国家预算用于国防建设和保卫国家安全的支出，包括国防费、国防科研事业费、民兵建设以及专项工程支出等。

(11)行政管理费　指行政管理支出，党派团体补助支出，外交支出，公安安全支出，司法支出，法院支出，检察院支出和公检法办案费用补助。

(12)价格补贴支出　指经国家批准，由国家财政拨给的政策性补贴支出，主要包括粮食加价款，粮、棉、油差价补贴，棉花收购价外奖励款，副食品风险基金，市镇居民的肉食价格补贴，平抑市价肉食、蔬菜价差补贴等以及经国家批准的教材课本、报刊新闻纸等价格补贴。

中央财政收入和地方财政收入　指按财政体制划分的中央本级收入和地方本级收入。1994 年税制财政体制以后，属于中央财政的收入包括关税、海关代征消费税和增值税，中央企业所得税，地方银行和外资银行及非银行金融企业所得税，铁道、银行总行、保险总公司等集中缴纳的营业税、所得税、利润和城市维护建设税，增值税的 75%部分，海洋石油资源税和证券(印花)税 88%部分。属于地方财政的收入包括营业税，地方企业所得税个人所得税，城镇土地使用税，固定资产投资方向调节税，城镇维护建设税，房产税，车船使用税，印花税，屠宰税，农牧业税，农业特产税，耕地占用税，契税，增值税 25%部分，证券交易税(印花税)的 12%部分和除海洋石油资源以外的其他资源税。

存　款　指企业、机关、团体或居民根据可以收回的原则，把货币资金存入银行或其他信用机构保管并取得一定利息的一种信用活动形式。根据存款对象的不同可划分为企业存款、财政存款、机关团体存款、基本建设存款、城镇储蓄存款、农村存款等项目。它是银行信贷资金的主要来源。

城乡储蓄存款余额　城乡储蓄存款，包括城镇居民储蓄存款和农民个人储蓄存款两部分，不包括居民的手存现金和工矿企业、部队、机关团体等集团存款。城乡居民储蓄存款余额指城乡居民存入银行及农村信用社储蓄的时点数(存入数扣除取出数的余额)，如月末、季末或年末数额。

贷　款　指银行或其他信用机构根据必须归还的原则，按一定利率，为企业、个人等提供资金的一种信用活动形式。我国银行贷款，分流动资金贷款、固定资产贷款、城乡个体工商户贷款以及农户贷款等科目。

承保额(保险金额)　指保险人对被保险人负担损失补偿或约定给付的金额。它是保险合同上的最高责任额，也是计算保费的依据。

保费(保险费)　指保险人根据保险合同的有关规定，为被保险人取得因约定危险事故发生所造成的经济损失补偿(或给付)权利，付给保险人的代价。包括财产险和人身险储金收入。

保险赔款　指保险事故发生后，经查证确属保险责任范围以内的保险标的损失，保险人根据保险合同的规定履行赔偿义务，给予被保险人的款项叫做赔款，赔款可分为已决赔款和未决赔款两种。

Explanatory Notes on Main Statistical Indicators

Total Government Revenue refers to the revenue of the government finance by means of participating in the distribution of the social products, which is the financial resource for ensuring the government to function. The contents of government revenue have been changed several times. Now it includes the following main items:

(1) Various tax revenues, including value added tax, business tax, consumption tax, personal income tax, stock swap tax, inheritance tax, land value added tax, tax on city maintenance and construction, house property tax, tax on use of vehicles and vessels, tax on slaughtering animals, resources tax, stamp tax, tax on use of urban land, feast tax (banquet tax), tax on adjustment of the orientation of investment in fixed assets, tariff, enterprise income tax, drawback on enterprise income tax, etc.

(2) Profits turned over to the state of the state-owned enterprises, refers to the state-owed enterprises turned over to the profits of state budget after they had pain income tax.

(3) Planned subsidies for the losses of the state-owned enterprises. This is an item of negative revenue, used to eat up part of the government revenue.

(4) Debt revenues, including external loan, revenue from domestic government bond, revenue from State treasury bond and financial dedicated bond bought by specialized bank, etc.

(5) Other revenues, including revenue from special fund, revenue from the repayment of capital construction loan, revenue from capital construction projects, other revenues, forfeit revenue and revenue from administrative fees, etc.

Government Expenditure refers to the distribution and use of the funds the government finance has risen, so as to meet the needs of economic construction and various causes. It includes the following main items:

(1) Expenditure for capital construction: It refers to the non-gratuitous use and appropriation of funds for capital construction in the range of capital construction, outlay of capital as well as the loans on capital construction approved by the government for special purpose or policy purpose and the expenditure with discount paid in an overall way within the amount of the funds appropriated to the departments for capital construction.

(2) Innovation funds of the enterprises: They refer to the funds appropriated from the government budget for the enterprises to tap the latent power, upgrade the technology and carry out innovation, including the innovation fund of the departments, loan of the enterprises for innovation, subsidies on the innovation of the small fertilizer plant, small cement plant, small coal mines, small machinery plant and small steel plant, the expenditure of interest for the loan for innovation.

(3) Geological prospecting expenses: They refer to the expenses appropriated from the government budget to the geological prospecting units for the expenditure of the prospecting work, including the expenditures of the administrative agencies for geological prospecting and their institutional units as well as the geological prospecting expenditure.

(4) Expenditures for science and technology promotion: They refer to the expenses appropriated from the government budget for the scientific and technological expenditure, including new products development expenditure, expenditure for intermediate trial and subsidies on important scientific researches.

(5) Expenditure for supporting rural production: It refers to the expenditures appropriated from the government budget for supporting the various expenditures of the rural collective units or households for

production, including the subsidies to the small water conservancy projects and well drilling, sprinkling irrigation projects run by the villages; subsidies on the rural water and soil conserving measures; subsidies to the small power stations run by the villages; subsidies to the expenditure for fighting against particularly severe draughts; subsidies on the rural waste land exclamation; fund for supporting the township enterprises; subsidies to the expenditure for popularization of the agricultural technologies and plant protection in the rural areas; subsidies to the expenditure for the protection of grasslands and cattle and fowls; subsidies on afforestation and forest protection in rural areas; subsidies on the rural aquatic products industry; special fund for developing grain production.

(6) Operating expenses of the departments of farming, forestry, water conservancy and meteorology etc.: They refer to the expenses appropriated from the government budget for the expenditures of agricultural exclamation, farms, agriculture, animal husbandry, agricultural machinery, forestry, timber industry, water conservancy, aquatic products industry, meteorology, technology popularization in township enterprises, popularization (demonstration) of improved varieties, plant (cattle and fowls, forest) protection, water quality monitoring, prospecting and designing, resources investigation, cadres training, subsidies to horticulture gardens, expenditure of specialized secondary schools, subsidies on the experiments of sowing herbage seeds by flights, expenditures of afforestation agencies and meteorology agencies, expenses for fishery administration and operating expenses for agricultural administration, etc.

(7) Operating expenses of the departments of industry, transport and commerce: They refer to the expenses appropriated from the government budget to the departments of industry, transport and commerce for the expenditure of business development, including expenses for prospecting and designing, expenditures of specialized secondary schools, expenditures of the technical training schools and expenditures for cadres training, etc.

(8) Operating expenses of the departments of culture, education, science and public health: They refer to the expenses appropriated from the government budget for the expenditures of the causes of culture, publication, cultural relics, education, public health, traditional Chinese medical science, free medical services, sports, archives, earthquake, ocean, communications, broadcasting, film and television, family planning; expenditure for training of cadres of government, party and mass organization; expenditures for natural sciences, social sciences, associations for science and technology and the special expenditure for the high-tech researches. They include mainly wages, extra wages, welfare funds, pension for the retirees, stipend, expenses for official business, expenses for equipment purchases, expenses for repairs, business expenses and subsidies to the units which are unable to support their expenditures by their own earnings.

(9) Pension for the disabled or for the families of the bereaved and relief funds for social welfare: They refer to the funds appropriated from the government budget for the expenditures of pension for the disabled or for the families of the bereaved and relief funds for social welfare, including the lump-sum or regular pension paid by the departments of civil affairs to the members of martyrs families and families of those who died for the public interest, pension to the revolutionary disabled, subsidies for permanent disability of various kinds, subsidies to the military martyrs dependents and the demobilized servicemen, expenditure for settling down the demobilized servicemen, operating expenses of the consoling institutions, expenses for management and repair of the commemorative buildings for the martyrs, the expenses managed by the departments of civil affairs for the

retirees and those who have quitted their work, expenses for social relief in rural and urban areas, operating expenses for providing relief to the areas of natural calamity and subsidies on the reconstruction after the particularly severe natural calamities, etc.

(10) Expenditures for national defence: They refer to the funds appropriated from the government budget for the expenditures for building up national defence and safeguarding national security, including expenses of national defence, expenses of scientific researches on national defence, expenses for building up peoples militia and expenditure for special projects, etc.

(11) Administrative expenses: They include expenditure for administration, subsidies to the parties and mass organizations, diplomatic expenditure, expenditure for public security, judicial expenditure, law court expenditure, procuratorial expenditure and subsidies to the expenses for treating the cases by the public security departments, procuratorial organs and law courts.

(12) Expenditure for price subsidies: It refers to the expenditure appropriated, with the approval of the government, from the government budget for the policy subsidies to price adjustment, including the fund for the increase of grain prices, the subsidies to the difference between the selling prices and purchasing prices of grains, cotton and edible oil, awards in addition to the purchasing prices of cotton, risk fund for non-staple food, subsidies on the prices of meat and meat products, subsidies on the price difference for curbing the high market prices of meat, meat products and vegetables and the subsidies approved by the government on the prices of textbooks and newsprint of newspapers and periodicals.

Revenue of the central government and revenue of the local governments In accordance with the classification of the structure of the government finance in 1994 on the basis of the classification of channels for collection of tax revenues, the revenue of the central government and the revenue of the local governments have different coverage. The revenue of the central government includes tariff, consumption tax and value added tax levied by the customs, consumption tax, income tax of the enterprises subordinate to the central government, income taxes of the local banks, foreign-funded banks and non-bank financial institutions, business tax, income tax and profits of railways, head offices of banks, head office of insurance company, which are handed over to the government in a centralized way, tax on city maintenance and construction, 75% of the value added tax, tax on ocean petroleum resources, 50% of the tax on stock dealing (stamp tax). The revenue of the local governments includes business tax, income tax of the enterprises subordinate to the local government, personal income tax, tax on the use of urban land, tax on the adjustment of the investment in fixed assets, tax on town maintenance and construction, tax on real estates, tax on the use of vehicles and ships, stamp tax, slaughter tax, tax on agriculture and animal husbandry, tax on special agricultural products, tax on the occupancy of cultivated land, contract tax, 25% of the value added tax, 50% of the tax on stock dealing (stamp tax) and tax on resources other than the ocean petroleum resources.

Deposit is a form of credit by which enterprises, institutions, organizations or households can put money into banks and other credit institutions for safekeeping and interest earning under the principle of free withdrawal. According to different depositors, deposits are divided into enterprise deposits, treasury deposits, deposits of government agencies and organizations, capital construction deposits, urban savings deposits, rural deposits and other deposits. Deposits are Main sources of the credit funds of banks.

Saving Deposits Balance of Urban and Rural residents saving deposits include the bank savings deposits of organizations such as industrial and mining enterprises, army units, institutions, ect. The outstanding amount of savings deposits refers to the money put into banks and rural credit unions at certain time points (balance between deposit and withdrawal), such as the end of the month, quarter or year.

Loan is a form of credit by which banks and other credit institutions provide funds at certain interest rate to enterprises and individuals in the light of the principle of unconditional repayment. Loans from Chinese banks include circulating capital loans, fixed assets loans, loans to urban and rural individuals engaged in industrial and commercial business and agricultural loans.

Amount Insured refers to the maximum that the insurant will get for the claim of the case insured.

Premium is the fee paid by the insurant to the insurer to obtain the obligation of compensation from the insurance within the agreed terms.

Settled Claim is the compensation paid by the insurer to the insurant in accordance with the insurance contract.

九

物价、人民生活

CHAPTER 9 PRICES AND PEOPLE' S LIVELIHOOD

物价及人民生活
PRICES AND PEOPLE'S LIVELIHOOD

主 要 统 计 指 标
Main Statistical Indicators

2011 年市区居民消费价格指数(上年=100)	Consumer Price Indices of Urban District	105.4	
比上年增加	Increase over Previous Year	1.4	
2011 年市区商品零售价格指数(上年=100)	Retail Price Indices of Urban District	105.0	
比上年增加	Increase over Previous Year	1.1	
2011 年全市城镇居民人均可支配收入	Per Capita Annual Disposable Income of Urban Households of the Whole Municipality	33273	元(yuan)
比上年增长	Increase over Previous Year	13.3	%
2011 年全市城镇居民人均消费性支出	Per Capita Annual Living Expenditures for Consumption of the Whole Municipality	20353	元(yuan)
比上年增长	Increase over Previous Year	13.5	%
2011 年市区城镇居民人均可支配收入	Per Capita Annual Disposable Income in Urban Households of Urban District	31368	元(yuan)
比上年增长	Increase over Previous Year	13.6	%
2011 年市区城镇居民人均消费性支出	Per Capita Annual Living Expenditures for Consumption in Vrban Households of Urban District	19881	元(yuan)
比上年增长	Increase over Previous Year	14.3	%
2011 年农村居民人均纯收入	Per Capita Annual Net Income of Rural Households	15861	元(yuan)
比上年增长	Increase over Previous Year	16.2	%
2011 年农村居民人均生活消费支出	Per Capita Annual Living Expenditures for Consumption of Rural Households	10073	元(yuan)
比上年增长	Increase over Previous Year	9.4	%

物　价　指　数

Price Indices of Urban District

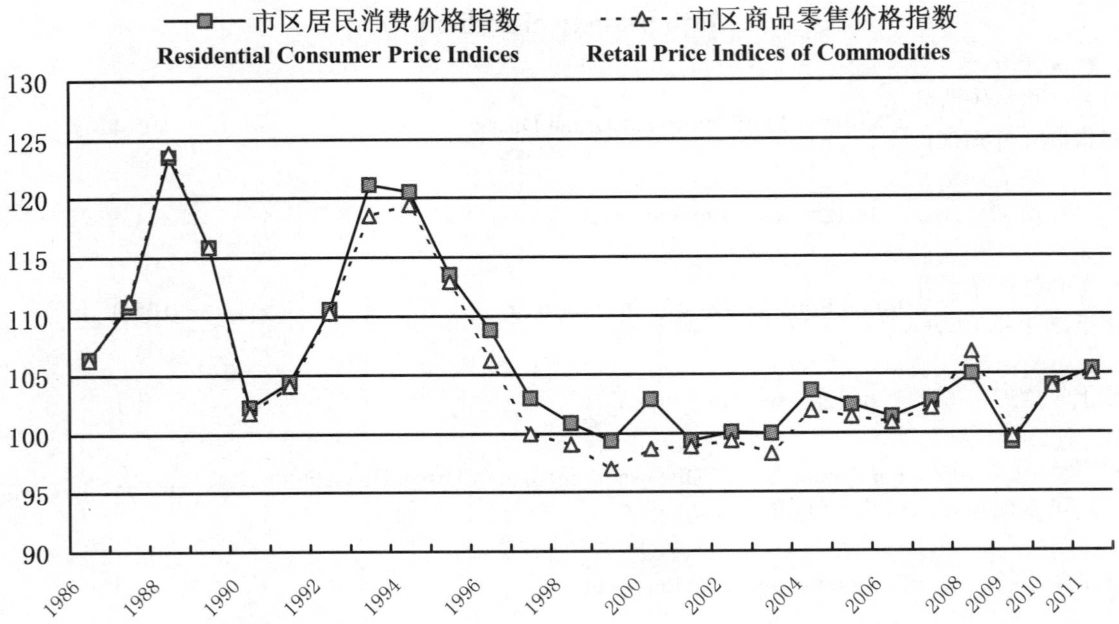

居　民　收　入

Income of Households

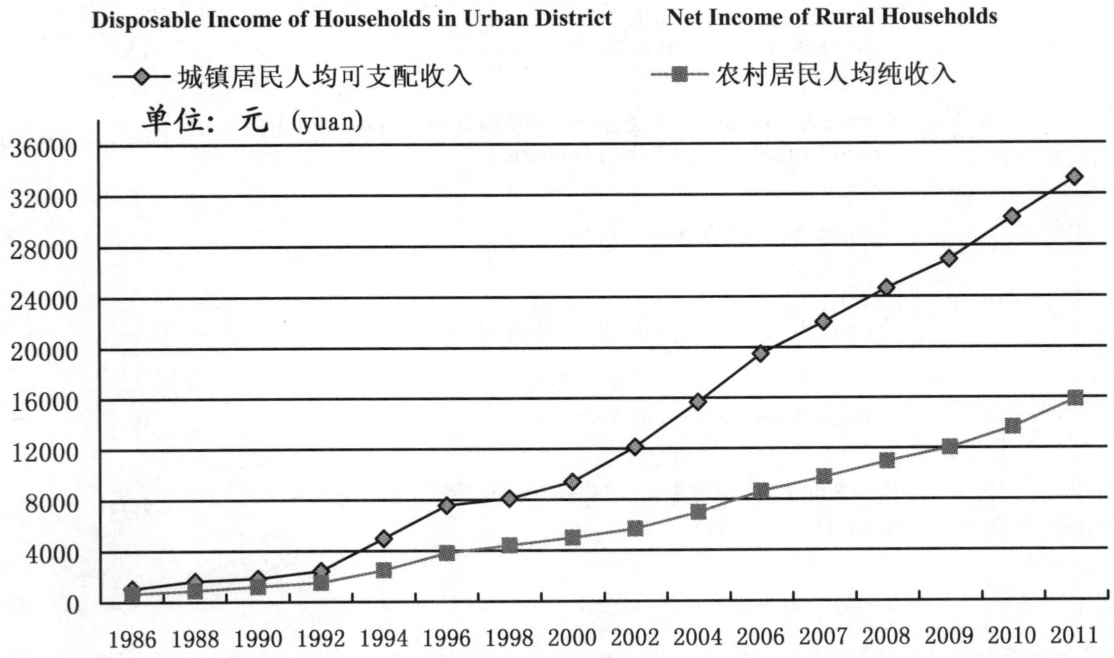

9－1 历年市区物价指数

Price Indices of Urban District over the Years

(上年=100)　　(preceding year=100)

年　份 Year	居民消费价格指数 Consumer Price Index	#食　品 Food Price Index	#服务项目 Service Price Index	商品零售价格指数 Retail Price Index	农产品成交价格指数 Transaction Price Indices of Farm Products
1990	102.3	101.6	109.7	101.8	
1991	104.4	106.8	107.6	104.1	
1992	110.6	114.4	113.5	110.3	
1993	121.1	122.5	145.1	118.5	
1994	120.5	129.7	125.9	119.4	122.4
1995	113.5	118.8	126.3	112.9	113.3
1996	108.8	107.7	114.5	106.2	103.9
1997	103.0	97.8	129.6	100.0	94.6
1998	100.9	100.8	105.6	99.1	96.2
1999	99.4	96.0	113.9	97.0	93.0
2000	102.9	97.7	126.8	98.7	93.7
2001	99.4	96.8	106.1	98.9	94.8
2002	100.1	103.0	99.6	99.4	102.9
2003	100.0	100.0	106.5	98.3	–
2004	103.6	110.6	103.4	101.9	–
2005	102.4	103.8	103.9	101.4	–
2006	101.4	102.3	102.0	100.9	–
2007	102.7	107.5	101.4	102.1	–
2008	105.0	114.7	98	106.9	–
2009	99.2	101.7	96.6	99.7	–
2010	104.0	106.2	103.7	103.9	–
2011	105.4	111.6	102.7	105.0	–

注：1993 年以前居民消费品价格指数栏为生活费用价格指数。

Note: the consumer price index of year 1993 and earlier refers to the cost of living index.

9－2　市区居民消费价格指数 (2011 年)

Residential Consumer Price Indices of Urban District (2011)

(上年=100)

项　　目	Item	市区 Urban District
居民消费价格总指数	**Consumer Price Index**	**105.4**
一、食　　品	**Food**	**111.6**
1.粮　　食	Grain	116.3
2.淀粉及制品	Starch	102.2
3.干豆类及豆制品	Bean and Its Products	110.3
4.油 脂 类	Oil or Fat	119.9
5.肉禽及其制品	Meal，Poultry and Their Products	120.9
6.蛋　　类	Eggs	114.5
7.水产品类	Aquatic Products	114.6
8.菜　　类	Vegetables	103.0
(1)鲜　　菜	Fresh Vegetables	102.6
(2)干菜及菜制品	Dried Vegetables and Theirs Products	108.2
9.调 味 品	Flavoring	105.0
10.糖	Carbohydrate	114.6
11.茶及饮料	Tea and Beverages	103.3
12.干鲜瓜果类	Dried and Fresh Melons and Fruits	120.8
(1)鲜瓜果	Fresh Fruits	118.4
(2)干(坚)果	Dried and Fruits and Related Products	126.8
13.糕点饼干面包	Cake，Biscuit and bread	105.3
14.液体乳及乳制品	Liquid Milk and Dairy Products	105.5
15.在外用膳食品	Outward Dinner	103.7
16.其它食品	Other Foods	111.2
二、烟酒	**Tobacco and Liquor**	**103.2**
1.烟　　草	Tobacco，Liquor and Articles	100.0
2.酒	Liquor	112.1
三、衣 着 类	**Clothing**	**104.0**
1.服　　装	Garments	105.1
(1)男式服装	Men's Garments	101.6
(2)女式服装	Women's Garments	106.5
(3)儿童服装	Kids' Garments	111.7
2.衣着材料	Clothing Material	109.0

9-2 续 表

Continued

(上年=100)

项　　目	Item	市区 Urban District
3.鞋 袜 帽	Footgear and Hats	100.2
(1)鞋	Footgear	99.8
(2)袜　　子	Stockings	103.3
(3)帽　　子	Hats	104.3
4.衣着加工服务	Clothing Manufacturing Services	106.8
四、家庭设备用品及维修服务	**Household Facilities, Articles and Services**	**102.6**
1.耐用消费品	Durable Consumer Goods	100.3
(1)家　　具	Furniture	105.9
(2)家庭设备	Household Facilities	98.2
2.室内装饰品	Interior Decoration	100.0
3.床上用品	Bed Articles	94.0
4.家庭日用杂品	Daily Use Household Articles	106.5
5.家庭服务及加工维修服务	Other Household Service and Manufacturing Upkeep	113.6
五、医疗保健和个人用品	**Health Cares & Personal Articles**	**104.4**
1.医疗保健	Medical Appliances and Articles	104.4
2.个人用品及服务	Personal Articles and Services	104.6
六、交通和通讯	**Transportation and Communication**	**102.3**
1.交　　通	Transportation	103.8
2.通　　信	Communications	98.3
七、娱乐教育文化用品及服务	**Recreation, Education and Culture Articles**	**99.3**
1.文娱耐用消费品及服务	Durable Consumer Goods for Recreational Use	96.0
2.教　　育	Education	100.1
(1)教材及参考书	Teaching Materials	100.0
(2)教育服务	Education Service	100.1
3.文化娱乐类	Cultural and Recreational Articles	99.1
(1)文化娱乐用品	Cultural and Recreational Articles	100.2
(2)书报杂志	Book, Newspapers and Magazines	107.7
(3)文 娱 费	Expenditure of Entertainment	96.9
(4)旅游	Touring	99.0
八、居　　住	**Residence**	**105.3**
1.建房及装修材料	Building and Building Decoration Materials	103.9
2.住房租金	Rent	105.9
3.自有住房	Private Housing	106.1
4.水、电、燃料	Water, Electricity and Fuels	104.1

9－3 省内各市居民消费价格指数 (2011 年)

(上年=100)

项　　目	Item	全　省 Whole Province	杭州市区 Hangzhou	宁波市区 Ningbo
居民消费价格指数	**Consumer Price Index**	**105.4**	**104.8**	**105.3**
一、食 品 类	**Food**	**112.1**	**110.7**	**112.4**
#粮　　食	Grain	112.5	110.1	111.9
肉禽及其制品	Meat，Poultry and Theirs Products	122.9	120.1	121.5
蛋　　类	Eggs	116.0	115.7	118.5
水产品类	Aquatic Products	113.6	112.3	116.0
鲜　　菜	Fresh Vegetables	99.4	98.0	101.8
鲜 瓜 果	Fresh Fruits	115.7	110.4	114.2
二、烟酒及用品	**Tobacco，Liquor and Articles**	**101.7**	**100.9**	**102.0**
三、衣　　着	**Clothing**	**102.9**	**106.1**	**103.1**
四、家庭设备用品及维修服务	**Household Facilities，Articles and Services**	**103.7**	**104.2**	**105.9**
五、医疗保健和个人用品	**Health Cares & Personal Articles**	**103.7**	**103.6**	**103.3**
六、交通和通讯	**Transportation and Communication**	**100.7**	**98.4**	**101.6**
七、娱乐教育文化用品及服务	**Recreation，Education and Culture Articles**	**100.1**	**100.1**	**97.6**
八、居　　住	**Residence**	**105.3**	**104.8**	**105.5**

Residential Consumer Price Indices of Zhejiang by City (Prefecture) (2011)

(preceding year=100)

温州市区 Wenzhou	嘉兴市区 Jiaxin	湖州市区 Huzhou	绍兴市区 Shaoxing	金华市区 Jinhua	衢州市区 Quzhou	舟山市区 Zhoushan	台州市区 Taizhou	丽水市区 Lishui
106.1	**105.5**	**104.8**	**105.4**	**105.6**	**105.6**	**105.8**	**106.3**	**105.3**
111.8	**110.9**	**109.1**	**111.6**	**111.5**	**113.4**	**112.5**	**115.4**	**112.8**
111.5	113.5	113.1	116.3	112.0	111.6	113.9	115.2	118.3
120.0	121.0	117.6	120.9	127.6	124.5	119.7	124.7	124.9
114.4	119.7	112.5	114.5	110.7	113.3	118.8	116.5	114.1
112.7	111.8	108.3	114.6	118.0	114.7	118.1	119.8	114.5
93.6	101.5	106.8	102.6	93.3	102.4	101.0	96.9	99.9
118.7	119.1	121.0	118.4	115.5	116.3	115.7	122.4	124.5
102.8	**101.4**	**102.4**	**103.2**	**102.3**	**101.8**	**102.4**	**103.5**	**101.1**
101.7	**100.4**	**103.3**	**104.0**	**101.6**	**100.3**	**101.1**	**100.6**	**102.0**
104.6	**105.0**	**103.0**	**102.6**	**103.3**	**103.2**	**102.9**	**104.6**	**102.2**
105.2	**103.5**	**105.0**	**104.4**	**103.5**	**104.7**	**104.4**	**107.4**	**102.5**
101.9	**100.3**	**101.2**	**102.3**	**101.6**	**99.1**	**101.4**	**100.4**	**102.4**
101.9	**103.3**	**100.1**	**99.3**	**102.2**	**101.1**	**100.3**	**100.4**	**100.4**
107.0	**106.1**	**105.9**	**105.3**	**105.6**	**105.3**	**106.9**	**104.4**	**103.6**

9－4 省内各市商品零售价格指数 (2011 年)

(上年=100)

项　目	Item	全　省 Whole Province	杭州市区 Hangzhou	宁波市区 Ningbo
商品零售价格总指数	**Retail Price Index**	**105.5**	**104.4**	**105.7**
一、食 品 类	Food	112.4	110.9	112.4
二、饮料、烟酒	Beverages，Tobacco and Liquor	102.7	102.0	102.8
三、服装、鞋帽类	Garments，Shoes and Hats	102.0	105.7	103.3
四、纺织品类	Textiles	106.8	112.7	105.9
五、家用电器及音像器材	Household Appliances and Acoustics Appliances	98.2	97.0	100.5
六、文化办公用品	Cultural and Sports Goods	97.9	98.2	100.9
七、日 用 品	Articles for daily Use	102.5	101.8	103.4
八、体育娱乐用品	Sports and Recreational Goods	99.5	100.6	99.2
九、交通、通信用品	Transportation and Communication	96.7	93.3	97.9
十、家　　具	Furniture	103.2	105.4	106.5
十一、化妆品类	Cosmetics	101.3	101.8	100.3
十二、金银珠宝类	Jewelry	114.3	107.9	113.5
十三、中西药品及医疗保健用品类	Traditional Chinese and Western Medicines，Medical Articles	106.1	105.5	103.1
十四、书报杂志及电子出版物类	Newspapers，Magazines and Electronic Publication	103.4	102.9	104.5
十五、燃 料 类	Fuels	111.9	109.3	111.1
十六、建筑材料及五金电料类	Building Materials and Metals	105.2	104.4	106.2

Retail Price Indices of Commodities of Zhejiang by City (Prefecture)(2011)

(preceding year=100)

温州市区 Wenzhou	嘉兴市区 Jiaxin	湖州市区 Huzhou	绍兴市区 Shaoxing	金华市区 Jinhua	衢州市区 Quzhou	舟山市区 Zhoushan	台州市区 Taizhou	丽水市区 Lishui
105.0	**105.0**	**105.1**	**105.0**	**104.8**	**105.1**	**105.4**	**106.7**	**105.6**
112.0	111.6	108.9	111.8	111.4	112.8	112.7	115.8	113.1
103.3	101.8	102.6	104.1	103.1	102.3	103.5	103.8	101.2
101.8	100.7	103.1	99.5	101.3	100.2	100.7	100.3	100.7
114.1	102.9	109.4	98.2	104.3	102.0	104.4	100.5	97.0
95.2	98.3	99.2	97.7	101.0	96.6	97.1	98.8	101.0
93.2	98.4	99.0	98.2	97.7	98.7	98.4	98.3	98.0
103.1	102.6	103.7	102.6	102.1	103.3	102.7	104.6	99.4
95.7	100.0	101.6	100.7	101.6	107.5	100.9	97.8	102.6
97.0	96.8	98.1	98.3	95.9	95.4	98.3	96.3	101.1
100.9	106.6	98.9	105.9	101.5	100.0	100.0	100.0	105.9
102.1	100.0	104.8	101.0	101.1	100.2	100.3	101.4	101.3
113.4	117.0	114.9	113.3	115.4	109.3	119.8	120.2	119.8
105.4	105.0	106.7	105.0	100.7	104.1	102.5	109.0	102.7
100.2	103.8	103.8	105.2	100.8	103.4	102.3	102.5	100.7
112.2	111.3	111.8	111.3	114.1	114.6	111.5	113.7	111.9
105.8	107.5	103.7	104.4	105.5	105.1	107.8	105.3	103.4

9－5　全市工业品价格指数 (2011 年)

Ex–Factory Price Indices of Industrial Products (2011)

(上年=100)　　　　(preceding year=100)

指　　标	Item	指　数 Index
全 部 工 业 品	**Total**	**106.40**
按轻重工业分	**Grouped by Light and Heavy Industry**	
轻　工　业	Light Industry	102.06
重　工　业	Heavy Industry	97.67
按工业行业大、中类分	**Grouped by Sector**	
黑色金属矿采选业	Mining and Dressing of Ferrous Metals	105.47
有色金属矿采选业	Mining and Dressing of Nonferrous Metals	143.03
农副食品加工业	Manufacturina of agricultural and non-staple food stuff	107.26
食品制造业	Food Production	101.93
饮料制造业	Beverage Production	102.00
纺　织　业	Textile Industry	105.28
纺织服装、鞋、帽制造业	Garments and Other Fiber Products	105.20
皮革、毛皮、羽毛(绒)及其制品业	Leather, Furs, Down and Related Products	102.64
木材加工及木、竹、藤、棕、草制品业	Timber processing, Bamboo, Cane, Palm Fiber and Straw Products	102.73
家具制造业	Furniture Manufacturing	99.51
造纸及纸制品业	Papermaking and Paper Products	101.17
印刷业和记录媒介的复制	Printing and Record Pressing	107.94
文教体育用品制造业	Stationery, Education and Sports Goods	91.03
石油加工、炼焦及核燃料加工业	Oil processing	108.84
化学原料及化学制品制造业	Raw Chemical Materials and Chemical Products	108.65
医药制造业	Medical and Pharmaceutical Products	88.03
化学纤维制造业	Chemical Fibers	111.48
橡胶制品业	Rubber Products	101.18
塑料制品业	Plastic Products	104.61
非金属矿物制品业	Nonmetal mineral Products	105.31
黑色金属冶炼及压延加工业	Smelting and pressing of Ferrous Metals	106.20
有色金属冶炼及压延加工业	Smelting and pressing of Nonferrous Metals	109.19
金属制品业	Metal Products	107.09
通用设备制造业	Ordinary Machinery Manufacturing	106.24
专用设备制造业	Special Purpose Equipment Manufacturing	102.57
交通运输设备制造业	Transportation Equipment Manufacturing	99.56
电气机械及器材制造业	Electric Equipment and Machinery	109.46
通信设备、计算机及其他电子设备制造业	Electronic and Telecommunications	104.01
仪器仪表及文化、办公用机械制造业	Manufacturing Industry of Instruments and Meters, and Machinery for Culture and Office	102.90
工艺品及其他制造业	Artwork and Other Manufacturing	112.43
电力、热力的生产和供应业	Electricity, Steam and Hot Water Production and Supply	105.35
燃气生产和供应业	Gas Production and Supply	107.55
水的生产和供应业	Tap Water Production and Supply	107.35

9-6 历年全市城镇居民家庭收支情况

Basic Statistics on Urban Households over the Years

年份 Year	全市 Whole Municipality	市区 Urban District	绍兴 Shaoxing	上虞 Shangyu	嵊州 Shengzhou	新昌 Xinchang	诸暨 Zhuji
可支配收入 (元) Disposable Income (yuan)							
1999	8580	8518		8615	8352	8342	8949
2000	9422	9401		9438	9334	9545	9447
2001	10534	10669		10439	10316	10420	10452
2002	11746	12130	12013	11276	11291	11683	11707
2003	13152	13535	13506	12680	12735	13355	13288
2004	15642	15676	16033	15179	15192	15635	15856
2005	17516	17319	18128	17008	17150	17153	17788
2006	19486	19178	20460	19132	19207	19132	20056
2007	21971	21717	23241	21605	21743	21142	22759
2008	24646	23509	26155	24360	24400	23007	25678
2009	26874	25418	28496	26513	26597	24987	27896
2010	30164	27626	32223	29931	29796	27396	31413
2011	33273	31368	36547	34011	33553	30808	35697
消费性支出 (元) Expenditure for Consumption uan)							
1999	6971	6850		7719	6723	6228	7009
2000	7514	7430		8296	7665	7567	6761
2001	8136	8243		8904	8044	7877	7862
2002	8788	9004	8219	9072	8440	8229	8542
2003	9469	9305	9368	9822	9354	8630	9468
2004	10608	10660	10545	9899	10178	9063	12182
2005	12027	11270	11740	11925	11096	11979	15189
2006	13069	12301	12811	13183	12584	13379	15826
2007	13907	13077	15407	14201	12807	13764	15427
2008	15534	14837	16824	15326	13340	15029	16259
2009	16607	16220	16926	16530	14341	14289	17334
2010	18267	17400	18869	18397	16301	16141	20498
2011	20353	19881	21140	21310	18002	19321	22430
恩格尔系数 (%) Engle Coefficient (%)							
1999	36.7	39.9		34.1	36.8	37.4	33.0
2000	37.0	40.8		31.7	34.7	34.6	38.0
2001	35.3	36.7		30.5	33.0	33.6	35.6
2002	37.0	38.8	40.5	34.7	35.0	36.3	37.0
2003	34.8	36.4	36.9	33.5	33.1	36.9	34.2
2004	35.7	37.0	36.2	35.9	37.3	38.3	30.1
2005	34.0	36.9	35.7	32.8	34.8	30.0	27.9
2006	33.6	35.1	35.7	32.2	33.0	29.6	31.0
2007	35.3	37.3	34.0	34.9	37.6	30.9	34.3
2008	35.4	39.3	35.7	35.4	38.0	33.0	33.0
2009	37.2	37.5	38.2	34.2	35.3	34.3	37.4
2010	34.6	37.5	35.8	33	32.3	28.4	33.1
2011	35.0	38.1	35.6	33.1	33.2	33.2	30.0

9－7 历年市区城市居民家庭基本情况

指　　标	Item	1998
一、调查户数　　（户）	**Number of Households Surveyed　（Household）**	**100**
二、家庭人口　　（人）	**Household Size　（person）**	**303**
户均家庭人口	Average Household Size	3.03
三、就业人口　　（人）	**Number of Employed Persons　（person）**	**196**
1.国有单位职工	Staff & Workers in State-owned Units	117
2.集体单位职工	Staff & Workers in Collective-owned Units	54
3.其他经济职工	Staff & Workers in Other Types of Ownership	6
4.个体经营者	Individual Employer	2
5.个体被雇人数	Individual Employee	4
6.聘留离退人员	Re-employed Retired Persons	12
7.其他就业者	Other Employed Persons	－
平均每户就业人口	Average Number of Employed Persons per Household	1.96
四、平均就业负担　　（元）	**Number of Persons Supported By Each Employee　（yuan）**	**1.55**
五、年人均可支配收入　（元）	**Per Capita Annual Disposable Income　（yuan）**	**8087.09**
六、年人均消费性支出　（元）	**Per Capita Annual Living Expenditure For Consumption　（yuan）**	**6240.12**
#食　　品	Food	2893.92
衣　　着	Clothing	573.96
居　　住	Residence	540.00
设备及用品	Household Facilities Articles and Services	462.00
交通通讯	Transportation and Communications	385.56
文教娱乐	Cultural，Education，Recreation，Articles & Services	819.12
七、年人均非消费性支出（元）	**Per Capita Annual Living Expenditure For Non-Consumption　（yuan）**	**1346.88**

Basic Statistics on Urban Households in Urban District

1999	2000	2001	2002	2003	2004	2005	2006	2007	2008	2009	2010	2011
100	**100**	**100**	**100**	**100**	**100**	**200**	**200**	**200**	**200**	**200**	**200**	**200**
303	**299**	**297**	**283**	**278**	**274**	**272**	**270**	**266**	**258**	**258**	**257**	**271**
3.03	2.99	2.97	2.83	2.78	2.74	2.72	2.7	2.66	2.58	2.58	2.57	2.71
196	**182**	**172**	**165**	**167**	**172**	**173**	**170**	**166**	**1.57**	**164**	**165**	**170**
100	77	67	61	50	44	51	49	47	50	57	55	35
61	56	46	23	19	18	18	17	12	16	21	20	20
17	35	46	53	62	74	61	58	62	39	42	44	54
2	2	2	4	8	9	10	10	9	10	14	14	24
5	5	5	14	14	15	19	19	21	22	17	16	30
11	7	6	6	8	8	12	12	10	11	12	13	7
–	–	–	4	6	5	4	4	4	11	2	2	2
1.96	1.82	1.72	1.65	1.67	1.72	1.73	1.70	1.66	1.57	1.64	1.65	1.7
1.54	**1.64**	**1.73**	**1.72**	**1.66**	**1.59**	**1.57**	**1.59**	**1.60**	**1.64**	**1.57**	**1.56**	**1.59**
8518.06	**9401.01**	**10669.00**	**12130.00**	**13535.13**	**15675.86**	**17319.40**	**19178.27**	**21717.44**	**23509**	**25418**	**27626**	**31368**
6850.36	**7429.65**	**8243.21**	**9003.81**	**9305.45**	**10660.36**	**11270.11**	**12300.70**	**13077.24**	**14837**	**16220**	**17400**	**19881**
2734.31	3032.80	3028.21	3495.36	3391.82	3945.37	4156.22	4323.11	4881.51	5828	6075	6532	7581
520.79	527.47	533.62	809.43	821.98	1022.54	1159.51	1234.32	1262.91	1423	1592	1789	2248
789.67	612.94	933.32	1324.15	1262.76	903.21	861.16	1029.22	1103.63	1189	1794	1486	1311
808.27	851.13	1469.75	612.51	545.37	715.58	678.40	737.30	642.60	843	869	952	1138
350.06	403.18	469.43	629.91	786.55	1478.63	1231.82	1602.14	938.72	1737	1878	1962	2941
949.99	1346.67	1100.72	1502.92	1643.56	1681.01	2089.32	2007.71	2332.40	2442	2615	2812	2851
2089.80	**3060.46**	**2667.32**	**3629.79**	**4134.01**	**6803.99**	**5803.78**	**3878.95**	**12308.56**	**4583**	**10561**	**6259**	**7498**

9－8　市区城市居民家庭基本收支情况（2011年）

单位：元/人

项　　目	Item	合　计 Total
家庭平均人口数　（人）	**Average Household Size　(person)**	**2.71**
#就业平均人口数	**Average Number of Employed Persons Per Household**	**1.72**
一、期初手存现金	**Cash Now Available**	**861**
二、家庭总收入	**Total Income**	**34741**
#可支配收入	Disposable Income	31368
1.工资性收入	Wages Income	21904
2.经营净收入	Business Income	4282
3.财产性收入	Property Income	1607
4.转移性收入	Transfer Income	6948
三、出售财物收入	**Income of Property Sold**	**43**
四、借贷收入	**Saving Insurance Income**	**6344**
五、家庭总支出	**Total Expenditure per Household**	**27379**
#消费支出	Consumption Expenditure	19881
1.食　　品	Food	7581
2.衣　　着	Clothing	2248
#服　　装	Garments	1702
3.居　　住	Residence	1311
4.家庭设备用品及服务	Household Facilities Articles and Services	1138
#耐用消费品	Durable Consumer Goods	500
5.医疗保健	Medicine and Medical Articles	1039
6.交通和通信	Transportation and Communication	2941
7.教育文化娱乐服务	Recreation，Education and Cultural Services	2851
#教　　育	Education	1557
文化娱乐服务	Recreation and Cultural Services	734
8.其他商品和服务	Miscellaneous Commodities and Services	770
六、借贷支出	**Expenditure for Saving Insurance**	**12575**
七、期末手存现金	**Cash Now Available**	**1981**

Basic Income and Expenditures of Urban Households in Urban District (2011)

(yuan/person)

按相对收入等距五组分组				(Grouped by Percentile of Households)
最低组 Lowest	较低组 Low	中间组 Middle	较高组 High	最高组 Highest
2.95	**2.81**	**2.51**	**2.63**	**2.65**
1.84	**1.74**	**1.46**	**1.78**	**1.79**
539	**1041**	**653**	**1288**	**818**
16084	**22542**	**28404**	**39863**	**69897**
13508	19691	26018	36470	64137
11836	15171	15327	24242	44504
2110	2277	3269	4197	9960
91	209	383	1529	6083
2047	4885	9425	9896	9350
7	**18**	**13**	**17**	**163**
1873	**3113**	**5908**	**3575**	**18079**
14302	**18505**	**21215**	**28704**	**56307**
11161	14130	17328	20941	37313
5440	6232	8069	8648	9911
935	1382	1863	2408	4875
689	1006	1362	1732	3895
658	933	1314	1372	2393
444	695	593	1263	2800
193	282	111	600	1357
478	888	1140	1215	1562
1158	1551	1824	2670	7801
1860	2034	1997	2677	5846
1383	1228	1032	1580	2594
318	326	590	576	1941
190	414	528	688	2125
2923	**6307**	**11100**	**13756**	**30457**
1243	**1884**	**2626**	**2174**	**2118**

9－9　分县(市)城镇居民家庭收支基本情况 (2011 年)

单位：元

指　　标	Item	全　市 Whole Municipality
人均可支配收入	**Per Capita Annual Disposable Income**	**33273**
# 工资性收入	Wages Income	24103
消费性支出	**Expenditure for Consumption**	**20353**
1.食　　品	Food	7127
2.衣　　着	Clothing	2275
3.居　　住	Residence	1361
4.家庭设备用品及服务	Household Facilities Articles and Services	1103
5.医疗保健	Medicine and Medical Articles	1127
6.交通与通信	Transportation and Communication	3970
(1)交　　通	Transportation	2858
(2)通　　信	Communication	1112
7.教育文化娱乐服务	Recreation，Education and Cultural Services	2751
(1)文化娱乐用品	Recreation Goods	485
(2)教　　育	Education	1535
(3)文化娱乐服务	Recreation Services	731
8.其他商品与服务	Miscellaneous Commodities and Services	639

Basic Income and Expenditures of Urban Households in Each County (City) (2011)

(yuan)

市区 Urban District	绍兴 Shaoxing	上虞 Shangyu	嵊州 Shengzhou	新昌 Xinchang	诸暨 Zhuji
31368	**36547**	**34011**	**33553**	**30808**	**35697**
21904	26142	26926	27134	22812	22935
19881	**21140**	**21310**	**18002**	**19321**	**22430**
7581	7525	7055	5968	6408	6727
2248	2336	2791	1774	1861	2284
1311	1652	1091	1950	1275	1039
1138	755	1322	1275	1107	952
1039	726	974	697	1208	2487
2941	4925	4882	3420	3997	5442
1745	3794	3755	2509	3113	4332
1196	1131	1126	911	884	1110
2851	2689	2686	2619	2814	2675
560	398	295	618	649	391
1557	1434	1773	1042	1539	1718
734	857	619	959	626	565
770	534	509	298	650	824

9－10 分县(市)城镇居民家庭居住情况 (2011 年)

指　　标		Item		全　市 Whole Municipality
总　　计	**(户)**	**Total**	**(household)**	**800**
家庭人口	**(人/户)**	**Household Size**	**(person/household)**	**2.80**
现住房总建筑面积	**(平方米/人)**	**Total Floorage of Buildings**	**(sq.m/person)**	**35.10**
房屋产权	**(%)**	**Housing Property Right**	(%)	
租赁公房		Leasing of State-owned Housing		3.40
租赁私房		Leasing of Private Housing		1.91
原有私房		Private Housing Existed		8.54
房改私房		Private Housing Existed		18.49
商 品 房		Commercial Housing		66.80
其　　他		Others		0.87
住宅建筑式样	**(%)**	**Construction Model of Building**	(%)	
单栋住宅		Single Housing		1.40
四 居 室		With Four Rooms		7.84
三 居 室		With Three Rooms		48.62
二 居 室		With Two Rooms		33.89
一 居 室		Only One Rooms		1.63
普通楼房		Common Building		5.18
其　　他		Others		1.45
卫生设备拥有情况	**(%)**	**Sanitary Equipment**	(%)	
无卫生设备		Non-sanitary Equipment		0.68
有厕所浴室		With tailor		96.75
有厕所无浴室		Non-tailor		2.22
公　　用		Public Using Tap Water		0.34
取暖设备拥有情况	**(%)**	**Warm Equipment**	(%)	
无取暖设备		Non-Warm Equipment		2.97
空调设备		With Air-Conditioner		97.03
其　　他		Others		－
燃料使用情况	**(%)**	**Consumption of Fuil**	(%)	
煤炭		Coal		0.68
灌装液化石油气		Liquid Gas		49.28
管道液化石油气		Piping Liquid Gas		0.11
管道天然气		Piping Gas		49.60
通讯设备拥有情况	**(部/百户)**	**Communication Equipment Owned (set/100 household)**		
固定电话		Fixed Telephone		98.59
移动电话		Hand Telephone		225.10

Living Conditions of Urban Households in Each County (City) (2011)

市 区 Urban District	绍 兴 Shaoxing	上 虞 Shangyu	嵊 州 Shengzhou	新 昌 Xinchang	诸 暨 Zhuji
200	**200**	**100**	**100**	**100**	**100**
2.71	**3.00**	**2.88**	**2.70**	**2.72**	**2.89**
29.50	**39.03**	**40.70**	**37.07**	**39.78**	**36.55**
6.00	3.50	–	3.00	2.00	–
2.50	0.50	–	3.00	2.00	3.00
15.50	1.50	–	7.00	8.00	6.00
34.50	11.00	3.00	10.00	8.00	7.00
41.00	82.50	97.00	73.00	79.00	84.00
0.50	1.00	–	4.00	1.00	–
0.50	–	–	8.00	4.00	–
4.50	9.50	6.00	8.00	5.00	22.00
33.00	60.00	69.00	51.00	66.00	49.00
48.00	23.50	23.00	26.00	18.00	29.00
3.00	0.50	1.00	1.00	1.00	–
8.00	6.50	1.00	4.00	6.00	–
3.00	–	–	2.00	–	–
1.00	2.00	–	–	–	–
94.50	98.00	100.00	96.00	96.00	100.00
4.50	–	–	1.00	4.00	–
–	–	–	3.00	–	–
2.50	2.00	1.00	7.00	7.00	2.00
97.50	98.00	99.00	93.00	93.00	98.00
–	–	–	–	–	–
0.50	3.50	–	–	–	–
29.00	43.50	59.00	93.00	98.00	41.00
–	–	–	–	–	1.00
70.00	53.00	41.00	7.00	2.00	57.00
94.50	103.00	100.00	104.00	101.00	99.00
227.00	229.50	250.00	194.00	216.00	215.00

9－11 分县(市)每百户城镇居民家庭主要消费品拥有量 (2011 年末)

项目		Item		全市 Whole Municipality
1.摩托车	(辆)	Motorcycle	(unit)	17.22
2.助力车	(辆)	Electric Bicycles	(unit)	78.99
3.家用汽车	(辆)	Automobile	(unit)	30.55
4.洗衣机	(台)	Washing Machine	(unit)	100.39
5.电冰箱	(台)	Refrigerator	(unit)	102.66
6.彩色电视机	(台)	Color Television Set	(unit)	201.97
7.家用电脑	(台)	Computer	(unit)	103.32
8.组合音响	(套)	Hi-Fi Stereo Component System	(set)	31.71
9.摄像机	(台)	Pickup Camera	(unit)	8.34
10.照相机	(台)	Camera	(unit)	56.07
11.钢琴	(架)	Piano	(unit)	2.80
12.其他中高档乐器	(件)	Other Medium and High Grade Musical Instrument	(unit)	4.94
13.微波炉	(台)	Oven	(unit)	58.84
14.空调器	(台)	Air Conditioner	(unit)	209.96
15.淋浴热水器	(台)	Shower	(unit)	102.51
16.消毒碗柜	(台)	Disinfecting Case	(unit)	16.38
17.洗碗机	(台)	Dishwasher	(unit)	1.50
18.健身器材	(台)	Healthy Equipment	(unit)	6.88
19.普通电话	(部)	Telephone	(set)	98.59
20.移动电话	(部)	Hand Telephone	(set)	225.10

Possession of Main Consumer Goods Per 100 Households In Each County (City) (End of 2011)

市 区 Urban District	绍 兴 Shaoxing	上 虞 Shangyu	嵊 州 Shengzhou	新 昌 Xinchang	诸 暨 Zhuji
3.00	20.50	9.00	50.00	49.00	23.00
108.00	55.50	75.00	60.00	39.00	53.00
22.50	31.50	34.00	23.00	42.00	54.00
99.00	111.50	101.00	96.00	93.00	100.00
99.50	109.50	103.00	106.00	96.00	106.00
184.50	237.00	213.00	199.00	211.00	204.00
107.50	115.50	100.00	93.00	93.00	95.00
32.50	38.00	28.00	36.00	27.00	25.00
10.50	6.00	8.00	6.00	4.00	9.00
58.00	63.00	59.00	53.00	41.00	49.00
2.50	1.00	4.00	4.00	3.00	3.00
4.00	7.00	5.00	7.00	6.00	3.00
61.00	62.00	60.00	48.00	55.00	59.00
206.00	240.50	220.00	185.00	178.00	218.00
98.50	104.50	102.00	103.00	102.00	115.00
11.00	21.50	16.00	25.00	20.00	19.00
1.50	2.50	2.00	–	–	2.00
7.00	6.50	4.00	9.00	5.00	10.00
94.50	103.00	100.00	104.00	101.00	99.00
227.00	229.50	250.00	194.00	216.00	215.00

9-12 历年农村居民人均纯收入

Per Capita Annual Net Income of Rural Households over the Years

单位：元 (yuan)

年份 Year	全市 Whole Municipality	市区 Urban District	绍兴 Shaoxing	上虞 Shangyu	嵊州 Shengzhou	新昌 Xinchang	诸暨 Zhuji
1985	569		722	611	469		479
1986	674		894	687	560		556
1987	725		983	792	666	545	641
1988	905		1183	1018	816	622	890
1989	1083		1411	1101	953	715	1059
1990	1212		1516	1338	1018	731	1159
1991	1358		1822	1389	1151	878	1216
1992	1512		1988	1484	1244	1027	1442
1993	1879		2273	1841	1601	1417	1897
1994	2485		2921	2430	2255	1908	2485
1995	3183		3750	3086	2902	2437	3176
1996	3813		4528	3622	3271	2861	3985
1997	4119		4928	3930	3312	3201	4363
1998	4408		5153	4326	3801	3520	4807
1999	4681		5332	4855	4138	3912	4923
2000	4982		5505	5282	4353	4223	5193
2001	5343		5851	5566	4577	4637	5603
2002	5690		6257	5872	4951	4930	5994
2003	6143		6887	6328	5331	5287	6462
2004	6970		8077	7120	5987	5933	7271
2005	7704		9241	7796	6535	6489	8065
2006	8619		10438	8600	7308	7269	9050
2007	9730		11871	9670	8181	8092	10289
2008	10950		13372	10859	9187	9112	11612
2009	12026		14682	11945	10087	9965	12762
2010	13651		16685	13534	11405	11263	14549
2011	15861	16917	19527	15833	13345	13079	17060

9-13 历年农村居民人均生活消费支出

Per Capita Annual Net Income of Rural Households over the Years

单位：元　(yuan)

年份 Year	全市 Whole Municipality	市区 Urban District	绍兴 Shaoxing	上虞 Shangyu	嵊州 Shengzhou	新昌 Xinchang	诸暨 Zhuji
1985	486		589	560	356		440
1986							
1987	681		956	751	568	469	662
1988	872		1123	867	862	637	872
1989	937		1290	850	888	670	962
1990	992		1285	1155	966	668	884
1991	1060		1354	1315	920	791	919
1992	1216		1537	1378	1090	926	1117
1993	1277		1581	1091	1240	980	1469
1994	1699		2331	1660	1379	1297	1764
1995	2190		2522	2291	2141	1376	2565
1996	2605		3226	2905	2155	1881	2772
1997	2523		3103	2578	2320	1974	2598
1998	2839		3552	3073	2567	2011	2930
1999	3232		3845	3280	2947	2554	3464
2000	3650		3920	4357	2921	2870	4080
2001	3767		3987	3907	3307	3079	4239
2002	3960		4420	4272	3698	2741	4667
2003	4615		5031	4732	4049	3398	5208
2004	5266		6074	5363	4283	4251	5806
2005	5765		7627	5682	4395	4003	6444
2006	6298		7711	6307	4979	5050	6933
2007	7158		9094	7298	5382	5600	7841
2008	7877		9854	7699	6477	5557	8831
2009	8171		10319	7625	7014	5030	9474
2010	9210		11428	8430	7628	6873	10615
2011	10073	8640	12716	9943	8010	7109	12350

9-14 农村住户家庭生活基本情况(2011年)

指　　标		Item		全市 Whole Municipality
调查户数	**(户)**	**Number of Households Surveyed**	**(household)**	**2200**
常住人口	**(人)**	**Number of Permanent Residents in the Households Surveyed**	**(person)**	**6786**
一、全年总收入	**(元)**	**Gross Income**	**(yuan)**	**19821**
(一)工资性收入		Wage Income		9147
(二)家庭经营收入		Income from Households Business Operation		9155
# 农业收入		Agricultural Income		1999
(三)转移性收入		Transfer Income		1076
(四)财产性收入		Property Income		441
二、人均纯收入	**(元)**	**Per Capital Annual Net Income**	**(yuan)**	**15861**
三、全年总支出	**(元)**	**Total Expenditure**	**(yuan)**	**13533**
(一)家庭经营费用支出		Expenditure for Households Business Operation		3190
(二)购置生产性固定资产支出		Expenditure for Purchasing Productive Fixed Assets		257
(三)建造生产性固定资产雇工支出		Building Productive Fixed Assets Hired Expenditure		19
(四)税费支出		Expenditure For Tax and Public Expense		10
(五)生活消费支出		Living Expenditure for Consumption		10073
1.食品消费支出		Food		4010
2.衣着消费		Clothing		629
3.居住消费		Residence		1650
4.家庭设备、用品及服务		Household Facilities，Articles and Services		555
5.医疗保健		Medicines and Medical Services		842
6.交通通讯消费		Transportation and Communications		1393
7.文教娱乐用品及服务		Cultural，Education，Recreation，Articles & Services		802
8.其他商品和服务消费		Others Commodities & Services		193
(六)财产性支出		Property Expenditure		63
(七)转移性支出		Transfer Expenditure		1179

Basic Statistics on Living of Rural Households (2011)

市区 Urban District	绍 兴 Shaoxing	上 虞 Shangyu	嵊 州 Shengzhou	新 昌 Xinchang	诸 暨 Zhuji
100	**500**	**500**	**300**	**300**	**500**
337	**1725**	**1626**	**884**	**761**	**1453**
17213	**23558**	**19171**	**16873**	**14886**	**25269**
12015	12907	10881	6599	5653	7666
3834	9384	7062	8823	7621	15760
184	1113	1624	3403	4292	1637
937	753	954	1035	1044	1461
427	515	273	417	568	381
16917	**19527**	**15833**	**13345**	**13079**	**17060**
9690	**16877**	**13583**	**12551**	**10770**	**15264**
157	3136	2485	2900	1467	6808
1	187	102	278	468	329
–	2	2	98	13	–
3	–	18	24	–	10
8640	12716	9943	8010	7109	12350
4211	4462	4297	3220	2930	4310
734	766	831	461	384	614
997	3152	1674	1086	849	2007
420	462	523	575	436	766
547	742	660	646	973	1211
667	2039	919	1165	857	2268
780	815	843	777	526	972
283	277	197	80	155	202
2	23	33	3	7	6
888	813	1000	1239	1706	1486

9－15 每百户农村居民家庭耐用消费品拥有情况（2011 年）

Durable Consumer Goods Owned Per 100 Rural Households (2011)

项目		Item		全市 Whole Municipality	市区 Urban District	绍兴 Shaoxing	上虞 Shangyu	嵊州 Shengzhou	新昌 Xinchang	诸暨 Zhuji
1.洗衣机	（台）	Washing Machine	(unit)	78	86	95	81	62	54	86
2.电冰箱	（台）	Refrigeration	(unit)	95	95	99	101	90	85	98
3.空调机	（台）	Air Conditioner	(unit)	98	122	139	118	68	38	103
4.抽油烟机	（台）	Exhaust Fan	(unit)	65	59	74	73	62	32	75
5.吸尘器	（台）	Dust Catcher	(unit)	5	6	5	8	3	1	6
6.微波炉	（台）	Oven	(unit)	18	19	29	22	16	7	16
7.热水器	（台）	Shower	(unit)	70	71	84	80	59	51	69
8.自行车	（辆）	Bicycle	(unit)	112	164	142	154	109	41	86
9.摩托车	（辆）	Motorcycle	(unit)	32	12	31	22	41	45	40
10. 生活用汽车	（辆）	Automobile	(unit)	12	12	23	12	7	1	18
11.电话机	（部）	Telephone	(set)	95	92	99	108	93	75	99
12.移动电话	（部）	Hand Telephone	(set)	181	204	209	197	176	167	171
13.彩色电视机	（台）	Color TV Set	(unit)	171	138	194	199	167	139	175
14.黑白电视机	（台）	Black and White TV	(unit)	1	2	–	1	4	2	–
15.摄像机	（台）	Pickup Camera	(unit)	1	–	2	1	–	–	1
16.影碟机	（台）	Video Disc Player	(unit)	15	–	17	18	16	14	19
17.照相机	（台）	Camera	(set)	11	18	19	14	7	1	9
18.家用计算机	（台）	Computer	(unit)	36	39	62	47	31	14	28
19.中高档乐器	（件）	Medium and High Grade Musical Instrument	(unit)	1	–	1	2	–	–	2

主要统计指标解释

居民消费价格指数 居民消费价格，指城乡居民支付生活消费品和服务项目消费的价格，是社会产品和服务项目的最终价格，同人民生活密切相关，在整个国民经济价格体系中具有极为重要的地位。居民消费价格指数，就是指反映一定时期内居民消费价格变动趋势和变动程度的相对数。

商品零售价格指数 商品零售价格，指工业、商业、餐饮业和其他零售企业向城乡居民、机关团体出售生活消费品和办公用品的价格。商品零售价格指数，就是指反映一定时期内商品零售价格变动趋势和变动程度的相对数。

城镇居民家庭人口 指居住在一起、经济上合在一起共同生活的家庭成员，即在同一家庭内共同生活、共同消费的成员。

城镇居民家庭就业人口 指城镇居民从事社会劳动并取得劳动报酬或经营收入的人口。就业人口包括通过国家统筹规划和指导由劳动部门介绍就业，自愿组织起来就业和自谋职业等方式，在国有单位、集体单位、中外合资、中外合作、外资在华独资的企业事业单位和私营企业单位工作或从事个体劳动的有固定性职业或临时性职业的人口。被聘用或留用的离休人员也记入就业人口。它是反映城镇居民的就业情况，计算就业面、负担系数的资料之一。

消费性支出 指调查户用于日常生活的全部支出，包括食品、衣着、家庭设备用品及服务、医疗保险、交通和通讯、娱乐教育文化服务、居住、杂项商品和服务等8大类支出，均按用途划分归类。

建筑面积 指居民家庭现有住房总建筑面积，以房产证为准。

使用面积 指居民家庭现有住房总使用面积，包括卧室、厨房、走廊、阳台、卫生间、过道面积。

农村居民家庭纯收入 指农村常住居民家庭总收入中，扣除从事生产和非生产经营费用支出、缴纳税款和上交承包集体任务金额以后剩余的，可直接用于进行生产性、非生产性建设投资、生活消费和积蓄的那一部分收入。它是反映农民家庭实际收入水平的综合性主要指标。农民家庭纯收入，既包括从事生产性和非生产性的经营收入，又包括取自在外人口寄回带回和国家财政救济、各种补贴等非经营性收入，还包括自产自用的实物收入。但不包括向银行、信用社和向亲友借款等属于借贷性的收入。

农村居民家庭整半劳动力 指农村常住居民家庭成员中有劳动能力并经常参加实际劳动的人员。是生产的基本要素指标之一，是发展生产增加农民家庭收入的重要源泉。按规定，农村男18周岁至50周岁、女18周岁至45周岁为整劳动力；男16周岁到17周岁、51周岁到60周岁，女16周岁到17周岁、46周岁至55周岁为半劳动力。农民家庭整半劳动力，既包括在上述规定劳动年龄内和劳动年龄以外有劳动能力并经常参加实际劳动的男女整半劳动力，也包括农民家庭常住人员中属于职工的劳动力。但不包括在劳动年龄内已丧失劳动能力的人员。

农村居民家庭生活消费支出 指农村常住居民家庭年内用于日常生活的全部开支。它是用来反映和研究农民家庭实际生活消费水平高低的重要指标。包括用于吃、穿、住、烧、用等生活消费品开支和文化、生活服务费用开支两大部分。

农村居民家庭商品性生活消费支出 指农村常住居民家庭用其货币收入，在市场上购买食品、衣着、家庭用家具器皿、日用杂品、燃料、耐用消费品以及文教卫生用品等生活消费总量。包括向国有商店、集体商店和集市贸易市场以及其他流通渠道购买的全部生活消费品。

市区居民可支配收入 指市区居民家庭全部实际收入扣除个人所得税后的收入。包括：

(1)经常性收入，指家庭人口的劳动收入(如固定职工、临时职工和离退休返聘职工的工资、奖金、津贴、洗理费和个体劳动者的净收益等)、退休金、各种定期补助、赡养费、抚恤费、助学金等；

(2)一次性收入，指退职金、复转费、专业费、各种奖励、稿费收入等；

(3)财产性收入，指利息收入、红利收入等；

(4)转移性收入，指接受遗产收入、赠送收入、房屋买卖收益等。

Explanatory Notes on Main Statistical Indicators

Consumer Price Index Consumer price, refers to the price that consumer goods and services purchased by urban and rural residents, is the final price of social products and services, which influences the people's livehood and lay a prominent role in the whole national economic price system. Consumer price index reflects the trend and degree of changes in prices of consumer goods purchased by residents.

Retail Price Index the retail price refers to the price that the residents afford for the living consumer and service. It is the final price of social products and service has a direct bearing on the people's lives and has a fairly important states in the whole national economy system.

Population in Urban Households refer to the population live together and share the money, in another word, refer to the members live and consume together in a certain family.

Employment Population in Urban Households refer to urban residents engaged in certain work and receiving payment for the labor or income from their business operation, including those who work in state-owned or collective units, joint ventures, foreign-owned units and private with permanent or temporary jobs. The self-employed individuals and re-employed retirees are also included. This indictor reflects the situation of urban employment and is the basic data for calculating employment rate and dependency ratio.

Expenditure of Rural Households for Consumption refers to total expenditure of rural households on daily life, including expense on food, clothing, housing, fuel, articles for daily use, and expenditures on daily life and services. This indicator is used to show the actual consumption level of peasants.

Floor Space of Livelihood refers to the actual floor space for living, exclude the floor space of kitchen, corridor, balcony, restroom, built-in wardrobes, hall and passageway, also exclude public corridor and yard.

Auxiliary Floor Space refers to the usable floor space of the households besides the living space, including kitchen, corridor, balcony, toilet, closet, hall wall and passageway, exclude public corridor and yard.

Net Income of Rural Households refers to the total income of the permanent residents of the rural households during a year after the deduction of the expenses for productive and non-productive business operation, the payment for taxes and the payment for collective units for their contracted tasks, which can then be spent for investments in productive and non-productive construction, for consumption in daily life and for savings deposit. It is a comprehensive indicator to show the actual level of the income of the peasants' household. The net income of the rural households includes not only the income from the productive and non-productive business operation, but also the income from the non-business operation, such as the money remitted or brought back by the members of the household who are in other places, the government relief payment and various subsidies. It includes not only the money income, but also the income in kind. But the income from borrowing from banks, friends and relatives is excluded.

Able-bodied and Semi-able Bodied Laborers of Rural Households refers to permanent residents of rural households who are able to work and actually engaged in social labor, which is one factor of production and sources of rural households income. According to the relevant regulations, male aged 18-50, female aged 18-45 are considered as able bodied laborers; male aged 16-17 and 51-60, female aged 17-17 and 46-55 are considered as able-bodied or semi able bodied laborers. Those who are not in above age but able to work and actually engaged in social labor are also considered as able-bodied or semi-able bodied laborers, while those who are within the above age range but unable to work are not counted as able-bodied or semi able bodied laborers.

Expenditure of Rural Households for Consumption refers to total expenses of rural households on daily life, including expenses on food, clothing, housing, fuel, articles for daily use, and expenses on cultural life and services. This indicator is used to show the actual consumption level of peasants, including expense on food, clothing, housing, fuel, articles for daily use, and expenditure on daily life and services.

Cash Expenditure of Rural households for Consumption refers to the total expense of permanent residents of the rural households on purchases of food, clothing, furniture, household appliances, articles for daily use, fuels, durable goods, and cultural, educational and medical articles, including purchases from state-owned shops, collective shops, free marks, etc.

Disposable Income of Urban Households refer to the total actual income of urban households after deducted the income tax, including:

(1) Continuous income, refers to the labor income of households (for example, wages of regular employees, temporary employees and re-employed retirees, bonus, allowance, subsidy and net income of self-employed individuals), pension, various periodical subsidy, alimony payment, consolation money, stipend, etc.

(2) Nonrecurring income, refers to retirement allowance, military severance pay, professional pay, various awards and author's remuneration, etc.

(3) Property income, refers to interest income, dividend income, etc.

(4) Transitionary income, refers to heritage income, presentation income, and housing sales income, etc.

十

文化、教育、科技和卫生事业

CHAPTER 10 CULTURE, EDUCATION, TECHNOLOGY, SCIENCE AND PUBLIC HEALTH

文化、教育、科技和卫生事业
CULTURE，EDUCATION，TECHNOLOGY，SCIENCE AND PUBLIC HEALTH

主要统计指标
Main Statistical Indicators

2011 年图书馆总藏书量	Total Collections of Libraries	267.29	万册(10^4volumes)
比上年增长	Increase over Previous Year	13.3	%
2011 年普通高校在校学生数	Student Enrollment of Regular Institutions of Higher Education	56455	人 (person)
比上年增长	Increase over Previous Year	4.8	%
2011 年普通中学在校学生数	Student Enrollment of Regular Secondary Schools	265669	人 (person)
比上年增长	Increase over Previous Year	-3.3	%
2011 年国家重点支持高新技术企业	Number of High & New Technological Enterprises above Provincial Level	301	家 (unit)
2011 年当年专利授权数	Number of Patent Applications Approved	8922	项 (item)
比上年增长	Increase over Previous Year	-23.5	%
2011 年卫生机构床位数	Number of Beds in Health Institutions	16849	张 (bed)
比上年增长	Increase over Previous Year	6.5	%
2011 年卫生技术人员数	Number of Medical Personnel	23931	人 (person)
比上年增长	Increase over Previous Year	8.0	%

10-1 文化事业及活动情况(2011年)

指　　标		Item		全　市 Whole Municipality
一、艺术事业		Art Institutions		
1.艺术表演团体	(个)	Art Performance Troupes	(unit)	6
#戏曲剧团		Local Opera Troupes		6
演出场数	(场)	Number of Performances	(show)	826
观众人数	(万人次)	Number of Spectators	(10 000 person-times)	145.93
2.艺术表演场所	(个)	Art Centers	(unit)	5
#剧　场		Theaters		5
二、图书馆事业		Libraries		
单 位 数	(个)	Number of Units	(unit)	6
总 藏 量	(万册)	Total Collections	(10 000 volumes)	267.29
#图　书		Books		207.17
#古　籍		Ancient Books		23.42
借阅人次	(万人次)	Number of Books Borrowed by the Readers	(10^4 person-times)	280.25
三、群众文化事业		Mass Culture		
群艺馆、文化馆数	(个)	Number of Mass Art Centers and Cultural Centers	(unit)	7
文化站数	(个)	Number of Cultural Stations	(unit)	118
#乡镇文化站		Village and Town Cultural Stations		94
举办展览培训班活动	(次)	Number of Exhibition and Training Classes	(time)	1981
四、文物事业		Cultural Relics		
文保单位(法人单位)	(个)	Historical Relic Protection Units	(unit)	19
#国家级文保单位		Historical Relic Protection Units of State Level		16
文物藏品的实际数量	(件)	Number of Collections	(piece)	89197
#一级文物		Grade One		190
二级文物		Grade Two		559
三级文物		Grade Three		2475
五、电影事业		Film		
电影院	(个)	Cinemas	(unit)	16
电影放映场次	(场)	Number of Performances	(show)	145620
电影观众人次	(人次)	Spectator	(person-time)	9200607

注：此表由文广局提供。

Cultural Undertaking and Activities (2011)

市 区 Urban District	绍 兴 Shaoxing	上 虞 Shangyu	嵊 州 Shengzhou	新 昌 Xinchang	诸 暨 Zhuji
1	1	1	1	1	1
1	1	1	1	1	1
170	138	181	99	82	156
45.88	2.54	35.9	23.81	6.60	31.20
1	0	1	1	1	1
1	0	1	1	1	1
1	1	1	1	1	1
114.28	26.50	33.51	48.58	15.96	28.46
72.48	19.48	28.78	45.16	15.73	25.54
16.89	0.00	1.51	3.20	0.10	1.72
158.00	37.00	31.13	13.05	15.47	25.60
2	1	1	1	1	1
14	19	21	21	16	27
7	15	18	17	13	24
589	293	230	220	292	357
10	2	2	2	1	2
8	4	1	2	0	1
27312	6437	20094	29842	1732	3780
103	42	17	16	2	10
330	96	49	35	25	24
1434	223	108	388	128	194
4	3	3	2	1	3
54444	38578	20788	15059	3250	13501
1186589	1452135	1672110	1744000	1043131	4296572

Note:Media Bureau offerd the report.

10-2 历年普通高校、中等职业教育基本情况

Basic Statistics on Education of Regular Higher Schools and Secondary Vocational Schools over the Years

单位：人 (person)

年 份 Year	普通高校 Regular Institutions of Higher Education			中等职业学校 Secondary Vocational Schools		
	在校学生 Student Enrollment	毕业生数 Graduates	专任教师 Number of Full-time Teachers	在校学生 Student Enrollment	毕业生数 Graduates	专任教师 Number of Full-time Teachers
1952						
1957						
1962						
1965						
1970						
1975						
1980	1210	198	79			
1981	799	696	115			
1982	868	290	139			
1983	845	89	146			
1984	960	271	149			
1985	1238	340	191			
1986	1559	361	213			
1987	1991	395	238			
1988	1885	954	237			
1989	1685	777	233			
1990	1512	780	253			
1991	1408	671	259			
1992	1430	593	255			
1993	1877	382	254			
1994	2102	592	271			
1995	2313	787	275			
1996	2155	779	289	38291	11209	2137
1997	2367	770	304	43227	11804	2313
1998	2716	809	320	52310	13261	2577
1999	3648	609	332	54373	13802	2801
2000	5800	757	714	53673	14914	2768
2001	8880	989	1039	36056	13810	1956
2002	14290	1746	1114	58306	16902	2898
2003	19344	2776	1383	67929	14996	2656
2004	25034	3435	1592	77313	16290	2806
2005	30702	5717	1946	80454	21988	2740
2006	38332	7356	2133	70151	23867	2816
2007	44103	8566	2300	69823	22142	2876
2008	50258	10873	2494	67497	23787	2815
2009	52898	14771	2561	66678	21879	2785
2010	53869	15111	2690	66039	21407	2663
2011	56455	14635	2761	69287	19991	2619

10-3 历年普通高中在校学生数

Students Enrollment of Regular Senior School over the Years

单位：人 (person)

年份 Year	全市 Whole Municipality	市区 Urban District	绍兴 Shaoxing	上虞 Shangyu	嵊州 Shengzhou	新昌 Xinchang	诸暨 Zhuji
1949	846		489		122	60	175
1952	639		437		119	83	
1957	3496		1581	348	546	488	533
1962	4349		1205	443	1029	634	1038
1965	4097		1494	463	785	465	890
1970	4123		1249	54	937	482	1401
1975	32283		8425	4369	6432	4152	8905
1980	25598		5395	4428	5915	2905	6955
1981	21547		4725	3848	4450	2646	5878
1982	20880		4821	3525	3964	2603	5967
1983	21619	2485	3095	3485	4204	2551	5799
1984	22946	2890	3359	4275	4243	2771	5408
1985	26681	3402	4335	4578	5224	2784	6358
1986	29346	3459	5231	5119	5379	3080	7078
1987	30829	3403	5938	5184	5647	3199	7458
1988	30553	3236	5719	5271	5729	3114	7484
1989	29058	2868	5086	5301	5513	2950	7340
1990	28305	2546	4816	5426	5326	2735	7456
1991	27320	2034	4952	5179	5025	2679	7451
1992	27320	2052	5327	4836	5158	2609	7338
1993	27630	2334	5585	4594	5054	2582	7481
1994	30086	2786	5951	4800	5390	2711	8448
1995	33688	2825	6849	5578	5477	2952	10007
1996	35539	2704	7139	6324	5640	3026	10706
1997	39194	2956	7645	7439	5918	3227	12009
1998	43396	3271	8324	7923	6364	3583	13931
1999	49851	4407	9784	8466	6894	4085	16215
2000	56534	7506	8680	8146	8073	5055	19074
2001	61461	8024	9598	8093	9093	5990	20663
2002	70345	8990	10650	9325	10499	7175	23706
2003	84872	11228	13242	13268	11903	7678	27553
2004	96909	13260	15291	15795	12960	8105	31498
2005	106232	13719	18878	17245	14065	8467	33858
2006	102929	12958	18507	15914	14207	8547	32796
2007	102469	12817	18636	15323	14528	8342	32823
2008	98332	12411	16749	14628	14094	7832	32618
2009	101633	12663	16313	15411	14699	7662	34885
2010	103985	12699	15262	15894	14545	7636	37949
2011	111336	12971	16437	16595	14580	7724	43029

10-4 历年初中在校学生数

Students Enrollment of Junior School over the Years

单位：人 (person)

年份 Year	全市 Whole Municipality	市区 Urban District	绍兴 Shaoxing	上虞 Shangyu	嵊州 Shengzhou	新昌 Xinchang	诸暨 Zhuji
1949	4862		1431	427	861	491	1652
1952	13335		3994	1611	2569	1610	3551
1957	21091		7369	2862	3236	1712	5912
1962	25962		7662	2530	4989	2405	8376
1965	30087		8883	3121	6376	3070	8637
1970	89247		21055	9431	19688	11886	27187
1975	180815		43146	29564	36389	21444	50272
1980	163595		38479	29135	28308	17295	50378
1981	157479		39932	28077	27676	15676	46118
1982	151119		40133	26892	26985	14846	42263
1983	152527	9496	32438	27054	27325	14772	41442
1984	165827	10145	38951	28839	28771	15388	43733
1985	172474	10556	36300	30325	31584	16184	47525
1986	174469	10491	33975	29337	32313	16919	51434
1987	165199	9183	30908	28326	29828	16815	50139
1988	137791	7293	28713	22243	23850	14989	40703
1989	131837	7623	30402	19990	26176	13571	34075
1990	140611	8715	32550	21772	28798	14171	34605
1991	161016	10221	34288	25720	33851	16719	40217
1992	171138	10507	35006	29757	33799	18921	43148
1993	159276	9778	31868	27863	31371	19089	39307
1994	151539	10267	30179	27419	28710	19274	35690
1995	152386	11107	29557	27398	28577	20269	35478
1996	158101	12762	30843	27508	28767	21364	36857
1997	152854	12542	29113	23669	28605	21947	36978
1998	140893	11819	26075	20338	26445	21091	35125
1999	145672	11567	27746	21935	26082	20794	37548
2000	171966	23037	27951	30807	26715	20792	42664
2001	190065	25495	33367	35529	27945	20097	47632
2002	198082	27825	36657	36677	29220	18638	49065
2003	189307	26770	34671	32861	29211	17193	48601
2004	181674	26469	34789	31399	27903	15927	45187
2005	170181	24570	33227	29771	26192	14906	41515
2006	169398	25775	33826	30817	24795	13934	40251
2007	170860	25964	34067	31267	24265	13473	41824
2008	181161	28618	36256	33229	23815	13616	45627
2009	175974	27550	34671	31030	22892	13450	46381
2010	170817	27572	33916	29278	21931	13446	44674
2011	154333	25101	30187	25173	20297	12867	40708

10-5 历年普通中学专任教师数

Number of Full-time Teachers at Regular Secondary Schools over the Years

单位：人 (person)

年 份 Year	全 市 Whole Municipality	市 区 Urban District	绍 兴 Shaoxing	上 虞 Shangyu	嵊 州 Shengzhou	新 昌 Xinchang	诸 暨 Zhuji
1949	278		125	25	72	56	
1952	567		235	43	97	76	116
1957	777		296	105	116	68	192
1962	1374		361	188	309	127	389
1965	1510		459	172	303	153	423
1970	3843		779	502	685	547	1330
1975	8595		1925	1312	1789	1038	2531
1980	9241		2191	1548	1670	1028	2804
1981	8922		2189	1538	1565	975	2655
1982	8470		2174	1412	1483	984	2417
1983	8342	582	1614	1373	1446	945	2382
1984	8388	575	1903	1288	1386	910	2326
1985	8623	615	1764	1315	1445	922	2562
1986	8689	660	1877	1331	1509	847	2465
1987	8717	690	1745	1349	1548	876	2509
1988	8953	700	1759	1393	1636	904	2561
1989	8923	673	1852	1458	1685	883	2372
1990	9197	704	1910	1535	1727	878	2443
1991	9660	715	2056	1604	1798	908	2579
1992	10001	730	2112	1684	1828	916	2731
1993	9849	706	2002	1674	1827	942	2698
1994	9824	755	2027	1687	1811	958	2586
1995	9939	795	2040	1742	1804	989	2569
1996	10322	883	2142	1757	1840	1028	2672
1997	10714	932	2207	1791	1901	1064	2819
1998	11090	959	2357	1782	1980	1125	2887
1999	11618	1031	2472	1889	2028	1165	3033
2000	12537	1775	2053	2094	2054	1193	3368
2001	13422	1926	2231	2276	2139	1268	3582
2002	14019	1978	2342	2437	2240	1273	3749
2003	14912	2124	2539	2628	2435	1288	3898
2004	15785	2205	2763	2878	2519	1327	4093
2005	16430	2193	3022	2925	2594	1362	4334
2006	16715	2225	3152	2898	2641	1340	4459
2007	16961	2240	3219	2895	2681	1358	4568
2008	17201	2270	3247	2909	2690	1370	4715
2009	17431	2301	3308	2923	2694	1393	4812
2010	17876	2346	3447	2962	2695	1395	5031
2011	19303	2459	3677	2978	3108	1435	5646

10-6 历年小学在校学生数

Students Enrollment at Primary Schools over the Years

单位：人 (person)

年份 Year	全市 Whole Municipality	市区 Urban District	绍兴 Shaoxing	上虞 Shangyu	嵊州 Shengzhou	新昌 Xinchang	诸暨 Zhuji
1949	124426		23036	17388	25474	13019	45509
1952	217621		57197	26086	43207	24264	66867
1957	266084		70963	41969	50184	24782	78186
1962	302677		67823	44899	67488	31097	91370
1965	402389		96277	62474	80750	42288	120600
1970	476114		121996	83492	87118	53604	129904
1975	528175		147884	99904	87940	52193	140254
1980	469963		132478	87098	80775	45148	124464
1981	438805		119395	81695	77928	42709	117078
1982	410824		109468	76412	75141	40792	109011
1983	378389	17085	80155	68539	72602	39076	100932
1984	360201	16856	74123	64771	71078	39425	93948
1985	349260	16800	74728	60261	69522	39094	88855
1986	344590	17308	75865	59676	68017	39304	84420
1987	332747	17371	72691	56499	69607	37847	78732
1988	344769	19722	70887	58942	71901	40785	82532
1989	351268	20633	69826	62876	69602	43696	84635
1990	340081	21394	67532	60312	66132	43959	80752
1991	321510	21576	62749	54911	62668	43509	76097
1992	304254	21808	57879	49898	58927	42929	72813
1993	311236	23062	60467	51081	58251	43044	75331
1994	329398	24878	67622	55785	57959	44098	79056
1995	332475	25217	70983	56625	56615	42411	80624
1996	342547	25796	76332	59308	57111	40450	83550
1997	356930	26689	83105	64264	57312	38656	86904
1998	364897	27272	88974	67560	57075	36292	87724
1999	360126	27180	90247	67000	56072	33467	86160
2000	348065	48010	67480	63655	54126	30834	83960
2001	340757	47793	66910	62255	52023	29076	82700
2002	339127	48626	68864	62145	49487	28158	81847
2003	335356	51471	67917	60655	47056	27038	81219
2004	337854	52840	71280	59508	45798	26769	81659
2005	332803	53052	71722	57730	43671	26432	80196
2006	326260	52431	69490	55317	42271	26254	80497
2007	320069	52724	66781	52635	41344	26218	80367
2008	309825	53104	62481	49813	40582	26054	77791
2009	300169	52259	60185	47579	40220	25660	74266
2010	300355	52919	59677	46825	40025	26185	74724
2011	303803	54964	58413	47107	40330	27074	75915

10-7 历年小学专任教师

Full-time Teachers at Primary Schools over the Years

单位：人 (person)

年份 Year	全市 Whole Municipality	市区 Urban District	绍兴 Shaoxing	上虞 Shangyu	嵊州 Shengzhou	新昌 Xinchang	诸暨 Zhuji
1949	4667		780	475	698	856	1858
1952	7097		1905	900	1375	902	2015
1957	7295		2186	1060	1326	868	1855
1962	8482		2025	1342	1846	968	2301
1965	11322		2775	1710	2389	1358	3090
1970	15733		4155	2669	3056	1707	4146
1975	17738		4748	3338	3216	1934	4502
1980	16546		4728	2826	3115	1724	4153
1981	16655		4379	2769	3299	1844	4364
1982	14834		3659	2466	2934	1732	4043
1983	14432	629	3058	2364	2766	1686	3929
1984	13635	613	2778	2261	2552	1708	3723
1985	13315	635	2623	2154	2396	1708	3799
1986	12719	651	2666	2135	2393	1585	3289
1987	12652	647	2765	2111	2411	1554	3164
1988	12723	710	2514	2164	2485	1538	3312
1989	12823	725	2543	2250	2537	1541	3227
1990	13026	744	2556	2302	2516	1503	3405
1991	13105	784	2722	2305	2470	1492	3332
1992	12908	791	2710	2280	2449	1448	3230
1993	12747	810	2560	2304	2444	1445	3184
1994	12848	828	2592	2308	2445	1454	3221
1995	13005	876	2656	2354	2435	1458	3226
1996	13310	937	2799	2388	2458	1425	3303
1997	13644	974	2895	2420	2452	1515	3388
1998	14353	996	3201	2574	2478	1663	3441
1999	14551	1035	3258	2685	2436	1758	3379
2000	14551	1879	2538	2709	2357	1668	3400
2001	14794	1969	2563	2798	2345	1764	3355
2002	14615	2015	2628	2775	2340	1545	3312
2003	14404	2075	2570	2701	2277	1557	3224
2004	14467	2077	2678	2745	2193	1539	3235
2005	14527	2086	2707	2779	2162	1540	3253
2006	14550	2124	2729	2737	2110	1532	3318
2007	14646	2157	2777	2720	2104	1497	3391
2008	14548	2189	2748	2631	2103	1465	3412
2009	14625	2255	2766	2623	2091	1450	3440
2010	14764	2281	2793	2584	2077	1439	3590
2011	14837	2350	2807	2515	2051	1413	3701

10–8 全市各级各类学校情况 (2011年)

单位：人

指　　标	Item	学校数(所) Number of Schools (unit)	班　数(班) Number of Classes (class)
一、高等教育	**Higher Education**	**7**	
1.普通高校	Regular Institutions of Higher Education	7	
2.成人高校	Institutions of Higher Education for Adults		
3.远程教育	Long Distance Learning		
二、中等职业教育	**Vocational Secondary Education**	**24**	
三、基础教育	**Foundational Education**	**1291**	**17357**
1.普通中学	Regular Secondary Schools	187	5554
#高　中	Senior Secondary Schools	42	2049
初　中	Junior Secondary Schools	145	3505
2.小　　学	Primary Schools	416	7419
3.幼 儿 园	Kindergartens	682	4336
4.特殊教育学校	Special Education Schools	6	48
四、成人教育	**Adult Education**	**701**	
1.成人中学	Secondary Schools for Adults	32	
2.成人技术培训学校	Technical Training Schools for Adults	669	

Basic Statistics on Schools of Different Levels and Types (2011)

(person)

毕业生数 Graduates	招生数 New Students Enrollment	在校学生数 Students Enrollment	毕业班学生数 Students in Graduate Enrollment	教职工数 Staff and Teachers	#专任教师 Number of Full-time Teachers
25233	**29705**	**94657**	**18231**	**4290**	**2761**
14635	17706	56455	15639	4290	2761
2364	2735	7712	2592		
8234	9264	30490			
19991	**25888**	**69287**	**21642**	**3030**	**2619**
186940	**173370**	**703695**	**140061**	**47996**	**40338**
91751	86024	265669	89010		18216
31323	38607	111336	35837		7065
60428	47417	154333	53173	36459	11151
48571	51125	303803	51051		14837
46568	36066	133528		11418	7186
50	155	695		119	99
417971		**365745**		**2386**	**1532**
1745		3853		66	19
416226		361892		2320	1513

10-9 普通高校教育情况(2011年)

Basic Statistics on Education of Regular Higher Schools (2011)

单位：人 (person)

指标	Item	学校数(所) Number of Schools (unit)	毕业生数 Graduates	招生数 New Student Enrollment	在校学生数 Student Enrollment	教职工总数 Staff and Teachers	#专任教师 Number of Full-time Teachers
普通高校教育	**Regular Higher Schools**	**7**	**14635**	**17706**	**56455**	**4290**	**2761**
绍兴文理学院	Shaoxing University	1	3332	3894	13825	1373	763
绍兴文理学院元培学院	Yuanpei College of Shaoxing University	1	1987	2101	8366	392	336
绍兴职业技术学院	Shaoxing Information Technology Institute	1	3006	3068	8980	573	417
绍兴越秀外国语学院	Shaoxing University of Yuexiu Foreign Language	1	2235	4009	12377	765	561
浙江工业职业技术学院	Zhejiang Industrial Vocational Technology Institute	1	2892	2736	8361	625	412
浙江邮电职业技术学院	Zhejiang Technical College of Posts & Telecom	1	1183	862	2531	360	132
浙江农业商贸职业学院	Zhejiang Agricultural Business Vocational Institute	1		1036	2015	202	140

10-10 中等职业学校基本情况(2011年)

Basic Statistics on Vocational Secondary Schools (2011)

单位：人 (person)

指标	Item	全市 Whole Municipality	市区 Urban District	绍兴 Shaoxing	上虞 Shangyu	嵊州 Shengzhou	新昌 Xinchang	诸暨 Zhuji
学校数(所)	Number of Schools (unit)	24	5	4	3	3	3	6
毕业生数	Graduates	19991	4586	4727	2897	2129	1496	4156
招生数	New Student Enrollment	25888	6144	5530	3888	2594	1841	5891
在校学生数	Student Enrollment	69287	16710	15561	9931	6682	4455	15948
教职工总数	Staff and Teachers	3030	621	579	403	410	323	694
#专任教师	Number of Full-time Teachers	2619	495	543	352	371	280	578

10-11 普通中学基本情况（2011年）

Regular Secondary Schools (2011)

单位：人 (person)

指标	Item	全市 Whole Municipality	市区 Urban District	绍兴 Shaoxing	上虞 Shangyu	嵊州 Shengzhou	新昌 Xinchang	诸暨 Zhuji
高中	**Senior School**							
学校数（所）	Number of Schools (unit)	42	4	6	8	7	4	13
班级数（班）	Number of Classes (class)	2049	232	334	318	270	148	747
毕业生数	Graduates	31323	4000	4574	4839	4691	2524	10695
招生数	New Student Enrollment	38607	4361	5807	5150	4835	2648	15806
在校学生数	Student Enrollment	111336	12971	16437	16595	14580	7724	43029
#一年级	Grade One	38626	4367	5809	5150	4835	2648	15817
二年级	Grade Two	36873	4269	5275	5497	4756	2548	14528
三年级	Grade Three	35837	4335	5353	5948	4989	2528	12684
专任教师数	Number of Full-time Teachers	7065	749	1301	1063	1038	507	2407
初中	**Junior School**							
学校数（所）	Number of Schools (unit)	145	16	23	25	30	18	33
班级数（班）	Number of Classes (class)	3505	542	683	637	467	297	879
毕业生数	Graduates	60428	9665	11449	11164	7806	4708	15636
招生数	New Student Enrollment	47417	7794	9293	7473	6248	4147	12462
在校学生数	Student Enrollment	154333	25101	30187	25173	20297	12867	40708
#一年级	Grade One	47417	7794	9293	7473	6248	4147	12462
二年级	Grade Two	53743	9031	10903	8729	6872	4323	13885
三年级	Grade Three	53173	8276	9991	8971	7177	4397	14361
专任教师数	Number of Full-time Teachers	11151	1664	2238	1852	1685	902	2810

10-12 小学教育基本情况 (2011 年)
Basic Statistics on Primary Education (2011)

单位：人 (person)

指标	Item	全市 Whole Municipality	市区 Urban District	绍兴 Shaoxing	上虞 Shangyu	嵊州 Shengzhou	新昌 Xinchang	诸暨 Zhuji
学校数 (所)	Number of Schools (unit)	416	51	74	56	64	59	112
班数 (班)	Number of Classes (class)	7419	1227	1428	1298	946	756	1764
毕业生数	Graduates	48571	8239	9709	7583	6548	4124	12368
招生数	New Student Enrollment	51125	9156	9968	7474	6823	4883	12821
在校学生数	Student Enrollment	303803	54964	58413	47107	40330	27074	75915
教职工总数	Staff and Teachers	14640	2356	2783	2628	1853	1577	3443
#专任教师	Number of Full-time Teachers	13750	2304	2669	2452	1666	1387	3272

注：按主体校统计原则，九年一贯制学校小学部、十二年一贯制学校小学部的教职工数统计到普通中学。

10-13 幼儿园基本情况 (2011 年)
Basic Statistics on Kindergartens (2011)

单位：人 (person)

指标	Item	全市 Whole Municipality	市区 Urban District	绍兴 Shaoxing	上虞 Shangyu	嵊州 Shengzhou	新昌 Xinchang	诸暨 Zhuji
园数 (所)	Number of Kindergartens (unit)	682	133	123	99	115	88	124
班数 (班)	Number of Classes (class)	4336	866	919	593	664	500	794
在园幼儿数	Number of Children Enrollment	133528	24430	30257	18547	20581	13756	25957
教职工数	Staff and Teachers	11418	2605	2140	1745	1573	991	2364
#园长	Leader	614	133	84	74	124	83	116
专任教师	Number of Full-time Teachers	7168	1489	1451	1072	900	712	1562
保健员	Health Worker	227	70	15	51	39	13	39

10-14 义务教育普及情况 (2011年)

Popularity of Compulsory Education (2011)

单位：%　　　　(%)

指　标	Item	全市 Whole Municipality	市区 Urban District	绍兴 Shaoxing	上虞 Shangyu	嵊州 Shengzhou	新昌 Xinchang	诸暨 Zhuji
小学教育普及情况	**Popularity of Primary Schools**							
学龄人口（人）	School-age Population (person)	292998	52227	56325	45092	39245	25240	74869
入学率	Enrollment Rate	100	100	100	100	100	100	100
巩固率	Consolidation Rate	100	100	100	100	100	100	100
小学升初中比例	Percentage of Graduates of Primary Schools Entering Junior Secondary Schools	100	100	100	100	100	100	100
初中教育普及情况	**Popularity of Junior Secondary Schools**							
学龄人口(人)	School-age Population (person)	133436	20978	25685	22337	17249	10088	37099
入学率	Enrollment Rate	100	100	100	100	100	100	100
巩固率	Consolidation Rate	100	100	100	100	100	100	100
初中升高中比例	Percentage of Graduates of Junior Secondary Schools Entering Senior Secondary Schools	99.18	99.62	99.02	99.44	98.6	98.58	99.30

10-15 研究与开发成果获奖情况 (2011年)

Prizes of Research and Development Achievement (2011)

单位：项 (unit)

指标	Item	合计 Whole Munici-pality	一等奖 First Prize	二等奖 Second Prize	三等奖 Third Prize
国家科学技术奖	Number of National Scientific and Technological Prizes Awarded	5	–	5	–
省级科学技术奖	Number of Province Level Scientific and Technological Prizes Awarded	32	3	8	21
地市级科学技术奖	Number of Municipal Level Scientific and Technological Prizes Awarded	79	7	23	49

10-16 本地专利情况 (2011年)

Basic Statistics on Local Patents (2011)

单位：项 (unit)

指标	Item	2011年度实绩 Total of 2011	《专利法》实施以来累计 Accumulation Since the Execution of "Patent Law"
申请数	**Number of Patent Applications Accepted**	**15670**	**92736**
授权数	**Number of Patent Applications Approved**	**8922**	**59239**
授权专利分类	Authorized Patent Classification		
1.发明	Creation and Inventions	534	1633
2.实用新型	Utility Models	3529	15206
3.外观设计	Designs	4859	42400
授权专利按权属分	Authorized Patent Classified as Patent Category		
1.职务	Occupational	4845	15625
2.非职务	Non-occupational	4077	43614

10-17 高新技术产业发展情况(2011年)

Statistics on High and New Technology Enterprises (2011)

指　　标	Item	2010年		2011年	
		累计 Accum-ulated	当年新增 Current Year	累计 Accum-ulated	当年新增 Current Year
高新技术企业　（家）	**Number of High & New Technological Enterprises (unit)**				
国家重点扶持高企	State Level	260	46	301	56
市　级	Municipal Level	861	73	311	84
省科技型中小企业（家）	Number of Scientific and Technical Type Small and Medium Enterprises at Provincial Level (unit)	686	122	809	123
省级高新技术产品（项）	Number of High & New Technological Enterprises at Provincial Level (item)	609		609	
高新技术企业主要经济指标　（亿元）	**Main Economic Indicators of High & New Technological Enterprises (100 million yuan)**				
1.工业总产值	Gross Industrial Output Value		1021.29		1143.06
2.销售额	Sales Values		1045.00		1111.30
3.利税	Total Amount of Pre-tax		163.66		171.73
4.出口创汇　（亿美元）	Total Exports （USD 100 million）		37.94		39.12

10-18 科技创新服务体系建设情况(2011年)

Construction of Science and Technology Innovation Service (2011)

指　　标	Item	2009年末 Up to 2009	2010年末 Up to 2010	2011年末 Up to 2011
国家级生产力促进中心	National Level Productive Force Promotion Center	3	3	3
省级高新技术研究开发中心	Provincial Level High And Advanced Technology Research And Development Center	150	173	189
省级区域科技创新服务中心	Provincial Level Regional Science And Technology Innovation Service Center	24	24	24
市级工程技术开发中心	Municipal Level Engineering Technology Development Center	477	550	594
市级区域科技创新服务中心	Municipal Level Regional Science And Technology Innovation Service Center	123	131	131

10-19 历年医疗机构数

Number of Health Institutions over the Years

单位：个 (unit)

年份 Year	全市 Whole Municipality	市区 Urban District	绍兴 Shaoxing	上虞 Shangyu	嵊州 Shengzhou	新昌 Xinchang	诸暨 Zhuji
1949	20		11	1	6	1	1
1952	194		55	12	42	9	76
1957	382		131	57	61	58	75
1962	508		175	69	90	64	110
1965	560		223	77	90	64	106
1970	467		120	72	96	66	113
1975	571		171	84	112	74	130
1980	670		226	92	126	86	140
1981	701		247	94	133	88	139
1982	731		263	96	134	91	147
1983	743	151	111	97	135	102	147
1984	788	155	113	98	140	105	177
1985	804	176	115	95	150	106	162
1986	837	182	125	96	152	114	168
1987	877	168	176	90	153	118	172
1988	893	172	180	92	154	123	172
1989	876	172	168	92	153	118	173
1990	900	175	163	117	154	116	175
1991	896	157	173	115	155	119	177
1992	817	160	160	115	147	112	123
1993	815	160	160	115	147	111	122
1994	808	161	160	115	145	112	115
1995	809	163	160	115	144	112	115
1996	796	152	160	115	142	112	115
1997	804	152	160	115	143	119	115
1998	792	151	157	111	141	118	114
1999	670	155	101	71	120	109	114
2000	670	155	101	71	120	109	114
2001	1148	183	101	180	243	203	238
2002	1001	242	179	155	165	88	172
2003	990	233	181	148	164	91	173
2004	1039	262	194	150	167	92	174
2005	1087	275	213	149	169	106	175
2006	1378	283	228	201	190	134	342
2007	1400	284	233	192	190	137	364
2008	1400	236	240	199	198	135	392
2009	1486	241	263	225	208	128	421
2010	1453	248	262	227	219	124	373
2011	1515	256	266	235	232	126	400

注：医疗机构包括卫生机构、诊所、卫生所、医务室、社区卫生服务站。

Note: the medical institutions include health agencies, clinics, health centers, dispensaries and community service health stations.

10-20 历年卫生机构床位数

Number of Health Beds over the Years

单位：张 (unit)

年份 Year	全市 Whole Municipality	市区 Urban District	绍兴 Shaoxing	上虞 Shangyu	嵊州 Shengzhou	新昌 Xinchang	诸暨 Zhuji
1949	392		241	59	42		50
1952	2467		1423	50	69	25	900
1957	1694		1068	73	132	35	386
1962	3198		1944	252	343	115	544
1965	3171		1863	279	341	209	479
1970	3219		1228	434	664	326	567
1975	4929		2256	623	839	457	754
1980	6047		2604	747	994	536	1166
1981	6088		2667	761	962	545	1153
1982	6023		2623	758	944	559	1139
1983	6140	1357	1367	752	919	562	1183
1984	6485	1431	1344	921	945	574	1270
1985	6176	1343	1398	677	941	579	1238
1986	6553	1325	1494	782	1002	653	1297
1987	7096	1400	1566	847	1177	716	1390
1988	7461	1547	1581	962	1174	787	1410
1989	7556	1492	1631	962	1201	757	1513
1990	7767	1677	1623	961	1236	757	1513
1991	7807	1682	1614	961	1236	783	1531
1992	7994	1720	1688	961	1219	847	1559
1993	8516	1881	1915	1034	1264	836	1586
1994	8299	1743	1853	978	1268	868	1589
1995	8289	1713	1810	1096	1422	870	1378
1996	8656	1985	1810	1079	1368	870	1544
1997	8625	1910	2055	964	1238	872	1586
1998	9418	2062	2282	1079	1348	885	1762
1999	9265	1890	2226	1117	1399	882	1751
2000	9719	2150	2276	1249	1290	882	1872
2001	9968	2251	2026	1189	1572	998	1932
2002	10094	2480	1820	1180	1413	1033	2168
2003	11279	2873	2279	1327	1382	1060	2358
2004	11972	2947	2480	1419	1583	1092	2451
2005	12158	2962	2556	1281	1686	1104	2569
2006	12883	3132	2788	1301	1788	1140	2734
2007	13630	3409	2772	1688	1836	1151	2774
2008	14007	3517	2801	1688	1850	1362	2789
2009	14719	3838	2920	1864	1883	1376	2838
2010	15820	4168	3032	1997	1886	1555	3182
2011	16849	4537	3087	2268	1956	1644	3357

10-21 历年卫生技术人员数

Number of Medical Technical Personnel over the Years

单位：人 (person)

年份 Year	全市 Whole Municipality	市区 Urban District	绍兴 Shaoxing	上虞 Shangyu	嵊州 Shengzhou	新昌 Xinchang	诸暨 Zhuji
1949	961		249	6	158	52	496
1952	2445		717	70	264	155	1239
1957	3244		1087	279	505	305	1068
1962	3707		1515	409	552	366	865
1965	3864		1578	516	564	410	796
1970	3723		1266	574	638	450	795
1975	5072		1867	713	808	627	1057
1980	7075		2623	994	1220	827	1411
1981	7480		2822	1007	1271	840	1540
1982	7776		2976	1056	1287	871	1586
1983	8099	1579	1512	1093	1323	930	1662
1984	8288	1652	1527	1090	1316	965	1738
1985	8345	1703	1520	1097	1298	963	1764
1986	8644	1827	1591	1115	1330	986	1795
1987	8811	1862	1599	1166	1356	1007	1821
1988	9223	1968	1710	1178	1404	1047	1916
1989	9489	1962	1783	1207	1455	1062	2020
1990	9940	2021	1835	1274	1509	1099	2202
1991	10202	2052	1846	1335	1578	1090	2301
1992	10472	2104	1882	1367	1626	1110	2383
1993	10916	2196	2004	1469	1698	1191	2358
1994	11361	2330	2081	1458	1832	1206	2454
1995	11339	2346	2070	1509	1773	1154	2487
1996	10417	2108	2047	1383	1579	974	2326
1997	10807	2279	2107	1471	1605	979	2366
1998	11307	2414	2188	1545	1656	1050	2454
1999	11049	2324	2220	1487	1491	1030	2497
2000	11284	2338	2283	1509	1558	1030	2566
2001	11946	2821	2055	1545	1656	1050	2819
2002	13202	3327	2129	1775	1893	1145	2933
2003	14041	3427	2471	2018	1845	1235	3045
2004	15953	3870	3063	2131	1946	1258	3685
2005	16776	4094	3267	2146	2021	1360	3888
2006	18013	4196	3389	2539	2226	1478	4185
2007	18460	4161	3570	2553	2335	1529	4312
2008	19295	4351	3606	2605	2365	1615	4753
2009	20899	4698	3910	2881	2520	1677	5213
2010	22155	4883	4058	3115	2627	1911	5561
2011	23931	5292	4459	3197	2862	2176	5945

10-22 历年卫生技术人员中：医生人数

Number of Doctors over the Years

单位：人 (person)

年份 Year	全市 Whole Municipality	市区 Urban District	绍兴 Shaoxing	上虞 Shangyu	嵊州 Shengzhou	新昌 Xinchang	诸暨 Zhuji
1965	2155		796	308	306	207	538
1970	1943		589	296	320	225	513
1975	2590		910	374	396	321	589
1978	2620		886	403	424	328	579
1979	2495		859	411	444	308	473
1980	2756		955	377	482	366	576
1981	3038		1044	416	558	382	638
1982	3198		1129	440	596	393	640
1983	3480	670	587	469	610	455	689
1984	3463	697	611	455	605	430	665
1985	3673	751	594	505	581	433	809
1986	3754	814	618	535	591	494	702
1987	3980	918	604	503	618	503	834
1988	5022	1056	871	636	803	579	1077
1989	5098	1081	863	649	826	570	1109
1990	5288	1073	892	690	871	571	1191
1991	5236	1039	873	692	862	559	1211
1992	5288	1071	833	701	885	567	1231
1993	5452	1061	941	734	917	536	1263
1994	5763	1124	1017	701	942	609	1370
1995	6113	1192	1106	802	1004	613	1396
1996	5391	963	1083	737	885	504	1219
1997	5618	1045	1122	768	901	512	1270
1998	5462	1070	1072	699	830	525	1266
1999	5515	982	1169	682	906	531	1245
2000	5707	984	1229	702	967	531	1294
2001	6248	1170	1126	986	932	603	1431
2002	6665	1538	1094	854	1050	554	1575
2003	6994	1478	1252	971	975	594	1724
2004	7846	1831	1470	1033	1046	574	1892
2005	8074	1858	1533	1025	1058	623	1977
2006	8459	1867	1566	1200	1103	666	2057
2007	8827	1917	1634	1229	1203	697	2147
2008	8901	1919	1612	1208	1228	707	2227
2009	9298	2048	1770	1236	1224	730	2290
2010	9593	2135	1793	1298	1226	802	2339
2011	10091	2157	2018	1340	1291	888	2397

10-23 卫生机构、床位情况(2011年)

指标	Item	全市 Whole Municipality
一、卫生机构数 (个)	**Number of Health Care Institutions (unit)**	**197**
1.医　院	Hospitals	40
#综合医院	General Hospitals	20
中医医院	Hospitals of Chinese Medicine	7
专科医院	Specialized Hospitals	13
#口腔医院	Hospitals for Mouth	3
眼科医院	Hospitals for Eye	1
精神病医院	Mental Hospitals	3
传染病医院	Hospitals for Infectious Diseases	1
皮肤病医院	Hospitals for Skin Diseases	1
康复医院	Healing Hospitals	3
麻风病医院	Leprosy Hospitals	1
2.卫生院	Commune Hospitals	100
3.门诊部	Clinics	18
4.急救中心	Emergency Aid Center	1
5.采供血机构	Blood and Supplying Blood	2
6.妇幼保健院（所）	Hospitals for Maternity and Child Care	7
7.专科疾病防治院	Specialized Prevention and Treatment Centers	1
8.疾病预防控制中心	Center for Disease Prevention and Control	7
9.卫生监督所	Institution of Public Health Inspection	7
10.医学在职培训机构	Medical On-the-job Training Institutions	4
11.健康教育所	Health Education Center	1
12.其他卫生机构	Other Health Care Institutions	9
二、卫生机构床位数 (张)	**Number of Beds (unit)**	**16849**
1.医　院	Hospitals	12893
2.卫生院	Commune Hospitals	2785
3.妇幼保健院	Hospitals for Maternity and Child Care	946
4.专科疾病防治院	Specialized Prevention and Treatment Centers	50
5.其他卫生机构	Other Health Care Institutions	175
三、每万人拥有总床位 (张)	**Total Beds of Per 10 0000 Persons (unit)**	**38.29**
每万人拥有医院床位	Beds of Hospitals Per 10 0000 Persons	29.30

Basic Statistics on Healthcare Institutions and Beds (2011)

市 区 Urban District	绍 兴 Shaoxing	上 虞 Shangyu	嵊 州 Shengzhou	新 昌 Xinchang	诸 暨 Zhuji
31	**33**	**31**	**30**	**25**	**47**
8	8	5	6	4	9
3	4	2	2	2	7
1	1	1	1	2	1
4	3	2	3	–	1
1	1	1	–	–	–
–	–	–	1	–	–
2	–	–	1	–	–
1	–	–	–	–	–
–	–	1	–	–	–
–	1	–	1	–	1
–	1	–	–	–	–
7	19	20	17	15	22
4	1	2	2	2	7
1	–	–	–	–	–
1	–	–	–	–	1
2	1	1	1	1	1
–	1	–	–	–	–
2	1	1	1	1	1
2	1	1	1	1	1
–	1	1		1	1
–	–	–	–	–	1
4	–	–	2		3
4537	**3087**	**2268**	**1956**	**1644**	**3357**
3767	2175	1484	1322	1433	2712
283	862	534	432	211	463
437	–	250	107	–	152
–	50	–	–	–	–
50	–	–	95	–	30
69.52	**42.53**	**29.17**	**26.63**	**37.56**	**31.32**
57.72	29.97	19.09	18.00	32.74	25.30

10-24 卫生事业从业人员情况 (2011年)

单位：人

指标	Item	全市 Whole Municipality
一、卫生技术人员	**Medical Technical Personnel**	**23931**
医生	Doctors	10091
#执业医师	Registered Doctor	8528
执业助理医师	Registered Assistant Doctor	1563
注册护士	Registered Nurse	8536
药剂人员	Assistant Pharmacists of Chinese Medicine	1558
检验人员	Assistant Laboratory Technicians	980
其他	Others	2578
二、每万人拥有卫生技术人员	**Number of Medical Technical Personnel per 10 000 Population**	**54.39**
每万人拥有医生	Number of Doctors per 10 000 Population	22.93

10-25 体育事业发展情况 (2011年)

指标		Item		全市 Whole Municipality
县级以上运动会次数	(次)	Number of Sports Meets at County Level	(time)	10
参加的运动员人数	(人)	Number of Athletes	(person)	2590
举办全民健身活动次数	(次)	Times of Civil Sports Activities	(time)	320
参加人数	(人)	Number of Attendees	(person)	345000
等级运动员发展人数	(人)	Number of Athletes in Grades	(person)	187
#女	(人)	Female	(person)	76
等级裁判员发展人数	(人)	Number of Referees in Grades	(person)	212
#女	(人)	Female	(person)	63
社会体育指导员发展人数	(人)	Number of Newly Developed Social Sports Instructors	(person)	898
省级及以上的比赛成绩		Achievement at Province and above Level		
金牌	(枚)	Number of Gold Medal	(piece)	54
银牌	(枚)	Number of Silver Medal	(piece)	31
铜牌	(枚)	Number of Copper Medal	(piece)	45
体育场	(个)	Stadiums	(unit)	38
体育馆	(个)	Gymnasiums	(unit)	25
游泳池	(个)	Swimming Pools	(unit)	37
#室内	(个)	Indoor	(unit)	18
少体校	(个)	Number of Sparetime Sports Schools for Children	(unit)	7
在校学生数	(人)	Number of Students Enrollment	(person)	2240
专职教练员	(人)	Full-Time Coaches	(person)	97

Persons Engaged in Health Care Institutions (2011)

(person)

市　区 Urban District	绍　兴 Shaoxing	上　虞 Shangyu	嵊　州 Shengzhou	新　昌 Xinchang	诸　暨 Zhuji
5292	**4459**	**3197**	**2862**	**2176**	**5945**
2157	2018	1340	1291	888	2397
1977	1693	1116	1069	764	1909
180	325	224	222	124	488
2123	1479	1112	938	825	2059
329	298	248	191	129	363
240	193	126	118	80	223
407	440	347	286	243	855
81.09	**101.87**	**41.12**	**38.96**	**20.30**	**81.91**
33.05	46.10	17.24	17.57	8.28	33.03

Basic Statistics on Sport Development (2011)

市　区 Urban District	绍　兴 Shaoxing	上　虞 Shangyu	嵊　州 Shengzhou	新　昌 Xinchang	诸　暨 Zhuji
3	1	2	1	1	2
900	280	500	300	220	390
115	48	50	42	30	35
80000	50000	60000	50000	40000	65000
–	–	–	–	–	–
–	–	–	–	–	–
–	–	–	–	–	–
–	–	–	–	–	–
135	155	142	135	183	148
–	–	–	–	–	–
–	–	–	–	–	–
–	–	–	–	–	–
–	–	–	–	–	–
13	8	5	4	3	5
10	6	2	2	1	4
10	7	7	3	3	7
6	3	2	2	1	4
2	1	1	1	1	1
680	428	358	220	180	374
35	16	14	12	8	12

主 要 统 计 指 标 解 释

普通高等学校 指按照国家规定的设置标准和审批程序批准举办，通过国家统一招生考试，招收高中毕业生为主要培养对象，实施高等教育的全日制大学、独立设置的学院和高等专科学校、短期职业大学。

成人高等学校 指按照国家有关规定审批，招收通过全国成人高教统一招生考试的具有高中毕业或同等学历的在职从业人员利用脱产、半脱产、业余或函授等多种形式对其实施高等学历教育，培养高等教育专科或本科毕业水平的专门人才，修业年限、课程设置和总学时数均按高等学历教育要求付诸实施的学校。包括广播电视大学、职工高等学校、农民高等学校、管理干部学院、教育学院、独立设置的函授学院等。

专任教师数 指主要从事教育工作人员数。包括临时（一年以内）调出帮助做其它工作的教学人员。不包括调离教学岗位、担任行政领导工作或其他工作的原教学人员。

发明 专利法及其实施细则所称的发明是指对有关产品、方法或其改进所提出的新的技术方案。

实用新型 专利法及其实施细则所称的实用新型是指对产品的形状、构造或者其结合所提出的适用实用的新的技术方案。

外观设计 专利法及其实施细则所称的外观设计是指对产品形状、图案、色彩或者其结合所作出的富有美感并适于工业上应用的新设计。

电影放映单位 指具有放映机器设备、固定或不固定的放映场所与专职或兼职的放映技术人员，经有关部门登记批准，经常为一定的观众对象放映电影的机构。

等级运动员人数 指经考核正式批准授予等级运动员称号的人数。运动员等级分为国际级运动健将、运动健将、一级运动员、二级运动员、三级运动员、少年级运动员。

等级裁判员人数 指经考核正式批准授予等级裁判员称号的人数。裁判员等级分为国际裁判、国家级裁判、一级裁判、二级裁判、三级裁判。

医院 指名称为医院，设有固定床位能收容病人住院并能为病人提供医疗、护理服务的医疗机构。包括县及以上医院、其他医院两部分。按所属性质分为卫生部门、工业及其他部门、集体所有制单位 3 类。其中县及以上医院按业务性质分为综合医院和专科医院。

Explanatory Notes on Main Statistical Indicators

Regular Institutions of Higher Learning refer to educational establishments set up according to the government evaluation and approval procedures, enrolling graduates from senior secondary schools and providing higher education courses and training for senior professionals. They include full-time universities, colleges, high professional schools and short-term professional universities.

Institutions of Higher Learning for Adults refer to educational establishments, set up in line with relevant rules approved by the government, enrolling staff and workers with senior secondary school or equivalent education , and providing higher education courses in many forms of full time, part time, spare time, or correspondence for adults. Professionals thus trained receive a qualification equivalent to graduates studying regular courses at regular universities, colleges and professional colleges. Institutions of higher learning for adults include Radio and TV universities, schools of high education for staff and workers and peasants, colleges for management cadres, pedagogical colleges, independent correspondence colleges.

The number of Full-time Teachers refer to the staff mainly work at teaching involved the staff in teaching fields, temporarily transferred (less than a year), to help doing the other works, exclude the former teachers transferred from teaching, doing the administrative works or other works.

Inventions refer to the inventions as specified by the patent law and its detailed rules and regulations for implementation. They refer to the new technical proposals to the products or methods or their modifications.

Utility Models refer to the utility models as specified by the patent law and its detailed rules and regulations for implementation. They refer to the practical and new technical proposals on the shape and structure of the product or the combination of both.

Designs refer to the designs as specified by the patent law and its detailed rules and regulation for implementation. They refer to the aesthetics and industry applicable new designs for the shape, pattern and color of the product, or their combinations.

Film Projection Units refer to units with film projection equipment, full or part time projectionists, permanent or non permanent places, approved by related administrative departments to show films regularly for certain groups of audience, including those film projection units which have been approved to give commercial shows and run business with independent accounting system as well as those film-renting units of the military system.

Number of Athletes in Grades refers to the number of athletes who have been given titles through examination. The titles of athletes include international masters of sports, masters of sports, first-grade, second-grade and third-grade sportsmen and young athletes.

Number of Referees in Grades refers to the number of referees who have been given titles after examination. They are classified as international referees, national referees and referees of the first, second and third grades.

Hospitals refer to medical institutions with permanent hospital beds, which are able to take in patients and provide them with medical and nursing services. Hospitals are classified into three categories: hospitals at or above the county level, hospitals of rural townships, and other hospitals. According to their ownership, hospitals can be classified into three categories: hospitals under the public health departments, hospitals under industrial and other departments and collective-owned hospitals. Hospitals at or above county level are divided into comprehensive and specialized hospitals.

十一

其　他

CHAPTER 11 OTHERS

11-1 历年个体私营企业基本情况

Basic Statistics on Self-Employed Individuals and Private Enterprises over the Years

年份 Year	个体工商户 Self-employed Individuals 户数(户) Number of Enterprises (unit)	从业人员(人) Employed Persons (person)	注册资金(万元) Registered Funds (10 000 yuan)	私营企业 Private Enterprises 户数(户) Number of Enterprises (unit)	投资者人数(人) Investors (person)	雇工人数(人) Employment Persons (person)	注册资金(万元) Registered Funds (10 000 yuan)
1993	111975	189401		1752	2817		
1994	149969	250527		5227	8054		
1995	168094	271978		7107	10971		
1996	182241	295972		8502	12800		
1997	164237	297482		7724	11507		
1998	157279	316749		8295	13357		
1999	161550	317823	329507	9385	16151	147673	623648
2000	128368	253816	342855	11246	21847	209255	911816
2001	140423	269295	383865	14561	31744	265444	1443284
2002	146699	282251	416547	18994	39874	342246	2057931
2003	152622	294858	443703	22957	46719	377634	2763774
2004	167708	317427	489694	27977	56220	354194	3436897
2005	177264	338138	534034	30449	61661	381387	4748216
2006	183330	329187	576449	35239	68845	369281	6134353
2007	183273	322538	640175	39955	78817	686031	8425092
2008	200182	340767	706121	44317	85165	848984	10912294
2009	200506	343833	773368	47723	93429	877508	12744532
2010	210921	382928	912896	54614	106949	983527	16702890
2011	222997	419705	1124809	62775	123030	1028793	20606341

11-2 个体工商户数及人数(2011年)

指 标	Item	全 市 Whole Municipality
一、工商业登记户数 (户)	**Number of Self-employed Industry and Commerce Enterprises and Personnel Registered (unit)**	**222997**
#城 镇	Urban Area	106259
农 村	Rural Area	116738
1.农林牧渔业	Farming，Forestry，Animal Husbandry and Fishery	1732
2.采 矿 业	Mining Industry	39
3.制 造 业	Manufacturing Industry	55299
4. 电力、燃气及水的生产和供应业	Production and Supply of Electric Power, Gas and Water	49
5.建 筑 业	Construction Industry	155
6.交通运输、仓储和邮政业	Traffic, Storage and Mail Business	24989
7. 信息传输、计算机服务和软件业	Information Transfer, Computer Service and Software Industry	288
8.批发和零售业	Wholesale and Retail Trade Services	109131
9. 住宿和餐饮业	Accommodation and Food Industry	10509
10.房地产业	Real Estate Trade	672
11.租赁和商务服务业	Leasehold and Business Service Industry	2368
12.居民服务和其他服务业	Neighborhood Services and Other Service Industry	16721
13.卫生、社会保障和社会福利业	Sanitation, Social Security and Social Welfare Industry	85
14.文化、体育和娱乐业	Cultural, Physical and Entertainment Industry	820
15.其他行业	Others	295
二、城乡个体工商从业人数 (人)	**Employment of Industry and Commerce Enterprises and Personnel Registered (person)**	**419705**
#城 镇	Urban Area	195040
农 村	Rural Area	224665
1.农林牧渔业	Farming，Forestry，Animal Husbandry and Fishery	4943
2.采 矿 业	Mining Industry	162
3.制 造 业	Manufacturing Industry	148584
4.电力、燃气及水的生产和供应业	Production and Supply of Electric Power, Gas and Water	104
5.建 筑 业	Construction Industry	384
6.交通运输、仓储和邮政业	Traffic, Storage and Mail Business	27627
7.信息传输、计算机服务和软件业	Information Transfer, Computer Service and Software Industry	483
8.批发和零售业	Wholesale and Retail Trade Services	170569
9.住宿和餐饮业	Accommodation and Food Industry	27224
10.房地产业	Real Estate Trade	1039
11.租赁和商务服务业	Leasehold and Business Service Industry	4530
12.居民服务和其他服务业	Neighborhood Services and Other Service Industry	30373
13.卫生、社会保障和社会福利业	Sanitation, Social Security and Social Welfare Industry	173
14.文化、体育和娱乐业	Cultural, Physical and Entertainment Industry	3176
15.其他行业	Others	334
三、注册资金 (万元)	**Registered Capital (10 000 yuan)**	**1124809**

Number of Self-employed Industry and Commerce Enterprises and Personnel (2011)

市 区 Urban District	绍 兴 Shaoxing	上 虞 Shangyu	嵊 州 Shengzhou	新 昌 Xinchang	诸 暨 Zhuji
33331	**55249**	**27324**	**25782**	**16624**	**64687**
26318	32206	11756	10748	11041	14190
7013	23043	15568	15034	5583	50497
110	236	108	336	159	783
3	2	15	8	11	–
1919	6336	4745	4788	4361	33150
–	–	2	24	17	6
42	7	44	33	9	20
3775	11613	3675	5474	388	64
53	37	58	70	17	53
20183	30347	14388	11416	8662	24135
2356	1693	1354	1535	1167	2404
308	119	152	75	2	16
889	528	410	132	48	361
3450	4200	2109	1722	1710	3530
11	4	9	17	17	27
199	116	199	137	50	119
75	18	100	48	15	39
57413	**84186**	**68305**	**41102**	**38104**	**130595**
44689	46536	35235	18869	21877	27834
12724	37650	33070	22233	16227	102761
240	833	375	899	503	2093
13	6	60	32	51	
4428	17342	17689	13127	17031	78967
–	–	3	41	44	16
80	17	120	79	31	57
4573	13071	3856	5502	447	178
109	60	91	107	31	85
30618	40013	35977	14174	14023	35764
7968	4366	3824	2883	2677	5506
446	211	237	115	3	27
1505	1180	763	225	89	768
6590	6742	4594	2808	2971	6668
24	16	30	19	44	40
711	303	585	1059	145	373
108	26	101	32	14	53
114740	**333021**	**141475**	**117533**	**59739**	**358301**

11-3 私营企业基本情况(2011年)

指标		Item		全市 Whole Municipality
一、私营企业单位数	**(家)**	**Number of Private Enterprises**	**(unit)**	**62775**
#城镇		Urban Area		30719
农村		Rural Area		32056
1.农林牧渔业		Farming, Forestry, Animal Husbandry and Fishery		949
2.采矿业		Mining Industry		65
3.制造业		Manufacturing Industry		28591
4.电力、燃气及水的生产和供应业		Production and Supply of Electric Power, Gas and Water		91
5.建筑业		Construction Industry		1938
6.交通运输、仓储和邮政业		Traffic, Storage and Mail Business		627
7.信息传输、计算机服务和软件业		Information Transfer, Computer Service and Software Industry		990
8.批发和零售业		Wholesale and Retail Trade Services		21993
9.住宿和餐饮业		Accommodation and Food Industry		407
10.房地产业		Real Estate Trade		1321
11.租赁和商务服务业		Leasehold and Business Service Industry		3148
12.居民服务和其他服务业		Neighborhood Services and Other Service Industry		981
13.卫生、社会保障和社会福利业		Sanitation, Social Security and Social Welfare Industry		11
14.文化、体育和娱乐业		Cultural, Physical and Entertainment Industry		189
15.其他行业		Others		77
二、私营企业投资者人数	**(人)**	**Number of investors in Private Enterprises**	**(person)**	**123030**
#城镇		Urban Area		68229
农村		Rural Area		54801
1.农林牧渔业		Farming, Forestry, Animal Husbandry and Fishery		2174
2.采矿业		Mining Industry		130
3.制造业		Manufacturing Industry		53033
4.电力、燃气及水的生产和供应业		Production and Supply of Electric Power, Gas and Water		316
5.建筑业		Construction Industry		4048
6.交通运输、仓储和邮政业		Traffic, Storage and Mail Business		1315
7.信息传输、计算机服务和软件业		Information Transfer, Computer Service and Software Industry		1532
8.批发和零售业		Wholesale and Retail Trade Services		41400
9.住宿和餐饮业		Accommodation and Food Industry		688
10.房地产业		Real Estate Trade		3126
11.租赁和商务服务业		Leasehold and Business Service Industry		9471
12.居民服务和其他服务业		Neighborhood Services and Other Service Industry		1843
13.卫生、社会保障和社会福利业		Sanitation, Social Security and Social Welfare Industry		30
14.文化、体育和娱乐业		Cultural, Physical and Entertainment Industry		353
15.其他行业		Others		152
三、注册资金	**(万元)**	**Registered Capital**	**(10 000 yuan)**	**20606341**

Number of Private Enterprises and Its Investors (2011)

市 区 Urban District	绍 兴 Shaoxing	上 虞 Shangyu	嵊 州 Shengzhou	新 昌 Xinchang	诸 暨 Zhuji
13224	**18268**	**8861**	**6725**	**4196**	**11501**
9591	6292	4122	4040	3319	3355
3633	11976	4739	2685	877	8146
113	159	197	120	73	287
2	3	8	12	4	36
3712	6959	4885	4175	2363	6497
8	20	11	14	20	18
459	387	457	218	128	289
218	130	95	44	57	83
324	161	153	132	57	163
6224	9088	2087	1236	839	2519
112	75	59	41	38	82
245	358	154	160	154	250
1134	465	421	327	230	571
261	195	148	130	125	122
3	1	2	–	1	4
48	42	32	23	17	27
1	64	1	4	–	7
27499	**35368**	**16651**	**12969**	**8974**	**21569**
21719	13670	8494	8717	7765	7864
5780	21698	8157	4252	1209	13705
242	415	409	242	222	644
10	5	23	15	9	68
7260	13295	8636	7716	4566	11560
29	90	29	24	110	34
942	755	945	507	283	616
408	320	216	71	148	152
596	255	214	168	80	219
12171	16773	3989	2528	1833	4106
179	127	80	63	103	136
670	894	317	395	309	541
3464	1420	1155	755	578	2099
473	361	254	231	323	201
8	5	2	–	4	11
102	86	45	46	27	47
2	136	1	5	–	8
3934883	**6154730**	**3305851**	**1313541**	**917763**	**4979573**

11-4 环境基本情况 (2011年)

指 标	Item	全 市 Whole Municipality
一、工业废水排放总量 (万吨)	**Volume of Industrial Waste Water Discharged (10 000 tons)**	**33123.76**
直接排入污水处理厂的	Directly Discharged to Waste Treatment Plant	25045.00
工业重复用水量	Volume of Water Utilized Repeatedly in Industry	58837.11
二、工业废气排放总量（亿标立方米）	**Volume of Industrial Waste Gas Discharged** (100 million cu.m)	**1480.37**
三、工业二氧化硫排放量 (吨)	**Volume of Industrial SO_2 Discharged (ton)**	**60425.37**
工业烟（粉）尘排放量	Volume of Industrial Soot（Dust） Discharged	22999.43
工业烟（粉）尘去除量	Volume of Industrial Soot（Dust） Removed	1249618.71
四、一般工业固体废物产生量（万吨）	**Volume of Industrial Solid Wastes Produced (10 000 tons)**	**352.57**
一般工业固体废物综合利用量	Volume of Industrial Solid Wastes Utilized	321.15
一般工业固体废物贮存量	Volume of Industrial Solid Wastes Accumulated	1.20
一般工业固体废物处置量	Volume of Industrial Solid Wastes Treated	30.58
五、工业锅炉 (台)	**Industrial Boilers (set)**	**1021**
六、工业炉窑 (座)	**Industrial Furnaces & Kilns (unit)**	**261**

Environment Protection (2011)

市 区 Urban District	绍 兴 Shaoxing	上 虞 Shangyu	嵊 州 Shengzhou	新 昌 Xinchang	诸 暨 Zhuji
4473.97	**21626.79**	**3016.32**	**1687.25**	**1132.37**	**1187.04**
4286.58	16539.85	1986.73	808.23	678.90	744.72
29889.06	4469.86	10104.66	1908.39	11123.93	1341.21
226.17	**571.25**	**287.74**	**28.40**	**41.22**	**325.58**
14123.89	**27153.33**	**6933.01**	**2423.67**	**1672.04**	**8119.44**
4133.35	9280.76	2201.73	345.50	1025.86	6012.24
198087.44	41836.24	33525.34	30173.43	5323.12	940673.14
138.37	**139.63**	**38.08**	**6.20**	**15.17**	**15.11**
118.33	139.63	28.45	5.78	14.59	14.36
0.15	–	0.20	–	–	0.85
20.09	–	9.50	0.42	0.58	–
187	**550**	**97**	**46**	**47**	**94**
40	**22**	**62**	–	**51**	**86**

11-5 历年"三废"综合利用和污染事故处理情况

Utilization of Waste Water, Waste Gas and Waste Residue and Treatment of Polluting Accidents Over the years

年 份 Year	"三废"综合利用产品产值(万元) Output Value of Products Made from Utilization of Waste Gas,Waste Water and Industrial Solid Wastes (10 000 yuan)	污染事故(次) Pollution Accidents (time)	污染赔款总额(万元) Amount of Reparations (10 000 yuan)	污染罚款总额(万元) Amount of Fines (10 000 yuan)
1992	5610	13	6.70	15.70
1993	1882	18	13.60	4.90
1994	3138	29	41.97	16.90
1995	4302	45	100.02	14.30
1996	9596	7	43.10	12.00
1997	5127	17	28.80	9.20
1998	8209	43	38.59	6.65
1999	5598	23	13.70	5.80
2000	20735	7	9.19	2.50
2001	20843	22	110.70	13.00
2002	28121	5	4.50	5.00
2003	35371	30	34.00	20.00
2004	42440	16	17.00	440.00
2005	49151	9	–	1195.00
2006	95660	3	2	3013.00
2007	106348	–	–	4044.63
2008	106626	–	–	1679.95
2009	109301	–	–	1468
2010	193442	–	–	3921.40
2011	–	–	–	3768

注：2011 年起，"三废"综合利用产品产值取消统计。

Note：From 2011, "Output Value of Products Made from Utilization of Waste Gas,Waste Water and Industrial Solid Wastes "cancel statistics.

11-6 历年工业废气排放和处理情况

Industrial Waste Gas Discharging and Processing Over the Years

年 份 Year	一、工业废气排放总量（万标立方米） Volume of Industrial Waste Gas Discharged (10 000 cu.m)	#生产工艺过程中废气排放量 Waste Gas from the Process of Production	#燃料燃烧过程中废气排放量 Waste Gas in the Process of Fuel Burning	二、二氧化硫排放量（吨） Emission of Sulfur Sioxide (ton)	三、工业烟尘排放量（吨） Volume of Industrial Soot&Dust Discharged(ton)
1992	787279	313031	430629	14193	9628
1993	860768	334919	525849	12807	9287
1994	2537455	993288	1544167	45596	36921
1995	3150709	1231541	1919169	61957	45115
1996	3567235	1152929	2414306	76420	48814
1997	4350245	1730725	2619520	69786	35943
1998	4181690	1677892	2503798	71224	29935
1999	5080669	2364523	2716146	73253	32407
2000	6092375	2490816	3601559	51434	25598
2001	6585773	2724429	3861344	48081	24239
2002	7224020	2538136	4685884	45616	22026
2003	8661055	2941230	5719825	68536	22495
2004	11023629	4785671	6237958	70642	26201
2005	12604102	5332913	7271189	71851	27222
2006	14311657	6767415	7544242	71156	22941
2007	16264906	6753288	9511618	68950	16825
2008	16095559	5941372	10154187	61490	14329
2009	14931375	8909577	6021798	57880	18792
2010	14898163	9422774	5475389	54882	17883
2011	14803707	–	–	60425	22999

注：2011 年起，“生产工艺过程中废气排放量”与“燃料燃烧过程中废气排放量”取消统计。

Note：From 2011，“ Waste Gas from the Process of Production” and “Waste Gas in the Process of Fuel Burning” cancel statistics。

11-7　历年工业粉尘、工业废渣排放和处理情况

年　份 Year	工业粉尘 Industrial Dust			
	产生量(吨) Produced Volume (ton)	排放量(吨) Discharged Volume (ton)	去除量(吨) Removed Volume (ton)	去除率(%) Rate of Removed (%)
1992	35969	6310	29659	82.46
1993	41754	7432	34322	82.20
1994	158419	58865	99554	62.84
1995	206045	80295	125750	61.03
1996	202444	71578	130866	64.64
1997	238761	66922	171839	71.97
1998	232570	53035	179535	77.20
1999	249311	51965	197346	79.16
2000	224594	18590	206004	91.72
2001	286605	17007	269598	94.07
2002	197629	16467	181162	91.67
2003	196923	15152	181771	92.31
2004	287782	14832	272950	94.85
2005	314906	12198	302708	96.13
2006	300878	8461	292417	97.19
2007	275914	7589	268326	97.25
2008	267614	7228	260386	97.30
2009	251730	6992	244738	97.22
2010	228667	6176	222491	97.30
2011	–	–	–	–

注：1.1993 年及以前统计口径为县属及以上企事业单位，1993 年以后为全部企事业单位。2. 2011 年起，“工业粉尘排放和处理情况”取消统计。

Emission and Treatment of Industrial Dust and Industrial Waste Residue Over the Years

工业固体废物 Industrial Solid Wastes				
产生量(万吨) Produced Volume (10 000 tons)	排放量(万吨) Discharged Volume (10 000 tons)	贮存量(万吨) Accumulated Volume (10 000 tons)	综合利用量(万吨) Utilized Volume in a Comprehensive Way (10 000 tons)	综合利用率(%) Utilized Percentage in a Comprehensive Way(%)
137.55	1.07	78.88	52.86	38.43
141.78	0.99	89.17	44.38	31.30
170.48	1.25	83.50	75.65	44.37
191.55	1.43	75.66	104.42	54.51
212.55	1.45	80.22	123.84	58.26
208.53	1.00	79.88	118.53	56.84
214.50	1.00	83.90	111.00	51.75
203.69	0.45	79.15	118.14	58.00
217.62	0.47	73.15	139.95	64.31
235.25	0.63	77.24	151.76	64.51
258.25	0.19	17.92	170.95	66.20
252.18	0.15	0.58	174.06	69.02
291.98	0.15	0.39	217.49	74.49
285.02	0.05	3.09	280.81	98.52
326.77	0.16	63.38	239.42	73.28
326.28	–	2.81	264.36	80.84
327.04	–	2.30	263.05	80.43
335.22	–	2.65	271.12	80.88
345.17	–	2.73	321.52	93.15
352.57	–	1.20	321.15	91.09

Note:a) the statistics of 1993 and earlier were based on county level and higher enterprises, while that of after 1993 has been on the all enterprises.b) From 2011, “Emission and Treatment of Industrial Dust” cancel statistics。

11-8 历年废水排放和处理情况

年　份 Year	废水排放总量 (万吨) Waste Water Discharged (10 000 tons)	# 工业废水排放量 Industrial Waste Water Discharged	# 符合排放标准的 Qualified by Emission Standard	工业废水排放达标率 (%) Rate of Industrial Waste Water up to the Discharge Standards (%)
1992	9729	6529	4357	66.74
1993	9459	6257	4572	73.07
1994	20304	17113	12771	74.63
1995	23418	20126	14522	72.15
1996		18850	14467	76.79
1997	18210	14401	8349	57.90
1998	17712	13212	10425	78.90
1999	17186	12422	10335	83.20
2000	19080	14189	12535	95.29
2001	21622	16582	16004	96.52
2002	22986	17779	17660	99.33
2003	23650	18864	18337	97.21
2004	24508	19678	19076	96.94
2005	26142	20520	20225	98.56
2006	34086	27867	27334	98.09
2007	37286	29043	28416	97.84
2008	38066	28461	28062	98.60
2009	40828	29862	29351	98.29
2010	41704	30230	29744	98.39
2011	53900	33124	–	–

Waste Water Discharging and Processing Over the Years

工业废水中有害物质含量 Harmful Substance Content in Industrial Waste						
六价铬（千克）Chromium（kg）	砷（千克）Arsenic（kg）	铅（千克）Aluminum（kg）	挥发酚（千克）Volatile Phenol（kg）	氰化物（千克）Cyanide（kg）	石油类(吨）Petroleum Class（ton)	化学需氧量（吨）Chemical Oxygen Demand（ton）
509	22	13	1882	5044	78	13981
1208	1	4	2297	1678	87	12510
9167	2	587	17257	4357	113	28945
14560	1	1135	1798	4129	124	34622
9265	6	1171	790	1812	496	39129
1730	22	850	800	1600	416	61628
1680	250	840	590	1920	288	44687
3560	230	840	520	1310	328	42521
1550	210	490	400	1500	263	43173
1190	20	100	460	1350	247	43094
1140	–	90	400	1260	173	44771
1090	–	40	290	1830	171	43910
1940	–	10	280	1740	167	46459
810	–	120	280	90	169	46166
470	–	43	972	789	91	45372
460	–	20	630	780	17	42862
220	–	40	240	190	12	37852
230	–	30	240	110	10	35195
130	–	10	60	30	6.7	33547
72	–	30	10	56	20	31831

11-9 排污费征收、使用及企事业污染治理情况（2011 年）

指　　标	Item	全　市 Whole Municipality
一、交纳排污费单位数　　（个）		**1670**
排污费征收额　　（万元）	Imposition of Pollution Fees	7036
排污费支出总额　　（万元）	Expenditure of Pollution Fees	3848
二、污染源治理本年完成投资总额（万元）	**Investment Completed in Anti–pollution Projects (10000 yuan)**	
#工业污染源治理投资额	Investment in Industrial Anti-pollution	43296
完成环保验收项目环保投资额	Investment in Environmental Protection Acceptance Projects	103640
#治理废水	Treatment of waste water	29517
治理废气	Treatment of Waste Gas	8383
治理固体废物	Treatment of Waste Solid	287
治理噪声	Treatment of Noise Pollution	105
治理其他	Treatment of Others	5005
三、污染源治理施工项目数　　（个）	Projects under Construction Completed (unit)	**200**

Imposition and Utilization of Pollution Fees and Pollution Treatment (2011)

市 区 Urban District	绍 兴 Shaoxing	上 虞 Shangyu	嵊 州 Shengzhou	新 昌 Xinchang	诸 暨 Zhuji
121	**205**	**261**	**218**	**138**	**727**
1324	2440	983	400	250	1639
251	750	782	235	200	1631
8243	17910	13575	–	2014	1555
23535	34804	27593	3139	4441	10128
6392	16422	5683	–	645	374
1051	1415	4141	–	697	1079
264	23	–	–	–	–
75	–	–	–	–	30
520	50	3691	–	672	72
38	**49**	**75**	**1**	**16**	**21**

11-10 城市公用事业基本情况 (2011年)

指标		Item		全市 Whole Municipality
城市建设		**City Construction**		
建成区面积	(平方公里)	Developed Areas	(sq.km)	278.07
人口密度	(人/平方公里)	Population Density of Districts	(person/sq.km)	1686
城市建设用地面积	(平方公里)	Areas of Urban Construction	(sq.km)	270.15
供水、供气、供热		**Water Supply，Gas Supply and Heating**		
供水总量	(万立方米)	Annual Supply of Water	(10 000 cu.m)	44483
# 生活用水	(万吨)	Water Consumption for Residential Use	(10 000 tons)	12292
人均日生活用水量	(升)	Daily Water Consumption for Residential Use Per Capita	(litre)	160.44
用水普及率	(%)	Percentage of Population with Access to Tap Water	(%)	99.97
供气总量	(吨)	Annual Supply of Gas	(ton)	67875
# 家庭用量	(吨)	Consumption of Liquefied Gas for Residential Use	(ton)	57825
供热面积	(万平方米)	Heated Areas	(10 000 sq.m)	4229
市政工程		**Municipal Engineering**		
道路长度	(公里)	Length of Roads	(km)	1603.42
道路面积	(万平方米)	Area of Roads	(10 000 sq.m)	3043.55
人均城市道路面积	(平方米)	Per Capita Areas of Paved Roads	(sq.m)	14.50
公共交通		**Public Traffic**		
公共汽车数量	(辆)	Public Transportation Vehicles	(unit)	1240
出租汽车数量	(辆)	Taxi	(unit)	2605
城市绿化		**Afforestation in Cities**		
绿化覆盖面积	(公顷)	Afforestation	(hectare)	14733
建成区绿地面积	(公顷)	Green Areas of City Building	(hectare)	9765
公园绿地面积	(公顷)	Green Areas of Park	(hectare)	2645
人均公园绿地面积	(平方米)	Per Capita Green Areas of Park	(sq.m)	12.60
环境卫生		**Environmental Sanitation**		
生活垃圾清运量	(万吨)	Volume of Garbage Disposal	(10 000 tons)	86.25
粪便清运量	(万吨)	Volume of Disposal of Excrement and Urine	(10 000 tons)	9.31
污水处理率	(%)	Rate of Disposal of Waste Water	(%)	81.94
生活垃圾无害化处理率	(%)	Rate of Living Garbage Disposal	(%)	100

Basic Statistics on Urban Public Utilities (2011)

市区 Urban District	绍兴 Shaoxing	上虞 Shangyu	嵊州 Shengzhou	新昌 Xinchang	诸暨 Zhuji
109.47	47.00	24.00	40.50	19.00	38.10
3176	2392	1993	1292	895	969
100.89	65.57	23.27	32.84	14.4	33.18
11286	15951	5925	3305	2976	5040
4076	1330	1805	1152	1316	2614
155.53	96.36	223.56	113.82	213.85	213.14
100	100	100	100	99.65	100
18699	10006	8000	7200	5970	18000
15173	8112	6600	7200	5740	15000
1355	25	160	679	210	1800
508.99	303.19	249.37	149.30	198.17	194.40
1282.59	507.27	451.80	233.20	209.89	358.80
17.87	13.42	20.42	8.41	12.40	10.68
687	49	100	91	129	184
917	444	310	251	150	533
6664	2040	1063	1650	720	2596
3929	1741	886	1279	667	1263
1129	416	259	307	170	364
15.73	11.01	11.71	11.07	10.05	10.83
24.38	17.32	17.00	9.00	8.95	9.60
6.15	1.20	0.50	0.88	0.58	0.00
86.25	82.45	80.40	73.30	69.90	83.50
100	100	100	100	100	100

11-11 历年全市档案事业机构、人员、设备情况

年 份 Year	一、全市档案馆个数(个) Number of Archives (unit)	二、人员情况(人) 档案行政管理人员 Personnel(person)
1991	7	84
1992	7	82
1993	7	79
1994	7	84
1995	7	87
1996	7	89
1997	7	93
1998	7	96
1999	7	103
2000	7	103
2001	7	105
2002	7	104
2003	7	104
2004	7	104
2005	7	100
2006	7	104
2007	7	109
2008	7	107
2009	7	106
2010	7	107
2011	7	126

注：①由于档案馆改扩建后，库房直接接进中央空调，因而空调数量变化较大，1998 年中央空调窗口达 87 只。
②全市档案系统局馆合一，参照公务员，行政管理人员不复存在。

三、设备情况(台) Facilities(unit)				
缩微设备(阅读器) Micro Scale Equipments (readers)	电子计算机 Computer	复 印 机 Copy Machine	集中式空调 Central Air Conditioner	去 湿 机 Dehumidifier
2	1	7		23
2	3	7		23
2	3	7	1	25
2	5	7	1	26
2	10	7	1	26
2	21	8	3	28
2	23	8	26	28
1	27	10	10	28
3	48	11	10	31
2	25	12	3	27
2	7	13	3	35
2	14	12	3	35
2	53	13	4	36
2	60	14	4	36
2	89	14	4	42
2	170	15	5	44
2	191	15	5	59
2	295	21	5	47
2	269	21	5	57
2	253	22	5	63
2	275	23	5	54

Note: a）After the expansion of the archive building, central air conditioning was directly connected to each rooms, therefore there is a considerable change in the number of air conditioners. In 1998, there were 87 central AC windows. b）The archive bureau was combined with the administration, referring to civil servant system. The administrative personnel do not exist any more.

11-12 历年档案馆档案资料馆藏和利用情况

年份 Year	一、馆藏档案 Archives Stored 全宗（个） Whole Volume (unit)	案卷（个） File (unit)	录音、录像影片（盘） Records, Films on Videotape (copy)	照片（张） Pictures (piece)	二、馆藏资料册数（册） Number of Material Stored (volume)	三、档案馆面积（平方米） Areas of Archives (sq.m)	#库房面积 Areas of Storerooms
1992	1214	301982	152	15575	59787	7638	5133
1993	1279	324043	170	14025	62455	10211	6278
1994	1353	356392	206	16252	64296	10211	6278
1995	1403	382508	224	19391	65409	11282	6365
1996	1450	404428	233	21485	67281	10511	6687
1997	1492	432233	267	25734	72541	10511	6687
1998	1501	450215	312	25915	74397	10511	6687
1999	1521	455434	324	25949	75331	10573	6376
2000	1568	506767	390	30426	77490	10573	6135
2001	1566	564054	425	37470	90085	10573	6135
2002	1591	608570	578	43306	92175	10573	6135
2003	1634	643860	715	47338	94512	10763	6261
2004	1659	694972	751	69611	95953	10762	6261
2005	1680	765861	769	73213	97680	11117	6616
2006	1697	819712	858	101924	100466	23248	10727
2007	1715	1213516	873	111385	101749	23348	11237
2008	1735	1351583	892	122506	103392	42542	14803
2009	1802	1228677	951	175812	103715	42742	14848
2010	1861	1277006	966	178485	106000	43242	15003
2011	1881	1333874	996	186877	109357	43242	15003

File-stored and Used in the Archives Over the Years

四、档案利用人次（人次） Number of Persons Using Archives (person-time)	五、档案利用数（卷次） Number of Archives (volume-time)	六、资料利用人次（人次） Number of Persons Using Material (person-time)	七、资料利用数（册次） Number of Material Used (volume-time)	八、复制档案资料（页） Copies (page)	九、开放档案 Opening Archives	
					全宗（个） Whole Volume (unit)	案卷（卷） Files (volume)
10048	26730	1190	2499	88450	726	66621
5064	17024	896	2241	41950	719	66621
3087	7173	216	828	36153	762	77884
3252	8994	255	642	32609	810	93144
3611	10965	215	577	62699	878	98006
3259	6775	208	411	53494	887	129887
3464	7912	132	706	41761	985	133315
3835	8913	245	686		937	121334
4446	8286	177	598	15322	1042	106213
6349	13996	165	448	23836	1023	97223
6414	15153	178	795	27741	1071	107626
8327	16966	175	967	41191	1107	111850
8945	34105	588	2941	59605	1074	86478
11333	57050	368	3879	82248	1164	118163
11334	35654	316	1795	322519	1164	118163
15287	32096	920	3085	61266	1167	119612
17926	27515	737	2361	87841	1212	120416
25964	53946	1148	3188	122426	1138	121533
28160	33815	482	2006	155840	1151	127941
67697	128478	1015	3155	139132	1175	27678

11-13 计划生育基本情况(2011年)

指　　标		Item		全　市 Whole Municipality
计划生育率	(%)	Pregnant Rate of Control	(%)	97.20
计划外怀孕率	(%)	Pregnant Rate Out of Control	(%)	1.12
女性初婚	(人)	Female First Marriage	(person)	20489
晚婚人数	(人)	Female Late Marriage	(person)	15975
女性晚婚率	(%)	Rate of Female Marriage at Mature Age	(%)	77.97
育龄妇女	(人)	Woman at Child-bearing Age	(person)	1215177
已婚育龄妇女	(人)	Married Woman at Child-bearing Age	(person)	932851
#已有一孩	(人)	With a Child	(person)	658972
已婚育龄妇女生育率	(%)	Birth Rate of Married Woman at Child-bearing Age	(%)	3.34
已婚育龄妇女一孩率	(%)	Only-Child Rate of Married Woman at Child-bearing Age	(%)	70.64
已领一孩父母光荣证	(人)	Proportion of Only Child Certificate	(person)	290440
已婚育龄妇女领证率	(%)	Proported Rate of Married Woman at Child-bearing Age	(%)	31.13
采取节育措施	(人)	Take Birth Control Measures	(person)	824598
节 育 率	(%)	Rate of Birth Control	(%)	88.40

Basic Statistics on Family Planning (2011)

市 区 Urban District	绍 兴 Shaoxing	上 虞 Shangyu	嵊 州 Shengzhou	新 昌 Xinchang	诸 暨 Zhuji
98.25	98.62	96.89	97.30	95.64	96.49
1.02	0.83	1.41	0.88	1.20	1.30
2838	2931	2885	3664	2645	5526
2341	2178	2219	2768	2141	4328
82.49	74.31	76.92	75.55	80.95	78.32
183413	206682	201618	201854	122866	298744
142255	154496	154071	156308	96795	228926
104687	99972	115029	115345	68656	155283
3.50	3.23	2.78	3.30	3.98	3.45
73.59	64.71	74.66	73.79	70.93	67.83
72866	65010	54603	23577	17467	56917
51.22	42.08	35.44	15.08	18.05	24.86
124337	135020	139784	138158	85578	201721
87.40	87.39	90.73	88.39	88.41	88.13

11-14 历年计划生育率

Rate of Birth under Control over the Years

单位：%　　　　(%)

年份 Year	全市 Whole Municipality	市区 Urban District	绍兴 Shaoxing	上虞 Shangyu	嵊州 Shengzhou	新昌 Xinchang	诸暨 Zhuji
1983	82.08	96.33	94.76	89.39	73.89	60.99	80.67
1984	85.34	98.61	98.16	95.28	81.77	61.32	86.99
1985	89.65	97.37	98.43	95.95	88.95	66.14	93.38
1986	91.75	87.24	98.81	97.46	91.06	69.57	93.08
1987	93.84	95.54	99.16	98.39	92.58	68.28	94.68
1988	96.65	98.13	99.49	99.33	96.50	82.26	96.49
1989	97.45	99.15	99.56	99.52	97.18	90.07	95.84
1990	98.14	98.72	99.71	99.54	97.83	94.04	97.16
1991	97.33	98.77	98.86	96.02	97.05	95.21	97.35
1992	97.03	99.50	99.37	97.81	94.63	94.56	96.06
1993	97.26	99.67	98.54	97.15	96.13	96.65	96.09
1994	98.73	99.79	99.31	98.73	98.39	98.02	98.32
1995	98.88	99.63	99.49	98.23	98.23	98.73	98.94
1996	98.72	99.82	99.51	97.13	98.40	98.75	99.04
1997	99.47	99.64	99.74	99.50	99.09	98.93	99.52
1998	98.92	99.88	99.25	99.47	97.44	98.13	99.34
1999	99.50	98.83	99.75	99.54	99.48	98.82	99.40
2000	97.88	99.50	98.67	99.00	95.67	95.77	98.22
2001	99.06	99.82	99.62	99.10	98.38	98.00	99.03
2002	99.14	99.81	99.76	98.98	98.79	98.37	99.07
2003	98.97	99.89	99.81	99.02	98.50	98.20	98.58
2004	98.50	99.86	99.47	98.08	98.34	97.43	97.95
2005	98.31	99.55	99.58	98.25	98.07	96.64	97.71
2006	98.02	99.60	99.35	97.31	98.05	95.83	97.89
2007	97.54	98.87	98.86	96.86	97.78	95.83	97.11
2008	97.43	99.10	98.71	95.67	97.80	95.45	97.56
2009	97.49	99.12	98.86	96.97	96.81	96.11	96.98
2010	96.93	98.60	97.51	95.85	97.49	94.21	97.20
2011	97.20	98.25	98.62	96.89	97.30	95.64	96.49

11-15 历年已婚育龄妇女生育率

Birth Rate of Married Woman at Child-bearing Age over the Years

单位：%　　(%)

年份 Year	全市 Whole Municipality	市区 Urban District	绍兴 Shaoxing	上虞 Shangyu	嵊州 Shengzhou	新昌 Xinchang	诸暨 Zhuji
1983	8.02	9.51	7.09	7.27	8.11	11.50	7.63
1984	6.07	6.48	4.47	4.08	6.92	10.07	6.69
1985	6.07	7.12	5.28	5.04	6.29	9.16	5.89
1986	7.58	7.43	7.76	7.69	6.82	9.32	7.21
1987	9.01	8.68	9.68	10.96	7.51	8.87	8.09
1988	7.35	6.80	7.93	7.60	6.53	6.56	7.65
1989	7.37	7.44	8.12	7.50	7.03	6.30	7.18
1990	6.59	5.94	6.86	6.41	6.79	6.21	6.65
1991	5.99	5.87	6.62	6.42	5.58	5.51	5.57
1992	5.40	4.34	5.64	5.71	5.29	5.25	5.34
1993	5.80	5.43	6.87	6.26	5.29	5.02	5.18
1994	5.42	4.46	6.08	5.56	4.84	4.72	5.60
1995	5.94	5.49	6.84	6.22	5.00	4.95	5.99
1996	5.20	4.28	5.43	5.15	4.92	4.88	5.57
1997	5.01	5.44	5.50	4.89	4.33	4.69	5.08
1998	4.04	3.70	3.97	3.62	4.19	4.16	4.37
1999	4.18	4.42	4.52	3.97	3.88	4.42	4.08
2000	4.10	3.80	4.00	3.68	4.29	4.39	4.39
2001	4.02	4.24	4.32	3.76	3.87	3.85	4.06
2002	3.99	3.99	3.86	3.45	4.18	4.52	4.14
2003	3.37	3.36	3.23	3.28	3.40	4.30	3.16
2004	4.14	4.10	4.26	3.42	4.13	4.99	4.30
2005	3.86	3.82	4.03	3.27	3.89	4.44	3.96
2006	3.27	2.92	3.10	2.91	3.35	3.92	3.51
2007	3.46	3.50	3.21	2.97	3.42	4.06	3.73
2008	3.12	2.85	2.82	2.65	3.26	3.52	3.55
2009	3.18	3.48	3.19	2.68	3.09	3.45	3.34
2010	3.02	2.96	2.82	2.64	3.03	3.42	3.29
2011	3.34	3.50	3.23	2.78	3.30	3.98	3.45

11-16 历年女性晚婚率

Proportion of Female Late Marriage over the Years

单位：%　　　　(%)

年份 Year	全市 Whole Municipality	市区 Urban District	绍兴 Shaoxing	上虞 Shangyu	嵊州 Shengzhou	新昌 Xinchang	诸暨 Zhuji
1983	69.69	98.16	89.98	78.71	70.19	50.12	60.99
1984	70.97	95.01	76.28	89.70	72.65	51.94	59.57
1985	65.92	87.03	64.77	71.60	72.29	54.91	56.67
1986	64.43	77.62	65.33	69.19	66.42	54.08	54.87
1987	57.80	77.93	55.88	58.62	59.44	53.18	53.75
1988	65.63	74.70	73.39	71.73	65.89	57.07	54.70
1989	66.50	84.52	79.79	73.08	66.75	58.97	53.45
1990	68.22	85.70	80.09	73.04	66.07	60.17	51.79
1991	63.01	81.74	73.92	60.22	65.97	60.50	51.39
1992	65.56	84.04	75.51	64.57	57.80	52.60	56.31
1993	64.46	82.93	75.22	60.18	61.51	55.63	58.91
1994	68.48	88.61	77.98	65.35	64.46	58.36	60.36
1995	66.00	88.31	73.31	61.25	63.96	58.20	62.33
1996	69.69	91.96	77.83	64.62	64.74	62.48	63.96
1997	69.21	91.14	74.61	66.84	66.01	63.17	66.19
1998	65.93	86.59	70.88	62.19	62.32	58.53	63.15
1999	65.25	87.30	64.71	61.60	62.20	64.13	66.56
2000	63.63	72.81	63.17	57.24	63.21	65.44	63.18
2001	65.11	72.68	60.24	56.74	67.50	68.53	66.64
2002	66.41	74.12	63.22	60.10	68.55	67.52	67.13
2003	63.55	65.05	56.40	57.99	67.78	66.12	65.57
2004	61.92	69.00	55.41	55.58	66.30	65.47	61.71
2005	63.48	69.72	56.84	60.62	65.43	66.00	63.20
2006	68.84	78.55	65.28	65.29	68.92	67.53	67.55
2007	68.23	78.20	61.22	64.00	69.67	68.79	67.80
2008	68.19	76.37	63.02	61.40	68.28	71.06	69.49
2009	67.54	76.61	60.50	57.73	68.06	71.73	69.58
2010	72.31	80.05	68.16	66.32	71.43	76.51	72.45
2011	77.97	82.49	74.31	76.92	75.55	80.95	78.32

11-17 历年已婚育龄妇女一孩率

Only-Child Rate of Married Woman at Child-bearing Age over the Years

单位：%　　(%)

年份 Year	全市 Whole Municipality	市区 Urban District	绍兴 Shaoxing	上虞 Shangyu	嵊州 Shengzhou	新昌 Xinchang	诸暨 Zhuji
1983	28.83	39.36	30.01	29.98	26.98	22.19	28.43
1984	32.07	42.76	33.84	33.25	29.06	24.23	32.22
1985	34.84	47.10	36.98	35.05	32.22	26.03	35.08
1986	36.37	48.16	37.61	35.72	34.95	27.71	37.17
1987	38.41	50.87	40.32	37.80	36.47	29.52	38.77
1988	40.27	52.42	42.29	39.21	37.99	31.99	40.81
1989	42.94	56.06	45.41	42.10	40.22	34.81	42.85
1990	44.92	57.53	46.94	44.20	42.29	37.34	44.92
1991	46.84	61.61	49.33	45.82	43.74	39.17	46.46
1992	48.70	64.30	50.24	48.06	45.95	40.79	48.50
1993	50.42	65.89	52.69	49.87	47.32	42.54	49.77
1994	51.52	67.28	53.07	50.88	49.08	43.02	51.17
1995	53.36	69.38	55.19	53.28	50.98	44.72	52.31
1996	54.34	70.46	55.30	54.05	52.73	46.32	53.49
1997	56.14	71.51	57.44	56.28	53.95	48.52	55.06
1998	57.49	72.45	58.14	57.51	56.28	49.84	56.54
1999	59.13	75.12	59.62	59.59	57.27	51.61	58.14
2000	60.55	68.90	59.56	61.09	59.51	52.96	60.12
2001	77.32	77.66	68.00	79.98	82.78	81.52	77.44
2002	77.91	65.29	73.74	80.53	82.79	85.43	80.39
2003	65.69	72.18	63.57	66.84	65.24	59.15	65.53
2004	66.27	71.92	62.76	67.63	67.90	59.98	65.84
2005	68.66	74.03	64.85	69.34	70.93	63.34	68.27
2006	68.83	73.11	64.77	71.46	70.93	63.85	67.77
2007	69.83	74.20	65.56	71.97	72.23	66.28	68.40
2008	70.57	74.01	65.14	73.95	73.25	68.40	68.74
2009	70.62	74.68	64.94	73.57	73.56	69.43	68.47
2010	70.38	73.84	64.18	73.51	73.76	70.13	68.11
2011	70.64	73.59	64.71	74.66	73.79	70.93	67.83

11-18 社会福利事业单位基本情况 (2011年)

指标		Item		全市 Whole Municipality
一、机构数	**(个)**	**Number of Institutions**	**(unit)**	**416**
1.社会福利院		Social Welfare Homes		5
2.光荣院		Homes for the Disabled Veterans		3
3.城镇老年福利机构		Welfare Institutions for the Elderly in the Urban Area		61
4.农村老年福利机构		Welfare Institutions for the Elderly in the Rural Area		127
5.社会办福利工厂		Social Welfare Enterprises		219
6.儿童福利院		Children's Welfare Institute		1
二、收养人数	**(人)**	**Number of Persons Adopted**	**(person)**	
1.社会福利院		Social Welfare Homes		695
2.光荣院		Homes for the Disabled Veterans		40
3.城镇老年福利机构		Welfare Institutions for the Elderly in the Urban Area		3202
4.农村老年福利机构		Welfare Institutions for the Elderly in the Rural Area		4154
5.儿童福利院		Children's Welfare Institute		55
三、社会办福利工厂职工	**(人)**	**Staff and Workers of Social Welfare Enterprises**	**(person)**	**30206**
# 安置残疾职工总数		Number of Disposing of the Disabled Staff and Workers		10677

11-19 城市最低生活保障及农村最低生活保障情况 (2011年)

指标		Item		全市 Whole Municipality
一、城镇居民最低生活保障情况		**Receiving Lowest Cost-of-living in Urban Area**		
保障对象期末人数	(人)	Number of Persons Receiving Lowest Cost-of-living in Urban Area	(person)	9680
保障资金投入总额	(万元)	Funds for Persons Receiving Lowest Cost-of-living in Urban Area	(10 000 yuan)	4471
二、农村居民最低生活保障情况		**Receiving Lowest Cost-of-living in Rural Area**		
保障对象期末人数	(人)	Number of Persons Receiving Lowest Cost-of-living in Rural Area	(person)	46816
保障资金投入总额	(万元)	Funds for Persons Receiving Lowest Cost-of-living in Rural Area	(10 000 yuan)	14410

Basic Statistics on Social Welfare Units (2011)

市　区 Urban District	绍　兴 Shaoxing	上　虞 Shangyu	嵊　州 Shengzhou	新　昌 Xinchang	诸　暨 Zhuji
50	**47**	**67**	**134**	**45**	**73**
1	–	1	1	1	1
1	1	–	–	–	1
23	2	4	23	2	7
4	28	21	37	10	27
20	16	41	73	32	37
1	–	–	–	–	–
205	–	79	220	150	41
–	32	–	–	–	8
948	494	288	824	100	548
78	914	543	1520	394	705
55	–	–	–	–	–
6272	**3954**	**4547**	**7469**	**2718**	**5246**
2225	1293	1619	2671	1013	1856

Urban and Rural Lowest Living Ensure Insurance (2011)

市　区 Urban District	绍　兴 Shaoxing	上　虞 Shangyu	嵊　州 Shengzhou	新　昌 Xinchang	诸　暨 Zhuji
3061	2999	1965	752	275	628
1686	1171	920	293	94	306
2033	6994	8181	9360	5756	14492
877	1951	2810	2425	1409	4939

11-20 享受国家优抚、补助及救济情况 (2011 年)

单位：人

指 标	Item	全 市 Whole Municipality
一、革命伤残军人员优抚人数	**Number of Persons**	**2275**
二、享受定期补助优抚对象	**Number of persons Receiving Periodical and Fixed Subsidies**	**3689**
# 在乡复员军人	Demobilized Servicemen in Rural Area	2912
在乡退伍军人	Demobilized Soldiers in Rural Area	777
三、临时救济人次数	**Number of Persons Receiving Temporary Almsgiving**	**5309**
# 城镇临时救济人次数	Number of Persons Receiving Temporary Almsgiving in Urban Area	281
农村临时救济人次数	Number of Persons Receiving Temporary Almsgiving in Rural Area	5028

11-21 婚 姻 登 记 情 况 (2011 年)

指 标		Item		全 市 Whole Municipality
一、内地准予登记结婚对数	**(对)**	**Registered Marriages of Mainland**	**(couple)**	**29743**
# 初婚人数	(人)	First Marriages	(person)	49969
再婚人数	(人)	Remarriages	(person)	9517
再婚中：男性	(人)	In Remarriages：Male	(person)	4652
女性	(人)	Female	(person)	4865
二、登记离婚对数	**(对)**	**Registered Divorces**	**(couple)**	**7171**
三、涉外及华侨、港澳台胞婚姻		**Registered Marriages with Foreigner Overseas Chinese and the Citizen of Hongkong，Macao，Taiwan**		
准予登记结婚对数	(对)	Number of Registered Marriages Allowed	(couple)	55
# 内地居民		Domestic Residents		55
香港居民		Hong Kong Residents		5
澳门居民		Macao Residents		0
台湾居民		Taiwan Residents		15
华 侨		Overseas Chinese		4
外 国 人		Foreigners		31

Enjoying Subsidy, Commiseration and Relief of Country (2011)

(person)

市　区 Urban District	绍　兴 Shaoxing	上　虞 Shangyu	嵊　州 Shengzhou	新　昌 Xinchang	诸　暨 Zhuji
462	**256**	**340**	**371**	**254**	**592**
261	**345**	**611**	**673**	**490**	**1309**
148	237	489	626	416	996
113	108	122	47	74	313
50	**3380**	**50**	**11**	**667**	**1151**
50	122	50	11	5	43
–	3258	–	–	662	1108

Basic Statistics on Marriage Registration (2011)

市　区 Urban District	绍　兴 Shaoxing	上　虞 Shangyu	嵊　州 Shengzhou	新　昌 Xinchang	诸　暨 Zhuji
4094	**3684**	**4387**	**5698**	**3833**	**8047**
5840	6074	7257	11250	6606	12942
2348	1294	1517	146	1060	3152
1156	662	741	132	458	1503
1192	632	776	14	602	1649
1126	**966**	**1034**	**1338**	**749**	**1958**
55	–	–	–	–	–
55	–	–	–	–	–
5	–	–	–	–	–
–	–	–	–	–	–
15	–	–	–	–	–
4	–	–	–	–	–
31	–	–	–	–	–

11-22 广播、电视机构情况 (2011年)

单位：座

指标	Item	全市 Whole Municipality
广播电台	Number of Broadcasting Stations	–
广播发射台及转播台	Number of Radio broadcasting stations and relay stations	–
调频广播发射台	Number of FM Broadcast Transmission Stations	–
电 视 台	Number of Television Stations	1
乡(镇)广播站	Number of Broadcasting Stations by Township	94
卫星电视地面站	Number of Satellite-TV Stations	–
广播电视台	Number of Broadcasting and Television Stations	6

11-23 广播、电视发射设备情况 (2011年)

指标	Item	全市 Whole Municipality
一、广播电视发射设备 (部)	**Transmission Facilities of Broadcasting and Television (unit)**	
无线广播	Wireless Broadcasting	–
调频广播	FM Broadcasting	14
电视广播	Television Broadcasting	16
二、广播电视发射功率（千瓦）	**Power of Transmission (kilowatt)**	
无线广播	Wireless Broadcasting	–
调频广播	FM Broadcasting	16.9
电视广播	Television Broadcasting	10.2

Institutions of Broadcasting and Television (2011)

(set)

市 区 Urban District	绍 兴 Shaoxing	上 虞 Shangyu	嵊 州 Shengzhou	新 昌 Xinchang	诸 暨 Zhuji
–	–	–	–	–	–
–	–	–	–	–	–
–	–	–	–	–	–
1	–	–	–	–	–
7	15	18	17	13	24
–	–	–	–	–	–
1	1	1	1	1	1

Transmission Facilities of Broadcasting and Television (2011)

市 区 Urban District	绍 兴 Shaoxing	上 虞 Shangyu	嵊 州 Shengzhou	新 昌 Xinchang	诸 暨 Zhuji
–	–	–	–	–	–
3	2	2	4	1	2
1	1	3	3	3	5
–	–	–	–	–	–
9.0	1.0	1.3	3.3	1.0	1.3
3.0	0.5	1.3	0.9	3.0	1.5

11-24 有线广播基本情况 (2011年)

指　　标		Item		全　市 Whole Municipality
通广播的乡(镇)	(个)	Number of Township Having Broadcast	(unit)	94
通电视的乡(镇)	(个)	Number of Township Having Televison	(unit)	94
通广播的村	(个)	Number of Village Having broadcast	(unit)	2188
通电视的村	(个)	Number of village Having Television	(unit)	2188
有线电视用户数	(万户)	Number of Broadcast Loudspeaker	(10 000 units)	135.93
数字电视用户数	(户)	Number of Digital Television	(unit)	1181036

11-25 广播、电视制作情况 (2011年)

单位：小时

指　　标		Item		全　市 Whole Municipality
广播电台全年播出时间		Broadcasting Hours Per Year		52321
广播节目全年制作量		Production of Broadcasting Programs Per Year		39694
电视台全年播出时间		Television Hours Per Year		46371
#自办节目		Self-producing Programs		19899
电视节目全年制作量		Production of TV Programs Per Year		6549
广播节目播出套数	(套)	Sets of Broadcasting Programs	(set)	8
电视节目播出套数	(套)	Sets of Television Programs	(set)	8

Basic Statistics on Wire-broadcasting (2011)

市 区 Urban District	绍 兴 Shaoxing	上 虞 Shangyu	嵊 州 Shengzhou	新 昌 Xinchang	诸 暨 Zhuji
7	15	18	17	13	24
7	15	18	17	13	24
210	291	341	463	415	468
210	291	341	463	415	468
26.07	21.14	22.40	22.00	14.33	30.00
248348	190210	207998	164000	70480	300000

Production of Broadcasting, Television Programs (2011)

(hour)

市 区 Urban District	绍 兴 Shaoxing	上 虞 Shangyu	嵊 州 Shengzhou	新 昌 Xinchang	诸 暨 Zhuji
20828	6753	6570	6205	5465	6500
17121	6570.5	4770	5425	2845	2780
19111	5680	5571	3964	6205	5840
8244	3700	1251	1493	2431	2780
3972	500	199	600	563	715
3	1	1	1	1	1
3	1	1	1	1	1

11-26 质量技术监督基本情况(2011年)

指标	Item	全市 Whole Municipality
已建社会公用计量标准 (项)	Social Public Measurement Standard Established at Province Level (kind)	214
已开展强制检定工作计量器具 (项)	Has Developed Quantity Checked by Measurement Implement Tested Compulsively	25
(种)		41
强制检定计量器具实际检定数 (台件)	Actual Quantity Checked by Measurement Implement Tested Compulsively (unit)	668841
计量仪器检定 (台件)	Quantity Checked by Measurement Implement (unit)	102125
制造修理计量器具许可证 (家)	Number of Persons Receiving Periodical Subsidies (unit)	18
持证单位、个体工商户数 (户)	Certificate Holding Unites and Individual Units of Industry and Commerce (unit)	18
采用国际标准产品验证确认(累计) (个)	Certified by International Standard Product (accumulative) (unit)	652
企业标准备案 (个)	Enterprise Standard Documentation (unit)	5871
产品质量监督检验受检企业数 (个)	Number of Enterprises Passed Quality Check (unit)	3449
查出不合格产品企业 (个)	Enterprises with Products Unqualified (unit)	194
不合格产品企业所占比例 (%)	Proportion of Enterprises with Products Unqualified (%)	5.62
产品质量监督检验批次 (批次)	Inspection Batches (batch)	6388
产品质量监督检验合格批次 (批次)	Batch up to Standard (batch)	6194
平均合格率 (%)	Average Qualification Rate (%)	97.0
与上年平均合格率对比(±) (百分点)	Comparison with the Average Qualification Rate of Previous Year (one per-centage point)	0.3
现有行政执法人员 (人)	Administration Executive Personnel Currently in Service (person)	178
受理行政案件 (件)	Administrative Cases Accepted (unit)	561
结案案件 (件)	Number of Cases Settled (unit)	526
法院强制执行案件 (件)	Court Coercive Execution Cases (unit)	18
罚没金额 (万元)	Income of Fine (10 000 yuan)	1536
情报资料 (册)	Intelligence Document (volume)	42994
# 国内标准 (册)	Domestic Standard (volume)	41978
# 国外标准 (册)	Foreign Standard (volume)	1016

Basic Statistics on Quality Technological Supervising (2011)

市 区 Urban District	绍 兴 Shaoxing	上 虞 Shangyu	嵊 州 Shengzhou	新 昌 Xinchang	诸 暨 Zhuji
104	16	31	22	18	23
20	9	8	11	7	10
30	16	10	19	12	16
591225	14446	31229	9420	9756	12765
39114	15456	7897	5669	25956	8033
–	1	7	2	1	7
–	1	7	2	1	7
652	–	–	–	–	–
277	1446	1279	451	1107	1311
400	673	676	708	306	686
13	42	52	31	21	35
3.25	6.24	7.69	4.38	6.86	5.10
751	1429	1234	1323	502	1149
738	1387	1182	1292	481	1114
98.3	97.1	95.8	97.7	95.8	97.0
2.2	0.1	-2.4	0.2	-1.8	1.8
44	29	40	13	15	37
170	127	50	101	56	57
159	114	49	97	52	55
11	–	–	4	2	1
647	310	172	193	92	122
42994	–	–	–	–	–
41978	–	–	–	–	–
1016	–	–	–	–	–

11-27 历年质量技术监督经费和固定资产总额

Funds and Fix Asset Investment of Quality Technological Supervising over the Years

单位:万元 (10 000 yuan)

年份 Year	财政拨款 Financial Allocations	市级机构 City Level	县级机构 County Level	固定资产总额 Total Value of Fixed Assets	市级固定资产 City Level	#仪器设备 Instruments and Equipments	县级固定资产 County Level	#仪器设备 Instruments and Equipments
1992	80.30	37.64	42.66	609.50	399.05	89.23	210.45	80.04
1993	90.58	42.78	47.80	644.36	428.46	174.12	215.90	79.93
1994	122.77	50.00	72.77	680.27	438.13	200.81	242.14	96.86
1995	166.28	59.73	106.55	823.74	522.81	237.96	300.93	143.88
1996	165.44	66.35	99.09	1102.39	725.68	374.41	376.71	216.48
1997	181.46	78.48	102.98	1296.82	793.85	453.97	502.97	336.44
1998	217.69	89.24	128.35	1857.62	845.31	530.70	1012.31	389.72
1999	247.07	106.71	140.36	2001.34	970.99	591.35	1030.35	379.80
2000	329.16	130.70	198.46	2402.19	1237.14	741.60	1165.05	393.01
2001	748.49	248.26	500.23	2892.17	1350.93	571.75	1541.24	514.14
2002	1137.24	308.15	829.09	3469.77	1466.21	445.21	2003.56	696.92
2003	1286.63	423.42	863.21	3829.44	1655.89	787.85	2173.55	707.66
2004	2900	1069	1831	4323	2025	1042	2298	760
2005	3909	1192	2717	4938	2257	1300	2681	1085
2006	5046	2204	2842	11680	8397	2247	3283	1581
2007	4740	1721	3019	12714	9195	2872	3519	1868
2008	4993	1821	3172	18440	9781	2927	8659	2087
2009	4737	1750	2987	22398	12023	3935	10375	2594
2010	5841	2352	3489	23673	13062	4446	10611	2822
2011	10323	5420	4903	24857	13825	5151	11032	3305

11-28 质量技术监督机构和人员数 (2011 年)

Institutions and Persons of Quality Technological Supervising (2011)

单位:人 (person)

指标	Item	全市 Whole Municipality	市区 Urban District	绍兴 Shaoxing	上虞 Shangyu	嵊州 Shengzhou	新昌 Xinchang	诸暨 Zhuji
质量技术监督行政部门和技术机构 (个)	**Number of Administrative Departments and Institutions Engaged in Quality Supervising (unit)**	**28**	**6**	**7**	**5**	**3**	**4**	**3**
年末职工总数	**Number of Year-end Staff and Workers**	**423**	**184**	**71**	**52**	**34**	**35**	**47**
#行政机构人员	Administrative Personnel	123	44	24	14	14	13	14
事业机构人员	Personnel in Institutions	300	140	47	38	20	22	33
#大、中专毕业	University, College and Secondary Technical School Graduate	371	157	66	48	28	33	39
#高级职称	High-ranking Professional Title	26	21	–	3	–	–	2
中级职称	Intermediate Professional Title	130	76	8	13	10	13	10
初级职称	Primary Professional Title	144	43	39	22	10	9	21

11-29 历年绍兴市接待游客情况

Basic Statistics on Reception of Over-seas Tourists of Shaoxing Municipality over the Years

年 份 Year	国际游客接待量(万人) Number of International Tourist (10 000 persons)	# 外国人 Foreigner	# 华侨、港、澳、台胞 Oversea Chinese, Compatriots from Hong Kong, Macao and Taiwan	国内游客接待量(万人) Number of Domestic Tourist (10 000 persons)	旅游外汇收入(万美元) International Tourism Receipt (USD 10 000)	国内旅游收入(亿元) Domestic Tourism Receipt (100 million yuan)
1980	0.42	0.36	0.05			
1981	0.38	0.33	0.05			
1982	0.58	0.42	0.17			
1983	0.47	0.32	0.15			
1984	0.53	0.44	0.09			
1985	0.47	0.37	0.10			
1986	0.54	0.43	0.11			
1987	0.58	0.52	0.06			
1988	0.50	0.42	0.08			
1989	0.36	0.26	0.10			
1990	0.80	0.51	0.29			
1991	1.22	0.62	0.60			
1992	1.49	1.07	0.42	150	295	
1993	1.84	1.25	0.59	217	328	
1994	2.21	1.68	0.53	250	732	1.30
1995	2.71	1.68	1.03	318	1232	15.75
1996	3.21	2.12	1.09	360	1540	17.99
1997	3.47	1.68	1.79	410	1495	23.32
1998	3.61	2.07	1.54	476	1557	35.25
1999	3.95	2.36	1.59	603	1721	45.23
2000	4.80	3.23	1.57	729	2108	54.65
2001	5.96	3.81	2.15	841	2360	63.26
2002	10.07	6.24	3.83	1007	3569	75.50
2003	8.68	5.86	2.82	1028	3458	77.05
2004	15.34	10.93	4.42	1121	5357	90.75
2005	20.19	14.32	5.87	1503	6679	110.58
2006	28.03	19.47	8.56	1808	8889	140.08
2007	36.09	24.19	11.90	2192	12063	177.36
2008	39.88	26.59	13.29	2435	13644	204.14
2009	43.17	27.02	16.15	2851	14818	242.25
2010	52.28	32.97	19.31	3436	18478	305.84
2011	60.35	37.56	22.79	4128	22010	399.60

11-30 历年分县(市)旅游业发展情况

Development of Tourism by Each County (City) over the Years

年 份 Year	全市 Whole Municipality	市区 Urban District	绍兴 Shaoxing	上虞 Shangyu	嵊州 Shengzhou	新昌 Xinchang	诸暨 Zhuji
国内游客(万人次) Total Number of Domestic Tourists (10 000 persons)							
2000	729	286	162	56	33	80	110
2001	841	329	173	65	37	111	125
2002	1007	386	191	64	72	142	152
2003	1028	394	200	74	79	145	159
2004	1211	457	231	101	106	175	184
2005	1503	533	287	138	140	213	222
2006	1808	612	348	168	168	250	262
2007	2192	739	446	210	209	305	365
2008	2435	813	502	248	235	348	422
2009	2851	945	585	290	275	408	527
2010	3436	1135	702	356	330	493	648
2011	4128	1356	838	449	400	578	798
海外游客(人次) Total Number of Over-seas Tourists Arrival to China (person-time)							
2000	48038	19001	16577	778	1427	2859	7396
2001	59582	24902	19354	1219	1499	3201	9407
2002	100716	34014	29202	4757	6221	6100	20422
2003	86766	27139	30496	3846	6580	4544	14161
2004	153446	54987	50813	7180	10293	10101	20072
2005	201933	68490	64502	13010	15021	14780	26130
2006	280282	95381	88675	18018	21013	20652	36509
2007	360915	120559	112996	24500	28053	27601	47206
2008	398811	121387	129800	28931	32200	31802	54689
2009	431713	126212	139921	31260	34935	34971	64414
2010	522841	161256	162059	38562	41046	44695	75223
2011	603505	183092	181952	47996	52404	52912	85149
国内旅游收入(亿元) Domestic Tourism Receipts(100 million yuan)							
2000	54.65	20.95	12.00	3.20	3.00	6.10	9.40
2001	63.26	23.03	14.07	3.85	3.61	7.81	10.89
2002	75.50	28.70	15.25	4.12	4.20	9.93	13.30
2003	77.05	28.91	15.50	4.40	4.50	9.95	13.87
2004	90.75	33.50	17.50	6.13	6.60	11.86	16.06
2005	110.58	38.92	21.46	8.50	8.93	14.50	19.40
2006	140.08	48.60	27.44	11.37	11.55	18.25	22.87
2007	177.36	61.34	36.61	15.37	15.38	23.61	30.45
2008	204.14	68.27	45.78	18.10	17.61	27.27	35.59
2009	242.25	80.07	54.72	21.50	21.01	32.39	52.56
2010	305.84	101.00	67.71	27.22	26.51	40.96	64.62
2011	399.60	123.12	81.64	34.74	32.32	48.18	79.61
国际旅游收入(万美元) International Tourism Receipts (USD 10 000)							
2000	2108	812	879	38	71	96	212
2001	2360	950	943	44	72	125	227
2002	3569	1230	1372	161	167	175	463
2003	3458	1049	1427	133	349	143	356
2004	5357	1765	2004	254	361	456	516
2005	6679	2155	2347	447	466	543	720
2006	8889	2821	3265	605	597	683	917
2007	12063	3780	4442	836	854	955	1196
2008	13644	4070	5161	993	980	1101	1376
2009	14818	4288	5608	1097	1071	1200	1555
2010	18478	5754	6696	1363	1296	1505	1863
2011	22010	7393	7204	1732	1596	1864	2221

11-31 旅游部门接待能力(2011年)

Reception of Tourism Departments (2011)

指标	Item	全市 Whole Munici-pality	市区 Urban District	绍兴 Shao-xing	上虞 Shang-yu	嵊州 Sheng-zhou	新昌 Xin-chang	诸暨 Zhuji
旅游涉外饭店情况	**Conditions of Tourism Hotels**							
旅游涉外饭店个数 (个)	Total Number of Tourist Hotel (unit)	93	27	13	10	7	14	22
#五星级	Five-star	8	4	1	2	–	–	1
四星级	Four-star	20	8	1	1	1	2	7
三星级	Three-star	42	15	7	4	5	5	6
二星级	Tow-star	22	–	4	3	1	6	8
一星级	One-star	1	–	–	–	–	1	–
房间数 (间)	Number of Rooms (room)	11595	3925	1887	1524	773	906	2580
床位数 (张)	Number of Beds (bed)	18907	6389	3013	2312	1280	1651	4262
旅行社情况	**Statistics on Tourism Agencies**							
旅行社总数 (个)	Total Number of Travel Agencies (unit)	118	44	8	16	15	15	20
具有出境组团业务的旅行社	Travel Agents with Outbound Travel Business	2	2	–	–	–	–	–
不具有出境组团业务的旅行社	Travel Agents with No Outbound Travel Business	116	42	8	16	15	15	20
旅行社职工人数(人)	Number of Staff and Workers of Travel Agencies (person)	1060	435	130	116	157	53	169
具有出境组团业务的旅行社	Travel Agents with Outbound Travel Business	83	83	–	–	–	–	–
不具有出境组团业务的旅行社	Travel Agents with No Outbound Travel Business	977	352	130	116	157	53	169

11-32 绍兴市友城缔结情况 (2011年末)

Foreign Friendly Cities of Shaoxing (End of 2011)

序号 No.	友城名称	Cities	结好时间 Time	结好地点 Signed in	备 注	Relation
1	日本南砺市（福光町）	Nanto, Japan（Fukumitsu）	2005.4.19 (1983.3.21)	绍兴市 Shaoxing	友好城市	Friendship City
2	日本芦原市（芦原町）	Awara, Japan（Awara）	2004.9.24 (1983.5.18)	绍兴市 Shaoxing	友好城市	Friendship City
3	日本西宫市	Nishinomiya，Japan	1985.7.23	西宫市 Nishinomiya	友好城市	Friendship City
4	丹麦欧登塞市	Odense，Denmark	1991.5.17	欧登塞市 Odense	友好城市	Friendship City
5	法国鲁瓦扬市	Royan，France	1994.9.4	鲁瓦扬市 Royan	友好交流关系城市	Cities of Friendly Exchange Relation
6	法国布鲁瓦市	Blois, France	1995.7.10	布鲁瓦市 Blois	友好交流关系城市	Cities of Friendly Exchange Relation
7	美国开普吉拉多市	Cape Girardeau，USA	1996.10.14	开　市 Cape Girardeau	友好交流关系城市	Cities of Friendly Exchange Relation
8	韩国丽水市（丽川郡）	Yeosu，Korea（Yosu）	1997.5.21	丽川郡 Yosu	友好交流关系城市	Cities of Friendly Exchange Relation
9	日本富士宫市	Fujinomiya，Japan	1997.11.11	绍兴市 Shaoxing	友好交流关系城市	Cities of Friendly Exchange Relation
10	意大利马切拉塔省	Macerata，Italy	1997.11.21	马　省 Macerata	友好交流关系城市	Cities of Friendly Exchange Relation
11	英国安伯瓦利市	Amber Valley, UK	2001.10.17	绍兴市 Shaoxing	友好交流关系城市	Cities of Friendly Exchange Relation
12	美国卡马里罗市	Camarillo，USA	2001.10.17	绍兴市 Shaoxing	友好交流关系城市	Cities of Friendly Exchange Relation
13	美国新泽西州萨默塞特郡	Somerset, USA	2003.11.14	萨默塞特郡 Somerset	友好交流关系城市	Cities of Friendly Exchange Relation
14	美国杰克逊维尔市	Jacksonville，USA	2004.9.24	绍兴市 Shaoxing	友好交流关系城市	Cities of Friendly Exchange Relation
15	韩国龙山区	Yongsan, Korea	2004.10.19	绍兴市 Shaoxing	友好交流关系城市	Cities of Friendly Exchange Relation
16	德国拜罗伊特市	Bayreuth, Germany	2005.10.24	绍兴市 Shaoxing	友好交流关系城市	Cities of Friendly Exchange Relation
17	巴西贝伦市	Belem，Brazil	2006.11		友好城市	Friendship City
18	俄罗斯莫斯科州列宁大区	Lenin District, Russia	2006.11.2	列宁大区 Lenin District	友好交流关系城市	Cities of Friendly Exchange Relation
19	澳大利亚白马市	Whitehorse, Australia	2007.9.21	白马市 Whitehorse	友好交流关系城市	Cities of Friendly Exchange Relation
20	日本小山市	Oyama，Japan	2009.10.22	绍兴市 Shaoxing	友好交流关系城市	Cities of Friendly Exchange Relation
21	法国艾克斯市	Aix ,France	2011.3.10	艾克斯市 Aix	友好交流关系城市	Cities of Friendly Exchange Relation
22	匈牙利佩奇市	Pecs, Hungary	2011.9.1	佩奇市 Pecs	友好交流关系城市	Cities of Friendly Exchange Relation

主 要 统 计 指 标 解 释

社会福利事业单位 指集中收养社会孤老、残、幼的机构。包括由民政部门管理的社会福利院、儿童福利院、精神病人福利院和城镇集体办的福利院，以及农村集体办的敬老院。

社会福利事业单位收养人数 指由民政部门管理的和城镇及农村集体举办的社会福利事业单位中收养的老人、少年儿童、缺乏生活自理能力的残疾人员和精神病人。

废水排放总量 包括生产废水和生活污水。生产废水指企、事业单位在生产、科研过程中向外排放的所有排放口的废水量总和。生活污水指城镇居民区和企、事业单位职工集中居住区排放的污水量。

工业废水排放总量 指经过工业企业厂区所有排放口排到企业外部的工业废水量。包括外排的直接冷却水、超标排放的矿井地下水和与工业废水混排的厂区生活污水，不包括外排的间接冷却水(清污不分流的间接冷却水应计算在内)。

工业废水排放达标量 指全面达到国家、地方排放标准的外排工业废水量，包括经过处理后达标外排的和未经过处理达标外排的两部分工业废水。国家排放标准见国际(GB8978-88)。

废气排放总量 指燃料燃烧和生产工艺过程中排放的各种废气总量，以标准状态下每年万标立方米表示。

工业粉尘排放量 指工业企业在生产工艺过程中排放的固体微粒总重量。如钢铁企业的耐火材料粉尘、焦化企业的筛焦系统粉尘、烧结机的粉尘、石灰窑的粉尘、建材企业的水泥粉尘等。不包括电厂排入大气的烟尘。

工业粉尘产生量=工业粉尘排放量+工业粉尘回收量

工业固体废物综合利用量 指已用作农业肥料、造田、生产建筑材料、筑路以及其他方式综合利用的固体废物量(包括当年利用往年的工业固体废物堆存量)。综合利用量由原产固体废物的单位统计。

"三废"综合利用产品产值 指工业企业回收利用"三废"作为主要原料生产的产品产值。按国发(1985)117号文规定执行。

年底实有铺装道路长度 指除土路外，路面经过铺装宽度在3.5米以上的道路，包括高级、次高级道路和普通道路。

年底实有公共汽车 指年底可参加营运的全部车辆数，包括年底营运车辆和库存查封未参加营运的车辆，不包括非营运车辆，如架线车、油罐车、工程车、货车及其他专用车辆和借入的客运车辆。

生活用水量 指居民日常生活与公共福利设施的用水量。包括居民、饮食店、旅馆、医院、理发店、浴池、洗衣店、游泳池、商店、学校、机关、部队等单位的用水量。

城市人口用水普及率 指城市用水的非农业人口数(不包括临时人口和流动人口)与城市非农业人口总数之比，计算公式：

用水普及率 = 城市用水的非农业人口数/城市非农业人口数 × 100%

Explanatory Notes on Main Statistical Indicators

Social Welfare Institutions refers to institutions taking care of old people without children, handicapped people and orphans. They include social welfare institutions run by civil affairs departments, children welfare institutions, social welfare institutions for mental patients, and collective-owned old peoples homes in rural areas.

Number of People Taken in by Social Welfare Institutions refers to the number of old people, children, totally dependent handicapped people and mental patients taken in by social welfare institutions run by civil affairs departments and those run by collective units in urban and rural areas.

Total Amount of Waste Water refers to the total amount of industrial waste water and resident waste water. The industrial refers to the total of the waste water produced in the producing, studying period of the enterprises and institutions. The resident waste water refers to the waste water produced in the residences.

Volume of Industrial Waste Water Discharged refers to the volume of industrial waste water discharged, through all outlets, to the outside of industrial enterprises, including waste water produced, direct-cooling water, underground water from mines that does not meet the standard of discharge, and the domestic sewage mixed up with industrial waste water when discharged, but excluding discharged indirect-cooling water.

Volume of Waste Water up to the Standard for Discharge refers to the volume of discharged industrial waste water that, with or without treatment, has come up to the national or local standards for discharge.

Total Amount of Waste Gas Discharged refers to the volume of various kings of waste gas discharged to the air in the process of fuel burning or in the production process, and is measured by 10, 000 standard cubic meters each year under normal condition.

Industrial Dust Discharged refers to the total weight of solid dust discharged by industrial enterprises in the production process, such as dust of refractory materials from iron plants, dust from coke-screening system or from sintering machines of coking plants, dust from lime kilns, cement dust from building material enterprises, etc., but excluding smoke and dust discharged by power plants.

Volume Industrial Dust Production = volume industrial dust discharged + volume industrial dust recovery

Volume of Industrial Solid Wastes Utilized in a Comprehensive Way refers to the volume of solid wastes from which useful materials can be extracted or which can be changed to be utilizable resources, energy or other materials, including the volume of industrial solid wastes stored up in the previous years and utilized in the current year, such as the solid wastes utilized as fertilizers, building materials, for making roads or for other purpose. Statistical data on utilization of industrial solid wastes are collected by solid wastes producing units.

Output Value of Products Made from Utilization of Waste Gas, Waste Water and Industrial Solid Wastes refers to the value of products (calculated at current prices) made by industrial enterprises using recovered waste water, waste gas or solid wastes as main raw materials. Only the value of the products that have been sold or are ready to be sold should be included. The value of the products, which will be used in the production of the enterprises, should not be included.

Length of Paved Roads at the Year-end refers to the length of roads with a paved surface, and with a width of more than 3.5 meters, including high quality, medium quality and ordinary roads.

Number of Public Vehicles (Buses and Trolley buses) at the Year-end refers to the total number of operational buses available at the year-end, including the year-end operational vehicles and vehicles in stock. Non-operational vehicles such as stringing cars, tank cars, machine shop cars, trucks and other special vehicles and the borrowed passenger vehicles are excluded.

Consumption of Water for Residential Use refers to the water consumption of households for daily life and the water consumption of public welfare facilities, including the consumption of restaurants, hotels, hospitals, barber shops, public bathhouses, laundries, swimming pools, shops, schools, institutions, army units and other units.

Percentage of Urban Population with Access to Tap Water refers to the ratio of the urban non-agricultural population (excluding temporary and mobile population) with access to tap water to the total urban non-agricultural population. The formula is:

Percentage of Population with Access to Tap Water=(Urban Non-agricultural Population with Access to Tap Water) / (Urban Non-agricultural Population)

十三

浙江省及长江三角洲地区城市资料

CHAPTER 12 REFERENCE BY CITY AND PREFECTURE IN ZHEJIANG PROVINCE AND YANGTSE RIVER DELTA

浙江省及长江三角洲地区城市资料
REFERENCE BY CITY AND PREFECTURE IN ZHEJIANG PROVINCE AND YANGTSE RIVER DELTA

主 要 统 计 指 标
Main Statistical Indicators

		绍兴在全省的位次 Position in Zhejiang Province	绍兴在长江三角洲地区的位次 Position in Yangtse River Delta
行政区划面积	Land Area	No.8	No.5
#市区面积	Area of Urban District	No.11	No.15
年末户籍人口	Year-end Population	No.6	No.11
地区生产总值	Gross Domestic Product	No.4	No.9
人均生产总值	Per Captia Gross Domestic Product	No.5	No.9
地方一般预算收入	Local Financial Revenue	No.4	No.9
全社会固定资产投资	Total Investment in Fixed Assets	No.5	No.11
社会消费品零售总额	Total Retail Sales of Consumer Goods	No.6	No.10
进出口总额(海关数)	Total Imports and Exports	No.3	No.7
#自营出口	Total Exports	No.3	No.7
实际利用外资	Foreign Capital Actually Used	No.5	No.14
城镇以上单位在岗职工年平均工资	Average Annual Wage of Staff and Workers at Work in Urban Units	No.11	No.15
城市居民人均可支配收入	Per Capita Disposable Income of Urban Residents	No.5	No.4
农村居民人均纯收入	Per Capita Net Income of Rural Residents	No.4	No.6

12-1 浙江省各地主要经济指标(2011年)

地区	Region	土地面积(平方公里) Land Area (sq.km)	#建成区面积 Build-up Areas	年末户籍人口(万人) Year-end Population (10 000 persons)	地区生产总值(亿元) Gross Domestic Product (100 million yuan)	第一产业增加值 Value-Added of Primary Industry
杭州市	**Hangzhou Municipality**	**16596**	**509.55**	**695.71**	**7019.06**	**236.77**
杭州市区	Urban District	3068	432.98	440.34	5589.86	105.44
萧山区	Xiaoshan District	1163	76.53	122.87	1445.92	52.88
余杭区	Yuhang District	1222	44.54	87.67	738.72	43.68
富阳市	Fuyang	1808	24.85	65.38	491.10	33.16
临安市	Linan	3124	13.20	52.70	340.39	31.10
建德市	Jiande	2364	9.19	51.16	224.01	23.86
桐庐县	Tonglu	1780	16.73	40.47	233.52	18.33
淳安县	Chunan	4452	12.60	45.66	140.17	24.88
宁波市	**Ningbo Municipality**	**9816**	**450.32**	**576.40**	**6059.24**	**255.23**
宁波市区	Urban District	2462	284.91	224.74	3621.89	57.74
鄞州区	Yinzhou District	1346		82.21	946.71	36.08
余姚市	Yuyao	1501	45.56	83.46	658.77	40.38
慈溪市	Cixi	1361	41.50	104.15	877.18	43.57
奉化市	Fenghua	1268	18.75	48.39	259.87	26.03
象山县	Xiangshan	1382	28.00	54.17	318.21	53.02
宁海县	Ninghai	1843	31.60	61.49	323.32	34.49
温州市	**Wengzhou Municipality**	**11786**	**284.07**	**798.36**	**3418.53**	**107.88**
温州市区	Urban District	1187	190.00	147.82	1359.15	11.27
鹿城区	Lucheng District	294		72.06	636.12	1.66
龙湾区	Longwan District	279		34.19	406.85	3.92
瓯海区	Ouhai District	614		41.57	316.18	5.69
瑞安市	Ruian	1271	21.56	121.12	521.71	17.95
乐清市	Yueqing	1174	19.30	126.03	571.17	18.40
洞头县	Dongtou	100	6.69	12.93	39.32	3.74
永嘉县	Yongjia	2674	6.44	96.04	237.66	9.17
平阳县	Pingyang	1051	8.73	87.45	232.46	12.73
苍南县	Cangnan	1272	16.00	131.65	294.92	23.78
文成县	Wencheng	1294	3.50	38.65	47.41	5.46
泰顺县	Taishun	1762	11.85	36.67	46.67	5.37

Main Economic Indicators by City and Prefecture in Zhejiang Province (2011)

第二产业增加值 Value-Added of Secondary Industry	#工业增加值 Value-Added of Industry	第三产业增加值 Value-Added of Tertiary Industry	人均GDP(元/人) Per Captia GDP (yuan/person)	规模以上工业总产值(亿元) Gross Industrial Output Value (100 million yuan)	规模以上工业利润总额(亿元) Total Industrial Profits (100 million yuan)	固定资产投资(亿元) Investment in Fixed Assets (100 million yuan)	社会消费品零售额(亿元) Total Retail Sales of Consumer Goods (100 million yuan)	进口总额(万美元) Total Imports (USD 10000)
3323.79	**2944.00**	**3458.50**	**101370**	**12352.92**	**795.53**	**3100.02**	**2548.36**	**2245033**
2498.46	2191.47	2985.96	127745	9780.06	633.01	2520.24	2187.78	2073496
886.98	825.22	506.06	118106	4719.83	250.88	519.08	336.98	534360
387.91	347.64	307.13	85022	1308.28	59.57	413.47	210.08	50930
297.23	277.86	160.71	75320	1073.43	58.22	191.37	103.84	117125
198.71	183.19	110.58	64661	565.71	34.24	113.47	87.57	23110
127.01	116.95	73.14	43846	375.21	31.57	79.63	57.57	19498
141.99	127.93	73.20	57858	378.51	26.18	115.87	72.43	7238
60.39	46.59	54.91	30779	180.01	12.30	79.44	39.17	4566
3349.53	**3019.00**	**2454.49**	**105334**	**12044.77**	**631.66**	**2385.51**	**2018.86**	**3735523**
1970.00	1773.21	1594.16	161661	8072.21	455.83	1490.05	1089.14	3281766
591.67	566.26	318.96	115864	1878.14	123.04	338.34	264.78	280490
394.29	368.02	224.10	78971	1071.90	51.92	259.19	259.69	196388
526.86	490.62	306.75	84330	1613.55	57.87	296.59	341.96	173516
126.03	110.17	107.81	53725	362.98	12.89	103.37	94.17	42002
149.16	112.52	116.03	58818	426.13	20.09	115.71	125.89	24450
183.19	164.46	105.64	52752	498.01	33.06	120.60	108.00	17401
1760.72	**1556.29**	**1549.94**	**43132**	**4386.02**	**222.80**	**1751.52**	**1767.64**	**340625**
659.60	572.94	688.29	92587	1643.15	72.90	622.06	942.10	198317
183.05	153.97	451.41	88685	316.89	14.57	233.99	610.36	39553
280.81	256.60	122.11	119823	759.99	32.43	221.85	208.45	73982
195.73	162.37	114.77	76925	394.53	25.90	166.21	123.29	12120
263.40	244.35	240.36	43445	728.58	33.17	261.81	217.89	61832
346.62	326.50	206.15	45704	1099.93	67.12	296.66	197.76	25255
15.78	11.09	19.80	30554	46.13	0.85	32.57	12.67	20731
146.89	127.06	81.59	24901	355.46	27.40	137.01	80.18	12787
115.89	102.76	103.84	26691	220.43	9.55	147.92	110.90	12452
142.86	122.37	128.27	22563	248.65	9.93	189.80	162.75	9181
16.16	11.62	25.80	12520	24.65	0.73	34.18	22.66	68
16.46	10.35	24.84	12723	19.03	1.15	29.51	20.73	2

12-1 续表 1

地　区	Region	自营出口总　额(万美元) Total Exports (USD 10000)	实际利用外　资(万美元) Foreign Capital Actually Used (USD 10000)	地方一般预算收入(亿元) Local Financial Revenue (100 million yuan)	地方财政支　出(亿元) Local Financial Expenditure (100 million yuan)
杭州市	**Hangzhou unicipality**	**4152147**	**472230**	**785.15**	**747.51**
杭州市区	Urban District	3754694	405378	682.28	597.18
萧山区	Xiaoshan District	898382	80031	113.38	109.76
余杭区	Yuhang District	433972	41816	95.64	84.24
富阳市	Fuyang	99450	26074	40.95	46.84
临安市	Linan	109619	14136	21.10	33.56
建德市	Jiande	86265	3278	14.11	23.11
桐庐县	Tonglu	86226	13093	17.19	22.79
淳安县	Chunan	15893	10271	9.52	24.02
宁波市	**Ningbo Municipality**	**6083159**	**280929**	**657.55**	**93.09**
宁波市区	Urban District	4109026	184022	457.63	58.56
鄞州区	Yinzhou District	913634	38083	124.88	13.90
余姚市	Yuyao	562158	35002	55.02	8.70
慈溪市	Cixi	823716	41710	71.52	10.70
奉化市	Fenghua	179672	5134	21.96	4.83
象山县	Xiangshan	199998	7514	24.83	4.87
宁海县	Ninghai	208589	7547	26.59	5.43
温州市	**Wengzhou unicipality**	**1816548**	**10215**	**270.87**	**370.45**
温州市区	Urban District	1133459	6495	127.63	136.10
鹿城区	Lucheng District	353943	733	22.25	24.83
龙湾区	Longwan District	275442	4525	25.04	26.18
瓯海区	Ouhai District	181509	1237	16.20	18.73
瑞安市	Ruian	294854	20	38.68	43.15
乐清市	Yueqing	214529	1888	41.66	45.77
洞头县	Dongtou	5041	386	3.07	11.26
永嘉县	Yongjia	61731	395	16.27	30.89
平阳县	Pingyang	53117	452	16.75	28.87
苍南县	Cangnan	49044	579	17.43	35.14
文成县	Wencheng	2484		4.74	20.63
泰顺县	Taishun	2289		4.63	18.63

Continued 1

年末金融机构本外币存款余额(亿元) Deposits Balance (Year-end) (100 million yuan)	#城乡居民储蓄余额 Savings Deposits	年末金融机构本外币贷款余额(亿元) Loans Balance (Year-end) (100 million yuan)	全社会用电量(亿千瓦时) Electricity Consumption of the Whole Society (100 million kwh)	#工业用电 Electricity Consumption of Industry	全社会从业人员数(万人) Total Number of Employed Persons (10 000 persons)	城镇以上单位在岗职工平均工资(元/人) Average Annual Wage of Staff and Workers at Work (yuan/person)	农村居民人均纯收入(元) Per Capita Net Income of Rural Residents (yuan)	城镇居民人均可支配收入(元) Per Capita Disposable Income of Urban Residents (yuan)
18244.35	**5519.17**	**16421.66**	**575.28**	**399.60**	**637.77**	**54408**	**15245**	**32434**
16653.07	4798.04	15023.59	432.57	282.95	469.90	56007		34065
2586.20	901.54	2221.89	175.14	148.33	113.29	41263	18398	36278
1315.53	538.88	1030.54	66.31	46.91	73.09	49702	17951	32473
589.04	242.12	579.52	64.49	56.06	48.35	45106	15369	29250
322.43	148.62	289.99	28.96	22.63	38.49	40933	13926	27594
239.56	128.71	196.52	25.75	21.93	25.80	47287	11536	25827
246.64	120.49	195.90	15.57	10.91	31.07	45001	13460	27130
193.62	81.19	136.13	7.94	5.12	22.98	49637	8291	22238
10659.27	**3696.28**	**10676.84**	**505.30**	**388.62**	**493.83**	**49755**	**16518**	**34321**
7328.54	2180.39	7207.35	279.11	210.02	227.31	53639	17955	34058
1385.18	611.01	1211.51	69.35	50.82	89.45	43583	18631	36734
982.86	444.98	958.65	64.62	52.15	65.67	48208	16074	33611
1411.30	650.10	1268.26	101.68	83.33	83.80	41648	18260	34123
306.42	165.38	363.53	21.79	17.94	34.94	47348	15654	32893
302.05	119.08	430.39	15.90	9.35	36.21	41737	14653	33492
328.09	136.35	448.66	22.21	15.82	45.90	45151	14757	33045
7545.60	**3566.31**	**6394.96**	**327.00**	**219.21**	**575.89**	**42343**	**13243**	**31749**
4240.02	1851.71	3668.05	123.06	78.53	236.19	50643	16525	35431
			41.33	16.29		36592	15836	36123
			46.59	38.00		36703	17215	30555
			35.14	24.24		45624	16426	32790
988.40	503.78	845.98	59.36	43.63	71.84	42878	14401	35082
993.03	458.20	840.99	45.17	29.07	74.98	36166	15730	34449
42.70	15.81	32.49	1.76	0.58	4.73	59476	10493	22771
356.10	204.17	275.24	21.04	14.16	44.63	37291	10365	25422
295.62	176.07	214.74	23.28	15.78	42.72	35315	10615	26084
426.54	228.00	393.64	47.03	34.07	58.85	38193	10280	25855
126.81	86.86	67.54	3.73	2.30	15.41	44791	7435	20810
76.40	41.71	56.28	2.59	1.08	26.54	31882	7221	19497

12-1 续表 2

地区	Region	土地面积(平方公里) Land Area (sq.km)	#建成区面积 Build-up Areas	年末户籍人口(万人) Year-end Population (10 000 persons)	地区生产总值(亿元) Gross Domestic Product (100 million yuan)	第一产业增加值 Value-Added of Primary Industry
嘉兴市	**Jiaxing Municipality**	**3915**	**225.56**	**343.05**	**2677.09**	**142.80**
嘉兴市区	Urban District	968	88.09	84.28	669.77	30.57
平湖市	Pinghu	537	17.80	48.78	393.43	17.87
海宁市	Haining	668	33.10	66.31	532.67	24.26
桐乡市	Tongxiang	727	36.00	67.69	483.78	26.78
嘉善县	Jiashan	507	25.40	38.53	323.20	22.95
海盐县	Haiyan	508	14.67	37.47	273.76	20.36
湖州市	**Huzhou Municipality**	**5820**	**175.50**	**261.05**	**1520.06**	**116.22**
湖州市区	Urban District	1565	85.00	109.31	690.02	43.35
德清县	Deqing	938	23.00	43.17	278.27	20.31
长兴县	Changxing	1431	45.00	62.61	334.41	28.84
安吉县	Anji	1886	22.50	45.97	222.05	23.72
绍兴市	**Shaoxing Municipality**	**8256**		**440.01**	**3332.00**	**172.10**
绍兴市区	Urban District	357	109.47	65.26	546.45	8.21
诸暨市	Zhuji	2311	38.10	107.20	740.02	43.35
上虞市	Shangyu	1403	24.00	77.74	523.66	36.56
嵊州市	Shengzhou	1790	40.50	73.46	327.92	32.62
绍兴县	Shaoxing	1182	47.00	72.58	931.80	33.21
新昌县	Xinchang	1213	19.00	43.77	256.21	18.15
金华市	**Jinhua Municipality**	**10942**	**318.79**	**469.07**	**2458.07**	**125.43**
金华市区	Urban District	2049	73.74	93.57	465.93	29.37
兰溪市	Lanxi	1312	32.91	66.64	211.01	21.03
义乌市	Yiwu	1105	96.00	74.74	729.68	19.85
东阳市	Dongyang	1747	36.67	82.34	337.75	16.62
永康市	Yongkang	1047	34.58	57.74	355.39	8.40
武义县	Wuyi	1568	18.90	33.85	150.59	13.47
浦江县	Pujing	918	21.34	39.20	151.06	8.09
磐安县	Panan	1195	4.65	20.99	56.67	8.60

Continued 2

第二产业增加值 Value -Added of Secondary Industry	#工业增加值 Value -Added of Industry	第三产业增加值 Value -Added of Tertiary Industry	人均GDP(元/人) Per Captia GDP (yuan/person)	规模以上工业总产值(亿元) Gross Industrial Output Value (100 million yuan)	规模以上工业利润总额(亿元) Total Industrial Profits (100 million yuan)	固定资产投资(亿元) Investment in Fixed Assets (100 million yuan)	社会消费品零售额(亿元) Total Retail Sales of Consumer Goods (100 million yuan)	进口总额(万美元) Total Imports (USD 10000)
1537.26	**1378.15**	**997.03**	**78202**	**5763.36**	**309.52**	**1488.27**	**948.57**	**921274**
341.36	296.98	297.84	79723	1373.44	70.10	398.21	269.40	203371
248.98	234.23	126.58	80721	945.02	47.47	244.72	105.02	296248
320.77	282.48	187.63	80497	1099.95	45.89	249.08	211.64	128701
265.56	232.00	191.44	71624	1107.57	58.24	215.74	186.70	148834
190.63	173.90	109.62	84015	732.99	42.12	182.42	104.28	103791
170.23	159.02	83.17	73218	504.39	45.69	198.09	71.53	40330
817.71	**729.48**	**586.13**	**58349**	**2890.05**	**169.97**	**804.67**	**609.89**	**130637**
371.39	331.74	275.29	60383	1262.95	64.62	369.74	309.91	77490
160.05	146.12	97.91	64592	634.47	39.93	140.68	90.42	27035
181.85	157.13	123.72	53542	647.19	45.14	201.97	127.38	16271
108.22	98.29	90.11	48410	345.43	20.27	92.28	82.17	9841
1834.34	**1632.35**	**1325.56**	**75820**	**7932.68**	**480.76**	**1426.26**	**1006.75**	**751937**
248.85	209.62	289.39	83879	1127.51	55.89	307.95	296.51	183561
423.87	374.76	272.79	69110	1844.46	129.12	324.67	196.63	114986
296.44	256.34	190.66	67404	1199.92	95.59	241.07	154.80	61022
170.82	154.07	124.48	44646	378.85	13.47	117.44	132.99	11493
554.88	506.58	343.72	128727	2943.10	135.50	356.80	142.23	367055
138.00	129.51	100.07	58616	438.85	51.19	78.32	83.59	13819
1246.09	**1077.25**	**1086.55**	**52538**	**3514.35**	**242.74**	**862.83**	**1088.95**	**128868**
207.25	172.08	229.31	49898	560.35	31.97	190.78	266.05	11249
123.55	112.91	66.43	31734	554.89	29.14	80.82	80.93	24653
309.96	262.25	399.87	98127	638.22	52.33	224.19	344.52	35115
172.50	140.71	148.63	41102	362.95	24.26	118.93	150.92	20827
225.94	207.23	121.05	61764	704.14	64.25	109.59	109.19	24661
85.52	75.52	51.60	44559	374.48	19.31	61.98	53.85	3647
92.05	84.11	50.91	38602	262.93	19.42	49.93	64.93	6928
29.32	22.43	18.74	26996	56.38	2.06	26.60	18.56	1788

12-1 续 表 3

地 区	Region	自营出口总额 (万美元) Total Exports (USD 10000)	实际利用外资 (万美元) Foreign Capital Actually Used (USD 10000)	地方一般预算收入 (亿元) Local Financial Revenue (100 million yuan)	地方财政支出 (亿元) Local Financial Expenditure (100 million yuan)
嘉兴市	**Jiaxing Municipality**	**1927151**	**172066**	**226.40**	**240.61**
嘉兴市区	Urban District	554316	50930	77.35	83.82
平湖市	Pinghu	353695	27072	32.44	32.93
海宁市	Haining	395440	27709	38.82	39.87
桐乡市	Tongxiang	239386	20230	36.29	38.00
嘉善县	Jiashan	233612	32892	24.32	25.29
海盐县	Haiyan	150702	13233	17.18	20.71
湖州市	**Huzhou Municipality**	**735580**	**94038**	**122.12**	**151.73**
湖州市区	Urban District	263090	50962	51.30	65.10
德清县	Deqing	155530	16020	23.40	26.07
长兴县	Changxing	133013	17003	30.75	35.30
安吉县	Anji	183947	10053	16.66	25.26
绍兴市	**Shaoxing Municipality**	**2598605**	**80468**	**239.69**	**253.31**
绍兴市区	Urban District	544916	14385	59.22	63.53
诸暨市	Zhuji	507859	24965	45.75	49.44
上虞市	Shangyu	273990	15011	35.52	35.76
嵊州市	Shengzhou	154504	8672	18.43	23.18
绍兴县	Shaoxing	946909	15015	63.77	58.64
新昌县	Xinchang	152428	2420	16.99	22.76
金华市	**Jinhua Municipality**	**1514566**	**23315**	**185.77**	**235.08**
金华市区	Urban District	208702	8754	46.87	59.49
兰溪市	Lanxi	84340	2423	13.57	23.86
义乌市	Yiwu	359757	1458	50.46	49.63
东阳市	Dongyang	183738	3656	23.95	28.91
永康市	Yongkang	370544	3577	25.26	27.10
武义县	Wuyi	200976	2081	11.07	18.89
浦江县	Pujing	81873	1139	10.58	14.71
磐安县	Panan	24637	227	4.01	12.48

Continued 3

年末金融机构本外币存款余额(亿元) Deposits Balance (Year-end) (100 million yuan)	#城乡居民储蓄余额 Savings Deposits	年末金融机构本外币贷款余额(亿元) Loans Balance (Year-end) (100 million yuan)	全社会用电量(亿千瓦时) Electricity Consumption of the Whole Society (100 million kwh)	#工业用电 Electricity Consumption of Industry	全社会从业人员数(万人) Total Number of Employed Persons (10 000 persons)	城镇以上单位在岗职工平均工资(元/人) Average Annual Wage of Staff and Workers at Work (yuan/person)	农村居民人均纯收入(元) Per Capita Net Income of Rural Residents (yuan)	城镇居民人均可支配收入(元) Per Capita Disposable Income of Urban Residents (yuan)
4168.17	**1880.45**	**3212.74**	**327.91**	**271.30**	**321.39**	**42990**	**16707**	**31520**
1415.72	551.17	1090.71	85.12	67.53	71.65	46609	16370	29599
572.57	239.75	419.25	43.06	36.20	45.43	39447	16641	33190
772.57	365.96	568.33	58.81	48.42	61.80	42110	17397	33188
645.69	348.23	467.08	66.44	56.60	68.94	41921	16518	32405
422.77	200.66	320.15	42.89	36.18	43.14	38550	16514	32170
338.86	174.69	347.23	31.32	26.11	30.43	49251	16788	33290
2102.05	**954.44**	**1712.17**	**157.56**	**122.57**	**180.14**	**41107**	**15381**	**29367**
1145.49	511.07	875.73	65.85	48.66	77.39	41633	15672	29591
337.90	167.80	259.36	29.78	24.04	31.21	38516	15776	29710
371.92	153.63	325.94	45.33	38.16	40.92	43293	15640	29725
246.74	121.94	251.14	16.60	11.72	29.15	40784	14152	28678
5510.14	**2227.67**	**4463.09**	**324.60**	**268.68**	**343.28**	**39810**	**15861**	**33273**
1963.18	632.98	1679.16	53.25	39.13		39764	16917	31368
921.92	406.49	735.45	69.09	57.75	79.66	37427	17060	35697
781.27	352.49	612.47	36.05	28.10	52.15	41901	15833	34011
344.52	197.84	255.29	18.87	13.34	45.67	40761	13345	33553
1232.01	513.72	1000.13	129.51	116.12	69.61	40935	19527	36547
267.24	124.16	180.59	15.50	11.92	27.45	41452	13079	30808
4746.69	**2314.15**	**3678.88**	**260.33**	**195.81**	**342.60**	**42861**	**11877**	**29729**
975.31	405.03	788.60	39.87	24.80	69.50	45013	11227	28593
242.42	125.35	199.51	52.35	48.29	35.31	33019	8664	20970
1809.66	918.56	1283.62	63.45	41.47	92.51	47891	17121	40078
535.39	278.52	367.77	29.80	21.53	51.82	39632	13403	27256
671.86	319.56	588.30	32.22	25.26	48.55	47459	12961	28998
219.55	102.57	207.10	16.59	13.45	21.80	48381	8729	20067
215.95	124.07	193.28	21.10	17.11	30.47	40823	10052	25106
76.57	40.47	50.71	3.07	2.04	11.70	32973	7039	19601

12-1 续表 4

地 区	Region	土地面积(平方公里) Land Area (sq.km)	#建成区面积 Build-up Areas	年末户籍人口(万人) Year-end Population (10 000 persons)	地区生产总值(亿元) Gross Domestic Product (100 million yuan)	第一产业增加值 Value-Added of Primary Industry
衢州市	**Quzhou Municipality**	**8845**	**109.27**	**252.55**	**919.62**	**76.15**
衢州市区	Urban District	2354	59.89	83.19	383.31	26.21
柯城区	Kecheng District	607		43.30	98.35	8.28
衢江区	Qujiang District	1748		39.89	101.82	17.63
江山市	Jiangshan	2019	15.80	60.13	203.19	19.17
常山县	Changshan	1097	13.20	33.41	92.41	7.19
开化县	Kaihua	2231	7.88	35.43	81.67	11.18
龙游县	Longyou	1143	12.50	40.41	146.96	12.40
舟山市	**Zhoushan Municipality**	**1440**	**63.77**	**96.99**	**772.75**	**76.04**
舟山市区	Urban District	1028	54.02	70.04	562.73	40.12
岱山县	Daishan	327	7.47	19.05	153.11	21.60
嵊泗县	Shensi	86	2.28	7.90	56.90	14.32
台州市	**Taizhou Municipality**	**9411**	**252.00**	**586.79**	**2754.41**	**189.25**
台州市区	Urban District	1536	116.00	155.85	980.65	38.20
温岭市	Wenling	836	32.00	119.93	665.99	50.59
临海市	Linhai	2171	40.00	117.09	368.42	33.74
玉环县	Yuhuan	378	17.00	42.25	358.12	24.25
三门县	Sanmen	1072	12.00	43.23	123.70	19.41
天台县	Tiantai	1426	19.00	58.62	137.16	10.82
仙居县	Xianju	1992	16.00	49.81	116.65	12.24
丽水市	**Lishui Municipality**	**17298**	**90.57**	**251.33**	**798.22**	**72.62**
丽水市区	Urban District	1502	33.13	29.02	208.62	13.91
青田县	Qingtian	2484	4.80	51.44	137.60	6.14
缙云县	Jinyun	1482	9.83	45.70	137.12	7.94
遂昌县	Suichang	2539	6.30	23.16	68.13	8.28
松阳县	Songyang	1406	8.30	23.83	58.45	10.74
云和县	Yunhe	978	6.20	11.35	39.24	3.73
庆元县	Qingyuan	1898	5.80	20.50	38.28	6.03
景宁县	Jingning	1950	3.62	17.32	32.41	5.24
龙泉市	Longquan	3059	12.59	29.01	76.99	10.61

Continued 4

第二产业增加值 Value-Added of Secondary Industry	#工业增加值 Value-Added of Industry	第三产业增加值 Value-Added of Tertiary Industry	人均GDP(元/人) Per Captia GDP (yuan/person)	规模以上工业总产值(亿元) Gross Industrial Output Value (100 million yuan)	规模以上工业利润总额(亿元) Total Industrial Profits (100 million yuan)	固定资产投资(亿元) Investment in Fixed Assets (100 million yuan)	社会消费品零售额(亿元) Total Retail Sales of Consumer Goods (100 million yuan)	进口总额(万美元) Total Imports (USD 10000)
511.02	**439.66**	**332.44**	**36508**	**1300.86**	**123.23**	**504.63**	**344.34**	**92613**
203.62	171.61	153.48	46210	616.82	48.20	193.59	134.62	78775
30.80	23.51	59.27	65208	66.72	4.56	48.78	106.36	4790
49.30	39.74	34.90	25595	97.08	11.10	57.78	28.26	20592
118.34	107.17	65.68	33869	298.17	35.68	97.67	65.82	2555
51.62	42.18	33.60	27765	89.82	6.40	74.54	33.62	341
40.62	33.03	29.87	23128	87.58	4.65	46.23	38.47	4024
87.26	76.07	47.30	36413	208.47	28.29	92.60	71.80	6918
349.16	**267.28**	**347.55**	**79765**	**1105.03**	**32.62**	**476.09**	**251.71**	**579109**
253.12	189.76	269.50	80746	821.70	8.35	375.92	196.00	387852
87.15	72.88	44.36	80066	277.99	23.71	76.51	38.45	67162
7.76	3.50	34.82	71505	5.34	0.57	23.65	17.25	124095
1390.72	**1253.40**	**1174.45**	**47087**	**3448.45**	**175.27**	**1007.81**	**1132.37**	**346860**
469.84	424.97	472.61	63117	1277.05	62.00	326.92	481.83	285805
346.89	321.74	268.51	55680	655.75	33.88	193.60	280.24	12203
194.51	171.69	140.18	31557	510.36	27.99	155.50	128.59	18767
223.63	213.06	110.23	85061	606.98	30.53	71.96	90.42	21900
54.88	39.53	49.41	28718	160.88	3.41	130.49	44.97	2259
62.09	52.98	64.25	23489	147.80	11.27	61.56	58.44	4546
52.80	42.49	51.61	23484	89.64	6.19	67.77	47.88	1380
401.78	**340.95**	**323.82**	**30643**	**1298.08**	**119.93**	**358.47**	**315.89**	**31109**
90.92	75.05	103.80	53695	333.65	29.38	106.34	120.47	18621
83.16	73.42	48.30	26847	240.33	28.25	54.41	41.54	4309
81.24	74.80	47.93	30122	295.50	33.81	42.05	37.53	1726
31.66	27.71	28.20	29435	117.79	7.15	23.21	24.51	2612
25.74	21.51	21.96	24582	113.17	6.73	26.54	20.04	3
20.80	17.21	14.71	34691	48.47	3.12	21.63	13.59	2065
17.58	13.22	14.68	18742	34.28	2.14	22.94	16.74	45
12.23	8.22	14.94	18786	10.66	0.89	20.01	14.77	390
35.67	28.72	30.71	26613	104.24	8.45	41.33	26.70	1338

12-1 续表 5

地 区	Region	自营出口总额(万美元) Total Exports (USD 10000)	实际利用外资(万美元) Foreign Capital Actually Used (USD 10000)	地方一般预算收入(亿元) Local Financial Revenue (100 million yuan)	地方财政支出(亿元) Local Financial Expenditure (100 million yuan)
衢州市	**Quzhou Municipality**	**176074**	**4541**	**57.57**	**125.44**
衢州市区	Urban District	97143	1636	30.80	50.25
柯城区	Kecheng District	18420		4.07	9.77
衢江区	Qujiang District	20385	521	4.74	13.02
江山市	Jiangshan	37985	1266	10.02	22.80
常山县	Changshan	12709	61	5.31	16.19
开化县	Kaihua	8987	326	4.34	17.91
龙游县	Longyou	19249	1252	7.09	18.28
舟山市	**Zhoushan Municipality**	**747296**	**10788**	**76.48**	**148.10**
舟山市区	Urban District	532545	9476	63.64	107.18
岱山县	Daishan	182897	1012	8.47	24.56
嵊泗县	Shensi	31854	300	4.37	16.36
台州市	**Taizhou Municipality**	**1703492**	**14301**	**200.12**	**265.53**
台州市区	Urban District	662545	4127	89.95	101.06
温岭市	Wenling	327396	4088	36.17	45.17
临海市	Linhai	218467	1979	26.20	39.34
玉环县	Yuhuan	324727	424	21.69	26.15
三门县	Sanmen	64328	2434	9.60	18.69
天台县	Tiantai	56338	465	9.66	19.76
仙居县	Xianju	49693	784	6.86	15.35
丽水市	**Lishui Municipality**	**181423**	**4430**	**57.36**	**154.28**
丽水市区	Urban District	39564	1644	22.24	37.30
青田县	Qingtian	28819	1179	9.32	21.07
缙云县	Jinyun	54386	380	6.62	17.25
遂昌县	Suichang	10738	90	4.18	14.01
松阳县	Songyang	15308	50	2.92	13.00
云和县	Yunhe	6407	900	2.45	9.59
庆元县	Qingyuan	4290		1.88	11.10
景宁县	Jingning	1265	80	3.67	16.91
龙泉市	Longquan	20646	107	4.09	14.07

Continued 5

年末金融机构本外币存款余额(亿元) Deposits Balance (Year-end) (100 million yuan)	#城乡居民储蓄余额 Savings Deposits	年末金融机构本外币贷款余额(亿元) Loans Balance (Year-end) (100 million yuan)	全社会用电量(亿千瓦时) Electricity Consumption of the Whole Society (100 million kwh)	#工业用电 Electricity Consumption of Industry	全社会从业人员数(万人) Total Number of Employed Persons (10 000 persons)	城镇以上单位在岗职工平均工资(元/人) Average Annual Wage of Staff and Workers at Work (yuan/person)	农村居民人均纯收入(元) Per Capita Net Income of Rural Residents (yuan)	城镇居民人均可支配收入(元) Per Capita Disposable Income of Urban Residents (yuan)
1157.23	**513.07**	**934.51**	**111.42**	**92.23**	**131.30**	**50055**	**9635**	
598.46	222.11	478.32	57.95	49.73	47.82	51948	9811	24900
			22.00	15.79	26.11	51449	10396	
			10.36	8.63	21.71	54239	9225	
219.63	113.08	199.44	20.11	15.92	27.71	47451	10887	22704
91.07	47.53	70.04	11.18	9.46	15.75	50729	9309	
94.13	51.36	63.83	6.02	4.40	15.20	55976	8583	17518
153.94	78.98	122.87	15.85	12.41	22.81	44344	10149	22270
1314.97	**461.30**	**1162.66**	**42.90**	**25.05**	**68.99**	**52915**	**16608**	**30496**
1112.62	375.31	1022.68	32.67	19.62	51.32			30887
133.92	60.73	100.76	6.60	4.80	13.21	51740	16702	26907
68.42	25.26	39.21	3.63	0.62	4.46	44583	15899	26521
3998.90	**2068.79**	**3470.76**	**221.98**	**157.03**	**380.81**	**42199**	**13108**	**30490**
1929.40	925.09	1734.47	81.84	57.53	121.26	40996	14555	32127
784.95	467.64	612.32	47.94	33.24	95.03	50571	14996	31303
474.38	248.59	355.25	28.86	20.31	57.52	43315	12519	28154
332.01	172.13	312.92	32.91	25.51	40.49	38328	16455	36715
131.86	67.38	175.61	9.03	5.91	20.99	41852	10264	24750
176.92	95.09	158.65	9.02	5.68	22.04	40612	10158	24912
169.37	92.86	121.54	6.74	4.05	17.53	43395	9376	22886
1293.56	**722.77**	**958.99**	**68.49**	**48.92**	**137.90**	**49072**	**7809**	**23391**
431.62	185.41	411.34	16.10	9.99	27.32	52810	9551	25278
326.65	254.82	152.68	12.52	8.78	18.54	50138	8063	25037
155.11	87.96	110.58	14.92	12.34	24.73	51844	7995	23897
76.56	38.19	65.15	6.83	5.51	11.66	41788	7962	24431
73.06	37.03	55.94	4.09	2.81	11.58	45355	7255	21725
46.81	24.50	30.56	5.02	4.00	7.89	48616	7570	22549
50.37	25.07	36.70	1.90	0.98	8.64	51582	7143	20164
47.13	19.12	27.43	1.51	0.74	5.83	40758	7412	20315
86.24	50.67	68.61	4.28	2.44	15.33	41391	8025	24904

12-2 长江三角洲地区城市主要经济指标（2011年）

地 区	Region	土地面积（平方公里） Land Area (sq.km)	#建成区面积 Build-up Areas	年末户籍人口（万人） Year-end Population (10 000 persons)	地区生产总值（亿元） Gross Domestic Product (100 million yuan)	第一产业增加值 Value-Added of Primary Industry
上海市	Shanghai Municipality	6341		1419.36	19195.69	124.94
南京市	Nanjing Municipality	6587	676	636.36	6145.52	164.28
无锡市	Wuxi Municipality	4627	410	467.96	6880.15	122.98
常州市	Changzhou Municipality	4372	218	362.86	3580.99	111.78
苏州市	Suzhou Municipality	8488	699	642.33	10716.99	177.75
南通市	Nantong Municipality	8001	239	764.88	4080.22	287.21
扬州市	Yangzhou Municipality	6591	216	460.05	2630.30	184.54
镇江市	Zhenjiang Municipality	3847	173	271.86	2311.45	100.77
泰州市	Taizhou Municipality	5787	170	507.12	2422.61	175.11
杭州市	Hangzhou Municipality	16596	510	695.71	7019.06	236.77
宁波市	Ningbo Municipality	9816	450	576.40	6059.24	255.23
嘉兴市	Jiaxing Municipality	3915	226	343.05	2677.09	142.80
湖州市	Huzhou Municipality	5820	176	261.05	1520.06	116.22
绍兴市	Shaoxing Municipality	8256		440.01	3332.00	172.10
舟山市	Zhoushan Municipality	1440	64	96.99	772.75	76.04
台州市	Taizhou Municipality	9411	252	586.79	2754.41	189.25
绍兴位次	Position in Yangse River Delta	5		11	9	8

注：长江三角洲地区城市包括：上海、南京、无锡、常州、苏州、南通、扬州、镇江、泰州、杭州、宁波、嘉兴、湖州、绍兴、舟山、台州。

Main Economic Indicators by City in the Yangtse River Delta (2011)

第二产业增加值 Value -Added of Secondary Industry	#工业增加值 Value -Added of Industry	第三产业增加值 Value -Added of Tertiary Industry	人均 GDP (元/人) Per Captia GDP (yuan/person)	规模以上工业总产值 (亿元) Gross Industrial Output Value (100 million yuan)	规模以上工业利润总额 (亿元) Total Industrial Profits (100 million yuan)	固定资产投资 (亿元) Investment in Fixed Assets (100 million yuan)	社会消费品零售额 (亿元) Total Retail Sales of Consumer Goods (100 million yuan)
7927.89	7208.59	11142.86	82560 (常住人口口径)	32445.15	2253.82	5067.09	6814.80
2760.84	2390.51	3220.41	76263	10354.65	594.40	3757.25	2697.10
3728.12	3463.12	3029.05	107437	14561.97	1149.48	3135.03	2142.02
1950.84	1768.91	1518.37	77485	8270.77	468.43	2223.26	1236.10
5957.74	5555.33	4581.50	102129	27778.75	1484.73	4279.98	2829.58
2221.48	1840.41	1571.53	56005	8679.82	694.85	2378.36	1493.27
1427.87	1240.87	1017.89	58950	6772.79	517.25	1475.43	853.74
1272.39	1175.63	938.29	73981	5207.67	301.58	1226.94	664.07
1308.21	1132.27	939.29	52396	5813.13	438.02	1197.65	651.17
3323.79	2944.00	3458.50	101370	12352.92	795.53	3100.02	2548.36
3349.53	3019.00	2454.49	105334	12044.77	631.66	2385.51	2018.86
1537.26	1378.15	997.03	78202	5763.36	309.52	1488.27	948.57
817.71	729.48	586.13	58349	2890.05	169.97	804.67	609.89
1834.34	1632.35	1325.56	75820	7932.68	480.76	1426.26	1006.75
349.16	267.28	347.55	79765	1105.03	32.62	476.09	251.71
1390.72	1253.40	1174.45	47087	3448.45	175.27	1007.81	1132.37
9	9	9	9	9	9	11	10

Note: city in the Yangtse River Delta Includes：Shanghai，Nanjing，Wuxi，Changzhou，Suzhou，Nantong，Yangzhou，Zhenjiang，Taizhou，Hangzhou，Ningbo，Jiaxing，Huzhou，Shaoxing，Zhoushan，Taizhou.

12-2 续表 1

地 区	Region	进口总额(亿美元) Total Imports (USD 100 million)	自营出口总额(亿美元) Total Exports (USD 100 million)	实际利用外资(亿美元) Foreign Capital Actually Used (USD 100 million)	地方一般预算收入(亿元) Local Financial Revenue (100 million yuan)
上海市	Shanghai Municipality	2276.47	2097.89	126.01	3429.83
南京市	Nanjing Municipality	264.79	308.65	35.66	635.00
无锡市	Wuxi Municipality	301.53	423.11	35.05	615.00
常州市	Changzhou Municipality	92.73	193.60	30.52	350.88
苏州市	Suzhou Municipality	1336.29	1672.33	90.16	1100.88
南通市	Nantong Municipality	77.64	180.12	21.66	373.69
扬州市	Yangzhou Municipality	28.20	73.20	21.03	218.08
镇江市	Zhenjiang Municipality	44.56	56.19	18.08	181.90
泰州市	Taizhou Municipality	36.11	74.78	14.17	218.00
杭州市	Hangzhou Municipality	224.50	415.21	47.22	785.15
宁波市	Ningbo Municipality	373.55	608.32	28.09	657.55
嘉兴市	Jiaxing Municipality	92.13	192.72	17.21	226.40
湖州市	Huzhou Municipality	13.06	73.56	9.40	122.12
绍兴市	Shaoxing Municipality	75.19	259.86	8.05	239.69
舟山市	Zhoushan Municipality	57.91	74.73	1.08	76.48
台州市	Taizhou Municipality	34.69	170.35	1.43	200.12
绍兴位次	Position in Yangse River Delta	10	7	14	9

Continued 1

年末金融机构本外币存款余额(亿元) Deposits Balance (Year-end) (100 million yuan)	#城乡居民储蓄余额 Savings Deposits	年末金融机构本外币贷款余额(亿元) Loans Balance (Year-end) (100 million yuan)	全社会用电量(亿千瓦时) Electricity Consumption of the Whole Society (100 million kwh)	#工业用电 Electricity Consumption of Industry	全社会从业人员数(万人) Total Number of Employed Persons (10 000 persons)	城镇以上单位在岗职工平均工资(元/人) Average Annual Wage of Staff and Workers at Work (yuan/person)	农村居民人均纯收入(元) Per Capita Net Income of Rural Residents (yuan)	城镇居民人均可支配收入(元) Per Capita Disposable Income of Urban Residents (yuan)
58186.48	17958.22	37196.79	1339.62	805.76	1104.33	53402	15644 (可支配收入)	36230
13945.92	3910.20	11132.09	399.74	256.84	468.34	54713	13108	31100
9372.69	3312.38	6883.44	580.60	476.28	386.00	51518	16438	31638
4902.15	2157.39	3406.35	331.66	267.21	277.72	49755	14838	29559
15180.78	5078.59	11873.89	1131.63	946.19	609.32	51660	17226	34617
5502.08	3052.28	3285.39	280.77	212.15	464.88	44574	11730	25094
2818.31	1427.87	1718.03	167.22	122.04	303.81	40289	11217	22835
2431.84	1108.83	1787.42	184.09	148.95	190.26	42659	12825	26637
2592.95	1307.77	1725.34	195.68	155.13	286.65	38328	11046	23597
18244.35	5519.17	16421.66	575.28	399.60	637.77	54408	15245	32434
10659.27	3696.28	10676.84	505.30	388.62	493.83	49755	16518	34321
4168.17	1880.45	3212.74	327.91	271.30	321.39	42990	16707	31520
2102.05	954.44	1712.17	157.56	122.57	180.14	41107	15381	29367
5510.14	2227.67	4463.09	324.60	268.68	343.28	39810	15861	33273
1314.97	461.30	1162.66	42.90	25.05	68.99	52915	16608	30496
3998.90	2068.79	3470.76	221.98	157.03	380.81	42199	13108	30490
7	8	7	9	7	9	15	6	4

（京）新登字041号

©中国统计出版社。
版权所有。未经许可，本书的任何部分不得以任何方式在世界任何地区以任何文字翻印、拷贝、仿制或转载。
Copyright © CHINA STATISTICS PRESS
All rights reserved. No part of the publication may be reproduced or transmitted in any form or by any means, electronic or mechanical, including photocopying, recording, or any information storage and retrieval system, without written permission from the publisher.

图书在版编目（CIP）数据

绍兴统计年鉴. 2012 / 绍兴市统计局, 国家统计局绍兴调查队编. -- 北京 : 中国统计出版社, 2012.8
ISBN 978-7-5037-6626-8/C.2700

Ⅰ. ①绍… Ⅱ. ①绍… ②国… Ⅲ. ①统计资料－绍兴市－2012－年鉴 Ⅳ. ①C832.553-54

中国版本图书馆CIP数据核字(2012)第179331号

绍兴统计年鉴-2012

作　者/ 绍兴市统计局　国家统计局绍兴调查队
责任编辑/ 陈越月　朱美红　曹　晶
封面设计/ 吕强国
出版发行/ 中国统计出版社
通信地址/ 北京市西城区月坛南街57号　邮编 100826
办公地址/ 北京市丰台区西三环南路甲6号
电　话/ (010)63376907
网　址 / http://csp.stats.gov.cn
印　刷/ 绍兴市义鸣彩印包装厂
经　销/ 新华书店
开　本/ 890×1240 毫米　1/16
字　数/ 1100千字
印　张/ 32.5
印　数/ 1-2000册
版　别/ 2012 年 8 月第 1 版
版　次/ 2012 年 8 月第 1 次印刷
书　号/ ISBN 978-7-5037-6626-8/C.2700
定　价/ 350.00元

中国统计版图书，版权所有，侵权必究。
中国统计版图书，如有印装错误，本社发行部负责调换。

中国统计出版社最新图书简目

（仅供参考，以最后出书为准）

统计资料

中国统计年鉴-2012
中国统计摘要-2012
国际统计年鉴-2012
2012中国发展报告
中国第三产业统计年鉴-2012
中国区域经济统计年鉴-2012
中国劳动统计年鉴-2012
中国社会统计年鉴-2012
中国城市统计年鉴-2009
中国建筑业统计年鉴-2012
中国人口和就业统计年鉴-2012
中国工业经济统计年鉴-2012
中国商品交易市场统计年鉴-2012
中国房地产统计年鉴-2012
中国能源统计年鉴-2012
中国民政统计年鉴-2012
中国贸易外经统计年鉴-2012
2012中国地区经济监测报告
中国科技统计年鉴-2012
中国农村统计年鉴-2012
中国农产品价格调查年鉴-2012
中国高技术产业统计年鉴-2012
中国教育经费统计年鉴-2010
中国农村贫困监测报告-2012
全国农产品成本收益资料汇编-2012
中国科学技术协会统计年鉴-2012
工业企业科技活动资料-2012
大中型批发零售和住宿餐饮企业统计年鉴-2012
中国城市(镇)生活与价格年鉴-2012
中国县（市）社会经济统计年鉴-2012
中国农村住户调查年鉴-2012（中、英文）
中国农村全面建设小康监测报告-2012
第二次全国R&D资源清查资料汇编—综合卷
第二次全国R&D资源清查资料汇编—工业企业卷
中国零售和餐饮连锁企业统计年鉴-2012
中国民族统计年鉴2011、2012
2010年中国第六次人口普查公报

2012年省级综合统计年鉴系列

北京 天津 河北 山西 内蒙古 辽宁 吉林 黑龙江 上海 江苏 浙江 安徽 福建 江西 山东
河南 湖北 湖南 广东 广西 海南 重庆 四川 贵州 云南 西藏 陕西 甘肃 青海 宁夏
新疆 新疆生产建设兵团

2012年市(县)级综合统计年鉴系列

天津滨海新区 石家庄 唐山 邯郸 太原 大同 长治 阳泉 晋城 朔州 晋中
运城 忻州 临汾 呼和浩特 包头 沈阳 大连 长春 吉林市 四平 哈尔滨 黑龙江垦区
上海浦东新区 苏州 无锡 常州 徐州 南通 盐城 镇江 江阴 丹阳
杭州 宁波 绍兴 台州 温州 金华 嘉兴 衢州 福州 福州经济技术开发区
厦门经济特区 南昌 上饶 济南 青岛 潍坊 郑州 洛阳 三门峡 南阳 武汉 宜昌
十堰 荆州 咸宁 长沙 广州 东莞 惠州 深圳 桂林 南宁 柳州 来宾 河池 海口 成都 绵阳
贵阳 昆明 庆阳 西安 兰州 银川 乌鲁木齐

2010年人口普查资料系列

中国2010年人口普查资料
北京 天津 河北 山西 内蒙古 辽宁 吉林 黑龙江 上海 江苏
浙江 安徽 福建 江西 山东 河南 湖北 湖南 广东 广西 海南 重庆 四川 贵州 云南
西藏 陕西 甘肃 青海 宁夏 新疆 新疆生产建设兵团
河南省各市2010年人口普查资料丛书
中国分县2010年人口普查资料
中国分乡镇、街道2010年人口普查资料
中国分民族2010年人口普查资料

“十一五”规划教材

非参数统计 医学统计学
概率论与数理统计 统计学
现代金融投资统计分析
多元统计分析 经济计量学教程
应用时间序列分析
统计指数理论及应用
统计数据处理概论
质量管理统计方法 社会统计学
多元统计分析实验
企业经营管理统计
市场调查与预测
统计学原理（非统计专业使用）
统计学:从数据到结论
国民经济核算教程(国民经济统计学)
概率论与数理统计(经济、管理类专业使用)

重点图书

挑大学选专业2012—高考志愿填报指南
挑大学选专业2012—考研择校指南

欲购以上图书请与中国统计出版社发行部联系

电话：（010）63376907, 63376908 同榀行书店电话：68783171, 68783172

通讯地址：北京市西城区三里河月坛南街57号 邮政编码：100826

网址：http://csp.stats.gov.cn